高等学校小学教育专业教材

写　　作

主编　何永康

南京大学出版社

图书在版编目(CIP)数据

写作/何永康主编.—南京:南京大学出版社,
1999.9(2020.7 重印)
(高等学校小学教育专业教材)
ISBN 978-7-305-03442-8

Ⅰ.写…　Ⅱ.何…　Ⅲ.汉语—写作—师范大学—教
材　Ⅳ.H15

中国版本图书馆 CIP 数据核字(1999)第 48900 号

出版发行　南京大学出版社
社　　址　南京市汉口路 22 号　　　　邮　编 210093
出 版 人　金鑫荣

丛 书 名　高等学校小学教育专业教材
书　　名　写　作
主　　编　何永康
责任编辑　马蓝婕
装帧设计　赵　庆
责任校对　刘子普
照　　排　南京紫藤制版印务中心
印　　刷　南京人文印务有限公司
开　　本　850×1168　1/32　印张 14.5　字数 360 千
版　　次　2020 年 7 月第 1 版第 16 次印刷
印　　数　43501—47500
ISBN 978-7-305-03442-8
定　　价　29.00 元

网　　址　http://www.njupco.com
官方微博　http://weibo.com/njupco
官方微信　njupress
销售咨询　025-83594756

高等学校小学教育专业教材
编写委员会名单

前　言

培养具有较高学历的小学教师是江苏社会主义现代化建设和基础教育事业发展的迫切需要,也是我国师范教育改革发展的必然趋势。1984年,江苏省南通师范学校在全国率先进行培养专科程度小学教师的五年制师范教育试验;1998年,通过联合办学形式,组建南京师范大学晓庄学院,在全国率先进行培养本科程度小学教师的试验,使江苏省较早启动了以高学历、高素质为基本特征的"跨世纪园丁工程"。10多年来,试验院校为基础教育输送了一大批新型小学教师,提升了小学教师的学历结构,提高了小学教育教学质量,受到了教育行政部门和用人单位的普遍欢迎。但自试验以来,江苏省乃至全国还没有一套专为培养本专科程度小学教师而编写的小学教育专业教材,这不能不说是一种缺憾。

1997年6月,江苏省教委根据原国家教委师范教育司《大学专科程度小学教师培养课程方案(试行)》的基本精神,组织制订并印发了《江苏省五年制师范课程与学习手册》,对培养专科程度小学教师的目标、规格、课程体系作了明确规定,对各专业所开设课程的目标、内容和要求作了具体说明。1999年6月,又对《江苏省五年制师范课程与学习手册》中小学教育专业课程方案进行了修订,正式颁布了《江苏省五年制师范小学教育专业课程方案(试行)》(以下简称《方案》),标志着江苏省培养专科程度小学教师的五年制师范教学内容和课程体系的确立。"九五"期间,原国家教委师范司组织成立了“面向21世纪本专科学历小学教师专业建设“课题组，江苏省教委和南京师范大学承担了其中一系列的子课题研究任务，编写教材纳入了课题组的预期研究成果，这为教材建设提供了理论和实践上的准备。为了着力解决培养本专科程度小学教师学校教材紧缺的燃眉之急，进一步规范和完善教学管理，切实保证教学质量，江苏省教委组织编写了这套高等学校小学教育专业教材。

这套教材以全面贯彻党的教育方针，全面提高教育质量为宗旨，以教育要“面向现代化、面向世界、面向未来”为指针，以《方案》为依据，体现素质教育思想和改革创新精神，体现大学文化程度和为小学教育服务的内在要求，遵循小学教师成长的规律和学科教学特点，加强通识教育，注重文理渗透，强化职业能力培养，合理安排教材结构，科学构建教材体系。在教材编写过程中，充分汲取了省内外试验院校的教学经验，并注意借鉴国际师范教育教学改革的先进成果，在确保科学性的前提下，进一步突出教材内容的时代性、针对性和系统性，坚持师范性和学术性统一，基础性和发展性并重，使教材体系更加符合培养面向21世纪本专科学历小学教师的需要。

全套教材按照“整体规划、分步实施、逐步到位”的教材建设目标进行编写。第一批主要编写《方案》中规定的学科专业必修课、教育专业必修课和部分选修课的教材，共计38本。

学科专业课教材有：《文学理论》、《中国古代文学》、《中国现当代文学》、《外国文学》、《汉语》、《写作》、《普通逻辑概要》、《儿童文学》、《人文社会科学基础》、《高等代数》、《数学分析》、《空间解析几何》、《概率与统计》、《算术基本理论与数论初步》、《微机辅助教学软件设计》、《普通物理》、《现代科技概论》等17本。

教育专业课教材有：《教育基本原理》、《教育技术教程》、《教育技艺原理与训练》、《教育科研方法》、《儿童心理学》、《班队管理》、

《小学语文教材概说》、《小学数学教材概说》、《小学语文教学概论》、《小学数学教学概论》等 10 本。

选修课(必选)教材有:《大学语文》、《高等数学》、《中国文化概说》、《教育思想史》、《素质教育论》、《教育现代化》、《家庭社区教育》、《教育伦理学》、《现代教育思潮》、《小学教育个案研究》、《小学教育比较研究》等 11 本。

本套教材由国内学养深厚的知名专家学者担任主编,一大批具有丰富教学经验和较高学术水平的专科带头人集体参与编写,确保了教材质量。

本套教材适用于培养大学本、专科学历小学教师的全日制学校,也可以作为在职小学教师本专科学历进修、继续教育和自学考试的指定教学用书。

培养本专科学历小学教师是一项面向未来的探索,小学教育专业建设尤其是教材建设尚处在起步阶段。由于缺乏经验,加上编写时间仓促,难免存在一些不足之处,各地在具体使用过程中有什么问题或建议,请及时与江苏省教委师范教育处联系,以便修订完善。

高等学校小学教育专业
教材编写委员会

目　录

第一章　总　论

著名语言学家张志公先生说："一个有文化的人必须会写。生活里头要写信，要写日记。去看个朋友，没有遇见，要给他留个条儿。有事或者有病不能去上学、去上班，得写个假条，告诉学校或者工作单位。学习要写笔记，读了书要写摘要，便于以后查考。工作中需要写的东西就更多了。接受一项工作任务，完成之后往往需要写个汇报；有的时候还得把已经做过的工作回顾回顾，写个总结；以后要做什么工作，有时候要写个计划；做技术工作或者学习科学技术，常常要做试验，要把试验的过程记载下来，以至于写成试验报告，让别人知道试验是怎么做的，结果怎么样，再进一步要把成功的试验写出来推广普及，让它起更大的作用；要写科学论文，发表自己的研究心得、自己的见解或者设想，和别人讨论重要的学术问题，等等。所有这一切，都是生活、学习、工作之中必要的。写得好或不好，对于生活、学习和工作很有影响，或者起好的作用，或者不能起好的作用，甚至于出岔子。"① 这段话十分清楚地告诉我们：一个人要生活、要学习、要工作，就不能不会写作。美国社会预测家约翰·奈斯特在《大趋势》一书中甚至指出：当代社会应该记住的最重要的大事有五件，其中之一是，"在这个文字密集的社会里，我们比以往

---

① 《语文学习讲座》，商务印书馆 1980 年版。

更需要具备基本的读写技巧”，不仅信息传递、思想交流需要写作，而且学习也需要写作。因为写作的过程同时也是巩固和深入学习的过程。

处处需要写作，人人应该会写。而作为将来从事语文教育事业的师范学校学生，更应该学会写作，善于写作。

人们常常习惯于把一个人的语言文字的素质作为衡量他的素质水平高低的基本标志。而衡量整个民族素质高低的一个重要方面，就是全体公民表现出来的对本民族语言文字的驾驭能力。那么这种驾驭能力又是通过什么来衡量呢？“听”和“读”固然是一个方面，而“说”和“写”，特别是“写”却尤为主要，因为“写”是理解、掌握和运用本民族语言文字的综合反映。所以叶圣陶先生说：“一般社会把写看得比读重。”如果我们只“读”不“写”，不会“写”，“写”不好，那至少应该视为文化素质不高，或者说不全面。

其实，不懂“写”、不会“写”的语文老师也是“读”不好语文教材中的一篇篇佳作美文的。因为你没有品尝过写作的滋味，没有体察过“个中甘苦”，也就不可能真正感受到大家手笔的运思之巧、表情之真、达意之妙。有些教师上到文章分析课只能“照本宣科”，甚至离开了教学参考书就不会上课，对课文的理解支离破碎、浮光掠影，佳作美文丧失了它应有的魅力，语文课酝酿了学生的厌学情绪。究其原因，自己不懂“写”、不会“写”，也是为人师者的一个难言的苦衷。

而且，身为语文教师还必须义不容辞地肩负起指导学生写作、教会学生写文章的责任。名师出高徒。一个既缺乏写作理论知识又不善于写文章的人，又有什么本钱去指导学生的写作活动呢？岂不是“以其昏昏，使人昭昭”吗？语文教师应该勤于笔耕，酷好写作，否则，“只动口，不动手”，只能是“瘌和尚说法，能说不能行”。其实，有志于语文教育事业的人，其语言文字功底并不比一些文章作者差，只要我们能像唐代柳宗元在《答韦中立论师道书》中所说的那样，“吾每为文章，未尝敢以轻心掉之”，就一定能写出好文章来。

《写作》课程的教学目的，就是帮助学生掌握写作的基本理论，了解写作的基本方式，熟悉常见常用的各类文体，并通过写作实践进一步提高理论素养和写作能力。对于师范学校学生来说，还应当使他们在毕业后，能自觉运用所学到的理论知识去指导小学生的写作活动，具有评改小学生作文的能力。

第一节 写作的涵义

“写作”一词，顾名思义，“写”是“用笔记录”，“作”是“用心创制”，即创造精神产品——文章。所以《现代汉语词典》中就将“写作”一词释为：“写文章（有时专指文学创作）。”

显然光从字面上来解释是很难揭示出事物的本质属性的，我们还应该给“写作”下一个科学的定义。怎样“下定义”？裴显生主编的《写作学新稿》第一章认为，科学定义的公式是：

被定义概念＝种差＋逼近属

对某个事物下定义，首先必须确定它所属学科的归类，也就是找准“逼近属”。在人类的社会实践活动中，写作是“精神劳动”中的一种，故“精神劳动”是写作的“逼近属”。确认了这一点，我们还应当找出写作区别于人类其他精神劳动的“种差”来，那就是：它必须运用书面语言符号，对社会生活和人类知识进行加工，最后创制出文章来。这样，我们就可以对写作下定义了：写作是作者运用书面语言符号，反映生活实际，表达思想情感，实现人类思想交流的一种精神劳动，它的最终劳动成果是创制出来的文章。

写作的特性有以下几点[①]：

一　个体性

人是宇宙间最高的生命存在形式，全部人类活动就是永远运动着和创造着的、奔腾不息的生命之流。人这种生命存在物的显著特性之一就是他具有自由自觉的意识和意志，无论是感性活动还是理性活动，无论是思考还是实践，都渗透着这种自由自觉的意识和意志。写作完全是个人行为，带有鲜明的个体性。一篇文章或作品的形成所必须具备的三个主要因素也只能是：一、作者内在的主观人格力量，二、作者所选取的题材内容，三、作者用来表现这题材的技巧和形式。这是任何作者，包括名作家和一切习作者都不能违背的准则。

当作者感知外界事物时，他总是用自己的独特眼光去观察，并以独具灵性的心去感受。同是用"卜算子"这一词牌咏梅，陆游的所见所思所感是："驿外断桥边，寂寞开无主。已是黄昏独自愁，更著风和雨。无意苦争春，一任群芳妒。零落成泥碾作尘，只有香如故"；而毛泽东却要"反其意而用之"："风雨送春归，飞雪迎春到。已是悬崖百丈冰，犹有花枝俏。俏也不争春，只把春来报。待到山花烂漫时，她在丛中笑"。

"文章千古事，得失寸心知。"作者的内在人格力量，包括他的思想认识、生活经验以及文化及学术水平等，是写作活动中起决定作用的第一要素。

---

① 《写作学新稿》第一章将写作特性概括为"社会性"、"个体性"、"创造性"、"实践性"、"综合性"，论说详尽深入，可以参阅。

二　综合性

一篇文章含有思想意识、知识见闻、生活经验、审美观点，它运用抽象思维、形象思维，它讲究方法技巧、语言艺术，它有显著的时代性、民族性、社会性。写作的综合性特点主要表现在以下三个方面：

第一，写作的对象包括整个大千世界。每个人在中小学基础教育中所接受的各科基本知识，不论是自然知识还是社会知识，都有助于我们去把握世界上的各种事物。搞文学的学生不应将数、理、化、生拒之门外，更不能对史、地、政、艺缺乏兴趣。一个想学会写作的人，必须对世上的各种事物都有观察和体验的兴趣，并能从中得到领悟。

第二，写作活动又是作者的各种素质和能力的综合，是世界观、人生观、生活阅历、知识才能、个性修养甚至思维方法、语言文字等表达技巧和方法的综合。古人把这些素质和能力归结为德、才、胆、力、学、识、器等七个方面，是很有借鉴意义的。所谓"德"，就是一个人的道德修养，伦理观念；"才"是才能、才华；"胆"就是胆量；"学"当然是指学问和阅历；"识"则是独到的见解，有所发现，有所创新；"力"则是一种持久不倦的毅力；"器"则是心胸、襟怀、度量。

第三，综合掌握语言的规律和思维的规律是写作的必要条件。写作者必须掌握语言、文字、词汇、语法、修辞等基本知识并能加以运用，还应该对思维的一般规律有所了解。人的思维形式至少有三种：一是逻辑思维，二是形象思维，三是灵感思维。对于这三种思维活动，写作者都要熟悉，并转化为自觉的能力。

三　实践性

写作不仅仅是一门知识，更重要的是一种实践活动。文章是作者实践的产物。作者对客观事物的认识要通过生活实践，把知识转化为能力需要实践，将认识物化为书面语言更离不开动笔实践。

多读多写，注重实践，是学会写作、善于写作的唯一诀窍。老舍先生给中华函授学校学生讲课时说："最好的窍门就是'每天必写'，'天天拿笔'，哪怕是几十个字也好。"

"每天必写"和"天天拿笔"，还强调了写作是一项多次性的实践活动。只有通过反复的写作实践活动，才能达到"熟"，才能产生"巧"。我们不能企望写作技能的一蹴而就、一步到位。相反，在写作实践的初期，往往很容易暴露出自己在修养和能力上的弱点，或"意不称物"，或"文不逮意"，也最容易畏葸不前、打退堂鼓。

学习写作必须多练，越写笔墨会越顺畅，越写思维会越敏锐，越写眼光会越开阔，越写心胸会越博大。

四　创造性

写作活动是一种创造性的实践，它有别于机械性的实践。在国外，曾经有过这样可笑的猜测：让足够的猴子在足够的时间内打字，会不会有一只猴子打出一本畅销书？答案显然是否定的。作家王蒙说："我们在生活中发现文学，但并不等于生活本身就是文学，或者我们把它记录下来，或用胶卷把它拍摄下来，就是作品，其实并不是。……文学是人在生活中有了发现之后，通过我们作家主观的哲学、美感、追求、理想，给生活增加了一点东西，把生活发展了一步。文学往往成为生活的一种补充，一种启示，可以成为生活的安慰，可以成为生活的集中概括，也可以成为生活的一种探索，一种虚拟，一种新的排列组合。"①

① 《王蒙谈创作》，中国文联出版公司 1985 年版。

所有的写作都是创造性的，所有的写作都包括一种新的表达起源、发展、形成的过程。鲁迅先生的《为了忘却的纪念》和《记念刘和珍君》这两篇杂文，虽说都是纪念为革命而牺牲的青年，都是对反动统治阶级屠杀革命青年的暴行进行无情的揭露，都是对革命青年敢于斗争、不怕牺牲的精神进行热情的歌颂，但在立意、情感表达和对未来的预言等方面又存在着很多差异。这些差异固然和作者思想的发展变化密切相关，但是也不能排除作者是有意识地不“重复自己”。

而且，从读者对文章的审美要求看，有没有创造性，将是文章审美价值高低、大小的重要标志。凡是优秀的文章和不朽名作，都闪耀着创造的光芒，受到古今读者的欢迎。因此，我们布置学生作文，就不应该提供“标准答案”，不能“教学生用自己的嘴去说别人的思想”①。应该放手让学生各写各的文章，充分表达自己独特的见解。

【思考题和练习题】

1. 什么是“写作”？
2. 对我们师范学校学生来说，为什么学习写作尤为重要？
3. 写作活动有哪些自身固有的特性？了解这些特性的意义何在？

第二节　记　叙

从思维科学的范畴来认识，写作的本质，就是人脑的思维和

① 《苏联的作文教学》，教育科学出版社 1982 年版。

思维向言语的转化，它的终极目标是要出文章。要变“蓝图”为“工程”，化“思维”为“文章”，关键的一环就是“表达”。写作的基本表达方式有五种，即叙述、描写、议论、抒情和说明。有人参照人类的思维形式，也把写作的表达方式归纳总结为两种：形象的表达（包括叙述与描写）和逻辑的表达（包括议论和说明）。我国通常按表达方式将文章分为记叙文、议论文和说明文，我们也将写作的基本表达方式划分为记叙、议论和说明三大块。下面，先对记叙作一些说明。

记叙是形象的表达，包括叙述和描写这两种基本表达方式。叙述，是把人物的经历和事件发展变化的原委表达清楚的一种方式。它是表情达意最基本的，也是使用得最频繁的表达方式。一般包括时间、地点、人物、事件、原因、结果六个要素。

一　叙述的人称

叙述的主体在叙述时，总要有一个立足点。叙述的人称，就是指叙述主体在行文中的立足点、观察点。因为立足点只有主观和客观两个角度，所以人称也就只有站在主观立足点上的第一人称（“我”或“我们”）和站在客观立足点上的第三人称（“他”或“他们”）。有时叙述中出现了第二人称代词“你”或“你们”，这不能认为就是“第二人称叙述”。仔细分析不难看出，它不属于第一人称，便属于第三人称。魏巍的《谁是最可爱的人》中，作者把祖国的人民称作“你”、“你们”，很像在直接与读者谈话：“亲爱的朋友们，当你坐上早晨第一列电车走向工厂的时候……朋友，你是否意识到你是在幸福之中呢?”其实作者的立足点并没有变，还是属于第一人称叙述。

第一人称叙述，叙述主体站在主观立场，置身事件之中，以“我”（或“我们”）的身份，叙述亲身所见、所闻、所历、所感。从这种角度表达，能给人以叙述主体与读者面对面交谈的感觉，故具真实性和亲切感，结构简捷，文笔紧凑。也正因为只能写“我”的所见所闻，所以不免要受到时间和空间的限制，反映生活比较狭窄。记叙文要求写真实，文章中的“我”就是作者自己。而小说中的“我”，就不能视为作者，而只是作品中的一个人物。鲁迅的《孔乙己》中的“我”，只是酒店里的一个小伙计、故事发展的见证人。

第三人称叙述，叙述主体站在客观立场，用叙述他人事情的口吻（把文中的人物称作“他”或“他们”，或直称姓名），陈述人物的经历和事件的发展变化。从这种角度表达，能自由灵活、淋漓尽致地直接展现人物和事件，不受时间和空间的限制，生活画面开阔无垠。

一般情况下，一篇文章的叙述人称应该始终一致，这样不会导致混乱。但也有交替使用第一人称和第三人称的，就需要在改变人称时注意交代清楚，要用过渡句子或过渡段加以转换，叙述的脉络才不致紊乱。

二　叙述的线索

线索是作者组织材料的思路在文章中的反映，是把文章的全部材料贯穿成一个有机整体的脉络。要使叙述次第井然、条理清楚，就必须在动笔之初确定好贯穿全文、联缀人物和事件的线索。线索犹如贯穿珍珠的彩线，没有这根线，珍珠只能够弃散在地。

由于题材千差万别以及作者思路的千变万化，所以线索也是多种多样的。有以某个中心事件为线索的，如《为了六十一个阶级兄弟》；有以人物活动为线索的，如《背影》；有以感情为线索的，如《记念刘和珍君》；有以具体事物为线索的，如《小桔灯》；有以象征性事物为线索的，如《白杨礼赞》；有以某句话为线索的，如《为了周总理的嘱托……》，《谁是最可爱的人》；有以时间为线索的，如《包身工》；有以空间为线索的，如《雨中登泰山》；有以时间和空间的交叉为线索的，如《长江三峡》；甚至还可以以某种行动、某个细节等作为线索。尽管能够作线索的事物多种多样，但是它们都必须足以贯串繁多的材料，体现材料之间的内在联系，有利于突出中心思想。

线索在语言上往往是有标志的。有时采用某个词语从头至尾反复出现的办法来显示，有时则用议论抒情来显示，有时文章的题目便包含着线索的因素。比较复杂的记叙文的主要线索只能有一条，而且应该贯串始终，但这不等于说不可以有两条或两条以上的线索。有时由于故事情节发展的需要，可以安排两条或两条以上的线索，这在小说中出现得比较多，例如《智取生辰纲》中就有“吴用用计”和“杨志中计”两条线索；《药》（鲁迅）的明线是华小栓吃人血馒头，暗线是夏瑜为革命流血牺牲；《柏林之围》（都德）的实线是“巴黎之围”，虚线是“柏林之围”。不能将明线等同于实线、暗线等同于虚线，因为明线和暗线都是实线。

三　叙述的顺序

写人记事，先说什么，后说什么，总得有个顺序。人物的活动，事物的演变，事件的发生发展，都与时间相关联，因此，我们可以按照时间的前后推移来安排叙述的顺序。写人在活动中观察到的景物或叙述空间存在的事物的布局，就可以按照空间位置的转换为顺序来安排层次。客观事物丰富多彩，都有着区别于其他事物的特点，我们也可以按照人物和事件的不同性质或类属来安排叙述的顺序。叙述时，作者的思路一般在时间上展开。“叙事之文，其变无穷。”（清人章学诚语）按照反映事物变化的时间先后顺序来叙述，常用的方法有如下五种：

1. 顺叙。又称直叙。它是按照自然时序来叙述事物的发生发展的。如峻青的《党员登记表》就是按照“暗示登记表——找到登记表——藏好登记表——传交登记表——保卫登记表——上交登记表——宣读登记表”这样的时间顺序来叙述的。顺叙的长处是有头有尾，次序井然，读者容易理解；短处是处理不当会流于呆板单调，平铺直叙。

2．倒叙。即打破自然时序，把事件的结果或后发生的某一重要情节，提到前边来叙述，然后再从事件的起因原原本本地说起。鲁迅的《祝福》先写出祥林嫂沦为乞丐，当人们过年祝福之际，她却悲惨地死在雪地里；然后再从头叙述她“半生事迹”的三个“片断”；最后又回到了鲁镇祝福的景象。倒叙可以造成悬念，吸引读者，使文章曲折而有波澜，增强表达效果。运用倒叙必须写清楚顺、倒转换之处，使上下文界限明显，而又衔接自然。而且，提到开头来写的内容，无论是事情的结局，或是后发生的情节，都应该是最精彩的部分，可以形成悬念，或足以吸引读者，否则便是故弄玄虚。

3．平叙。也称分叙。即叙述同一时间不同地点所发生的两件或两件以上的事情。平叙通常是叙完一件事再叙另一件事，古代章回小说中的所谓“花开两朵，各表一枝”，就是这样的叙述方法。平叙也可以将几件事并行交叉、齐头并进地叙述，现代文章写作中多用此法，只是写的时候用笔必须老到，照应必须细密。

4．插叙。是指由于表达的需要，在叙述主要事件过程中，暂时中断主线，而插入另一些与中心事件有关的内容的叙述。如《史记·刺客列传》秦廷行刺一段，司马迁在叙述到“荆轲逐秦王，秦王环柱而走，群臣皆愕，卒起不意，尽失其度”后，就插入了这样一段文字：“而秦法，群臣侍殿上者不得持尺寸之兵；诸郎中执兵皆陈殿下，非有诏召不得上。方急时，不及召下兵，以故荆轲乃逐秦王。而卒惶急，无以击轲，而以手共搏之。”然后，再承接原来头绪继续叙述：“是时，侍医夏无且以其所奉药囊提荆轲也。秦王方还柱走，卒惶急不知所为……”如无上面提及的那段插叙，读者定会生疑：威振四海的秦王，何以竟在自家朝廷，被荆轲逐得如此狼狈，使满朝文武惊惶失措，持械卫士又不得前来救驾呢？插叙起到了释疑的作用，也使文势有缓有急，形成波澜。只是运用插叙，一不能喧宾夺主，肆意铺陈；二不能穿插生硬，留下痕迹。

5．补叙。即在叙述主要事件过程中，对事件的某些方面作补充、解释或说明。如《水浒传》中写到林冲被两公差押解到野猪林图谋暗害时，鲁智深忽然从松树林背后跳出来相救。之后，作者再借鲁智深之口补叙他如何一路上暗中保护林冲。如果少了这段补叙，则鲁智深的突然出现未免过于突兀离奇，破坏了情节的真实性。鲁迅在《故乡》中写到“我”和“母亲”谈起闰土时，补叙了少年闰土和“我”的友谊片断。没有这段补叙使三十年前后的闰土形象形成鲜明对比，也就难以深刻揭示出作品的主题。

有人将“插叙”与“补叙”混为一谈，我们认为两者的区别还是明显的：插叙的事情不是所叙事件的组成部分，而补叙的内容则是所叙事情的较为重要的一个方面。

四　叙述的要求

叙述这一表达方式，除了要求通畅、明确、简洁外，还要求写得有波澜。“文似看山不喜平”，也就是叙述要有起有伏，有高有低，有紧有慢，如波浪一般富于变化。怎样才能使叙述波澜起伏呢？这里介绍几种常用的方法。

1．抑扬。人们认识客观事物，总有一个由表及里，由浅入深的过程。开始由于了解不全面、不深入，往往会形成一种错觉，造成一时的误会。后来经过深入细致的了解，误会就会消除，原来的错觉就会得到纠正。如果把这样的认识过程比较完整地写下来，就是抑扬。或先抑后扬，或先扬后抑，这要根据写作目的而定。

2．详略。从叙述的内容上讲，事有巨细，理有轻重。为达到叙述目的，增强表达效果，不可不分轻重主次，必须有详有略，详略得当。所谓“详”，就是依据表达目的的需要，在行文中多施笔墨，用墨如泼；所谓“略”，就是依据表达目的的需要，在行文中少施笔墨，惜墨如金。在叙述时有详有略，文章也就有了波澜；在行文上做到疏密相间，就会给读者一种和谐匀称、虚实交错的美感。

3．曲折。客观事物错综复杂，事情的发展也曲折多变，平铺直叙，不能准确反映事物的发展过程。同时，不造成“山穷水复疑无路”的曲折，也很难引起读者探求“柳暗花明又一村”的兴趣。甚至人物的刻画也需要曲折，例如《水浒传》中写林冲，就是通过反反复复的折磨受辱，曲曲折折的苟安隐忍，才将这位教头委曲求全的性格，表现得如此鲜明真实。

4．铺垫。叙述要有波澜，还需有铺垫。尤其叙写事情的精彩处，预先做些铺垫，会收到水到渠成的效果。如武松打虎之前，作者先交待了两件事：一是武松饮酒的海量，突出他的豪气与神勇；二是店小二再三阻拦武松只身上山，突出老虎的威猛凶残。冲突的双方经过这样一番铺垫，一场恶斗便呼之欲出了。

叙述与描写本不易分开，现在我们把它们分开，只是为了说明的方便。叙述和描写都是对人物、事件、景物的具体表达。叙述是概略性的表达；描写则是生动、形象、细腻的刻画，是一种绘声绘色的表达，常常运用比喻、夸张、拟人等修辞手法。高尔基说：“作家的作品要能够相当强烈地打动读者的心胸，只有作家所描写的一切——情景、形象、状貌、性格等等能历历地浮现在读者的眼前，使读者也能各式各样地去想象他们，而以读者自己的经验、印象及知识的积蓄去补充和增补。”① 要使读者如见

① 《给两位青年作家的公开信》。

其人，如闻其声，如临其境，获得真切、具体的感受和印象，我们必须学会描写、擅长描写。描写这种表达方式是丰富多彩的。按描写的角度分，可分为直接描写与间接描写；按描写的详略分，可分为细描与白描；按描写的对象分，可分为人物描写、环境描写和细节描写；按描写对象的状态分，可分为动态描写和静态描写等等。下面，我们就从描写的对象出发，介绍几种常用的描写方法。

一　人物描写

写好人物是记叙写作中的一个十分重要的问题，必须给以充分重视。人物描写，就是对人物的肖像、语言、行动和心理进行描写。

1. 肖像描写

主要是指对人物外形——身材、容貌、服饰、神情、姿态等的描写。写人物的外貌不是目的，不是自然主义地给人物作写真画，而是借助于绘“形”来传“神”，揭示人物的性格特征和内心世界。鲁迅从丰富的创作实践中总结了一条富有启发性的经验：“要极省俭的画出一个人的特点，最好是画他的眼睛。我以为这话是极对的，倘若画了全副的头发，即使细得逼真，也毫无意思。”[①] 他在《祝福》中就十四次写到祥林嫂的眼睛，而每一次眼神的变化，都透露出了人物内心世界的隐秘和思想性格的变化。

画眼睛，是比喻说法，并不意味着人物肖像描写都要画眼睛、写眼神，那样就“千人一面”了。古代小说中“口似血盆，眼似铜铃”、“柳眉杏眼”，现代小说里写姑娘老是“水汪汪的大眼睛”，虽画了眼睛又有何用？鲁迅所说的画眼睛的意思是：善

---

① 《我怎么做起小说来》。

于细致地观察和精确地描写人物外貌最富特征的部分，而摒弃与表现人物性格和精神面貌无关的东西。鲁迅写阿Q，着重写他头上的癞疮疤，却比写眼睛更能表现出他的精神胜利法；写闰土，在写眼睛的同时，还写到闰土的“那手也不是我们记得的红活圆实的手，却又粗又笨而且开裂，像是松树皮了”，反映了闰土生活的艰辛和痛苦；写孔乙己，并没有写眼睛，而是强调他身上那件“又脏又破的长衫”，这件破长衫更能说明他穷愁潦倒的社会地位和不肯放下架子的思想特点。“癞疮疤”、“松树皮”的手、“破长衫”就其实际的意义和作用看，也就是在“画眼睛”。

肖像描写的具体方法多种多样：有时可以对人物的外部特征像静物那样加以描绘，有时可以随着时间的推移、处境的变化和人物性格特征的发展而有所改变；有时由作者出面作正面直写，有时也可以借人物之眼之口作侧面烘托；有时可以在不同场合反复描写人物肖像的同一特点，有时也可以在不同场合描写人物肖像的不同特点；有时可以工笔细描，有时也可以粗笔勾勒。不管运用哪一种方法，都要描写得真实自然，符合事件发展或认识的客观进程，把肖像描写作为透视人物心灵的窗口，倾注作者爱憎的手段。

2. 语言描写

高尔基很佩服巴尔扎克小说里人物语言的巧妙，认为他并不描写人物的模样，却能使读者看了对话，便好像目睹了说话的那些人。这说明，依靠人物语言是可以将人物写得栩栩如生、神情毕肖的。因为语言是思想的直接现实，任何人物的思想或感情都要而且只能在语言中表现出来。通过人物的语言描写来刻画性格，塑造形象，是文学大家十分重视的手法。

初学写作，常常喜欢让英雄人物讲一些豪言壮语，似乎只有这样才显得有思想；有时又会将自己的议论整篇地放在人物口中，似乎只有这样才显得精彩。好的语言描写，应该是既贴切于具体的语言环境又达到了个性化的语言。“不多！不多！多乎哉？不多也！”这样半通不通，半文半白的语言，只能是孔乙己的语言。“李书记，谢谢你”，“很高兴，李书记，我很高兴，李书记，很高兴”这些似乎不连贯、不确切、不断重复的语言，也只能出自一个性格内向、不善辞令的年轻数学家陈景润之口。

在现实生活中，绝大部分人说话时是用口语来表达思想的，即使在古代也是如此。如《孙悟空三打白骨精》中写唐僧念紧箍咒，行者叫道：“头疼！头疼！莫念！莫念！有话便说”，就是当时的口语。从文学作品的真实性看，人物语言应该口语化。要写出个性化、口语化的人物语言来，除了“删除不必要之点，只摘出各人的有特色的谈话来”[①] 外，辅之以一些特殊的表达方式，如说话的口气、腔调、句式、节奏等，也是十分必要的。康大叔的语言，句子短促，多用命令的口吻，腔调咄咄逼人：“喂！一手交钱，一手交货！”杨二嫂的语言，问号、感叹号特别多，粗野，蛮不讲理：“哈！这模样了！胡子这么长了！”“不认识了么？我还抱过你咧！”

3. 行动描写

即对人物的动作举止的描写。黑格尔说，能把一个人的性格、思想和目的最清楚地表现出来的是动作。恩格斯还进一步说，人们的性格，不仅表现在他“做什么”，而且表现在他“怎样做”。有人将行动描写分为行为描写和动作描写。如果可以粗略地对应的话，那么，写人物在“做什么”就是行为描写，写人物在“怎样做”就是动作描写。动作是行为的具体化、形象化表现。《药》这篇小说中，康大叔将人血馒头交给华老栓是“行为”；而“一只大手，向他摊着”中的“摊”，“一只手却撮着一个鲜红的馒头”中的“撮”，“抢过灯笼，一把扯下纸罩，裹了馒

---

① 鲁迅《花边文学·看书琐记》。

头，塞与老栓；一手抓过洋钱，捏一捏”中的“抢”、“扯”、“塞”、“抓”、“捏”，就是一系列的动作描写。

人物性格应当从他自己的行动里流露出来，而不能主要依靠概括的介绍，把某些抽象的品质贴到人物身上。反过来讲，描写人物的行动又应该经过选择，足以表现人物的思想、品质和性格。所以，行动描写切忌笼统，不能一般化。比如“捧着鲜花”的“捧”、“托着盘子”的“托”，“端着脸盆”的“端”，“提着木桶”的“提”，“拎着书包”的“拎”，“夹着课本”的“夹”等等，都是“拿”这个动作，但在不同的情况下，就有各种各样的“拿”法，应该抓住人物动作的各自特征，写出行为动作的不同情态来。

4．心理描写

是对人物在特定情境中产生的感触、思想、情绪、意愿、体验、联想等心理活动的描写，是人物无声的语言。它是对人物心灵深处的细致探索，能更深刻地揭示人物的精神世界和思想品质。宋人陈郁说：“盖写其形，必传其神；传其神，必写其心。”心理描写，正是刻画人物思想性格的“传神”之笔。

心理描写，可以是作者从旁对人物心理活动进行直接刻画、交代和说明，常以“他想”、“他考虑、“他觉得”、“他回忆”等等引出来；可以是内心独白，让作品中的人物自言自语，抒发情感，以明心迹；还可以通过梦境或幻景曲折地反映出人物的思想境界和精神状态，如契珂夫《万卡》的结尾：“过了一个钟头，他怀着甜蜜蜜的希望睡熟了。他在梦里看见一铺暖炕，炕上坐着他的爷爷，搭拉着两条光腿，对厨娘们念信……泥鳅在炕旁边走来走去，摇着尾巴……。”

心理描写有时跟环境描写紧密结合在一起，有时跟人物的行动、语言描写配合使用，互为补充，互相映衬。通过环境、动作、语言、神情、眼光等透露出来的人物心理活动，我们就称之为间接心理描写。无论是直接还是间接心理描写，都必须符合人物的年龄、身份和个性特征，都必须服从于刻画人物和表现主题。

二　环境描写

人是社会生活的主体，事是社会生活的内容，环境则是社会生活的条件。人物的活动，事件的发展，除与时空条件相关而外，还与具体的环境和景物有关。环境描写，就是对社会环境和自然环境作具体而形象的描绘。茅盾先生指出："作品中的环境描写，不论社会环境或自然环境，都不是可有可无的装饰品，而是密切地联系着人物的思想和行动。"①

社会环境，可以指人物活动的处所、背景和氛围等，也可以指一定历史时代的社会生活、社会风情、阶级关系的总和。所以，社会环境的描写有大有小，小而至于房间住所的室内陈设和住宅内外的装饰布置，大而至于一个城市地区的人物活动和当地的风土人情。如《孔乙己》中安排的人物活动的社会环境——咸亨酒店，勾勒出的就是江南集镇的生活风貌和乡土气息：喝的是黄酒，下酒菜是盐煮笋、茴香豆等等。而《红楼梦》第五回，写贾宝玉走进秦可卿的卧室，曹雪芹详尽描绘的只是屋室陈设：使人眼饧骨软的一缕甜香，吟梦咏酒的对联，香艳的春睡图，名贵的宝镜金盘，以及宝榻连珠帐，纱衾鸳鸯枕等等。

自然环境，是指自然风景，如山川草木、日月星辰、风花雪月，鸟兽鱼虫等等，所以也叫景物描写。在写人记事的作品中，写景，有时是用来点明时间、地点和人物活动的背景；有时又作为事件发展的一个环节，一个原因；有时也含有比喻或象征的意义。但主要作用还是烘托人物的性格、思想和感情。如《故乡》

① 《关于艺术技巧》，《茅盾全集》，人民文学出版社1990年版。

开头一段的时令、风声、天色、原野，几笔就写出一片萧条凄凉的景色。这样的写景与“我冒了严寒”，专为告别故乡而回故乡的茫然惆怅心情，完全水乳交融在一起。在游记一类纯属写景或者以写景为主的作品中，景物描写的地位理当更高，作用理当更大，这里就不再专门讲述。

总之，不论是社会环境还是自然环境，不论是静态描写还是动态描写，不论是重彩浓墨、精雕细刻还是寥寥几笔、粗线勾勒，环境描写都要有的放矢：或烘托气氛，或交代背景，或推进情节，或刻画人物，或深化主题……都要有明确的作用，使之成为文章的有机组成部分。

三　细节描写

人类思维的发展是由粗略到精确，文学的发展也是由粗疏到细腻。进入文明社会，人类有了善于思索的头脑和感觉敏锐的心灵，有了对事物细致的感受力，才发现了“细节”。细节描写，就是用准确的语言，把某一现象、某一局部加以特别的突出和强调。因此，这里所说的“细节”，与日常生活中的细节一词有着本质的区别。比如在听取汇报时有人说：“你谈主要精神，至于细节，可以不讲。”意思就是“详细情况”可不讲。细节和情节也不完全相同。情节是一个完整的概念，包含“故事情况”和“生活细节”两个方面的意义，而细节是“生活细节”中最具有典型意义的部分。

细节是文学艺术作品的血肉。细节描写是塑造人物形象，使之达到典型化的重要手段。在一切对人物的描写中，诸如行动、语言、心理、外貌、环境，都可以捕捉提炼典型的细节。吴敬梓笔下的严监生，“临死之时，伸着两个指头总不肯断气”，待到赵氏挑去一茎灯芯才安心死去。这一动作细节，也就入木三分地刻画出了封建末世的土财主一钱如命的性格。提炼习惯用语，也是对人物语言的细节描写。如九斤老太的“一代不如一代”，阿Q的“儿子打老子”，祥林嫂的“我真傻，真的……”，鲁四老爷的“可恶！然而……”，这些习惯用语无不浓缩着人物的思想和性格，常常成了人物性格的化身。此外，细节描写对揭示作品主题、推动情节发展和展示生活环境都能发挥作用。巴尔扎克说：“才能最明显的标志，无疑就是想象的能力，但是在当一切可能的结局都已准备就绪，一切情节都已加工过，一切不可能的都已试过，这时，作者坚信，再进一步，唯有细节将组成作品的价值。”① 这是千真万确的写作经验之谈。

有一位作家说过，写文章是“故事好编，零件难找”，这“零件”指的就是细节。为什么细节难求呢？其一，是因为细节描写要“真”。情节可以杜撰、虚构，细节必须真实，要符合生活真实，反映生活本质。其二，是因为细节描写要“细”。它既要求所选细节必须是生活中细小的事物，又要求所作的描写必须细致。其三，是因为细节描写要“精”。即精心挑选，不堆砌对表现主题、刻画人物作用不大甚至不起作用的细节。其四，是因为细节描写要“传神”。像巨匠运斧，几下就雕琢出人物的精神面貌和性格特征来。鉴于此，唯有深入生活、细心观察体验，才可能捕捉到和提炼出成功的细节来。生动的细节在生活中是可遇而不可求的，也是作者虚构不出来的。

如果把作品的中心事件比作主干，那么细节就是枝叶。细节对主要情节而言，它的存在与否，一般不影响主要情节的连贯性和完整性，但决非可有可无。富有典型意义的细节描写，不仅能增强文章的生动性和真实感，而且能使人物形象丰满，性格鲜明突出，情景真切感人。

① 《个人生活场景·后记》。

【范文】

考　试

叶至诚

教室里，两张一排的桌椅排成三行，坐在椅子上的同学大半都对着一本《代数》，小声小气地念着。不在念书的几个睁大了眼睛望着门口，“来了！来了！”有几个从外面跑进来，叫着。“哇哈！考啦！”不在念书的喊起来。抓紧时间念书的慢慢地拿起书本，眼睛还舍不得离开，终于把书本放进抽屉里。“哇哈！我们要考啦！”教室里所有的人一齐喊起来。

“喂，头道题怎么做?”“……”“快点，头道题！说，快点！”“分解因式。”“咋个分？说呀！”正在出题的先生把脑袋转了过来，眼睛直往有说话声那个方向看。“先生，那是不是 $3x^2$?”催着要头道题的那家伙站了起来。“嗯。”先生的脑袋又转向黑板。

有好几个在咬笔杆。

靠门坐着个穿皮“夹克”的，右手伸出两个指头支在太阳穴上。

中间一行第三排靠左，坐着个高个子。他整上半身往前俯着，背弓得高高的，脑袋跟谁行注目礼似地转向右边，一对耗子眼中的黑眼珠子往右边溜一下，右手里的笔就在纸上写一阵。坐在他右边的那个，埋着头只顾写，突然间停止了，望着黑板。他的脸红起来，从两颊直红到耳根。高个子的黑眼珠不再往右边溜了。他把背紧紧贴着椅背，轻轻地说：“喂，第二道！”

“打一道过来嘛！”一个戴帽子的跟坐在旁边的近视眼说。没有反应。“打不打呀?”还是没有反应。“好，你小心点，下了堂老子捶你！”“啥子嘛?”“打一道过来。”“第几道?”“随便，就是头道。”“分解因式。”“鬼！我还不晓得是分解因式！咋个分?”

“分成（3x+1）（x-1）。”“啥子呀?”戴帽子的凑近近视眼的座位。“（3x+1）（x-1）。”“听不到。”

先生在讲台上走来走去。

望了望先生，乘他眼睛看着别处的时候，高个子的手伸进了抽屉，一本黄面子的练习簿给轻轻地抽了出来，放在大腿上。高个子低了头、手指很快翻那写满字的书页。然后又望了望先生，乘他眼睛看着别处的时候，又把本子轻轻地送进抽屉里。

“先生，笔杆掉了。”穿皮“夹克”的说。“拣吧。”穿皮“夹克”的把笔杆一踢，踢近一个小小的纸团。他先拣起纸团，捏在手心里，顺便把笔杆拣了起来。

近视眼叠好卷子，站了起来。“不打派司嘛？你小心点就是了!”戴帽子的低声骂着。近视眼交了卷子，回到桌边拿笔的时候，塞了个纸团给戴帽子的。戴帽子的打开一看，笑了。近视眼高高兴兴地走了出去。

穿皮“夹克”的又用右手支着脑袋,现在是伸出三个指头了。

高个子的眼珠子又在往右溜了。

戴帽子的在卷子上刷刷地写着。

【范文解说】

此文用漫画手法，千余字的篇幅里栩栩如生地描摹出考试作弊的情景，很有功力。作者首先着墨于“教室里”备考氛围的描写：大半同学“都对着一本《代数》，小声小气地念着”，只有“不在念书的几个睁大了眼睛望着门口”，这就缩小了“作弊对象”的搜索范围，利于对典型场景细描细绘。

接着，具体写了三组作弊的场景：一组是“穿皮‘夹克’的”，作者是让他单独表演；一组是坐在中间一行第三排靠左的“高个子”，他先是“一对耗子眼中的黑眼珠子往右边溜”，再是“把背紧紧贴着椅背”问，最后竟从抽屉里抽出练习簿来偷看；

一组是“戴帽子”的“跟坐在他旁边的近视眼”，作者让他俩既对话又塞纸团，演了一出双簧戏。这三组作弊场景作者没有机械地平列，而是互相穿插，逐步展示，使故事跌宕起伏，引人入胜。这样的巧于安排情节结构，很值得借鉴。

三组作弊场景，不仅“手段”的展示千奇百怪，而且还刻画出了人物的各异个性。“穿皮‘夹克’的”十分机灵狡黠：从他“右手伸出两个指头支在太阳穴上”这一细节，不难推断，站起来佯装提问，“催着要头道题的那家伙”就是他；而故意将笔杆踢近小纸团这一动作描写也是其性格的生动体现。而“高个子”就略显粗笨拘谨：当“坐在他右边的那个”因他的偷看而“脸红起来”时，高个子的黑眼珠竟“不再往右边溜了”，只好另觅他途。“戴帽子的”呢？实可谓霸道蛮横：先要题，后威胁，最后急得低声骂起“近视眼”来。其他人物虽然着墨不多，但一举手、一投足都无不显示出鲜明的性格。

结尾用特写镜头再一次展现三个典型人物的作弊细节，戛然而止，作者对这三个人物的鄙视与嘲讽却不露声色地显示出来，令人久久地寻味。

【范文】

鲁迅先生记

萧　红

鲁迅先生家里的花瓶，好像画中所见的西洋女子用以取水的瓶子，灰蓝色，有点从瓷釉而自然堆起的纹痕，瓶口的两边，还有两个瓶耳，瓶里种的是几棵万年青。

我第一次看到这花的时候，我就问过：

“这叫什么名字？屋里既不生火炉，也不冻死？”

第一次，走进鲁迅家里去，那是快近黄昏的时节，而且是个冬天，所以那楼下室稍微有一点暗，同时鲁迅先生的纸烟，当它离开嘴边而停在桌角的地方，那烟纹的卷痕一直升腾到他有一些白丝的发梢那么高，而且再升腾就看不见了。

“这花，叫‘万年青’，永久这样!”他在花瓶旁边的烟灰盒中，抖掉了纸烟上的灰烬，那红的烟火，就越红了，好像一朵小花似的，和他的袖口相距离着。

“这花不怕冻?”以后，我又问过，记不得是在什么时候了。

许先生说:“不怕的,最耐久!”而且她还拿着瓶口给我摇着。

我还看到了那花瓶的底边是一些圆石子，以后，因为熟识了的缘故，我就自己动手看过一两次，又加上这花瓶是常常摆在客厅的黑色长桌上；又加上自己是来自寒带的北方，对于这在四季里都不凋零的植物，总带着一点惊奇。

而现在这“万年青”依旧活着,每次到许先生家去,看到那花,有时仍站在那黑色的长桌上,有时站在鲁迅先生照像的前面。

花瓶是换了，用一个玻璃瓶装着，看得到淡黄色的须根，站在瓶底。

有时候许先生一面和我们谈论着，一面检查着房中所有的花草。看一看叶子是不是黄了？该剪掉的剪掉，该洒水的洒水，因为不停地动作是她的习惯。有时候就检查着这“万年青”，有时候就谈着鲁迅先生，就在他的照像前面谈着，但那感觉，却像谈着古人那么悠远了。

至于那花瓶呢？站在墓地的青草上面去了，而且瓶底已经丢失，虽然丢失了也就让它空空地站在墓边。我所看到的是从春天一直站到秋天；它一直站到邻旁墓头的石榴树开了花而后结成了石榴。

从开炮以后，只有许先生绕道去过一次，别人就没有去过。当然那墓草是长得很高了，而且荒了，还说什么花瓶，恐怕鲁迅先生的瓷半身像也要被荒了的草埋没到他的胸口。

我们在这边，只能写纪念鲁迅先生的文章，而谁去努力剪齐墓上的荒草？我们是越去越远了，但无论多么远，那荒草是总要记在心上的。

【范文解说】

这是一篇记鲁迅先生的文章。它没有记鲁迅先生的生平事迹，也没有记鲁迅先生的处世为人，却只是记了鲁迅先生家里的花瓶，和花瓶里种的那几棵万年青。作者以环境细节为线索，连缀了第一次跟鲁迅先生见面和两次跟许先生见面的情景，甚至还由此写到了鲁迅先生的墓地，家里的“花瓶是换了，用一个玻璃瓶装着‘万年青’”，“那花瓶”虽然“瓶底已经丢失”了，却还“空空地站在墓边”陪伴着鲁迅先生。作者竟将“那花瓶”写得如此灵通传神。

“一切景语，皆情语也。”即使是记叙三次见面，作者也是泼墨于万年青和花瓶。第一次见面，鲁迅先生说：“这花，叫‘万年青’，永久这样！”与其说这是鲁迅先生对万年青不畏严寒，永葆青春的热情赞叹，不如说这是鲁迅先生的信仰与追求的由衷坦露。第二、第三次见面，许先生说：“不怕的，最耐久！”并将万年青“站在鲁迅先生照像的前面”，不停地仔细检查，精心呵护，这全然不仅出于“习惯”，更是出于许先生对鲁迅先生的不倦思念与无限崇敬。直到写墓地上的花瓶和荒草，虽说是点染出了日寇侵略给我国带来的灾难，但充溢于字里行间的，更是作者对鲁迅先生永远的怀念。

万年青象征着鲁迅先生的精神永垂千秋，暗示着鲁迅先生的形象永远活在人们心中。而作者又没有孤立地描写这一细节。作者写黄昏时鲁迅抽烟，“那烟纹的卷痕”升腾的情景，写“他在花瓶旁边的烟灰盒中，抖掉了纸烟上的灰烬”的情景……这些日常生活细节与万年青相映成趣，使人倍感自然、真切，于朴实、平淡之中再现了真实而丰满的人物形象。

【思考题和练习题】

1. 据报载“新华社驻科索沃地区的几位青年记者发回的新闻背景材料信息丰富、平铺直叙，得到新闻部主任的赞扬”；而叙述的理想境界却是“波澜起伏，不平铺直叙”，两者不是有矛盾吗？“平铺直叙”与“波澜起伏”之间究竟是什么关系？

2. 据说俄国有一个文学青年，写了一篇描写乞丐生活的短篇小说，去请教著名作家陀思妥耶夫斯基。小说中有一句写一个吝啬绅士给乞丐一个小钱的话。原文写道，“他把一个钱投到乞丐的手里。”陀思妥耶夫斯基看了很不满意，便给他改为：“他把一个小钱向乞丐投下，钱落在地上，叮叮当当地滚到了乞丐的脚边。”这一改动与原文显然大不一样了。请问陀思妥耶夫斯基为什么“不满意”原句？改动以后又好在什么地方？

3. 阅读下面两段话，任选其中一段蕴含的观点，写一篇记叙文，题目自拟。

①在活生生的现实里有很多美的事物，或者更确切地说，一切美的事物只能包括在活生生的现实里。②每个人身上都有自己的明月和星光，都有自己的彩云和彩虹。每个人都有可能放射出生命的光辉。

第三节　议　　论

议论，是一种评析、说理的表达方式。即运用事实和事理材料，通过逻辑推理，来阐述道理，明辨是非，从而表明作者的主张和观点。它主要用于论说文体，在记人、叙事、状物的文章中也间或使用，起着“画龙点睛”、概括深化的作用。记叙以情感人，议论以理服人。记叙，主要通过叙述、描写生活中的人或事表现作者的思想感情；议论，运用概念、判断、推理、证明等思维手段来证明现实生活中的事理或规律，它不需要“通过”什么，而是直接“阐明”。从记叙与议论的区别中我们不难领悟到，议论的特点是内容具有鲜明的说理性，行文具有严密的逻辑性，表达具有显豁的直露性。

说理性。就是说议论总是要宣传某个观点，讲清某个道理，要提出问题，分析问题，解决问题，以达到说服别人的效果。“以科学的理论武装人，以正确的舆论引导人，以高尚的精神塑造人，以优秀的作品鼓舞人”，这是精神文明建设的需要，也可以作为议论的指导思想。因此，我们在议论时应当摆明自己对所议论的问题所持的主张和见解，肯定什么，否定什么，赞成什么，反对什么，都要明白清楚，不能含糊其词，模棱两可。这就是提出论点。光有正确鲜明的论点，而得不到真实有力的论据来证明它，那论点还只是一种孤立的口号，一种单一的定义，也就难以令人信服。如果我们能用充分而有力的事实论据（确凿的事例、现象、数字等等）和理论论据（公认的道理，古今中外于国于民有益的名言、警句等等）使提出的论点“摆得上桌”，“经得起驳”，那就达到了叶圣陶先生曾经说过的：议论文以“说服他人”为成功。

逻辑性。一则体现于观点和材料的统一，二则体现于运用论据证明论点的论证过程的合理。怎样使观点和材料统一呢？这就是要真正把握住观点和材料之间的关系，要使自己选用的材料能真正跟需要证明的论点挂得上号。有时候一个事实材料或一段名人言论中包括多方面的内容，选用的时候就只要把能证明论点的那个部分或侧面简明扼要地说清楚就行了，无需从头至尾地详尽描述。

怎样做到论证过程合理呢？我们认为首先是“按步骤”。古人认为，写文章有“起、承、转、合”四步。所谓“起”，就是文章的开头即阐明观点。“承”，就是一般地论证观点。“转”，是在论证的基础上作深入的挖掘，或者从一个新的角度进一步论证观点。“合”，就是文章的收尾，作最后的总结。今人认为，从写作上看，一篇典范的议论文应该有“引论、本论、结论”三部分组成。安排论证结构时，当然不是硬套这框框、那形式，而是借助它们来对议论进行总体设计。其次是“出层次”。就是在论证中心论点的时候，一定要将它分解成几个分论点来谈，也就是找出几点理由来证明所持论点的正确性，不能只是一点理由。如果确实只有一点理由，也应该“正”过来说了再“反”过去说说。层次之间的联系可以是并列的、对照的、递进的、总分的，只要适应内容的需要，都是写得出层次感来的。最后是“有分析”。也包括两个方面：一是围绕论点摆出事实或引出道理之后，还应该分析一下它们与论点之间有什么关系，讲清楚它们为什么能证明论点，或者说清楚它们是证明论点中的哪一部分，而不是单纯地罗列事例或堆砌名言。千万不可只摆事实不讲道理，一定要将“摆事实”纳入“议论”的轨道。二是不能宣传片面的、孤立的、绝对化的观点，应该对问题进行辩证的分析。

直露性。主要是说议论的语言有它的独特风格，它要求准确、严密、简练。这里所说的准确，是指每个概念、每个判断都用非常确切的语言表达出来；严密，是指慎重地选词造句，使之不生歧义，语意鲜明；简练，则要求达到“言简意赅”的境界，如果暂时不能，那就做到“言简意明”。当然，议论的语言和其他表达方式的语言一样，也要具有生动性，它并不排斥多种修辞方法的运用和句式的灵活多变。但是，议论语言的生动性，并不像叙述和描写那样为了艺术地再现现实生活，而是为了使论述更有说服力和感染力。所以，议论的生动性一般是指使意思表达更直露、更透彻的诙谐与幽默；在“摆事实”时也切忌“描述”，只能“评述”。

关于议论的三要素和常见的几种论证方法等等知识，在中学阶段已有较详细、全面的学习，这里就不再说明了。下面着重谈谈临场写作一般议论文时，在立意布局、构思谋篇上必须解决好的几个问题。

一　中心论点的提纯

写议论文至关重要的第一步，就是确定文章的中心论点；而临场写议论文，就必须在仔细审视、体会题目的同时，通过思考、推究，提炼和确定出中心论点来。由于临场时我们面对的题型多样，因此，提炼和确定中心论点的章法也不可能完全一致。

1．论点型。如 1982 年台湾高考题“从挫折中培养勇气”、1972 年台湾高考题“现代知识青年如何培养义务感和责任心”等，这类文题以句子的形式对所要论述的对象作出了明确的判断，标明了对论述事物所提问题的观点、主张和见解。写作者必须以题目中所标明的观点，作为这篇议论文的中心论点；也只要围绕文题列举事实，讲清道理就行了，千万不能“另起炉灶”。

2．诗文型。是从古今名诗名文中撷摘语句作为文章的题目。这类文题的含义，与原来诗文及作者思想联系较紧，蕴藉较深，一般不能光从字面上确定中心论点，而应该联系原诗原文，联系作者思想，反复琢磨，反复思索，力争把握命题的要旨。如 1982 年全国卷高考题“先天下之忧而忧，后天下之乐而乐”，范仲淹是在讲自己应该“先忧后乐”，有的学生确定的中心论点却是“要忧天下，不忧自己”，“为天下忧，为天下乐”；结果当然是“下笔千言离题万里”了。

3．范围型。文题只圈定一个论述范围，只提供一个论题，让你自己从中确定中心论点，然后具体进行论证。如 1989 年台湾高考题“论虚心”，你读完文题后确定“虚心使人进步”作为中心论点固然不错，但是，有的人却议论“什么是真正的虚心”、“妄自菲薄不是虚心”、“虚心的大敌是以己之长比人之短”……立意也就新颖得多了。确定这类文题的中心论点必须注意三点：一是准确领会议论范围。二是恰当缩小议论范围，使论点进一步具体、明确成一句话，并依此展开议论，不再旁逸出去。三是要上升到理性认识，不停留在概念的字面上，力求摆出个人的见解和比较深刻的认识。

4. 关系型。这类文题往往是多个词（或词组）的组合，如1986年全国卷高考题“树木·森林·气候”、1970年台湾高考题“论精神生活与物质生活”等。这里又有两种关系：一种是比较显露地强调思维的辩证性，如以上两题便是；另一种虽无直接的辩证关系，但有内在联系，如1991年台湾高考题“争与让”和“理想与现实”、“事业和职业”等。对这类文题要先把两者或几者的关系梳理清楚，然后从中引出中心论点来，不能直接把“事业和职业”当作自己的见解与主张来议论。

5. 寓意型。这类文题往往是成语、谚语或俗语等，如“行百里者半九十”、“疾风知劲草”；或者文题本身运用了修辞格，如“灵感与汗水”。不能将文题当作论点来议论，需要我们根据自己的体会作深层的理解，挖掘出深藏在其中的真正主题来。如“灵感与汗水”一题，若只从表面理解，于是大谈这两种心理或生理现象的关系，那自然有悖命题本意；若能了解“灵感”是喻指天资、才干，“汗水”是喻指勤奋、刻苦，我们就着重议论天才与勤奋的辩证关系，那当然就切合文题要求了。

6. 选择型。如1991年全国题“近墨者黑/近墨者未必黑”，要求择一而议。只要执其一端，自圆其说就可以了；决不能写成“近墨者黑”说得对，“近墨者未必黑”也不错。1998年全国卷供选的两个题目“坚韧——我追求的品格”和“战胜脆弱”，严格地讲是有区别的。前者应着重写自己的心理承受力一向较强，因为“我追求”坚韧；后者应着重写自己原先“脆弱”，以后终究“战胜”了它。固然“战胜脆弱”也就变得“坚韧”了，但是，两题的起点不一样，举出的实例也应该有差异。如何取舍？应该确定适合表达你的心理承受力的那一个文题来写。

7．发挥型。这类文题中大多有“说开去”、“从……谈起”、“……的启示”等词语。这类文题的议论需要借“此”说“彼”。也就是要从文题所要求谈的对象的内涵中，紧密联系现实与自己的思想认识，确定一个恰当的引申“点”，就以此“点”作为中心论点。如1987年上海卷高考题“有感于五十年前的今天”，所谈对象是1937年7月7日卢沟桥事变，由此想起抗日战争，并引申到“落后就要挨打”或者“要不畏强暴，敢于抗争”，只要根据自己的优势确定一个便于论述、有话可说的方面或者富有新意的立论角度，这就是最佳中心论点。

以上七种题型都是给现成的题目，让我们按自己对文题的理解构思立意、运笔成文，是传统的命题方式，我们姑且将它们归并为一个大类——命题型议论文题。

8．供料型。近年来平素作文训练和各类考试作文，时兴一种非命题——给材料作文方式。这种供料议论，就是给你一段、两段或几段材料——寓言、故事、真人真事、名人言论、若干数字、一段对话、几个观点、一幅漫画、一张图表等等。这种供料议论，其实是一种变相的命题作文。因为所给的材料，一般总有倾向或中心，其实就是限定了议论范围或议论中心。供料议论确立中心论点的最稳妥的办法，是根据材料的基本义来立意。1983年全国卷高考题是就漫画《这下面没有水，再换个地方挖！》进行议论。不少学生仔细琢磨这幅漫画，提炼出了“不能浅尝辄止，半途而废”、“急于求成，事倍功半”等论点，这些都是从这幅漫画的基本义出发的，因此也都是正确的立意。有的学生只走马观花地溜了一眼，根本没有看懂画面的内容，就议论起“愚公精神”、“破坏大坝绝无好下场”来，确定这样的中心论点，显然与所供漫画的意旨相去太远，甚至毫不相干。

根据相反的事物之间具有同一性的原理，有些供料议论也是可以通过逆向思维，一反原材料原作者的初衷确定中心论点的。如“东施效颦”这则寓言故事，我们通过顺向思维，不难发现原作者赋予作品的寓意：不顾自身条件生硬地模仿别人是要遭耻笑的。但是，通过逆向思维，未尝不可另辟蹊径，赞扬敢于效颦西施、虚心好学的东施。甚至我们还可以由此议论“哪怕模仿得生硬，也总比在一旁嫉妒西施强”等等通过多向思维提炼出来的论点。但是，多角度、多侧面、多空间地思考，都必须始终维护思维客体的“同一性”，而且就一篇近千字的议论短文而言，不可能什么都谈，面面俱到，一般只能确定一个中心论点来集中而透彻地进行论证。这就是选取一个既基于原材料，又不偏执片面、荒诞不经，对你来说又说得清、道得明的观点作为中心论点，它是议论的最佳“切入”点。

诚然，我们要求每篇议论文的中心论点，应该是经过“提纯”、尽可能简洁有力的一句话，而且一般以判断句的形式出现，或肯定，或否定，二者必居其一，绝不可含糊其辞。但是，中心论点的表述位置倒并不强求一律。可以像“开门见山”那样，一起笔就直截了当地亮出自己的观点，一语破的，毫不含糊。也可以卒章显志，待到全文行将煞尾时才点明议论中心。如西汉著名文学家贾谊的《过秦论》就是一直写到最后一句话，才明确道出造成秦朝迅速灭亡的根本原因是“仁义不施而攻守之势异也”。这种篇末亮底的表述，常能使议论出奇制胜，耐人寻味。但对初学者来说，效法应当慎重。

二　论证层次的设计

陶铸的《崇高的理想》一文的中心论点是“实现共产主义是

我们最崇高、最伟大的理想”。为什么呢？作者先讲“每一个人都有他自己的理想”，二讲“理想是有社会性、阶级性的”，三讲“历史上有许多具有伟大理想的人”，四讲“理想问题实质上是世界观问题”，五讲“我们的时代、社会是实现崇高理想最好的时代和社会”，最后才讲到“实现共产主义是我们最崇高、最伟大的理想”。如果没有前面逐层深入的“五讲”，《崇高的理想》一文的中心论点是站不住也立不稳的。

“山重水复疑无路，柳岸花明又一村”，高度概括了我国传统园林建筑艺术的巧妙构思，也表达了人们迷恋“曲径通幽”布局的审美情趣。议论文写作虽说需要直陈胸臆，直白道理，不能扑朔迷离，云山雾罩，但是，总不能一直停留在初学议论时的“老三段（开头—举例—结论）”上，能比较全面、透彻地论理，能写得有层次、有深度，应该是大家追求的目标。

怎样设计论证层次呢？关键在于善于寻找和排列分论点。这固然有赖于写作者认识水平、思维品质、分析能力的提高，非经过一段时间的学习、揣摩、实践、锤炼不可。但是，段的划分、段的排列，也还是有处理技巧可言的。下面介绍几种“设置分论点”的基本方法，供大家谋篇布局时量力而行，择善而从。

1．列据法。是依据“通过简单引述提出论点—列出可说明论点的尽量得力的论据—针对论据进行解析剖释”的思路来设置分论点。如议论“多几个畏友好”时，就可借助此法设计出三个分论点来：一、“道义相砥，过失相规”的朋友是“畏友”；二、三国时期徐原与吕岱是一对畏友，英国剧作家莎士比亚与本·琼森也是一对畏友；三、吕岱、莎士比亚为什么要跟总是毫不客气地批评自己的人交朋友。

2．设疑法。是依据“什么—为什么—怎样”的提问思路来设置分论点。比如以“人生自古谁无死，留取丹心照汗青”为题议论，就可以借助此法设计出三个分论点来：一、解释文天祥这两句诗的意思，亮出“人应为国为民而生而死”的观点；二、为什么应取这种人生态度；三、在日常生活和工作中怎样培养这种高尚的生死观。

3. 分类法。说理过程中，需要列举几个并列的事例、阐述几个并列的理由的时候，就应该分门别类地设计出几个分论点来。如果以“说‘勤’”为题议论，确定的中心论点是说说“勤”的好处，就可以借助此法设计出如下分论点来：一、“勤能补拙”，能使禀赋差的人不断提高；二、“勤能生巧”，能让人有所发现，有所创造；三、“勤能致富”，能让人获得精神、物质两个文明的双丰收。

4. 正反法。这是一种唾手可学的方法，也就是先从正面（或反面）思考设计一个分论点，再从反面（或正面）思考设计一个分论点。如“小议‘改革’”，就可以借助此法先谈“当前中国改革是大势所趋，人心所向，是历史赋予当代中国人的重任”，再论“如果不改革或延缓改革步伐，国家不能富强，社会不能前进，人民生活不会提高，古老的中华就有‘被开除球籍’的危险”。

5. 层进法。是依据“逐层深入，追本溯源”的思维模式来设置分论点。上文提到的《崇高的理想》就是借助此法设置分论点的典型。再比如“讲点‘忍’的美德”，当思考到为什么要“忍”时，你就可以“追本溯源”派生出两个分论点来：一、爱发火，并不单单是性格上的因素，还应该是道德修养上的缺陷；二、爱发火，多半是手中没有真理。

6. 辩证法。是依据“对立统一”的法则多角度、多侧面地设置分论点。请看笔者的一篇议论文：

尊师面面观

生活是多棱镜，尊师也需面面观。

对于学生，老师是自己吮吸知识乳汁的母体，“见到老师问声好”，应该。更应该的是，聆听老师的谆谆教诲，消化老师的悉心批改……真正的尊师，是万分尊重老师的辛勤劳动。

对于家长，老师是身生骨肉扬起生活风帆的向导，“老师登门敬香茶”，应该。更应该的是，不袒护子女的过失，不忘却老师的叮咛……真正的尊师，是密切配合老师培育人才。

对于社会，老师是人类灵魂的卓越雕塑家，把当老师视为“最令人尊敬的职业之一”，应该。更应该的是，濒临坍塌的校舍急需修葺，老师的衣食住行有待改善……真正的尊师，是鼎力协助老师办好教育。

假定学生、家长、社会是尊师的“那面”，老师自身，也就成了尊师的“这面”。

如果“这面”粗（指“才疏学浅”）俗（指“辱人贱行”）不堪，面目可憎，又怎能强令“那面”尊而敬之呢？韩愈说：“道之所存，师之所存也。”“道”之不存呢？势必是“师”之不存也。可见，要崇尚尊师，“这面”的当务之急是要自强、自爱、自尊。

“这面”是个集合概念。因此，对组成“这面”的每一单个而言，“自尊”理当加强修养，增进才干，“自卑自贱”不可有，“以身作则”不可无；对组成“这面”的单个之间而言，“自尊”理当互相关心，互相爱护，“文人相轻”不可有，“肝胆相照”不可无。“自尊”加“互尊”，才得以使“这面”光彩夺目、熠熠生辉！

“互尊”又不能囿于“这面”，“互尊”更应该体现在“那面”：像烛炬那样热爱学生，像挚友那样礼待家长，像春蚕那样献身社会。①

---

① 原载1986年9月16日《中国教育报》。

笔者的这篇六七百字的短文，写于全社会都在大谈“尊师重教”的热烈气氛中。当时，不少教师只是感觉到“我应该受到尊敬”，而笔者却认为：当别人尊敬你的时候，你应该更加尊重自己，尊重别人。怎样讲清这一观点呢？于是笔者想到了“尊师”应该有“那面”和“这面”；“那面”应该怎么“尊”，“这面”又应该怎么“尊”。从“尊师”到“自尊”、再到“互尊”，也就设置出了一系列分论点、小论点，理出了一条清晰的文章思路。这不能不说是辩证法指导笔者讲清了“尊师”的方方面面，从而写出了这一篇较受欢迎的小文章。

以上归纳的六种设计论证层次的方法，很难说有多确切精当。因为“设疑法”（什么—为什么—怎样）也是一种递进，它跟“层进法”有所交叉，很难严格划分，为了方便起见才将它们分开来说的。同时，议论的时候根据阐发论点的需要，六种方法也是可以交叉、综合使用的，不可能单一、纯净。虽然我们对六种方法的界定和使用完全可以模糊，但是，设置分论点必须始终围绕着中心论点来进行，绝不能旁逸斜出，这一点，是来不得半点含糊的。

三　得力论据的选用

中心论点和分论点都需要有得力的论据来支撑，这是写作者都明白的。但在选用论据时，有的取例范围狭窄，往往搜索枯肠，找不到几个具有说服力的论据来；有的对所用论据记得不真切，有时甚至张冠李戴，不知所云；有的用例不得法，总是千篇一律，不加分析地把一个个论据堆砌在一起就算数……针对取例、用例方面的实际情况，下面从六个方面谈谈论据的撷选和处理。

第一，吻合论点。论据是为论证论点服务的，所以撷选论据的首要原则是瞄准论点，吻合论点的需要。如论点是“天才出于勤奋”，那就要挑选那些天资不一定聪颖，条件不一定优越的人，他们靠日积月累，勤学苦干，锲而不舍，奋力拼搏，才做出让世人瞩目的非凡成绩的事例做论据。爱因斯坦的“第三只小板凳”的故事，倒是能有力地证明这一论点的，因为这则故事恰恰说明爱因斯坦小时候是个笨孩子，但仍能勤奋努力，不断进取，不怕嘲讽，充满自信。

要做到论据的“吻合性”好，最有效的办法是将类比推理运用于取例的过程之中。如果要论证“虚伪者却爱披真诚的外衣，圆滑者爱扮得憨态逗人”，就可以抓住事物之间相类的特征，选用这样两例：“非洲有一种蝮蛇，藏头缩尾，做乖觉可爱状，冷不防地给别的动物致命一击。还有一种堪称‘装相大师’的毒蛇，直挺挺地攀在树枝上，敛凶恶阴险之相，显老实可靠之态，使飞鸟误以为树枝可憩，欣欣然而落之，自送蛇口，不明不白即成冤鬼。”刘勰在《文心雕龙》中说过，“酌事以取类”，运用“类似法”选取论据，可以较好地克服论据与论点之间若即若离、油水分离的偏向。当然，如果从反面取例，就应该考虑到所取论据确实“类似于”论点的反面，“明”的反面是“暗”，不是“黑”。

第二，放开思路。有人将论点比作一株粗壮参天的大榕树，而论据就像是在其底部辅弼、拥簇着它的气根。意思是说只有蕴藉丰厚，才能森罗万象、摇曳多姿。在《崇高的理想》一文中，作者为了论证“伟大的理想合乎社会进步，合乎人民的利益，合乎社会发展的规律，所以对于一些具有伟大理想并为伟大理想而斗争的人，千百年来人们一直在尊重他们，怀念他们，纪念他们”这样一个分论点，竟一口气举了十一位历史人物的事迹，说明他们的功绩一直流传到后世，他们的形象一直活在人民的心中。

像陶铸那样淋漓尽致地用例，当然不是写议论短文所要求的。但是，它却从另一个角度启示我们：现实生活中例源非常广阔，甚至可以说确实是“俯首即拾”；陶铸提到的十一位历史人物，我们在书本上、甚至教科书中也都结识过，可以说我们每个人的“论据库”也应该是较丰裕的了。那为什么我们议论时总是感到“饥肠辘辘”，甚至苦于“无米下锅”呢？其主要原因是构思、谋篇时“想”得不够，没有放开思路，没有将脑际心田的源头活水清滤一遍，就急于动笔完稿，当然在取例和用例上也就捉襟见肘了。

第三，注重精当。上面我们讲到陶铸为了论证一个分论点，竟列举十一位历史人物的事迹，这在议论短文的写作中是不能容忍的，在长篇演讲中也是比较罕见的。然而，当我们稍作分析又会由衷感到，所列论据却是十分必要、不可或缺的。因为论点本身的时间跨度就很长，是“千百年来”，这当然必须从“夏禹”一直说到“孙中山”；论点本身的涵盖面就很广，是三个“合乎”，这当然必须有代表性地选取一些民族英雄、人民英雄、大发明家、大科学家作为“我国历史上”“有伟大理想的人”的佐证。应该说这里的论据选用还是精当的，恰到好处。作为议论短文，在取例上当然就更应该讲究以少胜多。

何谓“精当”？首先是必须选取真实、具体、确凿、可靠的论据。有关人名、地名、时间、情节等要力求确切；加引号的名言或诗文必须忠于原文，不能断章取义。其次是必须选取具有一定的典型性、涵盖力或代表性的论据，尽可能做到少而精。“少”也不是少到只用一个论据，论据数量充足毕竟会增强论点的稳固性。“以点带面”既可以保证论据的典型性，又可以保证论据数量的充足。再次是必须选取让人耳目一新、趣味横生的论据，一篇议论短文能有一两个新鲜、生动的“独家新闻”作为论据，一定会增姿添色不少。

第四，联系自己。写议论文，总是要求我们“联系实际”。很多学生又总是将这一要求理解为“运用事实论证”，这实在是一种误解。“联系实际”是运用文章中的观点去解决实际生活中的问题。如果把生活中的问题看成一把锁的话，那么文章的观点就是一把钥匙；联系实际，就是运用“观点”这把钥匙去打开现实生活中“问题”那把锁。如果说联系实际时老是习惯于“联系”历史，“联系”社会，“联系”别人，就是不“联系”自己，严格地说，还是“纸上谈兵”，是板着面孔在教训别人。

所以，我们主张议论时尽可能多地考虑如何联系自己，把自己摆进去“现身说法”，谈谈自己经历过的那些吻合论点要求的酸甜苦辣、成功与失败；或者密切联系个人的认识、体会，使人感到你的文章言辞中肯，不是“虚张声势”。由于“从我说起”了，论据资源也就更丰富，论据搜集也就更便捷，论据处理也就更得心应手了。这是应该乐而为之的。

第五，表述简约。论据的用语要惜墨如金，高度浓缩。因为论据的任务不是为了作用于读者的感情，让别人悲、喜、怒、爱、恨，而是为了论证论点，作用于人的理智，使别人同意并接受你的主张。尤其在引用事实论据时，更要注意表述简明、扼要、概括、精炼，以把跟论点有关的内容交代清楚为度；要少写或不写细节，少写或不写对话，不要铺排与渲染，无需描写和烘托。就是引用名言、诗文等理论论据，只要没有损害或歪曲原文意思，只需引用足以证明论点的一两句即可，从这个意义上讲，可以“掐头去尾”。但是，简约的“度”，又是不能简单划一的。“点面结合”时的“点”，不妨多费些笔墨，将它讲具体，讲生动，讲清楚，以它为主证明论点；“面”只需要用一串类似排比的句型,列举一些“认知度”高的一般性论据即可,不必多费口舌。

第六，要有分析。围绕论点摆出事实或引出理论之前、之后，还应该分析一下它们与论点之间有什么关系，讲清楚它们为什么能证明论点，说清楚它们是证明论点中的哪一部分，让它们跟论点真正挂上钩，而不是单纯地罗列事例或堆砌名言。如蔡元培先生在《洪水与猛兽》这篇短文里，要证明军阀是猛兽，就引了公明仪的话："庖有肥肉，厩有肥马，民有饥色，野有饿莩，此率兽而食人也。"光引用这一段话是无论如何证明不了"军阀是猛兽"的。但是，当读完紧接引文的分析"现在军阀的要人，都有几百万几千万的家产，奢侈的了不得，另种好好作工的人，穷得饿死，这不是率兽食人的样子么"以后，我们就既读懂了所引原文，也明白了作者引用这段古语的意思，使引语真正服务于论证、服从于论点。

【范文】

快乐的死亡

陆文夫

作家有三种死法。一曰自然的死，二曰痛苦的死，三曰快乐的死。

自然的死属于心脏停止跳动，是一种普通的死亡形式，没有特色，可以略而不议。快乐的死和痛苦的死不属于心脏停止跳动，是人还活着，作品已经，或几乎是没有了！

作家没有了作品，可以看作是个人艺术生命的死亡、职业的停顿。其中有些人是因为年事已高，力不从心。这不是艺术的死亡，而是艺术的离休，他自己无可自责，社会也会尊重他在艺术上曾经作出的贡献。

痛苦的死亡却不然，即当一个作家的体力和脑力还能胜任创作的时候，作品已经没有了，其原因主要是由于各种苦难和折磨（包括自我折磨）所造成的。折磨毁了他的才华，苦难消沉了意志，作为人来说他还活着，作为作家来说却正在或已经死去。这种死亡他自己感到很痛苦，别人看了心里也很难受。

快乐的死亡却很快乐。不仅他自己感到快乐，别人看来也很快乐。昨天看见他大会上作报告，下面掌声如雷，今天又看见他参加宴会，为这为那地频频举杯。昨天听见他在高朋中大发议论，语惊四座，今天又听见他在那些开不完的座谈会上重复昨天的意思。昨天看见他在北京的街头，今天又看见他飞到了广州……只是看不到或很少看到他的作品发表在哪里。

我不害怕自然的死，因为害怕也没用，人人不可避免。我也不太害怕痛苦的死，因为那时代已经过去。我最害怕的就是那快乐的死，毫无痛苦，十分热闹，甚至还有点轰轰烈烈。自己很难控制，即很难控制在一定的范围之内。因为我觉得喝酒不一定完全是坏事，少喝一点可以舒筋活血，据说对心血管也是有帮助的。作家不能当隐士，适当的社会活动和文学活动可以开阔眼界，活跃思想，对创作也是有帮助的，可是怎么才能不酗酒、不作酒鬼，这有益的定量究竟是多少呢？怕只怕三杯下肚，豪情大发，嘟嘟嘟，来个瓶底朝天，而且一顿喝不上便情绪不高，颇有怨言，甚至会到处去找酒喝，呜呼，快乐地死去！

【范文解说】

初看文题，就觉得这篇文章非同凡响。议论“死亡”，也许难以脱俗；而议论“快乐的死亡”就很醒目，很有一番新意，很能引起读者的关注。议论文的拟题确实是应该越“艺术”越好。而“艺术”又不等于高深莫测，本文的文题就质朴无华，并不难懂，却具有极大的艺术魅力。

什么是“快乐的死亡”呢？当然应该作些必要的界定与阐释。开头的五个自然段便可以看成是对文题的阐释：首先指出本文是议“作家”的三种“死法”；然后指出自然的死“可以略而不议”，而“人还活着，作品已经，或几乎是没有了”的两种“死”倒很值得议议；接着排除一种因“年事已高，力不从心”而没有作品，指出它不属“艺术的死亡”之列；再接着谈论“痛苦的死”；最后便议及“快乐的死亡”，作者着墨于描述“他”的“快乐”，快乐得整天东奔西走，忙上忙下，赴宴讲话，不亦乐乎，“只是看不到或很少看到他的作品发表在哪里”。

如此层层深入的界定与阐释，不仅使议论中心清楚明晰，而且也渗透了作者的谅解、同情与蔑视。最后一个自然段，作者没有厉声呵斥“快乐的死”，而是借讲清“我”对这三种“死法”的态度——“不害怕”、“也不害怕”、“最害怕”，无情地鞭挞了“快乐的死亡”。运笔生动形象，表意简练干脆，出发点也纯属与人为善。

【范文】

读书苦乐

杨　绛

读书钻研学问，当然得下苦功夫。为应考试、为写论文、为求学位，大概都得苦读。陶渊明好读书。如果他生于当今之世，要去考大学，或考研究院，或考什么“托福儿”，难免会有些困难吧？我只愁他政治经济学不能及格呢，这还不是因为他“不求甚解”。

我曾挨过几下“棍子”，说我读书“追求精神享受”。我当时只好低头认罪。我也承认自己确实不是苦读。不过，“乐在其中”，并不等于追求享受。这话可为知者言，不足为外人道也。

我觉得读书好比串门儿——“隐身”的串门儿。要参见钦佩的老师或拜谒有名的学者，不必事前打招呼求见，也不怕搅扰主人。翻开书就闯进大门，翻过几页就升堂入室；而且可以经常去，时刻去，如果不得要领，还可以不辞而别，或者另找高明，和他对质。不问我们要拜见的主人住在国外国内，不问他属于现代古代，不问他什么专业，不问他讲正经大道理或聊天说笑，都可以挨近前去听个足够。我们可以恭恭敬敬旁听孔门弟子追述夫子遗言，也不妨淘气地笑问“言必称‘亦曰仁义而已矣’的孟夫子”，他如果生在我们同一个时代，会不会是一位马列主义老先生呀？我们可以在苏格拉底临刑前守在他身边，听他和一位朋友谈话；也可以对斯多葛派伊匹悌忒斯（Epictitus）的《金玉良言》思考怀疑。我们可以倾听前朝历代的遗闻逸事，也可以领教当代最奥秘的创新理论或有意惊人的故作高论。反正话不投机或言不入耳，不妨抽身退场，甚至砰一下推上大门——就是说，拍地合上书面——谁也不会嗔怪。这是书以外的世界里难得的自由！

壶公悬挂的一把壶里，别有天地日月。每一本书——不论小说、戏剧、传记、游记、日记，以至散文诗词，都别有天地，别有日月星辰，而且还有生存其间的人物。我们很不必巴巴地赶赴某地,花钱买门票去看些仿造的赝品或“栩栩如生”的替身,只要翻开一页书,走入真境,遇见真人,就可以亲亲切切地观赏一番。

说什么“欲穷千里目，更上一层楼”！我们连脚底下地球的那一面都看得见，而且顷刻可到。尽管古人把书说成“浩如烟海”，书的世界却是真正的“天涯若比邻”，这话绝不是唯心的比拟。世界再大也没有阻隔。佛说“三千大千世界”，可算大极了。书的境地呢，“现在界”还加上“过去界”，也带上“未来界”，实在是包罗万象，贯通三界。而我们却可以足不出户，在这里随意阅历，随时拜师求教。谁说读书人目光短浅，不通人情，不关心世事呢？这里可得到丰富的经历，可认识各时各地、多种多样的人。经常在书里“串门儿”，至少也可以脱去几分愚昧，多长几个心眼儿吧？我们看到道貌岸然、满口豪言壮语的大人先生，不必气馁胆怯，因为他们本人家里尽管没开放门户，没让人闯入，他们的亲友家我们总到过，认识他们虚架子后面的真嘴脸。一次我乘汽车驰过巴黎赛纳河上宏伟的大桥，我看到了栖息在大桥底下那群拣垃圾为生、盖报纸取暖的穷苦人。不是我眼睛能拐弯儿，只因为我曾到那个地带去串过门儿啊。

可惜“串门”只能“隐身”，“隐”而犹存的“身”毕竟只是凡胎俗骨。我们没有如来佛的慧眼，把人世间几千年积累的智慧一览无余，只好时刻记住庄子“生也有涯而知也无涯”的名言。我们只是朝生暮死的虫豸（还不是孙大圣毫毛变成的虫儿），钻入书中世界，这边爬爬，那边停停，有时遇到心仪的人，听到惬意的话，或者对心上悬挂的问题偶有所得，就好比开了心窍，乐以忘言。这个“乐”和“追求享受”该不是一回事吧？

【范文解说】

读书是“得下苦功夫”，但不等于读书就是一桩“苦”事，读书自有它的乐趣。同时，主张“乐在其中”，更不等于追求享受，两者根本不是一回事。本文就是为讲清以上两层意思而写的，娓娓道来，左右逢源，着重议论了读书的好处和乐趣。

读书可以“不必事前打招呼”就拜谒古人今人；可以打破时空限制和专业限制，观赏国内国外，领教各种高论；可以随意阅历，随时升堂入室，随便抽身退场，如此“难得的自由”怎么不是世界里少有的乐事呢？读书可以“走入真境，遇见真人”；可以足不出户，贯通三界；可以“脱去几分愚昧，多长几个心眼”，如此包罗万象、启睿增智的美事，又怎能不“乐以忘言”呢？令人钦佩的是，作者阐述读书的这些好处和乐趣，全然是通过一连串比喻。“隐身的串门儿”这比喻形象生动，巧妙贴切，浅显易懂地讲清了抽象的道理。

本文还信手拈来引用了不少资料，如风行水上，自然成文，没有掉书袋的味道，却使行文活泼，而且资料本身就体现了读书的好处，具有很强的说服力和艺术感染力。

【思考题和练习题】

1. 阅读下列短文

给后代的信

爱因斯坦

我们的时代出现了不少天才人物，他们的发明创造本来应该可以使我们生活得更好。我们早已利用机器横渡海洋，也用了有可能使人类最终摆脱所有的体力苦役的机械力量。我们学会了飞行。我们用电磁波在世界各个角落毫不费力地互通讯息。

但是商品的生产和分配还完全是无组织的。每个人都生活在恐惧之中，生怕失业，遭受悲惨的贫困。并且不同国家的人还不时互相残杀。这种悲剧现象使所有想到将来的人都感到恐怖和难受。所有这一切，都是由于群众的智慧和品格都无比低下于那些对社会有真正贡献的少数人。

但愿后代的境遇将使他们带着一种自豪的心情和应有的优越感来读我这封信。

写这封信的读后感，你认为最佳切入点应该是什么？为什么？

供选中心论点（也可不选下列各项）：

①科学是推动时代发展的原动力。

②有组织的商品生产是富国足民的保证。

③世界和平是人类发展的保证。

④要提高人口素质，办好教育至关重要。

⑤我们这一代应该为人类的发展作出贡献。

2. 用简洁的语言评析下面一则短文在围绕论点进行表述上的毛病。

青年人应当具有高尚而美好的情趣。情趣是指一个人的性情和志趣。追求美是青年人高尚的情趣。年轻人把自己打扮得漂亮一点有什么不可以呢？色彩、面料、款式的恰当配合，形成了统一协调的服装美，千姿百态的服装，把生活点缀得绚丽多彩。

3. 世纪老人、著名作家冰心的会客室里，挂有一副对联："知足知不足，有为有弗为。"请联系实际写一篇800字左右的议论文，谈谈你对这副对联的理解。文题自拟。

第四节　说　　明

客观世界中的万事万物，都有各自的来源成因、性质特征、形状结构、功能作用、概念类属，以及与其他事物的关系等等。从表达的角度看，叙述与描写固然可以再现事物的外部形象，却难以表现事物内在的性质和功用、成因和概念等等。这就必须采用相应的表达方式。这种表达方式叫说明。说明是对事物的发生、发展、结果、特征、性质、状态、功能等进行解释、介绍和阐述。被说明的，可以是实体的事物，如解说动物、植物、山岳、河流、工具、器物等；也可以是抽象的事理，如讲解名词、定律、理论、观点、典章制度、学术流派等。

说明不同于叙述：后者重在表现具体情况，前者重在介绍性质特征；后者着重写活动中的人物和发展中的事件，前者则多写事物相对静止的状态。说明也不同于议论：后者是为了启发读者，说服读者，教育读者，让读者有所"信"；前者是为了使读者了解情况，懂得事理，明白因由，知道真伪，让读者有所"知"。

在记叙写作和议论写作中，虽也经常使用说明，但作为一种表达方式，"说明"还是应当独立存在的，它有区别于其他表达方式的显著特征：说明性、知识性和客观性。说明性，既是说明写作的特点，也是它的主要职能。它的任务不是描述人或事，也不是阐明道理，而是解说明白事物或事理。知识性，指的是说明写作必须给人以知识，它直接地、集中地、通篇地讲知识。客观性，叶圣陶先生说："说明文说明一种道理，作者的态度是非常冷静的。道理本该怎样，作者把它说清楚了就算完事。其间搀不进个人的感情呀、绘声绘色的描摹呀这一套。"①

一　说明的基本要求

1. 科学的态度

说明与议论之不同，恰恰在于它阐释事物的客观性、科学性、准确性。说明的表达方式，要求作者以客观、冷静的态度，真实准确地介绍事物，反映客观规律。不尊重客观事实，不实事求是，从个人感情出发，妄加夸大或缩小，违背科学性的态度，是不行的。它不允许像议论那样直抒胸臆，主观论争。

2. 准确的知识

说明的目的是给人们以知识，从而使人们在深刻了解事物的本质和规律的基础上，提高认识世界和改造世界的能力。因此，准确地把握住事物的本质和特征，是说明事物的关键。要准确了解事物的本质和特征，必须深入调查研究，以对事物有透彻、深刻、准确的认识。

3. 清楚的表达

说明事物的原理，介绍事物的状貌，揭示事物的规律，除了讲究科学性，准确无误而外，还要讲究表达的条理性。条理性，不仅是表层的言之有序，表达清晰，更重要的是符合事物本身的客观条理性，符合人的认识规律。根据不同事物本身的内在条理和人的认识规律，准确地、有层次地加以说明，才能恰如其分地反映事物的本来面貌。这里没有固定的模式，但是，人们观察认识事物的过程，常是由近及远，由浅入深，由外到内；由个别到

① 《文章例话》，《叶圣陶语文教育论集》，教育教学出版社 1980 年版。

一般，或由一般到个别；由局部到整体，或由整体到局部。这样说明，能给人一种清晰、鲜明、完整的印象。

4. 简洁的语言

说明和其他表达方式一样，对语言的要求主要是准确、简明。为了解说事物的形状、构造、功能、用途、成因、关系、方法，为了阐释事物的特征、本质和规律，语言必须准确，才能表达得恰如其分。这里，选择恰切的词语是很重要的，有时还需用专门术语。除了准确，用语还要求简洁明晰、平实贴切、通俗易懂、深入浅出。

叶圣陶先生曾说："说明文不一定板起面孔来说话，未尝不可带一点风趣。"①在现实生活中，有些知识的介绍需要叙述过程，有些知识的介绍需要描写对象。为了增强说明的形象性和趣味性，有时还可以采用比较生动形象的语言，或采用文艺笔调，寓科学性、知识性于生动形象的说明之中。

二　常用的说明方法

1. 定义和诠释

定义是用简明、准确的语言把一事物区别于它事物的本质属性概括出来，给读者一个明确的概念。下定义是一种比较严密、科学的说明方法。它通过层层限制，既要为说明的事物划定出一个范围与界限（外延），又要说明事物的本质特点（内涵）。在语言使用上，定义说明不能用比喻，不能用否定形式，也不能同语反复。比如："主题即文章的灵魂"，"肯定就是不否定"，"说明就是对事物形状、性质、构造等的说明"，这些都不是下定义。

有些被说明的事物虽经定义说明介绍，读者还感到陌生，甚至产生误解，有必要再对定义作进一步的解释，这种解释就叫诠

---

① 《文章例话》。

释说明。如“细胞是生物体的结构和生物活动的基本单位。它的形状多种多样，主要由细胞核、细胞质、细胞膜等构成。植物的细胞膜外面还有细胞壁。细胞有运动、营养、繁殖的机能”，这段话的第一句是定义说明，后面的三句是对细胞的形状、构成、机能等作诠释说明。这样，读者对细胞这个事物也就有了全面而具体的了解。

2. 分类和分解

分类说明重点是分清事物的种属关系，分别就其中若干类别，一类一类加以说明。如说明字典等工具书的编排，就可以分成（1）按部首排列的；（2）按音序排列的；（3）按四角号码排列的，分别加以说明。分类说明时要注意掌握统一的分类标准。对同一个事物采用不同的分类标准就会产生不同的分类，把不同标准的不同分类拉在一起就会造成逻辑混乱。

分解说明则是对同一事物不同的构成因素、构成侧面的说明。比如对一种药品或一种新材料的性质、构成、功能、用法的说明，对一个文学流派文艺思潮名称、来历、哲学基础、艺术特征的介绍。分解说明时要注意构成因素和侧面之间不要交叉混杂、相互包容。

3. 举例和引用

举例，就是用具体的事例来说明事物。它可以把抽象的道理和复杂的事物说得具体、形象、通俗、易懂。如：“每种事物都要占一定的空间，就是说一种物体占着的地方，别的物体就不能再占。例如放桌子的地方，不把桌子搬开，就不能再放柜子；拿一块石头放在装满水的杯子里，就有一部分水溢出，因为石头排挤了水，占据了本来由水占据的空间。”每种事物都占有一定的空间，这个道理对低年级学生不容易讲清，举两个生活中的例子，就浅显易懂，且饶有趣味。

引用，就是援引有关资料来说明事物。引用得当，可以帮助读者更准确地理解事物。比如："蝎子很早就供药用，主治惊风、抽搐、疮毒等症。李时珍《本草纲目》里说：'今入药有全用者，谓之全蝎；有用尾者，谓之蝎梢，其力尤紧。'又说：'药去足焙用。'现在经过医学界的研究，蝎子的功用已被证实了。"这段文字中引用《本草纲目》里的话，"蝎子很早就供药用"也就切实可靠，令人信服。

4. 比较和比喻

拿事物之间的相似点比较叫类比，拿事物之间的相异点比较叫对比。如果事物之间没有相似点，那么也就不可比。可见，"对比"也是以"相似"为基础，只是"同"中求"异"而已。因此，类比和对比完全可以合在一起，就叫做比较说明法。如："牛郎和织女都是恒星——跟太阳一样的炽热的大火球。牛郎的大小等于太阳的三倍，而织女呢？大约有十个太阳那么大。织女和牛郎都比太阳亮。织女的亮度是太阳的四倍，牛郎的亮度则是太阳的八倍。"在这段话里，说"炽热"是进行了类比，说"大小"和"亮度"是进行了对比。由于比较的参照物是大家熟悉的太阳，因此，读者对牛郎星和织女星的了解也就更清楚了。

比喻，是以人们常见的、熟知的事物比喻说明不太常见、不太熟知的事物。如对于各种云彩的形态，气象学有专门术语。但是这些术语不能为一般读者所理解，如果能作浅显形象的比喻，人们便容易明白。《看云识天气》一文中，用"蒙上了白色的绸幕"比喻"卷层云"，用"草原上雪白的羊群"比喻"高积云"，用"隔了一层毛玻璃，朦胧不清"比喻"高层云"，用"群峰争奇"比喻"积雨云"等等，使各种云的名称的抽象概念顿时具体起来，既便于读者掌握科学知识，又增强了阅读兴趣。

5. 数字和图表

说明写作时列举数字，是为了增强说明的准确性与可信度。但是只用文字和数字说明，常常会显得不够清晰，而且文字也会出现反复。如果制成表格，则不仅篇幅变短，而且看起来也一目了然。除了图表之外，还有图片、图画等，其目的也是增加说明的形象性和可信度。

三　说明文的种类

说明文的种类繁多。根据说明方式的不同，我们可以把说明文分为两大类：一类是一般性说明文，也可以叫普通说明文；一类是描绘性说明文，有人也叫它文艺性说明文或科学小品。

根据写作目的和写作方法分类，一般性说明文又可分为介绍性说明文、记叙性说明文、阐述性说明文和应用性说明文。介绍性说明文是对事物的介绍或解说，如解说词、说明书等。记录天象、物象的变化，生产流程，实验经过，科学考察报告等等，都属于记叙性说明文。阐述事理、物理的都属于阐述性说明文。

应用性说明文，是指这类说明文跟人们的日常应用关系很密切，如有关生活知识的“养生之道”、“家庭日用知识”以及字典、辞典等等。这类说明文的应用性很强，又不要求有一定的格式。而要求有一定格式和规定的应用性说明文，如布告、通知、报告、请示、公约、合同、广告、书信、计划、总结、起诉状、委托书、会议纪要、调查报告等等，我们又将它们统称之为应用文。说明文与应用文两者还是有区别的，前者是给人以知识，后者是给人以信息。应用文是人们在生活、学习、工作和公务活动中经常使用的，具有一定惯用格式要求的文体，它以解决实际问题、处理具体事物为写作目的。

【范文】

万里长城的构造

罗哲文

万里长城是我国古代的一项最伟大的工程。它反映了我国古代劳动人民的高度智慧和毅力，也反映了我国古代建筑技术的伟大成就。

城墙的构造，在明朝以前，大多是用土筑或石砌的。明朝长城大部用砖、石砌筑，在工程上有了很大的进步。现在以明朝所筑的居庸关、八达岭这一段长城为例，来说明它的构造。

墙身是城墙主要的部分，平均高约七点八米，凡是山岗陡峭的地方比较低一些，平坦的地方比较高一些。城墙内部比较低，外部比较高。墙基平均有六点五米宽，顶部只有五点八米。在墙身内部的一面，每隔不多远就有一个券门，有石梯通到墙顶上，守城士兵可以由此上下。墙身都是用整齐的条石砌成的，内部填满泥土石块，非常坚实。

城墙的顶部，用三四层砖铺砌而成，面上一层是方砖，用石灰砌缝，砌得十分平整坚实，野草都很难生根滋长。险峻的地方砌成梯道。墙面宽四点五米左右，可容五马并骑，十行并进。靠内部的一面，用砖砌成高约一米的宇墙（城墙上所筑小墙）。在靠外的一面则用砖砌戍高近两米的垛口。每个垛口的上部有一个小口，叫做了望口。垛口的下部有一个小洞，叫做射洞，是用来射击敌人的。城墙墙面还有排水沟和吐水嘴等设备。

城墙上每隔大约半里，有一个凸出墙外的台子，这种台子分作两种：一种叫做墙外，外边砌有垛口，台上还有遮避风雨的简单房子。这种台子是巡逻放哨的地方。另一种叫做敌楼，分上下两层，下层有许多砖砌的小房间，可容十余人住宿，上层有射击和守望用的垛口。敌楼上还有燃放烟火的设备。

烽火台也称作烽堠、墩堠、狼烟台、烟墩等，是专为传递军情用的。如遇有敌情，白天燃烟，夜间放火。形式是一个单独的台子，大多建筑在山顶上。台上有一个高架子，上面挂着一个笼子，笼子里头装着干柴枯草，如发现敌人来犯，就点燃它，发出火光作为信号，这叫做“烽”。另外还堆积着许多准备燃烟用的柴草，叫做“燧”。白天燃燧，夜里点烽。据说当时曾用狼粪来作燧，因为狼粪的烟可以直上云霄，远处容易看见，所以又称烽火台为狼烟台。

登上八达岭的长城高处，可以清楚地看到长城的结构。它总是外侧高险，有的地方下临绝壁，在当时的军事条件下，要想循着险峻的山势攀登到城下，再无依无傍地进行仰攻而破城取胜，几乎是不可能的。

【范文解说】

这是一篇说明事物构造的说明文，至于长城究竟有多长，它都只字未提，完全着眼于“说明它的构造”。而说明构造也只是“以明朝所筑的居庸关、八达岭这一段长城为例”，这样也就避免了枝蔓开去、庞杂不羁。

从建筑的角度看，墙身是城墙的主要部分，文章也就先介绍墙身的高和宽，再介绍城墙的顶部，再介绍凸出墙外的台子，最后是介绍烽火台。由内到外，自下而上，说明顺序非常清晰，段与段之间的过渡也十分自然。

在说明每一部分构造的时候，内容也很具体翔实。如介绍城墙的顶部，既介绍是“用三四层砖铺砌而成，面上一层是方砖，用石灰砌缝，砌得十分平整坚实”，又介绍“墙面宽四点五米左右”；既介绍靠内部一面的宇墙，又介绍靠外一面的垛口；既介绍垛口上部的“了望口”，又介绍垛口下部的“射洞”；既介绍陡峻处砌成的梯道，又介绍排水沟和吐水嘴；既介绍建筑用材，又介绍建筑式样；既介绍各部分建筑构造，又介绍建筑特色和用途。知识性很强。

此外,作者还恰当运用列数据、举例子、打比方等多种说明方法,将长城的构造说明得既详尽生动,又简洁明了。最后还“登上八达岭的长城高处”,给读者清楚地留下一个长城结构的总体形象,使人不得不惊叹人类建筑史上的一大奇迹——万里长城!

【范文】

冬令珍品——胡萝卜

朱德熙

胡萝卜是一种很古老的蔬菜作物。考古资料（在瑞士曾经发现过它的化石）证明，远在四千年前，人们就已经种植胡萝卜了。根据文献记载，胡萝卜是古希腊人和罗马人很熟悉的一种蔬菜。十四世纪的时候（我国元代），胡萝卜从欧洲辗转传入我国。

胡萝卜是冬春季的主要蔬菜,同时又是珍贵的多汁饲料。许多国家都大面积栽培胡萝卜,它是根菜类蔬菜里分布最广的一种。

胡萝卜含有大量的胡萝卜素，营养价值很高。胡萝卜素是一种黄色的色素，因为这种色素最早是在胡萝卜里发现的，所以叫做胡萝卜素。别类植物也有含胡萝卜素的，但是含量都不如胡萝卜高。品种不同或种植条件不同的胡萝卜所含胡萝卜素的量可以差得很远。根据我国食物成分表的分析，我国产的胡萝卜每一市斤所含的胡萝卜素为 1.2—1.8 毫克。

胡萝卜素（主要是乙种胡萝卜素）在人或动物的消化道内被吸收以后，就在小肠粘膜和肝脏等处转化为维生素甲，所以胡萝卜素又叫维生素甲原。按照近来营养学家的说法，在人体内只有半数的胡萝卜素可以被吸收，那么吃二两鲜胡萝卜——以每市斤含胡萝卜素1.8毫克计——被吸收的胡萝卜素就可以转化为整三千个国际单位的维生素甲。这个份量正相当于一粒普通的维生素甲丁胶丸中的含量。

胡萝卜除了营养价值以外，还有许多优点。它适应性强，病虫害少，而且无论煮熟或晒干，所含的胡萝卜素都没有什么变化。如果跟空气隔绝，还可以长久保存。1938年曾经有人把1824年为北极探险队准备的一批胡萝卜罐头拿来化验。这批罐头虽然经过了一个多世纪，可是其中胡萝卜素的含量和新制的罐头没有多大差别。这是胡萝卜能长期贮存的很好的证明。

胡萝卜的食用方法也是多种多样的。可以生吃，也可以熟食，糖渍，盐腌，晒干，做罐头，无不相宜。不过胡萝卜素能被人体吸收多少，跟食用方法很有关系。一般说来，煮熟吃比生吃好，跟多脂肪的食物一起烹调，尤其容易被吸收。

【范文解说】

作为“一种很古老的蔬菜作物”胡萝卜，值得介绍的内容极为丰富。本文只限于说明它是一种“冬令珍品”，因此也就着重介绍胡萝卜的食用价值。

但就是只说明白这一点，也是很不容易的。本文第一、二两段简述胡萝卜种植和传布的历史，以及栽培和分布的现状；第三、四两段详细说明胡萝卜的营养价值；第五段附带介绍胡萝卜的其他优点；第六段介绍胡萝卜多种多样的食用方法。这样安排段落层次，既条理清楚，又主次分明。

说明语言的准确、简明更是本文的显著特色。如将“别类植物也有含胡萝卜素的”这句话中的“也”字去掉，显然表意就不严密；如将“这个份量正相当于一粒普通的维生素甲丁胶丸中的含量”这句话中的“份量”一词改为“数量”，显然表意就不熨贴；如将“品种不同或种植条件不同的胡萝卜所含胡萝卜素的量可以差得很远”这句话中的“或”字调换成“与”字，就简直不明白是拿什么跟什么作比较。

【思考题和练习题】

1. 将下面这篇文章缩写成400字内的说明文，必须保留原文主要内容。

魔匣采得蜂毒来

蜜蜂，这可爱的小昆虫与人类和睦相处，共享利益，已有数千年的历史。近两年，在中国几大养蜂基地——北京、浙江、湖北、山东一带出现了许多专门用来采蜜蜂体内毒汁的精美小匣子，它们与蜂群为伴，为人类造福。

这些被称为封闭式蜜蜂蜂毒采集器的小匣子是国家蜂毒资源开发和应用火炬计划中的重要一环。它的出现将带起的是一个全国范围的蜂毒资源开发生物技术新产业。

我国是世界第二大养蜂国，拥有700万群蜜蜂，蜂毒资源极为丰富。如果有先进的采集技术，每年就能获得成吨的蜂毒。而由于采集手段有限，直到1992年，全世界蜂毒产量仅为50公斤，中国占1/5。大量未及开发的宝贵的蜂毒资源随着蜜蜂短暂的生命消失了。它们原来还可以为抚养它们的人类奉献得更多更多。

蜂毒是一种什么东西，为什么对它格外关心?

蜂毒是蜜蜂毒腺和副腺分泌出的具有芳香气味的透明毒液，贮存在毒囊中。蜂毒的国际市场价格是每克240美元，远远超过毒品的价格。

蜂毒中含有很多有效成份，医药价值极高。蜂毒具有对神经节的阻断作用。它的镇痛指数高于安替比林，镇痛抗炎作用是消炎痛的70倍。人们用它来治疗神经官能症、偏头痛、三叉神经痛、类风湿性关节炎、风湿性关节炎收到很好的疗效。蜂毒制成的蜂毒注射液对高血压病、心脑血管病也有应用价值，据说还有增强免疫力、调节内分泌、抗衰老等作用。因此也被用来治疗妇女更年期综合症、月经失调、荨麻疹、哮喘等病。

人类最早用蜂毒治病是用蜜蜂的生命为代价的。被拿来治病的蜜蜂被人用镊子夹着，又被人故意地激怒，然后螫刺排毒。而失去螫刺器官的蜜蜂当即死掉。

蜜蜂由此可以视人类为敌人。这种野蛮落后的方法很难流传推广。

聪明的人类一直在探寻蜂与人类之间互不侵犯、利益分享的相处方式。这个探寻实际上是蜂毒采集技术和现代生物科学研究发展进步的过程。

麻醉法，虽然可以获得大量蜂毒，但麻醉程度不易掌握，难免蜜蜂死亡，而且得到的蜂毒杂质多，不适应医用。

到了六十年代，出现了电刺激法，可以取到大量洁净的蜂毒了。但是，这种方法往往激怒近邻的蜂群，接到蜂王国内部的报警信号，蜜蜂会大量吃蜜以备御敌，长此下去，温顺的蜜蜂会变得好战好斗，难以驯养。

由于蜂毒采集如此艰难，国际市场上蜂毒以稀为贵。我国在五年前全国的年产量也不过半公斤。

北京四海农村技术开发研究所的李光宏研制的"封闭式蜜蜂蜂毒采集器"克服了国内外电刺激法的一个个弊端，既可以采集到大量纯净的蜂毒，又可以让排毒后的千万只蜜蜂健康地生活下去，继续为人类传粉酿蜜。

一个小匣子，带来了蜂毒采集技术的重大突破。由之而起的是全中国700万蜂群的资源再开发，昆虫生物学、病理药理学、生物工程技术研究与应用水平的提高，遍布各大养蜂基地的蜂毒新兴产业的出现。

千千万万的风湿性关节炎和其他疾病患者在企盼着利用蜂毒，早日康复。

2. 选取自然科学中自己最熟悉、最感兴趣的一项，搜集材料，实际考察，用文学的笔墨尝试写一篇科学小品。

为了拓宽你的思路，下面开出一些他人已经写过的科学小品的题目，供参考：

灰尘的旅行　谈眼睛　灯　水仙　镜子的故事　金鱼　菊花　豆腐　雪花飘飘　谈潜水艇　谈谈头发　火箭　水的怪脾气　拚死吃河豚　蜘蛛　钟表世界奇观　蜡烛杂谈　卧看牵牛织女星　中秋月　遗传　习惯　摩天大厦　镭的功绩　数码原始　土壤里的一群小战士　桥　电脑

第二章　采集和构思

采集和构思是写作过程中的两个重要环节。我们可以把写作活动简明地概括为：以书面语言为媒介，将对客观世界的认知、感受用某种方式传达出来，也就是高尔基所说的“为思想谋划一个形式”。那么，采集就是认知的积累，构思则是对传达方式的谋划。

第一节　观察与调查

采集是写作者吸取信息、充分掌握写作素材的初始环节，它是写作活动的基本的准备。采集又是一种积极的认知积累行为，它是写作者主动的、有目的的信息输入、存储过程。采集的主要方式有：观察和调查。

一　观察

观察即人们运用感官对自然现象、社会现象进行考察的活动，它是一种最为日常化的采集材料的方式，对于文学写作来说，也是最为重要的积累素材的手段。契诃夫曾将“观察一切，注意一切”视为作家的“本分”。鲁迅先生则说过：“如要创作，第一须观察……”

1．观察的基本要求

我们常说，要写出内容充实、言之有物的好文章，首先要做一个生活的有心人。有心，才能真正了解、熟悉生活，才能积累起丰厚的写作素材。那么，可以说，“有心”就是观察活动的基本要求，具体地说，观察活动应该既是感官的“静观”，又是心智的“默察”。当观察者对人事景物进行观察时，须进入有意注意状态，充分调动感官，静心凝神地摄取对象信息，是谓“静观”。在这里，“有意注意”、“静心凝神”是有效的观察活动的重要特征。在现实生活中不乏这样的现象：有的人未尝没有丰富的生活阅历，他们结识过各种各样的人，经历过纷繁复杂的事，但临到动笔，却依然觉得无米下锅，或者描绘不出传神形象、生动事态，那些曾经熟悉的人一下子成了面目依稀的“陌生人”，而一度有声有色的场面、事件也只剩下没有氛围、情调、意味的干巴巴的“情节”。造成这种现象的一个重要原因就是他们不善于静观生活的具体形态，他们没有或很少唤起自己对外界事物细微之处的有意注意，因而生活对于他们就成了粗略的“轮廓”，甚至不留痕迹的“过眼烟云”。此外，还有一个可能的原因，这就是：在触及外部信息之际缺乏心智的“默察”。在生活中，要捕捉对象外形的、外在的信息相对来说容易些，更难的是对其内在蕴含的感受和把握。生活每天都在翻动着五光十色的书页，然而它从不随随便便透露自身的隐秘，正像一个心灵丰富的人并不随时随地坦露他的心怀一样，因而要提高观察的质量，积累更有价值的信息，在静观的同时还需要主动的、心智的投入，需要穿透现象的“慧眼”。以对人的观察来说，有心机的观察者不仅能准确捕捉某个表情、动作的细微特征，而且能够体察到相关的内心活动，在注视着人物做这做那，也在思索着他为什么这样那样做。这样，观察者最终获得的就不是单纯的外部形貌，而是包含着心灵震颤、情感波动乃至性格心理特点的形神兼备的“形象”。即使对于物的观察，也不是形态的简单摄取、单一的五官活动，而同样讲求对内在意趣、韵致的感悟，同样需要心智参予。意大利美学家克罗齐在《美学原理》中说：“画家之所以为画家，是由于他见得到别人只能隐约感觉或依稀瞥望而不能见到的东西。”法国雕塑家罗丹在《艺术论》里也写道：“所谓大师，就是这样的人，他们用自己的眼睛去看别人见过的东西，在别人司空见惯的东西上能够发现出美来。”在这里，艺术家的“见”、“看”，他们的“独具慧眼”，其实就是对生活、对物态所蕴蓄的独特意味的会心。

既能“静观”，又善“默察”的观察者，才是真正意义上的生活的“有心人”！

2. 观察的方法

动态观察　动态观察即一般所谓跟踪观察，也就是对观察对象作多次的、连续性的观察。

人的性格是复杂的，其表现也是复杂多变的，在特定的社会生活矛盾中、多种人际关系中，有时展现性格的某一方面，有时又显示另一些因素，或“俯首”，或“横眉”。而景物的变化则更是一种常态，白云苍狗，春繁秋疏。动态观察就是了解对象在不同阶段中、不同条件下的多样表现或掌握对象的发展变化过程的观察方法。古人说：“养花木者，须朝夕看之，然后见其含苞、养秀、荣枯、凋落之态无缺矣。”[①] 养花木者尚且如此，欲绘写人生“花木”者更当如此。唯有“朝夕看之”方能对舒卷无定、生聚荣枯的生活百态有比较充分的领略。

多角度观察　如果说动态观察是一种在时间向度上移动观察点的纵向观察，多角度观察则可视为在空间上作位移的横向的

---

① 郭熙《山水训》。

观察。

“横看成岭侧成峰，远近高低各不同”，客观事物有其不同的侧面，因为观察位置不一样，形成的观察角度有别，观察对象也会呈现出仪态各异的状貌。所谓“多角度观察”就是对事物作若干角度的“面面观”，上下、左右、斜正、俯仰，以求获得相对完整的总体把握。在对人的观察上，“多角度”同样是摄取丰富信息的有效方法。这里的“多角度”表现为对人的不同生活层面、领域的审视。譬如观察一位教师，除了通常的教学活动的角度外，还可以有家庭生活的角度，同事朋友构成的社会关系的角度等等。综合对象在不同环境中所呈示的多样的行为和性格侧面，才有可能真正目睹性格丰满的“立体的人”。

分割观察　如果说上述两种观察方法是由局部而整体的“整合”的观察的话，分割观察则是由整体而局部的“分解”的观察。当然，分解的目的仍是整合，是获得更为具体、明晰的整体信息。

面对纷繁复杂的事物、场景，观察容易流于粗放的“浏览”，或杂乱无章的“东张西望”，其结果或只有粗线条的总体印象，而没有细部的明察；或只有若干细枝末节的无序堆砌，而难以在意念中合成明晰的整体。这时候，“分割”将是很好的观察方法。分割观察是一种分析性的观察，它根据一定的观察意图，按照同一分类标准（如空间位置、功能类别等等），将对象划分为若干部分逐一“细察”，这样既保证了观察的有序性，同时因为它的“分割”是从已有的总体概念和特定的观察意图出发的，也就是着眼于整体与局部关系的，所以也保证了分割之后的顺利合成——形成清晰有序的总体印象。譬如观察一所体育场馆，若以内部建筑结构状态为观察目的，则可将空间布局作为分割标准，将对象分解为顶部、墙体、场地等部分，场地又可再分为观众席、比赛场等区域。循此逐一观察，即为“既见森林，又见树木”的分割观察。

二 调查

调查是通过口头或书面语言交流获取信息的采集方式，包括口头调查和书面调查。与观察相比，它更具有明确的目的性和实用性，被广泛地运用于社会生活诸多领域，小至民事纠纷的解决，大到社会政治经济问题的决策，都须以事实的、客观的调查作为依据和基础。它也是新闻通讯、调查报告、学术论文等实用文体写作常用的、重要的采集材料的手段。

1. 调查的基本要求

坚持实事求是的科学态度 一般说来，调查总有一定的目的，调查者对其调查结果也常常会有某种预期。比如为表彰先进典型而采访某业绩突出单位，调查者自然对正面材料有所预期。这是正常的。但是，当调查所得与预期不符，甚至恰恰相反之际，无条件地放弃或调整调查目的，坚持实事求是的科学态度，同样应当成为调查行为的“正常”品格。否则，就使调查完全丧失了意义，或者如列宁在论及“形而上学”的谬误、危害时所说：使自己成为错误认识的“工具”。因此我们说，实事求是是对调查活动的最低要求，也是调查的灵魂。

尽量占有第一手资料 调查者目睹和被调查者自述的情况为第一手资料，经被调查者转述的他述情况为第二手资料。如果采集得法，第二手资料也是具有客观性的、有价值的信息。但是，第二手资料实质上是“被调查者的调查”，而被调查者往往并不具备调查所要求的诸多素质，也不会自觉地运用科学、合理的调查方法，还有，转述行为本身也隐含着转述者主观因素渗入的可能，如将推测当作事实，或因某些原因歪曲他述等等，因此，应慎重对待第二手资料。在可能的条件下，应尽量采集、占有可靠性、真实性程度更高的第一手资料。

2．调查的方法

确定调查范围和调查对象　根据调查题目确定调查范围是开展调查活动的第一步工作。有时候调查范围已为题目所确定（即"全面调查"），如有关部门以全省大中型水利设施维护状况为题进行调查，范围即为"全省"。但有时候题目未对范围作出明确限定（即"非全面调查"），如关于群众对贷款消费的看法问题。在这里"群众"并不是一个实际可行的范围，因此需要依据调查目的及社会群体经济状况等因素确定有效的、可行的调查范围，譬如：城市居民，或城市居民中的某些特定阶层，或符合最低贷款条件的群体，等等。

调查范围的宽窄要适度，过宽则造成信息浪费，无谓加大调查成本；过窄则增加了调查结果的偶然性，影响调查的精度和普遍意义。

调查对象的确定就是非全面调查的"样本"选择问题。如上述例子中若以"符合最低贷款条件"人群为调查范围，那么，在实际操作中以哪些个体为样本呢？样本的选择除传统的以"典型"、"重点"为样本外，还有所谓"按随机性原则抽取样本"的方法。在保证取样的随机性和充足数量的情况下，这是一种更科学的取样法，它运用了数理统计的方法，而不再是传统的经验型的取样，避免了样本确定过程中的人为因素、主观因素和"以点代面"的偶然因素。

从理论上说，样本的数量越多，所得数据、材料以及结论越接近客观普遍状况，但样本数量与成本是成正比的，与调查范围的确定一样，这里仍然有个"适度"问题，所以，还应当从调查题目、意图的实际需要出发，合理确定样本数量。

采用恰当的调查手段　由于调查题目、范围、对象的不同，所采取的调查手段也不尽相同。常用的调查手段除了开调查会、个别谈话之外，还有近年来获得广泛运用的问卷测试法。

问卷测试是一种以书面形式向公众提问获取反馈信息的调查手段。其特点是：第一，广泛性。问卷印制成本相对低廉，发放及收回工作相对简单易行，因而可使调查活动广泛展开，可满足较大范围较多对象调查的要求。第二，科学性。由于面广量大，所获得的信息与“随机抽样”一样，具有统计学的意义，因而更科学，更客观。问卷测试也有其局限，即反馈信息只能是简单判断或简单表态，不适用于需要具体材料的调查题目。

在确定调查范围、对象之后，调查者应权衡利弊，选择恰当的调查手段。当然，也可以诸种手段综合运用，取长补短。

拟定调查提纲和问卷　开调查会和个别谈话之前，要拟定调查提纲。调查提纲的内容一般由两个部分组成：其一，对调查意图的简要说明。其二，按合理的顺序提出若干问题。调查者的提问要着眼于事实的提供，而不是被调查者的推测、想象，并且要避免不适当的诱导，避免被调查者出于迎合心理而歪曲事实。在某些特殊情况下，为获取更准确的信息，调查意图的说明也可以是不真实的，而所提问题、提问的方式则需作相应的技巧性处理。

问卷的形式有问题问卷和表格问卷两种。由于问卷一经发出就无法更改，无法增删、细化问题或项目，并且问卷是完全的书面交流，没有口头解释说明的条件，所以题器设计必须作充分的前期准备，问题、设项文字的措辞也要反复推敲，以求精确、严谨。所谓前期准备是指调查者要吃透调查题目，调查意图，通过分析搞清楚对于该项调查来说什么样的信息才是有效信息，什么样的信息具有较高的信度等级。否则，就可能导致题器设计不当，反馈信息信度不高，据此作出的结论不准确或缺乏说服力。措辞水平也是关系到信息信度乃至调查成败的重要因素。譬如1995年北京某社科单位的一次问卷调查中有一问题为：你认为现在富起来的人中有多少人是靠不正当手段致富的？答卷情况为：选择“大多数”作答的占56%；其他选择按百分比递减顺序依次是“多半人”、“一半人”、“很大一部分人”；以“少数人”作答的不到十个百分点，无一人选择“极少数”。一位学者对上述调查结果作了一番分析，他以国家统计局的数据为依据，指出“近十几年来广大人民群众生活水平得到了普遍提高而不是部分人得到提高……应该说‘靠不正当手段致富’的仅是‘富起来’的人中的‘少数’。这‘少数’也有几千万人之巨了。假如‘富起来’中的多数人‘靠不正当手段致富’，中国早已天下大乱，而且经济也不可能如此快速增长。”他认为，“调查结果与事实相差甚远”，继而得出结论：“原因是大多数人带有极大的情绪宣泄和对‘私’与‘分化’的特殊敏感。”[①] 在我们看来，这是一个缺乏说服力的、甚至是错误的结论。而原因就在于“先富起来的人”这一概念的含混。很显然，在上述事例中被调查者与学者对于“先富起来的人”这一概念的理解是不一致的，至少是极可能不一致的，学者眼中的“富人”，并非或未必就是被调查者心中的“富人”概念。由此可以推知，众多被调查者之间同样存在不同一理解的极大可能，选择“大多数”的与选择“少数人”的被调查者在“如何致富”的问题上完全可能有着同样的看法，如果他们面对的是清晰的概念，完全可能作出同样的选择。由于措辞的粗疏，由于未对“先富起来的人”作量化的严谨规定，致使调查问题成为无效问题，所得信息成为不说明任何问题的无效信息。

① 张贤亮《小说中国》，第273页，陕西旅游·经济日报出版社1997年版。

【范文】

牵 牛 花

叶圣陶

手种牵牛花，接连有三四年了。水门汀地没法下种，种在十来个瓦盆里。泥是今年又明年反复着用的，无从取得新的来加入。曾与铁路轨道旁边种地的那个北方人商量，愿出钱向他买一点，他不肯。

从城隍庙的花店买了一包过磷酸骨粉，搀和在每一盆泥里，这算代替了新泥。

瓦盆排列在墙脚，从墙头垂下十条麻线，每两条距离七八寸，让牵牛的藤蔓缠绕上去。这是今年的新计划。往年是把瓦盆摆在三尺光景高的木架子上的。这样，藤蔓很容易爬到了墙头；随后长出来的互相纠缠着，因自身的重量倒垂下来，但末梢的嫩条便又蛇头一般仰起，向上伸，与别组的嫩条纠缠，待不胜重量时便重演那老把戏；因此，墙头往往堆积着繁密的叶和花，与墙腰的部分不相称。今年从墙脚爬起，沿墙多了三尺光景的路程，或者会好一点：而且，这就将有一垛完全是叶和花的墙。

藤蔓从两瓣子叶中间引伸出来以后，不到一个月工夫，爬得最快的几株将要齐墙头了。每一个叶柄处生一个花苞，像谷粒那样大便转黄萎去。据几年来的经验，知道起头的一批花苞是开不出来的；到后来发育更见旺盛，新的叶蔓比近根部肥大，那时的花苞才开得成。

今年的叶格外绿，绿得鲜明；又格外厚，仿佛丝绒裁剪成的。这自是过磷酸骨粉的功效。他日花开，可以推知将比往年的盛大。

但兴趣并不专在看花。种了这小东西，庭中就成为系人心情的所在，早上才起，工毕回来，不觉总要在那里小立一会儿，那藤蔓缠着麻线卷上去，嫩绿的头看似静止的，并不动弹；实际却无时不回旋向上，在先朝这边，停一歇再看，它便朝那边了。前一晚只是绿豆般大一粒的嫩头，早起看时，便已透出二三寸长的新条，缀着一两张满被细白绒毛的小叶子，叶柄处是仅能辨认形状的花苞，而末梢又有了绿豆般大一粒的嫩头。有时认着墙上的斑驳痕想，明天未必便爬到那里吧？但出乎意外，明晨已爬到了斑驳痕之上；好努力的一夜工夫！“生之力”不可得见；在这样小立静观的当儿，却默契了“生之力”了。渐渐地，浑忘意想，复何言说，只呆对这一墙绿叶。

即使没有花，兴趣未尝短少；何况他日花开，将比往年的盛大呢。

【范文解说】

《牵牛花》虽然是一篇已经完成的作品，但是我们可以十分清晰地看到它孕育中的情景——作者的“静观默察”。作者的静观极为细致且观察方法多样，或凝神于“并不动弹”的静态，或作一早一晚的、由“含苞”而“养秀”的跟踪，或特写式地抵近“仅能辨认的花苞”，或作中近景似的观望。在如此这般静观的同时，作者内心也自觉地展开了活跃的默察：“但兴趣并不专在看花。种了这小东西，庭中就成为系人心情的所在，……”终于，作者用“心”捕捉到感受到了物态所蕴蓄的神韵，那就是：“向上升！”尽管待不胜重量时倒垂下来，但仍“蛇头一般仰起”；看似静止不动，“实际却无时不回旋向上”。

“小小静观的当儿，却默契了‘生之力’了。”《牵牛花》之所以成为状物散文的上乘之作，自是得力于对牵牛花的“上乘”的观察。

【范文】

××大学中文系教师教学质量
评　估　表

<table>
<tr><td>教师姓名</td><td></td><td>所在教研室</td><td></td><td>所任课程</td><td></td></tr>
<tr><td colspan="5">项　　目</td><td>评　分</td></tr>
<tr><td rowspan="5">教学内容</td><td colspan="4">1. 达到大纲所规定的要求、目的</td><td></td></tr>
<tr><td colspan="4">2. 重点、难点处理得当</td><td></td></tr>
<tr><td colspan="4">3. 概念准确，论证严谨，观点正确</td><td></td></tr>
<tr><td colspan="4">4. 内容充实、思路开阔、能反映本学科当代先进水平及当前学术信息</td><td></td></tr>
<tr><td colspan="4">5. 理论联系实际</td><td></td></tr>
<tr><td rowspan="3">教学效果</td><td colspan="4">6. 语言精练，表达清晰、生动</td><td></td></tr>
<tr><td colspan="4">7. 因材施教，启发性好</td><td></td></tr>
<tr><td colspan="4">8. 注重能力培养</td><td></td></tr>
<tr><td rowspan="2">师德修养</td><td colspan="4">9. 教态认真，学风严谨</td><td></td></tr>
<tr><td colspan="4">10. 耐心热情，既教书又育人</td><td></td></tr>
<tr><td>说　明</td><td colspan="5">评估项共分三项十款，对其中每一款均须给分。认为“十分满意”者，给9~10分，“满意”者7~8分，“一般”者6分，“不满意”者5~3分，“极不满意”者2~1分。每款满分为10分，总分为100分。</td></tr>
</table>

年　月　日

【范文解说】

这份表格形式的问卷较好地体现了题器设计要求。第一，设项合理，问题明确。问卷将“教学质量”这一较抽象、宽泛的概念合理地分解为三部分，并进一步细化为“达到大纲所规定的要求、目的”等具体条款。这样，使得概念有了明确的规定性，也在一定程度上“现象化”了，既避免了因概念理解的不统一或对概念诸方面内涵不恰当的侧重而造成的信息失真，也易于被调查者把握。第二，定性准确，量化适当。问卷为答案设计了由“十分满意”至“极不满意”五档定性概念，并配置了相应的由“10分”至“1分”的量化指标，不仅使定性更趋准确，而且量化数据也使评估结果有了明晰的可区分度，被评估人之间有了可比性。在这里，量化指标的精度设定又是恰当的（最高分值为10分，而不是50分；“十分满意”的选择分值为9~10分，而不是45~50分），是从调查题目等实际情况出发的：被调查者对教学活动诸方面的评判依据毕竟仅为“印象”，还有，一般说来，在日常教学活动中他们对某些教学环节、形式也并未有意注意，因此过于精确的量化设定是没有意义的，甚至可能反而不精确。

【思考题和练习题】

1．为了解我国科研成果向生产转移过程中的“转让”环节的实际状况及存在问题，某单位拟定以下问卷展开调查。请对该问卷作出评价。

关于中国科技成果转让状况的调查（%）

	科研单位提供的技术水平			
	一般	不高	较高	有顾虑
大企业判断 中小企业判断				

2．为什么说“随机抽样”比“典型取样”更合理，更接近客观实际？如在调查中采取“典型取样”的方法，应如何选择样本？

3．请观察校园内某处景物，并作观察笔记。

第二节　构思的过程和要求

在理论上，一般把构思看作是介于素材积累与文字传达之间的一个“运思构想”的中介阶段，即写作者依据对客观世界的思考、体验、感受，全面设想文章内容和形式的“预构”过程。

对构思活动作一般描述，是一件困难的工作。因为，构思是指向文章制作的思维活动，而“文章”是一个宽泛的概念，它包括多种不同功用、不同体裁样式的文字作品，这就使得具体的构思活动存在着差异，甚至可以是极大的差异。相比较而言，记叙性作品、特别是文学作品的构思作为一种精神活动，其复杂性远远超过一般文章构思，作为一种对客观事物、记忆中的表象和表现形式的“再造”性劳动，它更富于独创性，就是说，它更充分地体现了写作活动作为精神劳动的性质和特点。鉴于此，本节讲说的主要以文学构思为对象。

构思是具有目的指向的意识展开过程，即对文章内容和形式的“设想”过程。那么，较圆满地实现其目的，就是对构思活动的基本要求。具体地说，作者对未来文章的思考和设想应集中在以下几个方面：

一　主题的确立和深化

所谓主题，即题材所蕴含的基本意义及作者通过对它的思考所表达的基本思想和评价。

主题的提炼是构思活动的中心环节。主题在一篇文章中处于支配地位，材料如何取舍，结构如何安置，要根据主题表现的需要来酌定；人物的行动，情节的演进，也要受到主题思想的制约。总之，作为使文章凝聚为一个有机整体的核心，主题的确立是构思活动的首要任务。主题明确了，主导意绪在一个方向上、一个焦点上凝聚起来了，材料的选择加工、结构的设计安排乃至技巧的运用等一系列活动，才有了导向题意的客观依据，作者才能围绕一个基本目标或预感到的方向，去组织题材，网结文章。

构思活动从本质上说即是对客观对象的再认识、再体验。作者孕育、深化作品主题的努力，就是这一性质的充分体现。由生活暗示的某种思想、感受要成为比较明晰、凝练、深刻的主题，需要由此及彼、由表及里地不断思索、探究生活材料的意义。一般说来，对事物形成某种认识并不很困难，难的是文章所表现、传达的思想应当有一定的深度和人所未道的新意。如何在构思阶段、在活跃的精神活动中深化已有的认识，除了正确地进行对材料的分析综合、抽象概括之外，还应注意审察事物、剖析问题的方式方法的灵活性和开放性。具体地说有这样两个方面：一是视角的转换。客观事物本身是丰富的，有着不同的侧面；事物之间的关系也是多重的，有着复杂的因果联系。巧妙地转换审视生活现象的角度，就有可能从新的侧面、关系切入，从而获得对事物的新颖认识。二是视野的开拓。客观事物的联系不仅存在于局部现象之间，同时也表现在局部现象与社会、历史背景的关系上。宏观地看，任何现实事物都是特定时代与既往历史的交汇，要深刻把握事物本质就必须具备开放的视野，把探索的触角伸向社会生活整体和历史纵深，把任何一个事件的发展过程或人物心灵历程都与它周围的现实环境、与历史作为一个系统来考察。这种开放的，或者说立体的宏观审度，是辩证思维法则的深刻体现。如果说视角的转换所带来的更多的还是对生活富有新意的发现，视野的开拓则以其穿透时空的深邃目光，更多地获得了对生活的深度把握、深刻阐释。

二　题材的选取和加工

题材是文章中用来说明或表现主题的材料，是文章内容的主要成份，在文学作品中表现为人物、事件、场景等。

在构思活动中，生活素材经过选择以及综合、改造等一系列加工，转化为作品题材。这一过程是围绕表现主题的中心环节展开的。在运思构想之初，汇聚在主题方向上的材料并不一定符合主题表现的需要或文体形式特点，它们还是比较杂乱、粗糙的，有待进一步筛选、改制。随着材料的聚集和对材料分析、品鉴的深入，主题愈加趋于明朗，作者对材料与主题是否契合，能否充分凝练地阐发和表现思想感情、实现写作意图等问题，也有了比较自觉、确定的认识。这样，作者便可以根据主题的需求对材料进行选择，并给予适当的加工，“踵其事而增华，变其本而加厉”，使观念的、抽象的主题意绪转化为鲜明而富有概括力的艺术情境和艺术形象，同时致力使主题与题材之间、思想与具象之间“毫无织补与安装的迹象，没有思想与形式的分野，而是两者融合成为一个完整的、统一的、有机的创造。”①

题材的生成过程固然应当以主题表现为中心，但这并不是说主题就是一切，特别在文学构思中，阐明、显现主题更非选材的全部考虑和衡量选材质量的唯一标准。文学作品以塑造形象、再现生活图景的间接方式传达主题思想，它首先必须使自己获得生命的有机形态，就是说，文学的主题需要审美地实现。这一特性在构思上的反映，就是对题材本身及主题显现方式的生动性的追求。因此，写作者在掂量材料的主题含量的同时，还须注意这样两个问题：

其一，尊重人物自身的逻辑。

---

① 《别林斯基论文学》第 52—53 页，新文艺出版社 1958 年版。

所谓人物自身逻辑，是指人物的行为、性格的变化和发展有其固有的内在规律。法捷耶夫说："在作者用最初几笔勾画出主人公的行为、他们的心理、外表、态度等等之后，这个或那个主人公就仿佛开始自己来修正原来的构思——在形象的发展中仿佛出现了自身的逻辑。"①《毁灭》里的美蒂克没有如作家原先设想的那样自杀，而安娜·卡列尼娜却完全出乎托尔斯泰意料，投身隆隆而来的铁轮之下，《叶甫盖尼·奥涅金》的女主人公雅吉娜同样让普希金吃惊不小："她——出嫁了！我无论如何也没有想到她会这样。"这些都是著名的例子。当作家真正了解了笔下的人物，能够从他们的"内部"出发去判断、接受外界事物，并作出应有的反应时，"人物自身逻辑"就出现了。这就是法捷耶夫所说的："如果作品的主人公是为艺术家所正确了解，那么在某种程度上他自己就会带领着艺术家向前走。"②从创作心理的角度来看，作者在艺术构思中越是具有设身处地的经验，深深潜入人物的内心，把意识中的形象推向清晰和完善，形象所产生的魅力和吸引力也越大。当形象越来越显示出自己的活力时，作者的主体观念活动就会越来越明显地转移到形象自身的运动中去，甚至出现作者对思维方向把握暂时放纵的现象，这种现象的心理对应就是所谓"灵感"。但是，这并不意味对人物无原则的迁就，只是由于经过长久的酝酿，作家从理性的观念推导中解放出来，观念成为内在的、情感化的东西，成为艺术形象的潜在的、更具灵活性的制导。

形象突破固有观念的束缚，进行充分的表演，在使自己获得生命的同时，也往往带来作品思想意义的深化，因此作家不是回避而是竭力追求进入"让人物领着走"的灵感状态，他们认为："这是主人公改正了我。"这一使得人物"活"起来的自身逻辑是

①② 《外国名作家谈写作》第373页，北京出版社1980年版。

值得充分尊重的，尊重它，才能塑造出更为真实鲜活的人物形象，审美地实现作品的主题。所以，与主题展开的逻辑一样，人物自身发展逻辑也是组织情节、展示形象活动等题材生成过程中的重要尺度。在构思活动中，应当把这样两个尺度统一起来，一方面不能用主题生硬地规范形象，以至窒息人物，把他们变成恩格斯所说的“时代精神的传声筒”；另一方面，也要防止不加控制地放手让人物“自由活动”，滑到不计有无意蕴的“恶劣的个性化倾向”一边去。

其二，贴近生动自然的生活形态。

在构思中，要避免对题材作过度的“净化”、“提纯”，那种把一切与主题不直接相关的东西删削干净的“直奔主题”的题材处理，不仅使作品丧失了艺术的回旋与蕴藉之美，更有害的是破坏了生活现象原有的生动性、丰富性，把题材变成了毫无生气的思想的“图解”。因此，文学作品的题材选取、加工应当充分考虑到生活图景的有机构成，使作品取得自然的生活形态。王蒙曾对茅盾先生的《子夜》作过这样的分析：他说，《子夜》的创作是有明确“理念”的，即驳斥托派关于中国社会性质、关于资本主义在中国发展情况的谬论。但是，由于作家对中国社会、特别是民族资产阶级状况“早有丰富的感性”、“早有丰厚的积累”，因此，“他可以驾轻就熟地将他意欲说明的理念‘还原’为多彩的生活，他的丰富的生活经验与精湛的艺术修养完全可以使他在作品中提供的生活画卷大于他预定的理念。”① 这是十分精辟的。可以说，如果没有“多彩生活”对“理念”的“还原”，没有“大于”预定理念的“生活画卷”，就没有《子夜》。因为，“一切服从意图，往往会搞出毫无感染力的赝品来。”②

总之，文学作品的题材应当是既有自身独立的审美品格、美

---

①② 《王蒙谈创作》第 111 页，中国文联出版公司 1985 年版。

学价值，又间接地显示主题，实现总体构思意图，它必须具备散发着本真生活特有气息的自然生活形态和出没其间的同样真切的、鼻息可闻的形象。在这里，抽象观念对选材、对具体描绘的制约只能是隐态的、内在的，是在尊重生活和生活中人的丰富性、多样性的前提下，去追求表现的单纯与集中，在浓郁的生活情味中凝聚起震撼心灵的思想力量。

三　结构的设计和安排

结构就是文章的构造形式，亦即文章内容的组织和排列形式，它是根据客观事物的内部联系，经过作者头脑加工所形成的思路的具体体现。

为文章找到合适的结构形式，使思想观点、人物形象、生活风貌得到最恰当、最有力的表现，是构思活动中的一项复杂而困难的工作，其复杂性主要在于：作为由思维信息转化为物质信息的中介环节，它更多地受到文字表达规律和文章体裁样式的限制，它必须使已有的构思变得更宜于传达，并形成某种相对具体的文体化格局。但是，"意"与"言"往往不尽谐调。陀思妥耶夫斯基就说过他的小说"想得远比写的好"，中国古代文论也有"文成思之半"的说法。而有关结构的构思活动正是承担着尽可能寻求有效的、理想的转换这一困难任务。由此也可以知道，结构不是单纯的作者思想认识的体现，而是某种思想认识在写作规律和方法上的反映。构思中的结构设计活动就是：作者根据主题表达的需要，以一定的方式组织题材，形成符合文字传达特点的文章整体。

从作者来说，完成这一工作的质量首先与他对事物的认识水平密切相关。作者对作品主题和人物形象特质的把握应有较高程度的自觉，对事物发展规律和事物间的内在联系也应有正确的理解，这样才能使主题和形象得到合乎逻辑的展开；其次文字媒介的传达功能，各种表现手法、技巧的特殊效果，以及文章体裁上的特点，它们的样式优势和局限等等，也是作者必须了然于心的，这样才能使结构最大限度地适应传达。

从构思的内容来说，结构过程的具体活动始终是以题材为对象的，表现为对题材的文体化建构。作者依据主题或形象内涵的展开的需要，确定叙事角度和情节线索，合理地组织各单元内容，使诸多单元具有恰当的规模，并使它们本身既是有机集合，又是趋向统一于整体的局部。作者经过对未来作品总体轮廓的设计和局部单元的安排，最终在头脑中形成相对明确、具体的文体格式。在这一过程里，确定叙述角度和贯穿线索是两个关键环节，这两个环节在相当程度上决定了作品总体构成方式，又为局部安排提供了重要基础，所以，选择恰当的叙述角度和理出流畅的贯穿线索成为营构活动的主要内容。

叙述角度又称“视点”。叙事作品有一个由谁来讲述，由谁的“眼光”来“看”的问题，不同的叙述者的选择即形成不同的叙述角度。叙述角度与作品总体结构的关系极大，特别是所谓“内视”的角度（即把“视点”安放在某个人物身上），与总体结构的关系尤为密切。因为每个人物都有自己特定的生活圈子，不同的选择就会带来作品重心、题材取舍、情节场面的组织方式、虚实详略处理等一系列变化。在营构活动中，写作者应当从能否充分表现作品思想内容，是否便于刻画人物、显示形象内涵等方面出发，选择合适的叙述者，以取得组织材料、观照生活的“最佳角度”，创造出与内容和谐统一的构造形式。

贯穿线索即作品的主导线索，它是主题或与主题思想相关的某一核心事物的逻辑发展轨迹，是把各单元材料串联起来的一条主脉。理清贯穿线索也是营构活动的重要一环，这是因为：其一，贯穿线索联结作品两端，这就确定了作品结构纵向上的起迄。贯穿线索流贯作品全程，这又标明了趋向、到达终点的具体路线，从而对作品横向上的扩展范围有所规定。因此，可使作品结构在总体规模上呈现一个比较清晰、完整的轮廓，作品题材被固定在一个比较具体的时空框架之中。其二，贯穿线索作为思想、事物发展的轨迹，具有循序渐进、趋于深入的逻辑展开性质，无论是按照矛盾冲突发生发展所设置的故事情节线索，按照人物性格发展变化所设置的行为性格线索，还是以人物心理意识流程或作者思想情绪波动为依据的心理意识线索、思想情绪线索，一般都表现为一个富有层次感的演进序列。因此，理清贯穿线索实际上也就是明确了作品主要题材的组合原则和序次关系，这就为局部的有序化提供了基础。作者可以根据贯穿线索所提供的结构逻辑，对众多材料进行调整、分解、重组，形成各个段落的单元题材，并按它们与贯穿线索的内在联系，明确各单元题材彼此之间的关系，如并列关系、从属关系、层递关系等等。这些关系明确了，各单元题材的位置和规模便可得到进一步确定。

贯穿线索对于作品整体框架和内部层次构成具有较强的规划作用，因此不少作家论及构思经验时均予以特别的强调，认为谋篇布局的一个首要任务即是：应该煞费苦心地理清总体结构中的主线。

【范文】

鹰溪桥上（节选）

〔美〕安布鲁斯·毕尔斯

他不知道自己在干什么，可是手腕上的剧痛告诉他，他正试图为自己的双手松绑。就像一个无所事事的人观赏杂耍演员的表演而对其结果毫无兴趣一样，他观看着自己的挣扎。多么惊人的努力！多么了不起，多么超人的力量啊！干得真漂亮！啊，成功了！绳子松了，双臂分开向上浮了起来，在逐渐增强的亮光中，这两只手一边一个依稀可辨。他怀着一种新的兴趣注视着，先是一只手然后又是一只手，使劲抓住脖子上的绳子，解开后又狠狠地将它抛在一边。绳子在水里浮动起伏，犹如一条水蛇。"把绳子套上，重新套上！"他觉得自己正冲着双手喊，因为绳子解开后，随之而来的是一阵他还没尝到过的剧痛。他的脖子痛得厉害，脑袋像是着了火，那颗一直在微微悸动着的心猛地跳了一下，像是要从嘴里跳出来似的。他浑身像散了架一般疼痛难忍！可是，那两只不听使唤的手，对他的命令却无动于衷。它们用力飞快地朝下划着水，将身子托出水面。他觉得自己的头先露出了水面，两眼被太阳刺得看不见东西，胸脯急剧地起伏着，随着一阵剧烈得无以复加的疼痛，他的肺部吸进了一大口空气，但很快他又一声尖叫，把它吐了出来！

现在他已经完全控制了自己身上的各种感官。事实上，这些感官还显得特别灵敏警觉。他全身处于可怕的紊乱之中，也不知是什么东西促进了、改善了他的感官，觉察到许多过去从未觉察到的东西。他感触到脸上的水波，还听到了它们每次拍来时发出的"哗哗"声。他朝河岸上的树林望去，看见了一棵棵的树，看见了树叶和每片叶子上的脉络，也看见了树叶上的小虫子，有蝗虫，有金身苍蝇，还有褐色的蜘蛛，正忙着在树桠间织网。成千上万片草叶上，五光十色的露珠闪闪发光。蠓虫在水波上载歌载舞；蜻蜓在振动双翅；水蜘蛛划动双腿，恰似船桨推动小舟——这一切组成了一支清晰的乐曲。一条鱼从他的眼皮底下"嗖"地穿过，他听到了鱼身分水的"沙沙"声。

这时他已露出水面，脸朝下游。没多久，这个看得见的世界好像慢慢地围着他转了起来，他自己成了轴心。他看见了小桥，碉堡，看见了桥上的士兵，上尉，中士，两名哨兵——他的行刑队。蔚蓝色天空清楚地勾勒出他们的轮廓。他们冲着他大喊大叫，指手划脚。上尉已拔出手枪，但没开火，其他的人都没带武器，他们的动作古怪而可怕，他们的身影异常高大。

蓦地，他听到一声枪响，有什么东西在离他脑袋几英寸的水面上，“轰”地炸开了，溅了他一脸的水。接着又是一声，他瞧见一个哨兵正举着枪，枪筒里冒出一缕青烟。水中的这个人看见，桥上的那个人正从枪准星里死死盯着自己。他注意到这是一只灰眼睛；记得曾在哪本书上读到，说灰眼睛是最厉害不过，所有著名的射手都长着灰眼睛。不过，这只灰眼睛可没击中目标。

法夸被一个回旋的浪头推着转了半圈，他又朝碉堡对面的林子望去。一个响亮尖锐的嗓音，在他身后单调而有规律地喊着，传过水面，十分清晰，透过并淹没了周围的一切声响——甚至他耳边汩汩的流水声。尽管法夸不是一个军人，可他经常出入兵营，知道这种从容不迫、慢条斯理、喉音严重的腔调具有何种可怕的意义。他知道岸上的那位中尉现在不再袖手旁观了。他的声音多么冷酷无情！平稳的语调像是要逼着士兵们保持镇静。他有板有眼地喊出了这样几个残酷的字：

“全体注意……举枪……准备……瞄准……放!”

法夸向下潜去——他尽可能地向下潜去。河水在他耳边像尼亚加拉瀑布一般轰鸣，但他还是听到了排枪沉闷的轰响。他又一次浮了上来，遇见许多闪闪发亮的小铁屑，扁平得出奇，晃晃悠悠地沉没了下去。有几片触及他的脸和手，接着又落下，继续往下沉。有一片夹在他的衣领子里，热辣辣的，很不好受，他一下子把它扔了出去。

待他露出水面，喘着粗气时，他才知道在水下已经呆了很长时间。他发现自己正处在很远的下游——比起刚才的地方要安全多了。那些士兵们差不多都已上好了枪膛，从枪管里抽出来的通条在阳光下一闪一闪，在空中翻了个身，“嗖”地一声又被插进了鞘套。两名哨兵又开枪了，这一回没按什么命令，也没获得什么成功。

这一切都让这个被追捕者在回头时看见了。现在他正顺着水势奋力地游去。他的头脑同四肢一样有力，正以闪电般的速度思索着。

“这位当官的，”他心里想，“是个经过严格训练的人，他不会犯第二次错误了。齐射还不是像点射一样容易躲避嘛。也许他已经下命令让士兵随便开枪了。上帝保佑，我一下子可躲不过这么多子弹！”

离他不到两码的地方，突然可怕地溅起河水，接着一阵尖啸，然后逐渐减弱。这响声听起来似乎又从空中飞回碉堡去了，最后“轰”的一声爆炸，搅乱了河底的宁静。河水像一条掀起的被单，盖在他头顶上，把他整个裹住了。他看不见东西，也喘不过气来。大炮也插手进来了。他摇了摇头，抖掉了脸上的水，听见一颗打偏了的炮弹正“嗖嗖”的凌空而过。没多久远处的树林里便响起了“噼哩啪啦”的树枝折断的声音。

“好了，他们不会再这样打了，”他猜测着，“下一回他们要打葡萄弹了。我得盯着这个炮口，硝烟会给我报信的，炮声来得太晚，老是拖在炮弹的后面。这真是门好炮哇。”

猛然，他觉得自己正急速地旋转，旋转，活像一只陀螺。河水，河岸，树林，此刻在远处的桥，碉堡和士兵都混为一体，模糊不清。所有的物体只变成各种颜色，他看见的只是一条条在水平线上旋转着的光纹。原来他刚才是陷进了一个漩涡，漩涡激烈地盘旋向前，弄得他头昏眼花。没多久他被抛在一片碎石堆上，这儿是河的右岸，也是南岸。一块隆起的地方正好把他掩蔽起来，不让敌人察觉。这突如其来的停顿，加上一只手又被碎石擦破，使他喘了一口气。他高兴得流下了眼泪。他把手指插进沙子里，一把接着一把地往身上洒，一边还轻轻地感谢它。这沙子像钻石，像红宝石，像绿宝石，像他能想象的世上一切美丽的东西。河岸上的树像是大花园里的植物，他注意到，它们排列得井然有序，又深深地吸了一口树上的花香。一束奇异的玫瑰红的光彩透过树干的空隙闪烁着；轻风在树枝上吹出悦耳的声音，像是风琴在弹奏。他不想再逃了，只想留在这块景色迷人的地方，就是重新被捕，也心甘情愿。

葡萄弹在他头顶上的树枝间“嗖嗖”、“嘎嘎”地响个不停，把他从梦幻中惊醒。那些稀里糊涂的炮手盲目地放了一阵，算是欢送。他猛地跳了起来，冲上斜坡，一头钻进了树林。

整整一天，他一点没歇脚，仅仅靠着太阳的移动来定方向。这林子好像无边无际，连绵不断，就连一条樵夫的小径也看不到。他还是第一次发现自己住的地方竟是如此荒芜。眼前一切真有点神秘。

夜幕降临了，他疲惫不堪，脚痛，肚子也饿。但一想到家里的妻子儿女，他又挣扎着向前走去。最后，他终于找到一条路，他知道顺着这条路准能走回家。这条路像城里的大街一样宽阔笔直，可好像也未见有人走过似的。路边没有农田，四处不见住家，甚至听不到一声使人想起此地还有人烟的狗叫声。漆黑的树干在路的两旁竖起一道笔直的墙，逐渐延伸在地平线上，最终汇成一点，好像透视课上画的图案一样。他抬起头，透过树缝看见金光灿烂的星星在天空中眨着眼睛。他觉得这些星星很陌生，而且还很奇怪地组合在一块儿。他相信它们之所以这样组合，其中一定有神秘和邪恶的意义。道路两旁的树林里充满着稀奇古怪的声响，他不止一次地在这些声响中清清楚楚地听到有人在用一种莫名其妙的语言轻声说话。

脖子痛极了，他伸手去摸了摸，发觉脖子已经肿得厉害。他知道被绞索磨破的地方留下了一圈紫色痕迹。他感到双眼充血，再也无法合上。口渴得很，连舌头也肿大了，他把舌头从牙齿间吐了出来，让凉风来解热。这条人迹罕至的大道上，覆盖着多么柔软的草皮啊！现在他脚下再也感不到有什么路了！

毫无疑问，尽管浑身疼痛难忍，他一定走着走着就睡着了，要不就是他刚从一阵谵妄中苏醒过来，因为他现在看见的是另一番景象。这时他站在自己的家门口。一切还都是他离家时的老样子，晨曦中，明亮而美丽。想必他又赶了整整一夜路。他推开门，走上宽敞的白色甬道，看见一件女人的裙衫拂地而来，他的妻子容光焕发，娴静而又甜蜜，正走下前廊来接他。她站在台阶下，微笑地等待着，欣喜万分，真有举世无双的优雅和尊严。啊，她是多么美丽啊！他展开双臂，向前奔去，正要抱住她时，只觉得脖子根上重重地挨了一下。一道刺眼的白光在他四周闪耀，随之是一声巨响，好像是大炮的轰鸣——霎时间，一切又都沉浸在黑暗与寂静中！

贝顿·法夸死了。他的尸体，连同那个折断了的脖子，在鹰溪桥的枕木下慢悠悠地晃来晃去。

【范文解说】

短篇小说《鹰溪桥上》描述了主人公贝顿·法夸的一次奇特的“脱逃”经历。法夸是美国南方的种植园主，在北方军队逼近之际，因企图破坏鹰溪桥被北军抓获，旋即处死。作品的构思也是“奇特”的，它将大部分篇幅用以表现人物的瞬间幻觉（即范文节选部分），这是令人惊讶的处理。在这里，作者运用了一种所谓“时间扩充法”，即作品中的事件或人物行为延续时间超过实际所需时间，人物浮想联翩，从容且周详，而坠落过程其实只是短短一瞬。当然，作者无意于提供一个心理现象的实例，小说的任务不是这个；他也并非致力于证实一个关于求生欲望的简单命题，我们对被“扩充”而获得强化效果的意识活动，当有良深品味。

这是一个“热心支持南方事业”的人物，只是由于自视甚高的“傲慢的性格”，他未加入南方军队。北军的胜利，使他十分恼火，“他渴望有朝一日能发挥自己的能力，像士兵那样有用武之地”，他还盼望“能出人头地”。如何刻画这样一个人物，这么一种自命不凡的“傲气”和急欲事功的心态呢？我们知道，任何艺术形式所提供的总是一个有限空间，在这样的空间里表现广阔的社会生活，必须进行艺术概括，就像莱辛所说的，艺术的使命即“把事物和各种事物的组合，在我们的感觉所能接受的限度内尽可能真纯、尽可能简练地呈现给我们。”从这个角度去理解，艺术构思的主要任务就是：从特定的艺术体裁样式出发，对生活作艺术概括，并把概括所得“尽可能真纯、尽可能简练”地纳入具体化的艺术形式。而短篇小说的“空间”更为有限，它相应地要求程度更高的概括、集中。在《鹰溪桥上》里，对形象活动的艺术概括表现为集中到人物被捕处死的场景，更准确地说集中到死之将至的瞬间。这真是一个极为典型的“有包孕的片刻”！在这一片刻里，“他观看着自己的挣扎。多么惊人的努力！多么了不起，多么超人的力量啊！干得真漂亮！”他的自我感觉极佳，“感官还显得特别灵敏警觉”，“他的头脑同四肢一样有力”，时时以“闪电般的速度思索着”。待到终于踏上河岸顺利脱逃之后，那班“稀里糊涂的炮手”盲目的放炮，在他听来像是“欢送”。

如此，在鹰溪桥上原本悲惨、耻辱的一幕，发生了奇妙的反转：死刑变成了逃生，而成功的逃生，也是一桩“业绩”，一次体现了“超人的力量”的“壮举”！心理动作的内在动机不再仅仅是“求生本能”，更触目的还是自我欣赏和赞许，是在捍卫南方利益的战争中建功立业的强烈欲念。我们看到，小说以高度“浓缩”的艺术形式构造，十分简练地完成了人物形象造型。如再作进一步体会，则可发现，小说对被压缩至一“点”的幻觉的具体描绘又很是舒展，在这一短暂过程中，这里那里散布着真切的细节，随处皆是有关感受、联想、行为动作的生动描述，在一番精雕细刻之后，“逃生”过程获得了自身“真实”形态，并使自己成为一次“寓丰富于单纯”的艺术辩证。

小说的结局是有嘲讽意味的，因为贝顿·法夸惊险万状的成功脱逃，不过是他在被处以绞刑的下坠过程中所发生的幻觉。脖子上的绞索终于扯直，贝顿·法夸忙乱的意识活动即刻烟消云散。与“扩充”的强化效果一样，结局的嘲讽意味还由于小说对“幻觉”的秘而不宣的手法而得到再次的强化——这一构思手法创造出短篇幅作品珍视的“意外的结尾”，而“意外”则造成了对“意味”的强调和情感的、思想的冲击效果。

其实，深一层说，贝顿·法夸英雄传奇似的幻觉是可笑的，也是悲壮的。这种双重意味、意味的复杂性深刻地来自历史。

安布鲁斯·毕尔斯曾以他的《空中骑士》出色地摄取了美国内战中的另一个镜头，在那里面，被身为北军战士的儿子一枪命中的南军军官父亲也有一个“别致”的死法：枪声响了，在壮丽天幕的映衬之下，父亲与胯下的高头大马一道，朝着峡谷凌空疾驰——

> 骑士以军人方式笔直地骑在马上，紧紧跨着马鞍，狠狠地扣住缰绳，以免战马过于剧烈地向下俯冲。他没戴帽子，长长的头发向上飘扬，羽毛似地波动着。……马的四条腿向前猛冲，如同在腾空跳跃中的突然降落，这简直是在飞行啊！

或许，这个给人以“慢动作”印象的特写不无滑稽色彩，可是，从人物堂皇赴死的姿态之中，不也透露出一份庄严？父亲形象代表着一个没落的古典时代，尽管，它高贵，浪漫，又诗意，却必然行将消亡。作品赋予人物一种在“历史形式的最后一个阶段”里“想象自己具有自信”的喜剧色彩，同时，也分明含纳着几许哲学意味的悲凉。

法夸也是这么一个悲剧角色，他同样表演了一次浪漫的“空中姿态”，稍有区别的是，这是以临终幻觉形式出现的心理的“空中姿态”。在这一具有历史纵深感的艺术形象身上，我们又一次感受到置人物于“想象”的“奇特”构思的力度，感受到隐蔽在形象描摹背后的作家的穿透时空的深邃目光。

【思考题和练习题】

1．构思活动与一般认识、思维活动有何不同?

2．“叙述角度”与“叙述人称”是同一概念吗？请具体说明。分析一篇短篇小说，考虑：①其叙述角度与作品题材、结构的关系。②如果改变叙述角度，将带来哪些变化?

3．写一篇记叙文，并说明其主题提炼过程。

第三章　常用文体写作

第一节　小　　说

一　小说的演变和特点

小说是一种通过人物、情节和环境的具体描写来反映现实生活的文学体裁。

小说一词，最早见于《庄子·外物》："饰小说以干县令，其于大达亦远矣。"这里所说的"小说"，指的是浅薄琐屑的言论，与我们今天所说的小说相去甚远。中国的小说，和世界各国一样，是从神话传说开始的，神话是把神"人化"，传说是把人"神化"，这两者之间的界限很难确切划分，其共同点都是演说故事。魏晋南北朝时期，出现了志怪、志人小说。志怪小说，大多以鬼怪神异为题材，宣扬宗教迷信，有不少封建糟粕。鲁迅《中国小说史略》指出："中国本信巫，秦汉以来，神仙小说盛行，汉末又大畅巫风，而鬼道愈炽；会小乘佛教亦入中国，渐见流传。凡此，皆张皇鬼神，称道灵异，故自晋迄隋，特多鬼神志怪之书。"从叙说故事来说，大多数只是粗陈故事梗概，缺少细腻刻画。志人小说是专记人物言行的一种杂录体小说，也称“轶事小说”、“清谈小说”，它短小精悍，形式简单。内容上可分为两类：一是专记富有讽刺意味的诙谐言行，如三国时《笑林》等；一是专记社会名人的传闻佚事，如晋裴启《语林》、南朝宋刘义庆《世说新语》等。神话传说也好，志怪、志人也好，都是作为一种史实记载下来的，是靠实地访问，从民间搜集而记录下来的，因此叫作“志”。“志”是记录的意思，而不是创作，所以最初的小说，同历史归于一类。

我国的小说脱离历史领域而成为文学创作，还是进入唐代之后的事。唐代的小说叫传奇，始于唐初，由六朝志怪发展演变而来，多以历史、爱情、侠义、神怪等故事为题材，传奇，即传写奇事的意思。唐人小说的贡献主要有两点：一是作者开始“有意识”地创作小说；二是开始挣脱志怪小说的神鬼氛围，日渐靠向世俗人生。这一时期小说的发展，主要表现在想象虚构与讲求文采，其人物描写、结构布局已相当完整，语言工丽，是我国小说成熟的标志，从此，小说便发展成为文学创作了。因为它常为后世说唱和戏剧所取材，故宋元戏文、诸宫调、元杂剧、明清戏曲也有称为“传奇”的。唐代传奇代表作品有《游仙窟》、《南柯太守传》、《长恨歌传》、《柳毅传书》、《会真记》、《李娃传》等。

宋代兴起的是话本。话本是宋元间说话艺人讲唱故事的底本，它是经过说书艺术的千锤百炼才产生和流传的，以描写精彩动人的情节场面和塑造生动活跃的人物性格见长。话本主要有两种：一是专讲社会新闻和民间故事的，称为“小说”，多为短篇；二是专讲历代兴亡和战争故事的，称为“史书”，多为长篇。因以广大听众为对象，故多用浅近文言和通俗白话写成，虽然还保留着某些诗词以作演唱，但主要以讲说故事为主，是后世白话小说的滥觞。如《宣和遗事》关于宋江等人的描述，是《水浒传》的最早蓝本；《武王伐纣书》所写姜子牙的高强神术，是《封神演义》的渊源；《三国志平话》为《三国演义》建立了骨架。

明清两代最为发达的是章回小说，即标明回目，分章回叙事的白话（有的是浅近文言）长篇小说，全书分若干回，少者数十回，多至百余回，每回标以对偶的回目，概括全回故事内容。有的开头有“话说某年”，结尾有“且听下回分解”的套话。著名的有施耐庵的《水浒传》、曹雪芹的《红楼梦》、吴敬梓的《儒林外史》等。《红楼梦》是我国古代小说的一个辉煌的顶点。

随着新文化运动的开展，从“五四”时期以来，我国的小说创作进一步蓬勃发展。

作为叙事类文学以至整个文学的主要体裁之一的小说，从不登大雅之堂的地位，到蔚为大观地成为文学创作的主流，经历了漫长发展的过程；从西方来说，高级形式的小说也是史诗和戏剧这两种伟大文学形式的共同的后裔。要了解小说的特点，不能不区分小说历史发展的各个阶段。从部分古代小说和中外现代小说来看，小说主要有如下几个特点。

第一，内容的虚构性。

小说作为一种艺术形式，是一种“创作”的形式，和报告文学、传记文学等严格以真人真事为参照标准的文学体裁相比，虚构性是小说的明显特点。一部作品叫做小说，也就意味着它是虚构的。即使是那些以真人真事为基础而创作的历史小说、传记小说和纪实小说，如《三国演义》、意大利作家乔万尼奥里的《斯巴达克思》、我国当代作家刘心武的《5.19长镜头》等，也都包含着相当浓重的虚构成分。《三国演义》中关羽“诛文丑”、“斩蔡阳”等情节都是将发生在别人身上的事情移植给关羽的，甚至历史上“单刀赴会”的也并不是关羽，相反恰恰是东吴大将鲁肃。人们无需也不必要以生活的或历史的真实标准来要求这些已经被授予小说地位的作品。这种虚构性给小说带来了极大的优势，作家可以充分自由地按照自己对生活的感受和认识，创造出特定的审美对象来。

第二，表现的广泛性。

小说作为文学艺术的一种，是一种语言艺术。有一个谜语：不是蜜，但可以粘住一切。说的就是语言。与音乐艺术、图画艺术、舞蹈艺术、雕塑艺术等相比，语言艺术更容易表现一切，没有什么不可以通过语言来表现，用语言来表现社会生活，最直接，最明白，最细腻。在小说、散文、诗歌、剧本等多种语言艺术中，小说的手段最多样，受到的制约也最少。诗歌注重抒情，语言凝练而富于跳跃性，因而不能像小说那样对社会生活作全面细致的描述；剧本要供演出之用，内容受到舞台的限制，不能像小说那样得心应手地表现不同时空的事件；散文贵散，形散神不散，虽可以把艺术的笔触灵活地指向四面八方，但其容量远不及小说。小说为广大读者提供的是最为广泛、多面、完整而细致的人生图画。黑格尔在《美学》第三卷里说过，小说“在旨趣、情境、人物性格和生活关系的各个方面显得丰富多彩，具有整个世界的广大背景”。一部《红楼梦》，是整个封建社会的百科全书，巴尔扎克的《人间喜剧》以金钱为轴心，以众多的、鲜明的典型形象，从政治、经济、文化、道德、家庭、爱情、婚姻等各个方面，广泛而深刻地反映了当时法国的社会现实，形象地表现了资产阶级战胜贵族阶级的风俗史。

第三，较强的故事性或情节性。

小说一般包含具体、生动、曲折的故事情节，具有较强的故事性或情节性。这也是小说和报告文学、传记文学之间的重要区别，对于报告文学和传记文学来说，故事性或情节性不是必备的特征。情节一般是通过描写人物思想性格情感欲望间的相互冲突，以及由此而引起的人物关系、人物命运的冲突来展开的，情节性使小说引人入胜，构成了它的本体特征之一。作家在构思过程中，费力较多的也是构设情节的问题，一个作家可以直接以生活中的某一人物为原形写作小说，但很少直接按照生活中某一事件的前后经过来写作。即使是采用心理结构的西方现代派小说，大多仍然贯穿着一定的情节，只是有所淡化而已。相反，丰富的心理描写如果脱离了情节线索的制约，作品往往可能陷入难以自拔的自我宣泄状态。

二　小说创作的艺术积累、构思和传达

一般说来，小说的创作包括艺术积累、艺术构思和艺术传达三个阶段。

第一个阶段，即艺术积累阶段，指的是一部作品的素材以及作者在有关知识、经验、能力和情感等方面的准备，这是一部作品的奠基阶段。观察、体验和研究是艺术积累的基本特征和程序。作家的观察是非常广泛的，平时，要留心各样的事情，对所要表现的东西，要长时间地注意观察，以便能发现别人没有发现和没有写过的特点。法国作家福楼拜曾经说过："为了要描写一堆篝火和平原上的一株树木，我们要面对这堆火和这株树，一直到我们发现了他们和其他的树、其他的火不同的特点的时候。"广义的观察也包括通过报刊、书籍、电视等其他媒介间接地了解对象，加强积累，特别是写作历史题材小说，更需要通过大量阅读各种典籍积累素材。体验，是艺术积累进一步深化的过程，作家除了感知对象以外，还需要调动自己的全部感官知觉和精神能力，设身处地地感受和体味事物。俄国作家屠格涅夫创作小说《父与子》，甚至连续数年设身处地为作品主人公巴扎洛夫写日记。当然，并不能要求一个作家对于自己写作的一切都身临其境亲身体验，有的可以在一定的认知积累的基础上，借助于想象去感受。研究，是艺术积累过程中更带理性色彩的环节，一个作家应该在正确的思想观点指导下，运用正确的思想方法，分析材料的底蕴，作出正确的价值判断。毛泽东同志《在延安文艺座谈会

上的讲话》指出："中国的革命的文学家艺术家，有出息的文学家艺术家，必须到群众中去，必须长期地无条件地全心全意地到工农兵群众中去，到火热的斗争中去，到唯一的最广大最丰富的源泉中去，观察、体验、研究、分析一切人，一切阶级，一切群众，一切生动的生活形式和斗争形式，一切文学和艺术的原始材料，然后才有可能进入创作过程。"这个指示的基本精神在今天仍然是正确的。在整个艺术积累的过程中，感情的蕴蓄也是非常重要的，如同诗歌、散文等的写作一样，非实用、非功利的小说创作有时也是长期蕴蓄的感情和欲望宣泄的产物。

第二个阶段，即艺术构思阶段，包括了从作者产生小说创作意向到完成作品设计的过程。在强烈的创作欲望和一定的审美创造意向的支配下，作家总得要对生活素材重新进行提炼和开掘，酝酿未来作品中将要出现的众多艺术形象及其相互关系，酝酿未来作品的情节、结构、环境、语言等方面的风貌，确立和深化作品的主题，思考表达自己审美感受的最佳方案。从小说创作来说，为作品找到合适的结构形式，使思想观点、人物形象得到最恰当、最有力的表现，是构思活动中的一项复杂而困难的工作，不少作家甚至认为其难度超过其他创作环节。他们把小说创作比喻为建筑"小说大厦"，感叹单是一个结构，即大厦的结构，就足以耗尽作者的全部智力活动。同诗歌、散文比较起来，小说的一个显著特点就是必须直接写人，构思时主要的思维形式应该是形象思维，以人物形象作为思维的基本单位，以形象自身的演化创造为基本内容，作家似乎已经看见了他们，和他们谈话，熟知他们的言语、行动、姿态、步调、容貌、禀性，从多方面整个儿看见他们，并应和着人物形象的思想感情，与他们一起或喜或怒或哀或乐。

第三个阶段，即艺术传达阶段，指人们通常所说的执笔写作。人们常把人物、情节、环境称为小说的三要素，小说写作应该致力于塑造栩栩如生的人物形象，构设足以组合人物关系和发展人物性格的情节，确定最佳的时空位置。

第一，塑造栩栩如生的人物形象。

人物形象是表现作家的美学理想和社会理想的载体，也是作者与读者进行情感交流的媒介。小说艺术的一个重要特征，就是塑造有血有肉、生动感人的人物形象。

塑造人物形象，要着眼于人物的“性格世界”，写出“内部的人”。黑格尔指出：“性格就是理想艺术表现的真正中心。”① 一个真正有价值的人物形象，必然是有着独特性格的“这一个”，他不会与其他形象混淆，他能使我们在万人攒动之中一眼把他认出。高晓声笔下的陈奂生与鲁迅笔下的阿 Q 尽管有点相像，但我们不可能把陈奂生错当成阿 Q。叶圣陶《夜》中的老妇人与高尔基笔下的母亲尽管都是发展中的人物形象，但前者主要是因为女儿女婿被杀而直觉地萌生反抗意识，决心再承担起一回母亲的重任，把外孙抚养成人，后者则是在革命理论的初步影响下自觉地散发传单，发表演说，与军警展开面对面斗争。性格是内在外在相统一的，但更多的还是内在的，写出了性格，才是写出了“内部的人”。法国文艺理论家泰纳指出：“一个内部的人被隐藏在一个外部的人的下面；后者只是表现前者。你去看他的房子、家具、衣服；那是为了从这些事物中发现他的习惯和嗜好的标志，他在文雅或朴素、奢华或节俭、愚蠢或精明等方面，到达怎样的程度。你去听他的谈话，注意他的声调的抑扬、他的态度的变化；那是为了判断他的生命力的状况、他的忘我或快乐，他的活力或节制。……所有这些外表都不过是条条的道路，通向一个中心；你走进这些道路，只是为了到达那个中心；而那个中心就

① 《西方文论选》下卷第 294 页，上海译文出版社 1979 年 11 月版。

是真正的人，我指的是才能和情感的总体，它们是内部的人。”①作家创作小说，必须善于通过外表的描写，展现人物内在的性格世界，否则，哪怕一切都是忠实而精确地从自然中摹写下来的，人物也仍然模糊不清，不好理解。

表现人物性格，应能展示性格的丰富性。黑格尔又指出：“每个人都是一个整体，本身就是一个世界，每个人都是一个完满的有生气的人，而不是某种孤立的性格特征的寓言式的抽象品。”“只有这样的多方面性才能使性格具有生动的兴趣。同时这种丰满性必须显得凝聚于一个主体，不能只是杂乱肤浅的东西，或是偶然心血来潮的激动。”② 性格的丰富性，表现在一个人可以同时具有多种美好或丑恶的性格，也可以同时具有两极的性格，即使只有一种性格，其表现也应是多层次多侧面的，且自身也有一个逐步形成的过程。阿 Q 性格的基本特征是以精神上的胜利自慰，乃至于至死不变，在押赴刑场的路上还说什么过了二十年又是一条好汉。但阿 Q 也并不是时时刻刻只满足于精神上的胜利，在强者面前他是羊，在弱者（如小尼姑）面前他也是狼。他也会杀人：进了几回城自认为比乡下人高明的他，谈到城里杀革命党的新闻时，用手在王胡、小 D 的脖颈上比试；自认为成了革命党，畅想一幅革命胜利图时，第一个要杀的便是小 D 和赵太爷。这些描写充分展示了阿 Q 性格世界的丰富性，立体化地塑造了人物形象。

塑造栩栩如生的人物形象，追求的终极目标是造就典型。巴尔扎克《〈人间喜剧〉前言》认为，小说反映现实生活的方法，是把社会主要事件和若干相类似的人物性格结合起来，揉成典型人物，同时讲求细节的真实。别林斯基指出：塑造典型是“创作

① 《西方文论选》第 235 页，上海译文出版社 1979 年 11 月版。

② 《西方文论选》第 297 页，上海译文出版社 1979 年 11 月版。

本身最显著的特征之一”，“没有典型化，就没有艺术”。什么是典型？别林斯基又指出：文学作品中的典型是读者“似曾相识的不相识者”，典型人物“一方面是整个特殊的人物世界的表现，同时又是一个完整的、个别的人物”，因此在塑造过程中，典型须先“否定自己的普遍性而成为个别现象”，“变成个别现象之后又回到普遍性上来”。[①] 这就表明，典型是个性与共性的统一体。典型化的方法一般有两种。一种方法是在广泛集中、概括多种素材的基础上塑造典型，即鲁迅所说的“杂取种种人，合成一个”的方法。当然，这里所谓的“合成”，并不是简单的综合或拼凑，而是经过作者能动地酿制、熔铸、加工而创造出来的。另一种方法是专以生活中的某一个人物原型为基础进行再创作，但又不受这个原型的限制，不拘泥于真人真事，而是吸取类似的素材熔铸而成。造就出典型人物形象是创作成功的显著标志，是作家的纹章印记。中外小说创作中的许多典型人物形象已经成为某种性格的代名词，如阿Q——精神胜利法；泼留希金、葛朗台、夏洛克、阿巴公——吝啬鬼；奥楚蔑洛夫——变色龙；别里科夫——反对变革，阻碍社会发展；堂吉诃德——耽于幻想，脱离实际，等等。果戈理的一篇暴露贵族社会和官僚阶层生活庸俗和丑恶的短篇小说《涅瓦大街》中，有一个人物叫庇罗果夫，虽置身上流社会，但极端浅薄庸俗，把普希金与一些官府红人和劣等文士混为一谈，别林斯基评论说：“果戈理君构思这种字眼（指体现某种性格的人物典型名，笔者）是怎样的能手啊！我不想絮述许多人已经说过多次的话，我只想讲到他的这样一个小小的字眼——庇罗果夫！……老天爷！这就是整个等级，整个民族，整个国家！呵，独一无二的、无可比拟的庇罗果夫，典型之典型，原型之原型！你比夏洛克更广阔无边，比浮士德更意味深长！……是

① 《西方文论选》下卷第375－376页，上海译文出版社1979年11月版。

的，先生们，真是一个不可思议的字眼——庇罗果夫！这是象征，玄秘的神话，一件剪裁得十分奇妙，一千个人穿来都合身的长袍！果戈理君构思这样的字眼，说出这样的 bons mots（法文：妙语。笔者）来，真是一位能手啊！为什么他是这样的能手？因为他独创！为什么会独创？因为他是诗人。”① 杰出的典型人物形象，就是这样一种具有独创意义的个性和共性的统一，永垂于世界文学的画廊。

第二，构设发展人物性格的情节。

高尔基指出：“文学的第三要素是情节，即人物之间的联系、矛盾、同情、反感和一般的相互关系——某种性格、典型的成长和构成的历史。”② 一篇小说，情节可以淡化，但没有情节是不可能的，正如我国当代作家陆文夫所说：“一篇小说，故事性有强与不强之别，但是不管怎样，总得有那么一点情节；即使写一种意境，一种感觉，也总得有个人进入那种境界中去。一点情节没有的小说是没法写的。”③

一般说来，构设小说的情节主要有三个方面的作用：一是组合好人物关系，众多的人物形象各属于矛盾冲突的哪一方，各在矛盾冲突的什么时候出现，构设好情节，这些也就明确了；二是发展人物性格，生命本身充满了矛盾冲突，人物的性格也只有在矛盾冲突中才能见出力量，因此，作家应当把人物放在具有冲突的情境中来描写；三是形成小说的基本框架，情节的开端、发展、高潮和结局往往是小说的主体，虽然有些小说具有非情节的部分，如对背景、人物、事件作某些必要的交代等，但大多数小说都直接进入情节，情节结束，小说也就戛然而止。

---

① 《西方文论选》下卷第 379 – 380 页，上海译文出版社 1979 年 11 月版。

② 高尔基《和青年作家谈话》，《论写作》第 6 页，人民文学出版社 1956 年版。

③ 陆文夫《小说门外谈》第 24 页，花城出版社 1982 年版。

从小说创作的实际来看，按照生活中某一个人物原形进行创作，这种情况是有的，但直接按照生活中某一个事件的前后过程，不加变动改造进行创作，这种情况是极少见的。情节的虚构性，是作家主观能动性的重要反映。构设情节，一般应考虑如下一些问题：(1) 明确矛盾冲突双方的底蕴和冲突的性质。有些小说，似乎是散文化地娓娓叙说一件事情，不见什么矛盾冲突，直至结尾处方突兀而起，并瞬息解决，读后掩卷沉思，仍会感到冲突异常尖锐。如汪曾祺一篇小说写旧军队一个团长妻子难产，只得请医生接生抢救，终于平安分娩，团长十分高兴，重金酬谢，但送不多远，忽然一枪将医生毙命：我的女人，岂是他人可以碰摸的！这就有着尖锐的矛盾冲突和深刻的社会意义。(2) 选择好促使情节推进的“道具”。作品中的矛盾冲突往往由一些具体的事物而展开，确定什么样的事物，关系到情节的推进是否合理自然，也在一定程度上影响到冲突的深刻性。果戈理的中篇小说《外套》源于一则官场轶闻：一个很穷的小官吏酷爱打鸟，他节衣缩食买了一支很好的猎枪，谁知第一次打猎就把猎枪丢了，小官吏一气之下得了重病，幸亏同事得知后凑钱给他再买了一支猎枪，他才保住了性命。果戈理就这则故事创作了小说，但他把猎枪换成了外套，这个“道具”的改动是颇具匠心的，因为猎枪对一个小公务员来说，毕竟还不是最重要的生活必需品，换成外套才更能表现小人物可怜可笑、可悲可叹的命运。故事的结尾，则改成了外套被抢，主人公抱郁而死的悲剧，因为原先喜剧性的结尾还不足以表现世态的凉薄。(3) 安排好矛盾冲突的开端、发展、高潮和结局，有的前面还有序幕，后面还有尾声。对于篇幅比较长的小说来说，不但全篇要有这样一个情节发展过程，其中的若干章节、事件也要有这样一个情节发展过程，可以节选成篇。在安排情节发展过程时，要考虑好贯串情节的线索，有的一线贯串，有的双水分流，有的多线并进而后交织。中国有的旧小说先以几回写一个人，由这个人带出另一个人，于是再写几回，如此继续下去，到一定时候再写大家的共同动作，如《水浒》就是这样。(4) 情节的推进要力求符合生活的逻辑，具有必然性。作品中的矛盾冲突要符合生活的真实，冲突双方的动作要与时代发展所达到的思想意识和物质技术条件相应，矛盾的解决方法应该是现实而可行的。有些旧小说把矛盾解决的希望寄托在神佛仙术上，有些当代小说则把矛盾解决的希望寄托在上司的指令或决策上，这都是虚幻、偶然而危险的。诚然，作家可以编制虚假的故事，可以写作荒诞的小说，但那只是现实生活的一种重组、变形和曲折反映，对情节的推进起作用的归根到底仍应是生活的逻辑。(5) 有助于表现人物独特的性格。从小说创作来说，根本目的是塑造栩栩如生的典型人物形象，情节的构设是为表现人物服务的，人物与情节的关系，是因人附事，因事见人，辩证统一。创作时，既要让人物在情节的框架内活动和表现，也应根据人物活动的内在需求调整情节的推进，让情节跟着人物走。情节要因人而定，要有助于突现人物的性格。

第三，确定最佳的时空位置。

小说所塑造的人物形象和所构设的情节，总是出现于一定的时空位置，即一定的历史时期和地域场所，这就是小说的环境，包括社会环境和自然环境。

社会环境是事件的发生和人物活动的社会条件，人与人的各种社会关系等。它是人物性格形成和发展的土壤，影响着人物的思想、性格和人物对客观生活的理解、认识，从而使人物对现实生活采取不同的态度。社会环境是环境的主要构成部分，也是人物活动的主要环境。在小说创作中，社会环境往往是随着情节的发展和篇页的展开，通过人物的思想、心理、语言、行动、服饰、用具等的描写动态地交代的。阅读鲁迅的小说《祝福》，起笔描写旧历年底“新年的气象”，你不知道这写的是什么时期；

回到故乡的“我”“暂寓在鲁四老爷的宅子里”，鲁四老爷“是一个讲理学的老监生”，于是，你知道了这是在封建社会时期；具体是什么时候呢？再往下看：“寒暄之后说我‘胖了’，说我‘胖了’之后即大骂其新党。但我知道，这并非借题在骂我：因为他所骂的还是康有为。”这表明，此时已另有与康有为不同的“新党”，这当然是指辛亥革命党人，小说所写，该是辛亥革命以后的中国农村了。在其后的描写中，我们又一步步看到“祝福”的社会风俗画，看到鲁四老爷那阴冷、破旧的书房，对地狱的迷信，对寡妇的鄙视以及人与人之间毫不关心的冷漠关系，一切无不笼罩着封建礼教的浓重阴影，这便完成了祥林嫂生活和一步步走向生命尽头的社会环境的描写，正是在这落后、愚昧，被封建礼教统治的土地上，才会产生祥林嫂被迫害、被摧残的悲剧。环境决定和影响人物的性格，同时，人物性格也对环境有一定的影响，二者相互统一。如《装在套子里的人》中的“套中人”形象，他既是沙皇专制制度的产物，是环境制约的结果；可他却又对环境有一定的影响——“把整个中学辖制了足足十五年！”“全城都受着他辖制呢！”不同的历史时期有不同的社会环境，不同的国别也有不同的社会环境，有些反映50—70年代的小说作品，写一次次的政治运动对主人公命运的冲击，和对主人公性格的扭曲，过来人感同身受，青少年及外国读者则不太理解，作者行文之中，必要时可多作一点阐释。

自然环境指作品中事件发生、发展的地点，人物活动的空间。自然环境的描写，主要是指对特定空间的时令、气候、地理风貌等的描写，在作品中往往以多种形式出现，如：集中描写，不少小说往往起笔就是或长或短的自然景色描写，以展现特定的地域风光；穿插描写，以渲染气氛，衬托人物的命运和心理；与事件和人物言行揉合着写，许多事情就是在美好或恶劣的地域和气候中进行的，环境与人物和情节当然就密不可分了。上述写作方法及其作用之例，不胜枚举。较之于古代小说，现代小说中自然环境描写要多得多。当运用自然景色描写以渲染气氛，衬托人物心情时，要谨防人为地呼风唤雨，高兴时则阳光明媚，群芳吐艳，痛苦时则凄风苦雨，一片阴霾，把自然景色纯粹作为一种象征，这是很不可取的。在自然景色描写中无疑渗透着作家的思想感情，但这决不等于呼风唤雨，兴风作浪。

环境不仅为人物塑造服务，还有它自己独立的审美价值。优秀的小说家，总是通过对特定时代、特定地域的环境描写，展示出特定的山光水色，世态风情，人文习俗，为人们展示一幅幅广阔而多姿的社会风情画，给人以艺术的美的感受。人们从孙犁的白洋淀小说，沈从文的湘西小说，艾芜的西南边陲小说，不都会形成这种感受吗？一方水土一方人，内蒙草原，黄土高坡，锦绣江南，椰林南国，自然景观有异，民风民俗有异，人物性格也有异，环境描写与人物描写谐和统一，必将异彩纷呈，美不胜收。

三　几种主要小说样式的特点及写作要领

小说，有小小说、短篇小说、中篇小说、长篇小说等。

二十多年来，我国小说创作发展变化极快。新的名目、新的品种不断涌现，当然，大部分名称是根据小说的内容命名的，不足以作为一种样式永远存在下去，如“伤痕小说”、“知青小说”、“大墙小说”等，有的则可以作为一种样式看待，如“纪实小说”、“微型小说”、“非情节小说”、“摄影小说”、“意识流小说”等。为便于学习写作小说，现将几种主要小说样式的特点及写作要领简介于下。

1. 长篇小说

长篇小说是一种巨型叙事作品，它篇幅长，容量大，人物众多，情节复杂。通过不同历史时代具有重大社会意义的复杂事件、具体的社会环境和众多不同性格的人物形象的描绘，广阔地展示一定历史时期的社会风貌，揭示出社会生活的某些本质方面和显著的时代特征。由于长篇小说反映的社会生活比较丰富、广阔，因此，它的主题往往不是单一的，有主题和副主题；情节发展也不是单一的，往往由几条线索交织起来；人物有主要人物和次要人物，主要人物的性格往往有一个成长和发展的过程，次要人物也有他们的特定活动天地，可以充分展现他们的性格。因此，优秀长篇小说可以塑造各式各样的艺术典型，构成一个典型人物的画廊，如《红楼梦》是由四百多个人物所构成的庞大艺术整体，其中能称为艺术典型的则不下二三十人。过去，长篇小说所反映的生活内容往往有很长的时间跨度和很大的空间广度，现在，有的长篇小说在时间和空间上也显得比较集中。长篇小说的创作,要具体展示历史时代背景,安排好错综复杂的情节线索,人物描写须有历史的纵深感,并注意从总体上把握和反映社会生活。

2. 中篇小说

中篇小说是一种在篇幅长短、容量大小、情节繁简、结构规模、人物多寡等方面，都介于长篇小说和短篇小说之间的中等规模的叙事作品。它常常表现社会生活的一个片断，但又具有相对的完整性和一定的深广度；背景较为广阔，但常推到幕后；人物关系、性格冲突处理简明；结构灵活开放，千姿百态，适宜表现不同性质或不同时空结构中的多种复杂对象；各种描写比较细腻。中篇小说的创作，要注意融合长篇、短篇小说的长处，既要及时反映和影响社会生活，又要具有深厚的社会内容和作者的哲理思考，适应读者的阅读心理和审美要求。

3. 短篇小说

短篇小说是一种短小精悍的叙事作品，它篇幅短小，情节精炼，人物集中，往往截取生活中具有典型意义的某个片断或侧面，围绕一组矛盾，一两个主人公展开故事，集中地突出人物性格和鲜明地表达主题，具有“借一斑略知全豹，以一目尽传精神”的艺术力量。鲁迅曾将长篇小说和短篇小说作过比较：“在巍峨灿烂的巨大的纪念碑底的文学之旁，短篇小说也依然有着存在的充足的权利。不但巨细高低，相依为命，也譬如身入大伽蓝中，但见全体非常宏丽，眩人眼睛，令读者心神飞越，而细看一雕阑一画础，虽然细小，所得却更为分明，再以此推及全体，感受遂愈加切实，因此那些终于为人所注重了。”[①] 这段话具体地说明了短篇小说的特点和它的重要意义。短篇小说的创作，要善于以小见大，以局部再现全局，讲究艺术构思的精巧，人物、情节、背景、氛围都须高度单纯化。

4. 小小说

小小说是一种介于短篇小说与微型小说之间的作品，它短小精悍，经常用于反映社会生活中崭新人物的风貌。其故事情节极简单，有的甚至可以没有故事，而只有人物在一定场合中的片断行动。往往通过一个镜头，勾勒出人物的风采及精神世界。小小说的创作，要以小见大，构思巧妙，结构灵活，运用浮雕式刻画，突出一点而见精神。

5. 微型小说

微型小说也称“一分钟小说”、“袖珍小说”、“超短篇小说”、“微观小说”、“微信息小说”等。源于欧美，五十年代传入日本，之后又移植到我国。它一般篇幅微小，摄取生活的一镜头、一瞬间，反映出深刻的思想主题和社会内容。人物往往作为一种类型出现，不作个性刻画。构思巧妙，情节单纯，结尾往往出乎意料而又发人深思。以白描为主，语言简洁、凝练、含蓄。微型小说的创作，一般要求立意清新，结构严密，结尾奇崛。

---

① 《〈近代世界短篇小说集〉小引》，《鲁迅全集》第4卷第104页，人民文学出版社1957年7月版。

6. 纪实小说

纪实小说具有新闻性，能迅速、准确地反映现实生活中发生的新鲜事物，表现那些带有某种新闻色彩的人物。它容许虚构，可以运用艺术典型化的手法，对真人真事进行加工；它无意于塑造理想人物，往往从凡人小事中发现和表现某些带有全局性的重大问题，从而更亲近现实，亲近读者。创作纪实小说，要注重广泛调查，实地采访，善于发现问题，提出问题,通过对真人真事的加工提炼,把社会的真实面貌展示给读者,并引起社会的重视。

7. 系列小说

系列小说是具有同一主人公或社会背景，又各自独立成篇的一组小说，它包括两种情况：一是狭义的系列小说，在若干篇作品中，其主要人物的性格大体一致，故事情节又基本联贯，是同一性格在不同情况下的统一表演，如高晓声的“陈奂生系列小说”。二是广义的系列小说，一组作品中无统一的主人公，只是在同一背景中进行整体构思，同时讲述若干个故事，如陆文夫的“小巷人物志”。创作系列小说，要求在同一主要人物或社会背景之中进行艺术组合，不同篇目既要有一定的统一性，又要保持相对的独立性。

【范文】

陈 奂 生 上 城

高晓声

三

一觉醒来，天光已经大亮，陈奂生肢体瘫软，头脑不清，眼皮发沉，喉咙痒痒地咳了几声；他懒得睁眼，翻了一个身便又想睡。谁知此身一翻，竟浑身颤了几颤，一颗心像被线穿着吊了几吊，牵肚挂肠。他用手一摸，身下贼软；连忙一个翻身，低头望去，证实自己猜得一点不错，是睡在一张棕绷大床上。陈奂生吃了一惊，连忙平躺端正，闭起眼睛，要弄清楚怎么会到这里来的。他好像有点印象，一时又糊涂难记，只得细细琢磨，好不容易才想出了县委吴书记和他的汽车，一下子理出头绪，把一串细关节脉都拉了出来。

原来陈奂生这一年真交了好运，逢到急难，总有救星。他发高烧昏睡不久，候车室门口就开来一部吉普车，载来了县委书记吴楚。他是要乘十二点一刻那班车到省里去参加明天的会议。到火车站时，刚只十一点四十分，吴楚也就不忙，在候车室徒步起来，那司机一向要等吴楚进了站台才走，免得他临时有事找不到人，这次也照例陪着。因为是半夜，候车室旅客不多，吴楚转过半圈，就发现了睡着的陈奂生。吴楚不禁笑了起来，他今秋在陈奂生的生产队里蹲了两个月，一眼就认出他来，心想这老实肯干的忠厚人，怎么在这儿睡着了？若要乘车，岂不误事。便走去推醒他；推了一推，又发现那屁股底下，垫着个瘪包，心想坏了，莫非东西被偷了？就着紧推他，竟也不醒。这吴楚原和农民玩惯了的，一时调皮起来，就去捏他的鼻子；一摸到皮肤热辣辣，才晓得他病倒了，连忙把他扶起，总算把他弄醒了。

这些事情，陈奂生当然不晓得。现在能想起来的，是自己看到吴书记之后，就一把抓牢，听到吴书记问他："你生病了吗?"他点点头。吴书记问他："你怎么到这里来的?"他就去摸了摸旅行包。吴书记问他："包里的东西呢?"他就笑了一笑。当时他说了什么？究竟有没有说？他都不记得了；只记得吴书记好像已经完全明白了他的意思，便和驾驶员一同扶他上了车，车子开了一段路，叫开了一家门（机关门诊室），扶他下车进去，见到了一个穿白衣服的人，晓得是医生了。那医生替他诊断片刻，向吴书记笑着说了几句话（重感冒，不要紧），倒过半杯水，让他吃了几片药，又包了一点放在他口袋里，也不曾索钱，便代替吴书记把他扶上了车，还关照说："我这儿没有床，住招待所吧，安排清静一点的地方睡一夜就好了。"车子又开动，又听吴书记说："还有十三分钟了，先送我上车站，再送他上招待所，给他一个单独房间，就说是我的朋友……"

陈奂生想到这里，听见自己的心扑扑跳得比打钟还响，合上的眼皮，流出晶莹的泪珠，在眼角膛里停留片刻，便一条线挂下来了。这个吴书记真是大好人，竟看得起他陈奂生，把他当朋友，一旦有难，能挺身而出，拔刀相助，救了他一条性命，实在难得。

陈奂生想，他和吴楚之间，其实也谈不上交情，不过认识罢了。要说有什么私人交往，平生只有一次。记得秋天吴楚在大队蹲点，有一天突然闯到他家来吃了一顿便饭，听那话音，像是特地来体验体验"漏斗户"的生活改善到什么程度的。还带来了一斤块块糖，给孩子们吃。细算起来，等于两顿半饭钱。那还算什么交情呢！说来说去，是吴书记做了官不曾忘记老百姓。

陈奂生想罢，心头暖烘烘，眼泪热辣辣，在被口上拭了拭，便睁开来细细打量这住的地方，却又吃了一惊。原来这房里的一切，都新堂堂、亮澄澄，平顶（天花板）白得耀眼，四周的墙，用青漆漆了一人高，再往上就刷刷白，地板暗红闪光，照出人影子来；紫檀色五斗橱，嫩黄色写字台，更有两张出奇的矮凳，比太师椅还大，里外包着皮，也叫不出它的名字来。再看床上，垫的是花床单，盖的是新被子，雪白的被底，崭新的绸面，刮刮叫三层新。陈奂生不由自主地立刻在被窝里缩成一团，他知道自己身上（特别是脚）不大干净，生怕弄脏了被子……随即悄悄起身，悄悄穿好了衣服，不敢弄出一点声音来，好像做了偷儿，被人发现就会抓住似的。他下了床，把鞋子拎在手里，光着脚跑出去；又眷顾着那两张大皮椅，走近去摸一摸，轻轻捺了捺，知道里边有弹簧，却不敢坐，怕压瘪了弹不饱。然后才真的悄悄开门，走出去了。

到了走廊里，脚底已冻得冰冷，一瞧别人是穿了鞋走路的，知道不碍，也套上了鞋。心想吴书记照顾得太好了，这哪儿是我该住的地方！一向听说招待所的住宿费贵，我又没处报销，这样好的房间，不知要多少钱，闹不好，一夜天把顶帽子钱住掉了，才算不来呢。

他心里不安，赶忙要弄清楚。横竖他要走了，去付了钱吧。

他走到门口柜台处，朝里面正在看报的大姑娘说："同志，算账。"

"几号房间?"那大姑娘恋着报纸说，并未看他。

"几号不知道。我住在最东那一间。"

那姑娘连忙丢了报纸，朝他看看，甜甜地笑着说："是吴书记汽车送来的？你身体好了吗?"

"不要紧，我要回去了。"

"何必急，你和吴书记是老战友吗？你现在在哪里工作？……"大姑娘一面软款款地寻话说，一面就把开好的发票交给他。笑得甜极了。陈奂生看看她，真是绝色！

但是，接到发票，低头一看，陈奂生便像给火钳烫着了手。他认识那几个字，却不肯相信。"多少?"他忍不住问，浑身燥热起来。

"五元。"

"一夜天?"他冒汗了。

"是一夜五元。"

陈奂生的心，忐忑忐忑大跳。"我的天!"他想："我还怕困掉一顶帽子，谁知竟要两顶!"

"你的病还没有好，还正在出汗呢!"大姑娘惊怪地说。

千不该，万不该，陈奂生竟说了一句这样的外行语："我是半夜里来的呀!”

大姑娘立刻看出他不是一个人物，她不笑了，话也不甜了，像菜刀剁着砧板似的笃笃响着说：“不管你什么时候来，横竖到今午十二点为止，都收一天钱。”这还是客气的，没有嘲笑他，是看了吴书记的面子。

陈奂生看着那冷若冰霜的脸，知道自己说错了话，得罪了人，哪里还敢再开口，只得抖着手伸进袋里去摸钞票，然后细细数了三遍，数定了五元；交给大姑娘时，那外面一张人民币，已经半湿了，尽是汗。

这时大姑娘已在看报，见递来的钞票太零碎，更皱了眉头。但她还有点涵养，并不曾说什么，收进去了。

陈奂生出了大价钱，不曾讨得大姑娘欢喜，心里也有点忿忿然。本想一走了之，想到旅行包还丢在房间里，就又回过来。

推开房间，看看照出人影的地板，又站住犹豫：“脱不脱鞋?”一转念，忿忿想道：“出了五块钱呢!”再也不怕弄脏，大摇大摆走了进去，往弹簧太师椅上一坐：“管它，坐瘪了不关我事，出了五元钱呢。”

他饿了，摸摸袋里还剩一块僵饼，拿出来啃了一口，看见了热水瓶，便去倒一杯开水和着饼吃。回头看刚才坐的皮凳，竟没有瘪，便故意立直身子，扑嗵坐下去……试了三次，也没有坏，才相信果然是好家伙。便安心坐着啃饼，觉得很舒服。头脑清爽，热度退尽了，分明是刚才出了一身大汗的功劳。他是个看得穿的人，这时就有了兴头，想道：“这等于出晦气钱——譬如买药吃掉!”

啃完饼，想想又肉痛起来，究竟是五元钱哪！他昨晚上在百货店看中的帽子，实实在在是二元五一顶，为什么睡一夜要出两顶帽钱呢？连沈万山都要住穷的；他一个农业社员，去年工分单价七角，困一夜做七天还要倒贴一角，这不是开了大玩笑！从昨半夜到现在，总共不过七、八个钟头，几乎一个钟头要做一天工，贵死人！真是阴错阳差，他这副骨头能在那种床上躺尸吗！现在别的便宜拾不着，大姑娘说可以住到十二点，那就再困吧，困到足十二点走，这也是捞着多少算多少。对，就是这个主意。

这陈奂生确是个向前看的人，认准了自然就干，但刚才出了汗，吃了东西，脸上嘴上，都不惬意，想找块毛巾洗脸，却没有。心一横，便把提花枕巾捞起来干擦了一阵，然后衣服也不脱，就盖上被头困了，这一次再也不怕弄脏了什么，他出了五元钱呢。——即使房间弄成了猪圈，也不值！

可是他睡不着，他想起了吴书记。这个好人，大概只想到关心他，不曾想到他这个人经不起这样高级的关心。不过人家忙着赶火车，哪能想得周全！千怪万怪，只怪自己不曾先买帽子，才伤了风，才走不动，才碰着吴书记，才住招待所，才把油绳的利润搞光，连本钱也蚀掉一块多……那么，帽子还买不买呢？他一狠心：买，不买还要倒霉的！

想到油绳，又觉得肚皮饿了。那一块僵饼，本来就填不饱，可惜昨夜生意太好，油绳全卖光了，能剩几袋倒好；现在懊悔已晚，再在这床上困下去，会越来越饿，身上没有粮票，中饭到哪里去吃！到时候饿得走不动，难道再在这儿住一夜吗？他慌了，两脚一踹，把被头踢开，拎了旅行包，开门就走。此地虽好，不是久恋之所，虽然还剩得有二、三个钟点，又带不走，忍痛放弃算了。

他出得门来，再无别的念头，直奔百货公司，把剩下来的油绳本钱，买了一顶帽子，立即带在头上，飘然而去。

一路上看看野景，倒也容易走过；眼看离家不远，忽然想到这次出门，连本搭利，几乎全部搞光，马上要见老婆，交不出账，少不得又要受气，得想个主意对付她。怎么说呢？就说输掉了；不对，自己从不赌。就说吃掉了；不对，自己从不死吃。就说被扒掉了；不对，自己不当心，照样挨骂。就说做好事救济了别人；不对，自己都要别人救济。就说送给一个大姑娘了；不对，老婆要犯疑……那怎么办？

陈奂生自问自答，左思右想，总是不妥。忽然心里一亮，拍着大腿，高兴地叫道："有了。"他想到此趟上城，有此一番动人的经历，这五块钱化得值透。他总算有点自豪的东西可以讲讲了。试问，全大队的干部、社员，有谁坐过吴书记的汽车？有谁住过五元钱一夜的高级房间？他可要讲给大家听听，看谁还能说他没有什么讲的！看谁还能说他没见过世面？看谁还能瞧不起他，唔！……他精神陡增，顿时好像高大了许多。老婆已不在他眼里了；他有办法对付，只要一提到吴书记，说这五块钱还是吴书记看得起他，才让他用掉的，老婆保证服贴。哈，人总有得意的时候，他仅仅化了五块钱就买到了精神的满足，真是拾到了非常的便宜货，他愉快地划着快步，像一阵清风荡到了家门……。

果然，从此以后，陈奂生的身份显著提高了，不但村上的人要听他讲，连大队干部对他的态度也友好得多，而且，上街的时候，背后也常有人指点着他告诉别人说："他坐过吴书记的汽车。"或者"他住过五块钱一夜的高级房间"……公社农机厂的采购员有一次碰着他，也拍拍他的肩胛说："我就没有那个运气，三天两头住招待所，也住不进那样的房间。"

从此，陈奂生一直很神气，做起事来，更比以前有劲得多了。

【范文解说】

高晓声是当代著名作家，他的创作主要以农村生活为题材，短篇小说成就突出，"陈奂生"这个人物多次出现在高晓声系列小说中。

本文是短篇小说《陈奂生上城》的第三部分。

小说创作应该再现典型环境中的典型性格。《陈奂生上城》

以十一届三中全会以后的南方某地农村为典型环境，通过描述陈奂生上城的奇闻奇遇，不仅从一个侧面反映了实行新的经济政策以后农村发生的深刻变化，而且细致地展示了某些农民的心灵世界。典型环境的描写融会在作品的叙述之中，从小说的第一部分我们看到，“七八年决分以后”，陈奂生“漏斗户主”的穷帽子不翼而飞，“肚里吃得饱，身上穿得新”，“自由市场开放了”，他能够“冠冕堂皇”地到城里“卖一点农副产品”。但当时，毕竟还是改革开放初期，还没有实行土地承包，农民还是“农业社员”，靠挣工分分粮得钱，“去年工分单价七角”，招待所“困一夜做七天还要倒贴一角”，“贵死人”，可见农民的收入还很低，农民的精神生活也还相当贫乏。作家确定这样的典型环境来写是很有深意的，揭示了十一届三中全会以后不久社会转型初期的农村面貌和农民心灵，有助于促进广大读者深刻思考，并促使中国的改革者去进一步探索和实践。作者曾说：“我写《陈奂生上城》，我的情绪轻快又沉重，高兴又慨叹。我轻快、我高兴的是，我们的境况改变了，我们终于前进了；我沉重、我慨叹的是，无论是陈奂生们或我自己，都还没有从困境的重负中解脱出来。”“《陈奂生上城》里的陈奂生，他的灵魂，就是受到制约和突破制约的。所以他只能是那个样子，惟其如此，才给人以亲近贴切之感。”作者的情绪，作品的意义，都是与特定的典型环境分不开的。

小说第一部分是情节的开端，写陈奂生不远三十里上城卖油绳，“打算买一顶簇新的、刮刮叫的帽子”，并渴望过一点精神生活，希望“能碰到一件大家都不曾经过的事情，讲给大家听听就好了，就神气了”。第二部分是情节的发展，写陈奂生夜晚卖完了油绳，患了重感冒，在火车站椅子上卧倒了。节选的第三部分是情节的进一步发展和高潮。首先写陈奂生在县招待所高级房间一觉醒来，想起是县委吴书记在火车站发现他，用车把他送到机关门诊室诊治，再送到招待所开“一个单独房间”；接着写陈奂生到门口柜台处算账付款，“一夜五元”使他的心“忐忑忐忑大跳”；再写陈奂生回到房间后的愤恨不平心理；最后写陈奂生出城回家，忽然觉得“这五块钱化得值透，他总算有点自豪的东西可以讲讲了”。小说的情节并不复杂，没有与他人之间的尖锐激烈的外在冲突，用车送他看病住招待所的“吴书记真是大好人”，招待所的大姑娘会计虽“看出他不是一个人物”，脸上“冷若冰霜”，但也“没有嘲笑他，是看了吴书记的面子”。但是，小说却有着极为强烈的“内冲突”，陈奂生总是忿忿地想着：“出了五块钱呢！”因而，他对高级房间的一切都要发泄一番。这种“内冲突”，出于一种心理落差，本质上仍是一种社会矛盾的反映，农民的低下收入水平远远跟不上社会的另一种消费，使农民不能不“浑身燥热”，忿忿不平，萌生起某种对抗。这种“内冲突”，一样有着惊心动魄的效果。

小说着重从人物的心理和行动等方面刻画普通农民陈奂生的形象，他勤劳、朴实、节俭，看到生活“开始好起来”，他非常满意，同时又产生了所谓“精神生活”的新追求。但是，他的心理也是很狭隘的，“一夜五元”刺痛了他，他要竭力使在招待所的消费状况值得这五元的代价，于是，他不怕弄脏“照出人影的地板”，不脱鞋“大摇大摆走了进去”；不怕压瘪了弹簧太师椅，“故意立直身子，扑嗵坐下去”；脸上嘴上脏了，“心一横，便把提花枕巾捞起来干擦了一阵”；宁可浪费时间，也要“困到足十二点走，这也是捞着多少算多少”。作者以生花妙笔，着力描写陈奂生心理失衡的种种表演，不只是提出了新时期要加强农民教育的问题，更重要的还在于大力呼唤提高农民的物质和精神生活水平。小说最后，主人公一改自卑和失衡心理，认为自己坐过吴书记的汽车，住过五块钱一夜的高级房间，“仅仅花了五块钱就买到了精神的满足，真是拾到了非常的便宜货”。小说特别向读者表明的是，陈奂生此时的心理不是苦涩的自我解嘲，而是千真万确的自负和得意，这就分外令人深思：是中国人固有的“精神胜利法”在陈奂生身上不由自主地表现出来了吗？有一点，但与阿Q的“精神胜利法”又绝对有所不同。因为陈奂生坐书记汽车，住招待所高级房间，源出于一个党的干部对群众的关心，体现了亲密的干群关系，当时的人民群众出于对党的干部的过多的敬仰，以坐过书记的车为荣，这与阿Q屈居土谷祠，靠着精神胜利法挣扎过活，一切每况愈下，是有天壤之别的。小说的第一部分，写陈奂生“现在开始好起来，又相信会越来越好”，节选的第三部分写陈奂生从心态失衡经过不断调适而趋于新的平衡，从此“一直很神气，做起事来，更比以前有劲得多了”，表明自强自信自尊正在一个普通的农民心里逐渐生长起来，只要经济上不断发展，中国农民也必将愈益显示出宽广、激越与豪迈。陈奂生这一形象的塑造，具有极其重要的反映和预示意义，为一夜五元而心痛的陈奂生，后来不是还飞过大洋，到美国考察了吗？小说不但注重通过心理描写刻画人物形象，许多细节描写也起着重要作用。如在招待所结账，“抖着手伸进袋里去摸钞票，然后细细数了三遍”，“那外面一张人民币，已经半湿了，尽是汗”，回到房间，“便把提花枕巾捞起来干擦了一阵”。这些细节描写生动传神地展现了陈奂生的惶恐不安和愤愤不平的心理状态，入木三分地表现了人物的性格。

杰出的作家是社会的书记官，伟大的作品是社会生活的一面镜子，优秀的艺术有着完美的表现形式。这一切，从《陈奂生上城》可以看出一二。

【思考题和练习题】

1. 小说作家为什么要深入生活观察，体验，研究，分析一切人、一切阶级、一切群众、一切生动的生活形式和斗争形式？举例说明深入生活与小说创作的关系。

2. 怎样理解人物形象的丰富性和典型性？二者是不是矛盾的？为什么？

3. 为什么说情节的虚构性是作家主观能动性的重要反映？小说创作可不可以没有情节？为什么？

4. 举例说明社会环境和自然环境描写对于表现人物形象的意义。

5. 试写作一篇微型小说。

第二节　诗　　歌

一　诗歌的特点

第一，以简约体现丰富。

诗是含蓄的艺术。当别的文学样式必须用很详细的文字表达对象时，诗却只能以极少的文字来完成这一任务。它的原则就是以简约体现丰富，寓万于一。诗歌总是以少量的极其精炼的字词包孕丰富的含义，在表层的字面之外包含着不尽的韵味，因而，单纯而丰富的诗歌美质就成了诗歌最重要的艺术特征。

请看臧克家的《三代人》：

孩子
在土里洗澡；
爸爸
在土里流汗；
爷爷
在土里葬埋。

三句话，六行字，较之其它文体，可以说再单纯不过了，但是它却负载着浓郁的诗情，表达了农民对土地深深的眷恋和依赖；生于斯，长于斯，埋于斯，无论是老的、少的，活着的、死去的，割不断的土地情结啊；而旧中国的农民不一直是这样，一代又一代走着相同的路,承受着相同的命运吗？仅仅二十余字,便把如此深沉的思索,如此复杂的情致,又如此集中概括地凝聚在一起。

“伟大的诗人之所以伟大，是因为他的痛苦和幸福深深植根于社会和历史的土壤里。”① 诗人常常把深沉的忧患感、强烈的使命感、博大的人类意识凝聚在看似单纯的诗行中，以此来探绎民族前途、人类命运、文化流向。早期新诗人中，郭沫若是毫不墨守成规而极富创造力的，他的《女神·天狗》写得多奇特：“我是一条天狗呀！我把月来吞了，我把日来吞了，我把一切的星球来吞了。我便是我了。”诗中展现的荒诞与狂暴，反映了五四时期中国人民否定黑暗现实的意愿和人的力量的觉醒。“个人的郁积，民族的郁积，在这时找到了喷火口，也找到了喷火的方式。”② 诗行中喷发出的是时代、民族、人性的呼啸。

第二，让形象暗示。

“诗是由诗人对外界所引起的感觉，注入了思想感情，而凝结为形象，终于被表现出来的一种‘完成’的艺术。”③ 优秀的诗篇总是避开直说，诗人只是含蓄的点拨你，一切让形象说话，然后给你天女散花般的想象的自由。言在此而意在彼，不是说明着什么，而是隐喻着什么。例如徐志摩短诗《沙扬娜拉》：

最是那一低头的温柔，

---

① 《别林斯基论文学》，新文艺出版社 1958 年版。

② 郭沫若《沸羹集·序我的诗》。

③ 艾青《诗论》，人民文学出版社 1980 年版。

像一朵水莲花不胜凉风的娇羞，
道一声珍重，道一声珍重，
那一声珍重里有蜜甜的忧愁——
沙扬娜拉！

一朵水莲花在凉风中婀娜而娇羞，令我们想象诗中女郎的温柔缱绻，柔情似水又充满了别离的轻愁。她是谁？芳龄？容貌？与诗人的关系？诗人并没有告诉我们，一切都只是通过那风情万种的水莲花在我们的想象中创造出动人的画面。

意象是诗歌形象的最基本的元素，是作者的情意和客观的物象相感应而以文学描绘出来的图景。“太阳”、“地球”、“春鸟”、“礁石”、“芭蕉”、“蟋蟀”……都是饱和着诗人丰富的思想感情和想象的主体意象。愈是精粹而鲜活的意象，愈能引发读者既惊且喜的美感。古人云：“诗无达诂”，真正的好诗，你很难道出其中意味。读一首好诗，就像品尝一杯绝佳香茗，须亲自品味，还应细细咀嚼。法国象征派诗人马拉美说：“作诗只能说到七分，其余三分应该由读者自己去补充，分享创作之乐，才能了解诗的真味。”即使这“七分”，也还是要让形象说话，才多弦外之音、言外之意，也才多诗味。

所以诗人的第一件事，就是要把繁复的生活现象，加以集中概括，通过高度凝炼的语言，把丰富的内容蕴蓄到最典型而又最简约的形象中来。而读者要做的第一件事，则是要把诗人由繁复的生活现象加以高度精炼的东西，还原到它原先的状态中去，把浓缩了的东西“泡”开。

第三，跨越与跳跃——联想的空间。

由于诗歌形象的基本规律是以简约展现丰富，借形象传递感情，因而留给读者的联想空间就极宽阔。“朝如青丝暮成雪”，一朝一暮，青丝白雪，东方诗学的超时空，留下许多艺术空白；更有情节的跨越、跳跃，感情的大起大落，甚至语言的断断续续，毫不连贯，需要读者以自己的经验和思考来加以连缀和补充。例如当代诗人阿红《流言传来的时候》[①]：

乌云纵尽涂了天
云过处
天还是湛蓝

我燃着香烟
欣赏云的姿势

中间省略了许多关连，隐藏了许多阐发，全靠读者去联想。半生坎坷的诗人，内心深处积淀着来自现实的种种悲愤与痛苦，发而为诗，精彩处在后两行。令人想起鲁迅先生的名言："最高的轻蔑是无言，而且连眼珠都不转过去。"[②] 乌云（流言家）乱翻涂尽天空，以为天从此不能再蓝。殊不知，被伤害者一身正气，根本没把它放在眼里，他冷眼旁观乌云的表演，意态悠闲；而惟其意态悠闲，更透出正气的力度，也更显出流言家的可鄙与可怜。提炼了又提炼的情思，锤炼了又锤炼的形式，呈现为语流的断层。当诗中跳跃的奥秘被我们所连缀，读诗所带来的愉悦是难以形容的。

于是诗歌世界的最大特点就是读者往往走进诗人所创造的境界中去，在诗人所启示的范围内重新创造一个艺术世界。它既有稳定性，又有随意性。唐诗《枫桥夜泊》中，江天子夜传到客船的悠悠钟声，弥漫着伤感的余韵，半生飘零的感慨？对老母妻儿

---

① 《风骚人生》，香港亚洲出版社 1991 年版。

② 《半夏小集》。

的思念？羁旅伤别？悲秋？惜逝？牵出的缕缕思绪，是不定的，当然，那浮动在落月渔火的微茫中的一缕轻愁，则又是相同的。

第四，寓变化于统一的音乐美与建筑美。

诗歌的含蓄要求语言的精粹。语言的精粹在内容上表现为诗歌形象的单纯、贴切，而在形式上，则是具有多重内涵的诗歌美质：节奏、声感上的“音乐美”，感情、色彩上的“绘画美”，诗行排列上的“建筑美”。正如黑格尔所说，“诗，语言的艺术，是第三种艺术，是把造型和音乐这两个极端，在一个更高的阶段上，在精神内在的领域本身里，结合于它本身所形成的统一整体。”①

诗的特点是“歌”。刘半农的《教我如何不想她》曾被著名语言音韵家赵元任配谱而广泛演唱，其诗余意不尽，其曲缠绵悱恻，令人心旌摇荡。闻一多的新格律诗韵律和谐，九曲回肠；徐志摩的《再别康桥》则轻柔委婉，韵味悠长：

> 轻轻地我走了，
> 正如我轻轻的来；
> 我轻轻的招手，
> 作别西天的云彩。

既回环着音乐的旋律，又有“节的匀称、句的均齐”（闻一多语）的建筑之美。这种整中有变、富于唱叹之致的格调，使诗歌更增无穷的魅力。难怪一首优秀的唐诗，足可让一代又一代的人吟唱复吟唱。

诗是节奏和律动。有的新诗，作者纵笔写来，看似没有节奏，但在参差的诗行中仍奔腾着节奏的旋律。如郭沫若的《立在

① 《美学》第三卷下册，商务印书馆1984年版。

地球边上放号》:

啊啊！我眼前来了的滚滚的洪涛哟！
啊啊！不断的毁坏，不断的创造，不断的努力哟！
啊啊！力哟！力哟！
力的绘画，力的舞蹈，力的音乐，力的诗歌，力的律吕哟！

音步整齐，诗行则不断拓展，诵读中，似能听到由远而近排空而来的海洋的节奏，是把海潮的自然节奏作了诗的处理。

即使是一些明白如话的诗，也让人在反复吟哦中体会到法则给诗带来的自由。台湾诗人詹冰的《插秧》既有整体的意象和谐，又有直接的听觉、视觉美感：

水田是镜子
照映着蓝天
照映着白云
照映着青山
照映着绿树

农夫在插秧
插在绿树上
插在青山上
插在白云上
插在蓝天上

整齐方正的诗图象中蕴含着色彩和动静的变化。从“图案”上看，犹如一方方水田，田中整齐地排列着行行秧苗，水中倒映着蓝天白云青山绿树和农夫插秧弯腰的身影，是一幅诗化的水粉画，又是一首图式的诗。

所以，诗美的最基本的素质，乃是在诗意象和诗语言的熔铸和创新，诗内容与诗形式的完美结合上。

二　诗歌的写作

艺术，是人对现实的审美把握的特殊形式，而诗是艺术中的艺术，是艺术中最高层次的把握现实的方式，如上所述，一首诗如果不具有较高层次的诗美素质，它就不成其为诗。

诗人流沙河说，“情柱智柱象柱”这三根柱子，撑起诗歌这座空中花园。“情，心情也，构成诗之魂。智，心智也，构成诗之骨。象，心象也，构成诗之貌。”① 这是诗人诗论的精髓，也是他诗歌创作经验的结晶。

第一，熔铸诗之魂——让外在的物理世界与内在的心理世界脉息相通。

詹冰（台湾）的《诗法》可谓是诗人的自白：

动脉被震裂
从裂口就喷出七彩的血液
于是就把那血液涂在
画布上，稿纸上——

混浊的诗想中
搅拌了知性的明矾
于是语言就逐渐沉淀下去……
终于变成了澄清的诗篇！

① 《三柱论》，《诗刊》1988年第7期。

尽管是个性化的诗观，但从诗歌创作发生论上看，有关创作契机和创作心态的认识体验值得肯定。其一，诗歌创作的契机到底是什么？“动脉被震裂”，即诗人被生活强烈地震动，唤起创造的激情，不吐不快。其二，在创作灵感触发之初，作者的思维状态是混浊、不稳定、无序的，应当用思想、理智对这种混浊的心理反应进行疏整、排斥、净化，从而对生活达到一种理性的把握，让表达情思的语言逐渐沉淀下去，变成澄清的诗篇。

诗的魂灵在于血性，如诗人洛夫所说，“必须把自身割成碎片，而后揉入一切事物之中，使个人的生命与天地的生命融为一体……太阳的温热也就是我血液的温热，冰雪的寒冷也就是我肌肤的寒冷”；艾青称之为“诗人的主观世界与客观世界最愉快的邂逅”①。诗创作是最富于个性的事业，诗歌的美学价值又在于将个人的感受提升并熔铸为一种普遍性的情境，以期引起读者的共鸣。因此，诗人必须超越自我，让自己的心灵和现实、社会以及时代息息相通，让外在物理世界与内在的心理世界水乳交融，以“与物同一”的东方美学理想，让诗表现“民族的灵魂，生命的脉息”。

第二，凝聚诗之貌——创造新颖而贴切、单纯而丰富的诗歌意象。

诗歌的全部内容在于创造出优美动人的意境。激情引发想象，想象产生形象，经过诗人心灵的独创性酿造，凝聚为具体而鲜明的意象。意象是诗美的象征，是情的体现、智的生成、美的表现，是浓缩的智慧、浓缩的感情、浓缩的人生，它生长在积淀了无数生活表象的潜意识之中。

海德格尔在评析凡高的一幅名画《老人鞋》时，有一段非常

---

① 《诗论》，人民文学出版社 1980 年版。

著名的话，他认为如果我们在这双农民鞋面前沉思，便会发觉它决不仅仅是一双鞋，从鞋帮上沾着的黄泥，可想到通往田野的蜿蜒的小路、丰收的金黄色的田野，而从那出自农妇之手的缝补厚实的鞋帮，更令人想到温馨的散发着牛奶香的农民的家园……这双鞋，如此这般地凝结着人与自然争斗的艰辛困苦，也凝结着大地无私而慷慨的奉献。

艺术的本质在于"悟"，这悟却不是凭空的。中国传统诗论有"镜花水月"之说，水月镜花固可见而不可捉，然必有此水而后月可印潭，有此镜而后花能映影，想获得象外之致，言外之致，先要找到能令人思味无穷的蕴含着无穷的宇宙本质的贴切形式。诗是人对于存在本质的感应，它体现在凝结生命本质的"有意味"的形式上。于是在向日葵金黄色的花叶上，我们看到太阳的灿烂；堆砌的石头，成为民族兴衰的历史凝结物。台湾诗人李佩徵有《喜马拉雅山》：

你不屑不顾世人的纷扰
默默地傲立着
以倔强的性格
昂然地　阔视天宇
昆仑山与阿尔泰山都朝觐于你的脚下
啊！三万年后的尼罗河水　仍来
膜拜你神圣的傲骨
永不屈于大风暴的雄姿

喜马拉雅山睥睨万物，傲视天地，遗世独立，气势恢宏。诗人对中华民族神圣品格的讴歌寓于他创造的富有崇高美的意象中。

生命是无言的诗，诗则是有字的生命。世界上的万事万物无不渗透着宇宙和生命的本质，每个诗人都有观察人生的独特角度以及与之相应的独特意象。

第三，构筑诗之骨——既巧且妙的构思。

意象源于生活，发自感情，出于构思。凡称得上佳品的诗，一定要有新颖脱俗、既巧且妙的构思。以鲜活独创的意象提炼为中心，以巧妙而和谐的意象结构为它所追求的胜境。而意象结构的组合经营又有着内外追求。诗的“外在结构”指诗的外部形态，诗的“内在结构”指诗的意象经营。台湾诗人余光中在诗艺之美上，可谓内外兼具。

【范文】

乡　愁

小时候
乡愁是一枚小小的邮票
我在这头
母亲在那头

长大后
乡愁是一张窄窄的船票
我在这头
新娘在那头

后来啊
乡愁是一方矮矮的坟墓
我在外头
母亲啊在里头

而现在

乡愁是一湾浅浅的海峡
我在这头
大陆在那头

乡愁四韵

给我一瓢长江水呵长江水
　酒一样的长江水
　醉酒的滋味
　是乡愁的滋味
给我一瓢长江水呵长江水

给我一张海棠红呵海棠红
　血一样的海棠红
　沸血的烧痛
　是乡愁的烧痛
给我一张海棠红呵海棠红

给我一片雪花白呵雪花白
　信一样的雪花白
　家信的等待
　是乡愁的等待
给我一片雪花白呵雪花白

给我一朵腊梅香呵腊梅香
　母亲的腊梅香
　腊梅的芬芳
　是母亲的芬芳

【范文解说】

文学中有所谓永恒的主题，如高天的星座闪耀它久远而长新的光辉。乡愁，即是其中之一，它是人类共同吟唱的抒情曲。但是，对于人们所普遍体验却难以捕捉的情绪，如果找不到与之对应的独特的美的意象来表现，那将不是流于一般化的平庸，就是堕入抽象化的空泛。《乡愁》从广远的时空中提炼了四个意象：邮票、船票、坟墓、海峡；《乡愁四韵》从大千世界里提炼了四个意象：长江水、红海棠、白雪花、香腊梅，同具单纯而丰富的美质而又各具特色，前者偏于写实，后者偏于象征。在意象组合上，《乡愁》以时间的发展为线索来缩合意象，以意象的递进来概括漫长的生活历程和对祖国的绵绵怀念，前面三节诗如同汹涌而进的波涛，到最后轰然而汇成全诗的九级浪。《乡愁四韵》则采用意象并列的方式，有如电影的并列式蒙太奇，又似四个并行的乐段，围绕主题交汇成一阕思乡奏鸣曲。

两诗在结构上呈现出统一中富有变化的参差之美。诗节均衡对称，诗句长短有变，排列齐中求动，既是内在的情绪律动，也是外部的语言律动，使人获得一种既大致匀齐神清目爽而又参差错落气韵流走的美感。

可见把握到诗的内外律动，也就是找到了诗的魂灵、诗的风貌、诗的脊骨。这种粘合了形式与内容的内外律动，使诗歌成为意境深远的艺术精品。

第四，寻觅诗之法——象征、比兴等多种手法的运用。

咏物以寄情、言此而咏彼，是中国古今诗人常用的抒情言志手段。梅、竹、松、石……当诗人对此进行审美观照时，它们已升华为独立的艺术世界。即如一把小小的普通的伞，新加坡女诗人淡莹让恋人手中的伞“共撑一小块晴天”（《伞内·伞外》），那伞是温馨的；余光中的伞，“能把四川的四月天撑开”（《回忆伞》），那伞浸润了乡情；艾青的《伞》：“雨天，不让衣服淋湿；晴天，我是大家头上的云。”那伞充满了奉献的精神。台湾诗人罗门和蓉子都写了《伞》——

伞

蓉　子　（台湾）

鸟翅初扑
幅幅相连　以蝙蝠弧形的双翼
连成一个无懈可击的圆
一把绿色小伞是一顶荷盖
红色朝暾　黑色晚云
各色颜色的伞是载花的树
而且能够行走……

一柄顶天
顶着艳阳　顶着雨
顶着单纯儿歌的透明音符
自在自适的小小世界

一伞在握　开合自如
合则为竿为杖　开则为花为亭
亭中藏一个宁静的我

伞

罗　门　（台湾）

他靠着公寓的窗口
看雨中的伞
　走出一个个
　孤独的世界
想起一大群人
每天从人潮滚滚的
　　公车与地下道
裹住自己躲回家
　　　把门关上

忽然间
公寓里所有的住屋
　　全都往雨里跑
　　　　直喊自己
　　　　　也是伞

他愕然站住
把自己紧紧握成伞把
　　而只有天空是伞
　　　　雨在伞里落
　　　　　伞外无雨

蓉子的“伞”，形色兼备，静动有致。诗人把花的鲜嫩、美艳带入到对伞的观照、感受之中，揭示伞与人构成的独特的审美关系，一把伞下是一个完整的世界，更是一个本质的自我。难以想象，一把寻常伞竟如此灿烂、温馨且意味深长。

罗门的“伞”则是超现实的。德国哲学家卡西尔在《人论》中说过：“所有的真都不一定就是美。为达到最高的美，就不仅要复写自然，而且恰恰还偏离自然。”三个诗段物象各异，第一段写自然物象“雨”和人工物象“伞”，到了二、三段，“住屋”、“天空”成了“伞”，“伞”偏离了自然，却反映了现代人的心理真实——无雨的世界在伞外，伞隔绝了人与自然、人与人，对孤独的恐惧，真是无处可躲！象征等手法的运用使想象之幻与现实之真交融，这便是诗。

想象的本质往往是诗歌的本质。想象的非逻辑性使得诗歌不但在意象的组合上奇妙而独特，在句法和用语上也表现为对自然语言的强有力变形。有谁见过血结冰？可是余光中的《民歌》中“有一天我的血也结冰”，凡经过大磨难的人禁不住为这诗句击掌叹绝。世上只有人走路，哪来路走人？可是罗门《车祸》中的士兵“他走着/斜在身子的外边/他走着/走进一声急刹车里去/他不走了/路反过来走他……他不走了/高架广告牌将整座天空停在那里”。蒙太奇手法将对比的画面组接在一起，给人以奇特刺激的反逻辑语法暗示物对人的挤压，悖于常规，却合乎诗道。

于是我们说，什么是诗？

诗不是人掌握世界的工具，而是人对生命本质的感应。

诗不是实际生活自身，而是宇宙万物的灵魂的寄托。

诗不是文字游戏，而是语言的魔术。

【范文】

致 橡 树

舒 婷

我如果爱你——
绝不像攀援的凌霄花
借你的高枝炫耀自己
我如果爱你——
绝不学痴情的鸟儿
为绿阴重复单调的歌曲；
也不止像泉源
长年送来清凉的慰藉；
也不止像险峰
增加你的高度，衬托你的威仪。
甚至日光。
甚至春雨。
不，这些都还不够！
我必须是你近旁的一株木棉
作为树的形象和你站在一起。
根，紧握在地下
叶，相触在云里。
每一阵风过
我们都互相致意，
但没有人
听懂我们的言语。
你有你的铜枝铁干

像刀、像剑，
也像戟；
我有我红硕的花朵
像沉重的叹息，
又像英勇的火炬。
我们分担寒潮、风雷、霹雳；
我们共享雾霭、流岚、虹霓。
仿佛永远分离，
却又终身相依。
这才是伟大的爱情，
坚贞就在这里：
爱——
不仅爱你伟岸的身躯，
也爱你坚持的位置，足下的土地。

梧桐树下

朵　思（台湾）

冷冷的风吹拂着，吹不散
那般沉寂的气氛
我们屹然相对，便那样
默默凝望

骤然的钟声来自远处
它冉冉升起，似
我们脚下伸延无尽的小径
我们的话语曾数度洒落，且
种植于此

没有幽美的水声，只有
闪烁的星光，只有树影，只有
一片稻穗摇曳如泛滥的灯火
如一团雾。呵，夜的梧桐树下
谱不出一点涟漪……

我们便这样默默对视着
默默吸吮静的奥秘

【范文解说】

这是两首不同情致的爱情诗。

《致橡树》采用象征手法和内心独白的抒情方式。全诗分两个部分，前一部分以六个否定性比喻批驳了种种世俗的爱情观：爱情不是一方的攀附，也不是单方的痴恋，即使由衷的奉献，也是不够的。后半部分以橡树和木棉分别象征男性的阳刚和女性的阴柔，表达了对一种富有时代气息的爱情观的追求，即相互独立平等，又紧密结合，互相依存。形式上，本诗继承中国诗歌的优秀传统，大量运用整齐匀称的语言对应形式，有的在字、音、义上严谨对应，有的在义和行上宽泛对应，既有古典诗歌的整齐划一，又有新诗的奔放自由。

《梧桐树下》用“总分式”的表层形态来展示情感流程，首节是一幅默默凝望的情侣剪影，冷寂的基调反衬“默默凝望”的深沉爱情的心灵呼唤。二节，比喻通感连用，钟声“冉冉升起”，话语“伸延无尽”，两次变听觉为视觉。三节的主体意象是“星光”，利用奇特的想象和意象的大胆组合，拓展深层的意蕴。全诗表层形态的冷寂和深层意蕴的浓烈通过正反、虚实、动静、藏露等相反相成的手法形成反差，透过诗美的冰层我们可观照到湍急的感情急流。

【思考题和练习题】

1. 诗歌之所以不断表现人类所共同拥有的主题。常常是在于内容和形式的不断创新。在席慕蓉笔下，“翻开那发黄的扉页/命运将它装订得极为拙劣/含着泪　我一读再读/却不得不承认/青春是一本太仓促的书”。文学前辈冰心女士有一首四行小诗则提醒青少年朋友别写得过于仓促：

青年人，
珍重的描写吧，
时间正翻着书页，
请你着笔。

青年朋友们，你呢？请用你的独特感悟写一首小诗《青春》。

2. 出色的诗，总是以新颖而大胆，丰富而美丽的想象令读者耳目一新。郭沫若在《地球，我的母亲》一诗中把“雷霆”说成是地球“呼吸的声威”，把“雪雨”说成是地球“血液的飞腾”，把“缥缈的天球”说成是地球“化妆的明镜”，把“太阳”和“太阴”说成是明镜中地球的“虚影”，真是神来之笔。名山常有奇异的飞来石，好诗不也有奇特的飞来思吗？

请你驰骋奇丽的想象，以《祖国，我的母亲》为题写一首抒情诗。

3. 一把普通的伞，不同的心灵，酿出了味道不同的美酒，诗美的独特性又引发了我们的欣赏美感。世上万物都能引发诗心诗情。请以现实生活中的一件寻常物为题，抓住最能激发人情感和联想的一点，写一首诗。

4. 友谊、爱情、别离与重逢，这是古今中外诗人最喜吟咏的诗题。但是西方人往往以别为乐，因为别离总要重逢，新生活更在前头。惠特曼在《草叶集》中自豪地唱：“要是你不能立刻找到我，你仍然应保持勇气/在一处待过了，还可到别处去寻觅/我总是在某个地方停留着等待你。”东方人的笔下却常弥漫着惆怅而飘缈的伤感。你能赋予它新的格调吗？请以《告别》为题，写一首短诗。

5. 写景状物是诗发挥抒情功能的凭借物，晨昏、日月历来是诗人墨客吟咏的对象。下面这首短诗意境雄浑壮美，手法摇曳多变，刚与柔、粗犷与细腻、记叙与描写各得其妙又自然交融。

黄昏醉了

向　明（台湾）

饮尽了这一天
五味杂陈的
烈酒之后

黄昏醉了

它把一张艳红的脸
朝着
远山那挺得高耸的胸脯
埋首
睡去

请你选取某一个时间段，提炼出耐人寻味的诗意。

6. 对四季的感喟是诗歌永恒的主题。台湾诗人林亨泰的一组四季诗别具神色意趣。比如《秋》

鸡，
缩着一脚在思索着。

而又红透了鸡冠。

所以
夜已深了……

比喻新奇而险怪，构思更是意出尘外，卓荦超群。诗人不写尽人皆知的物候景象，而是侧重表达自己的独特感受。金鸡独立，画面几近凝固，突出了秋的成熟与凝重。请你以四季为题写一组诗，抓住四季特征的某一方面，突出其最本质的一点，道出你对四季的哲理感受。

7. 高大的烟囱曾是工业发达的象征，所以烟囱及其所喷吐的黑烟曾作为美好的形象出现在诗人笔下，殷夫比喻革命者的意志“如烟囱般高挺”，郭小川赞美它“吐豪气”，郭沫若描绘“一支支烟囱都开着了黑气牡丹呀”。而今消除污染、保护环境已是现代社会普遍关心的问题，余光中以诗控诉烟囱“破坏朝霞和晚云的名誉”，“装出戒烟的样子”“偷偷地吞吐”，“把整个城市/当作你私有的一只烟灰碟”，历数烟囱的诽谤罪、欺骗罪、吸毒罪、放毒罪，令人忍俊不禁。诗人仅仅是在控诉一种有形的污染吗？对于那种目中无人，置他人和整个社会的合法权益于不顾的行为呢？请以《控诉××》为题，写一首诗。

第三节　散　　文

一　散文的特点

第一，散文的生命——一个本真的“我”。

“文学是人学。”在所有的文学样式中，诗与散文更侧重于表现人的精神主体世界。郁达夫强调：“现代散文之最大特征，是每一个作家的每一篇散文里所表现的个性，比以前的任何散文都来得强。”①

散文是“心”学。不论是记人叙事，还是写景咏物，或是说理抒怀，散文的真精神在于自由随心，无拘无碍。散文，名家如

① 《中国新文学大系散文二集导言》，上海文艺出版社 1981 年影印本。

是说[①] ——

冰心：我认为散文是一种最方便最自由的文学形式。

王蒙：没有雕琢，没有矫饰，没有表演。

谢冕：自由对散文的恩惠，比任何文体都多。

萧乾：散文是越自由越好。

优秀的散文，总是活脱脱地还读者一个本真的“我”。瞿秋白“愿意突出个性，印取自己的思潮”，冰心以“母爱”为生命的动力，吟唱“爱的哲学”，朱自清以“背影”抒父子之情，巴金以《随想录》袒露一颗痛苦滴血的灵魂……真情、真性、真自己，散文之树得以常绿。

因而散文之美，恰恰在于一种生活的本色，一种历史的质地，一种不容矫饰的朴素。惟其如此，散文才不失为特定时代背景前个体生命的“一页心灵史”，而读这样的散文，宜于采取历史对话般的态度来细读深味。读这些真散文，有助于升华我们的情感和思考，像古希腊的悲剧，散文使人“净化”。

第二，散文的天地——自在的时空。

散文简练短小。与小说戏剧比较，它更随意轻松。古有庄周《庖丁解牛》、陶潜《桃花源记》，都在500字内，现当代散文家也多千字或仅仅几百字的短文。在心态忙碌的现代社会，散文之受到欢迎也就是自然的了。

散文无所不在。它和诗歌在文学中最先出现，又不断在各个时代涌现高峰；它极少规范，不像诗歌在意境、小说在人物塑造上有复杂要求；它与其它各种体裁存在着这样或那样的边缘交叉关系，如秦牧所说：

它也许是文艺性的政治、社会论文，和“社会科学”隔

---

① 见《世纪名家品荐经典大系·散文卷》。

壁居住，使这些“杂文”仍然是文学的子女。它或者是个人抒情气氛很强烈的东西，和诗歌隔壁居住，然而一墙之隔，使这些抒情文和它的堂姊妹那叫做“诗歌”的性格嗓门，仍然大有分别。它或者是包含着一个故事，和“短篇小说”隔壁居住，然而这“小品文”的声音笑貌，又和他的堂兄弟大有不同。它也许如实记事，也许夹叙夹议，也许气势万千，也许三言两语……①

于是散文以表现作者的主体精神为美学目标，以宇宙万物、人间百态为“对象”，无一不可以信手拈来，无一不可以斐然成篇，字里行间，为我们留下斑斑点点深深浅浅的生命印痕，更牵出了你我他的心底情怀。鲁迅写烈士的血，冰心写慈母的泪，许地山写“落花生”，余光中写“杏花、春雨、江南”……可见散文在题材、范围上的开拓力和内涵、艺术上的容纳力。

散文随处涌现。诗歌的提炼、小说的构思常常需要作者有较长时间的酝酿。而对于散文，一个题材、一种情绪来到你面前，就像一阵海浪扑来，一只蝴蝶飞来，你抓不住它，它就可能离你而去。也或者，某个题材在脑中酝酿许久，写下的冲动却常常来自刹那间。叶圣陶写“五月卅一日”的“急雨”，余秋雨写《遥远的绝响》，学者散文的介入，使散文在软性的诗笔之外，更多了历史的厚重和文化的包容。又可见时代潮流对散文创作的推动力和散文指向社会历史的穿透力。

第三，散文的法则——“大可以随便”。

思路的随意是散文的特点。“想怎么写就怎么写，有什么就写什么。”（王蒙语）“一颗水落地，任它南北东西流淌而已。”（高晓声语）规范是散文的天敌，不论这规范来自朱自清还是徐

① 《海阔天空的散文领域》。

志摩，来自丰子恺还是周作人。鲁迅就曾感慨于此而主张“散文的体裁，其实是大可以随便的”。冰心也以为它该是“拈得起放得下”的样式。当然，许多散文看来如行云流水，舒卷自如，一点费力的痕迹都没有，其背后却隐藏着深深的苦心与功力。

“多么好的思想，多么真的情感，多么美的事实，这一切都是内涵，拿出来和读者见面的，只是语言。”（林斤澜语）散文语言以本色为重。越是功力深厚的散文，语言也越耐推敲，越趋自然。而那看似平淡的，往往是千锤百炼而终于返朴归真的平淡，这是散文语言的最高境界。现代散文作家大胆摒弃那种因批量生产而令人倒胃的语言，根据人的新感受，把新人文术语和现代诗的意象语言引入文中，散文语言更趋个性化。

散文的美质，就存活于这自由流动着的节律之中。

第四，散文的品格——自成体系。

起笔于一己之悟，落脚于普遍情怀，散文是人类自身对“人”的“内宇宙”的艺术观照。

站在传统与现代的交汇点、历史和美学的高度上来审视散文，我们不难确认如下的观点：散文之“散”不止于文体和文字活动上，而是在真善美的原发性背景下，以智慧的心灵折射人生、时代和社会，以“天然”的形式梳理感觉脉络并渗透历史感受、文化良知和生命体验，以“我”的自由之笔写自得之见，抒自如之情，显自在之趣，使美的流动图景与心态得以凝结，为审美接收提供感同身受的“共鸣点”和发挥想象的“未定点”。也因此，散文常成为智慧和情感水平的一种标志。

于是，“一粒沙里看世界，半瓣花上说人情”（郁达夫语）的构思，自立放松的心态，自在的文思与自由的笔路，心手相应的个性语言，以文字所凸现的人格定位——这一切，构成散文自成系统的美学品格。

散文的精魂是自由。

二　散文的写作

“文体的自由意味着写作的并不自由。无规则可循的创作好比是海上的冲浪运动，那里的每一个浪头都可能是陷阱，也都可能是机会。”（谢冕语）

第一，散文的构思。

散文贵散，又要求不“散”；散文贵真，又要求不拘泥于实；它大处着眼，大中取小，又要求小处着墨，即小见大；它自由驰骋，又排斥庞杂平庸，这就构成了散文构思的总体要求：在从容中见规则，于法度中显潇洒。

1. 题材：寻找感动

宇宙之大，芥子之微，散文有能力包容整个世界。刘再复的《读沧海》展示的是“天与地之间的书籍，远古与今天的启示录”，巴金、夏衍、琦君笔下的“狗”、“猫”、“鼠”却是小生灵的“自语”。重要的是寻找生活中的感动，寻找真善美情感的冲击。有一篇无名作者写的《两根黄瓜》，令人为之深深动容：一个贫寒的家庭中，小妹为了给病中的大哥改善伙食，种了几棵黄瓜，黄瓜结成了，小妹却为守护黄瓜而被狂犬咬伤。大哥为了筹钱救妹而向医院出售了自己的鲜血……两根黄瓜，浸透了亲情，在作者纯朴的笔下道来，让人产生不可抑制的感动。皇皇巨著，有时只是增加繁重与琐碎，倒是一些平凡的小人小事，让人深深领略生活的况味。倘若能在生活中获得精神上的感动和灵魂的颤栗，散文写作，便永远是一种“愉快的邂逅”。

2. 角度：寻求独特的艺术视角

散文有诗的美学价值，这要求它既有诗的简约，又要能承载起比较重大的心灵情节。这就需要寻求独特的艺术视角。

一是大题小作。冰心写黑暗时代将终，却在一盏小桔灯上留意，鲁迅写“三·一八惨案”，却从师生对话起笔。于是涓涓细流中可窥惊涛怒浪，封冻的冰层下可见奔腾的岩浆。

二是小题大作。散文家张友鸾选取人们司空见惯而又不屑现之于笔端的东西——胡子，偏冠以《胡子的灾难历程》，我们便在作者拈须微笑间，听他侃侃然、娓娓然漫谈他的胡子观，社会嬗变、民间百味如此系于一小小胡子，真是于胡子上见精神。

三是另掘一角。大海是一个永恒的主题，它丰富、博大、深邃而有活力，曾有多少人写它？但《读沧海》的作者从这“读”上开掘，由“打开海蓝色的封面”到“从浅海读到深海，从海平面读到海底我神往的世界”，诗情层层推进，意蕴步步拓展。

3. 文思：抓住艺术表现的“焦点”

有了艺术表现的焦点，题旨才会有隐显，意境才会有虚实，剪裁才会有详略，结构才会有疏密。大致可从以下三个方面考虑：

从立意上设置文眼。《忆白石老人》（艾青）紧紧抓住白石老人的“怪”，首先是“画怪”，更主要是“人怪”，甚至于性格的“怪癖”，反复刻画中，写出了这位画坛巨匠的独创画风、独异个性和独特魅力。若平庸，还有大师吗？王大海的《春日漫笔》是一组随感录。全文共十九章，从古代到当代，由华夏而环球，大到人类尖锐矛盾冲突，小到个人微妙心态，这样宏阔的审美视角，是什么凝聚了十九章的散思呢？是“关于各种矛盾现象的思考”：真理与权威、美与和谐、爱与憎、虚伪与诚实、智慧与愚昧……是作者的敏锐、深刻和他的智慧。李敖《佞佛、毁佛、欢喜佛》从古说到今，从国内说到国外，山南海北、天上地下、人兽神鬼、善恶报应。在表达方式上，有叙述、有考证、有探索、有抒情，应有尽有、无可不有、无所不谈，真是散得可以，杂得可观，然而它却散而不乱，杂而有序，这一切的一切都紧紧地围绕着一个中心，即是对佛之劣根性的探求，也即是对我们民族心态、弱点的针砭。

从情绪上凸现焦点。落叶是零碎的，王蒙的《落叶》的确是一片片的，然而它们却飘落于同一棵大树。他的《凝思》更直接把“焦点”从题目上显示，于是透过闪回、跳荡的叙述方式，错杂排列的意象，我们走进一种心境和状态。文章呈现出的是一种情绪流向：我们实际是处在新与旧、过去与现在、粗朴与现代的纠葛和羁绊之中，只是还来不及清晰地凝思自己，谁又不是时常处在这样的境况之中呢？司马中原（台湾）《如歌的行板》，既有纵向的忆海钓沉，又有横向的禅宗顿悟，各种意象纷至沓来，跨越诗情，化入文中，最终都趋向于苍凉而孤寂的内心情绪，形成辐聚内心的结构。许多优秀散文思路浮想联翩，却又宛如流水涤去了斑驳杂质，沉淀下来的皆为思想与感情的晶体，直觉便超越事物的物理属性而上升到审美层次。

从表现手法上设置文眼。传统散文常常寻找象征比附的诗意形象，作为抒情写意的“焦点”。这类散文占有相当比例，并影响了散文的写作思维，其中有些当代散文往往写得太拘谨，太受传统模式的束缚。但也有一些散文不是刻意凝结意象，而是以诗意的笔法写散文。杜黎均《诗的春天　春天的诗》乍一读来，真是摸不透作者是写自己对春天的感受，还是对咏春诗句的赏析，仔细品味，便会明白，作者是把春天比作优美的诗，同时又以咏春的诗句来烘托诗的氛围，通篇笼罩在浓郁的诗意之中。

优秀的散文常能达到内情与外物、心声与天籁的融洽和谐，构思的关键是抓住艺术表现的焦点，而又浑然天成。

4. 表达：自由地“碰落”出来

散文可以“铿锵得像诗，雄壮得像军歌，生动曲折得像小说，活泼尖锐得像戏剧的对话”[①]。但不管采用怎样的表现形式和表达方式，总以自然为高格，“这种文体的特色就是家常风味。”忆明珠《唱给豆腐的颂歌》不像是“颂歌”，而像三两个热

① 冰心《关于散文》。

心民俗的朋友从乡间归来，围炉煮茗，促膝夜谈，似乎摆开了龙门阵的架势，又让你在庄谐互见的妙谈中不知不觉进入佳境；让你强烈感受到无处不在、无孔不入的民俗文化，又处处隐含着对世态人心的褒贬。待到篇末，像点卤使豆浆变成豆腐一样，我们流散着的智慧，也便“点化”了，真是一个崭新的思维空间。

散文的表达是自由随意的，且可杂处并用。

第二，散文的意境创造。

艺术散文的抒情表意须得借助于形象，里面涵括的理性之美须靠形象的载体来寄托，才能使读者在感受中去领悟其中的妙谛。余光中把目前的中国散文分成四类：一是“学者的散文”，“它反映一个有深厚的文化背景的心灵，往往令读者心旷神怡，既羡且敬”。二是“花花公子的散文”，“这种华而不实的纸花”“可以开十个虚荣市，一百个化装舞会”。三是“浣衣妇的散文”，“太淡太素”，“像有‘洁癖’的老太婆”。四是“现代散文”，这种散文追求“弹性”、“密度”、“质料”。这种分类，实质就是以散文的意境创造为标准。我们姑且从写景、叙事、咏物、说理这四种类型来说明：

1. 融情入景，要传达风景之外的思索。

“艺术对于人的目的，在于使他在对象里寻回自我。”（黑格尔语）自然是最伟大的一部书，在他每一页的字句里，我们读得最深奥的消息。我国古人也说，“窥情风景之上”。自然风景有有形部分，也有看不见的无形部分。登山临水，写景是表，写心才是里。能够在物质性的、形而下的风景之中、之上，体会到某种精神性的形而上的东西，才是林泉高致。五四以来的不少写景散文，景是载体，情是内核。而独具慧眼的发现，需要的是一颗与万物息息相通的心。我们可以从写景小品、一草一木入手，逐步去追求天地人文相交会的意境高格。

2. 写人记事要按照粗放的原则，同时注意细节点染。

以散文写人记事，不要求全面展现人物性格的成长史，也不需在完整的故事情节中去表现人物性格的多面性，它只需粗线条勾勒，或一鳞一爪，一两个生活片断，突出人物的某一特点，足矣。对此，有人比作素描：寥寥几笔，神情毕肖；有人比作淡墨画：轻轻勾画，呼之欲出；有人比作雕塑：三刀两斧，活灵活现。丰子恺《四轩柱》（作者家乡谓能干女人为“轩柱”），人物是主体，民俗风物是背景，以文字代线条，四位“轩柱”，神态各异，如同四幅浮世绘、四柱雕塑。

3. 托物言志，要以自然贴切的比兴象征来创造形象。

隐喻象征是中国散文的常见题材和常用手法。如散文写树，就有鲁迅的枣树，郭沫若的银杏，郁达夫的槐树、桂花树，茅盾的白杨树，陶铸的松树，黄河浪的榕树……王鼎钧的《那树》又传达了一种社会前进同时带来的人类内心的困惑与不安。“丑石”、“花”、“鸟”、“大唐太阳”、“地下森林”，都是切合情境的艺术形象，突出物象的某些特征，寄寓作者的人格、精神与情感。有的隐寓，有的显豁，有的总体象征，有的意象组接。

要注意的是，隐喻象征的手法最容易产生雕琢嵌合的弊病，比附太明，“做”得太多，丧失了含蓄自在的天然旨趣，正像塑料假花。时代烙印曾在一些散文中留下很重的痕迹，一些先锋的作家遂又来了个彻底的反叛。我们想，作为观念、情感、价值取向，作者、读者是“花开花落两由之”的，而散文作者的高明之处是让读者感同身受地与作者共同领悟一次探寻自我的心路历程，这才是散文的成功之处，也是散文的写作初衷。

4. 议论说理，要追求自然理趣。

散文应该具有思考的内涵。缺乏思考的散文，只能是物象的堆砌，没有骨架的灵魂。但散文的哲理之所以有别于一般纯理性的逻辑阐述那样正襟严肃，在于它能将独到的发现，生动和谐地“渗透”事物之中，融“情”、“趣”、“理”于一炉，使读者在怡然的心态下，于不经意间有所悟，这种自然的启迪和恍然的顿悟又让人获得生命的喜悦。陈从周是古建筑学家、园林学家，他的《说“帘”》不过短短千余字，却时空纵横，从故事神话中的“珠帘寨”、“水帘洞”，到现实中的“湘帘”、“竹帘”、“布帘”，帘之声、光、影、韵，无不随手拈来，涉笔成趣，既有知识的厚度，又有联想的张力，作者的睿智妙解又像“帘”那样“隔中有透，实中有虚，静中有动”，给读者留下品味的艺术空白。这种奥妙底蕴大智妙理要靠生命的积淀。

第三，散文的结构与线索。

散文的结构大多不外露，而以自然浑成为要义。它不同于一般小说、戏剧的情节结构，也不同于诗歌的纯情绪结构，大体可归纳为这样四种类型：

1. 历时性的纵式结构。

按照生活进程，重在叙述。如史铁生的《合欢树》讲叙了十岁、二十岁和三十岁这几个有代表性的生活横切面的故事。小说名家汪曾祺写散文也善谋篇。他的《葡萄月令》从一至十二按月写来，看似一本豆腐账，却让人在满纸口语中如听智慧老人谈菜经，真是俗到家也雅到家，实是一种极有章法的裁剪。

2. 共时性的横式结构。

按照空间变化或者思维意流。如蒋子龙的《生与死的艺术》，两个标题“生的艺术”、“死的艺术”本身就是共时的对照。在“生的艺术”中，南斯拉夫大街上活蹦乱跳的孔雀、鸽子、松鼠与人相处多么和谐。在“死的艺术”中，傲视苍穹的教堂与对面肃穆的墓地，死者的超度和生者的受洗，“喜事和丧事一块来，生和死轮流表演，仿佛人间悲喜剧都集中到这个教堂里来了”，记录了作者在游历之中的极大的精神震动。

3. 即时性的跳跃结构。

有的散文是一种隐时性的组合结构，截取生活的断片，即以一种思想、一种诗情、一种思索为中心，联想各种人事景物，以“神”来聚敛组合。斯妤的《小窗日记》，三天日记，基本上由流云、日月和雷雨组接而成，都映于“心灵小窗”，这种结构，易为学写散文者掌握。也有一类散文篇幅短小，往往分节，每节相对独立，数节合成一篇，以此来表现作者某种感情、情绪，很像组诗之间的组合关系。席慕蓉的一些散文即属此类。

还有一类作品按照作者心理意识流程，展开主观意识与客观事物互为交融的描写。有的作品如诗歌般有大幅度跨越跳跃，常常从无规律不连贯的物象描绘里，筛淀出作者的思想意向脉络，如翱翱（台湾）《饮你眼神于没落的世纪》，文题即颇为怪诞，文章似混乱的心理剖白，结构时序不清，表现了作者对荒唐现实世界的否定。采用这类结构的作者大都吸收了一些表现主义、印象主义的创作方法。

4. 纵横交错、明暗互见的复式结构。

实际上许多散文都不经意地采用了不止一种的结构方式。徐懋庸的《母爱》是双向型的思维方式和表现模式，两条心理线索相辅相成：母亲的“痛苦”是主线，“我”的“忏悔”是副线，使外冷内热的情致更为深沉隽永。

近年来一种多层次多角度多视点的散文结构被较多采用，给传统的散文结构倾注了活力。例如赵丽宏的《诗魂》，文中有四个小标题，是按时光流逝的顺序来排列的，可说是以文中“我”和“白发老人”来贯穿的，也可说是以普希金的三首诗来连接的。这是一种纵的叙事方式。同时此文在首尾设置了两对母子(母女）对话，又以“白发老人”充当了联系的纽带。全文结构呈现出一种纵横交错的对称结构美。

为了表现散文的结构形态，就要安排散文的线索：

思想线索：即散文的意脉。有时呈现为一种内在的逻辑力量。

情节线索：即中心人物、事件。

时空线索：即时间的推移和空间的转换。

记叙线索：即作者自身的所见所闻所感。

比兴线索：即寓有比兴、象征意义的景物。

情绪线索：附丽于比兴、象征景物中的诗情，贯穿回荡于文中的感情。

其余不一而足。不管哪一种结构的经营，都是留给心灵驰骋的。灵魂的律动，应当最少约束。

【范文】

雪

鲁 迅

暖国的雨，向来没有冰冷的坚硬的灿烂的雪花。博识的人们觉得他单调，他自己也以为不幸否耶？江南的雪，可是滋润美艳之至了；那是还在隐约着的青春的消息，是极壮健的处子的皮肤。雪野中有血红的宝珠山茶，白中隐青的单瓣梅花，深黄馨口的腊梅花；雪下面还有冷绿的杂草。蝴蝶确乎没有；蜜蜂是否来采山茶花和梅花的蜜，我可记不真切了。但我的眼前仿佛看见冬花开在雪野中，有许多蜜蜂们忙碌地飞着，也听得他们嗡嗡地闹着。

孩子们呵着冻得通红，像紫芽姜一般的小手，七八个一齐来塑雪罗汉。因为不成功，谁的父亲也来帮忙了。罗汉就塑得比孩子们高得多，虽然不过是上小下大的一堆，终于分不清是壶卢还是罗汉，然而很洁白，很明艳，以自身的滋润相粘结，整个地闪闪地生光。孩子们用龙眼核给他做眼珠，又从谁的母亲的脂粉奁中偷得胭脂来涂在嘴唇上。这回确是一个大阿罗汉了。他也就目光灼灼地嘴唇通红地坐在雪地里。

第二天还有几个孩子来访问他；对了他拍手，点头，嘻笑。但他终于独自坐着了。晴天又来消释他的皮肤，寒夜又使他结一层冰，化作不透明的水晶模样，连续的晴天又使他成为不知道算什么，而嘴上的胭脂也褪尽了。

但是，朔方的雪花在纷飞之后，却永远如粉，如沙，他们决不粘连，撒在屋上，地上，枯草上，就是这样。屋上的雪是早已就有消化了的，因为屋里居人的火的温热。别的，在晴天之下，旋风忽来，便蓬勃地奋飞，在日光中灿灿地生光，如包藏火焰的大雾，旋转而且升腾，弥漫太空，使太空旋转而且升腾地闪烁。

在无边的旷野上，在凛冽的天宇下，闪闪地旋转升腾着的是雨的精魂……

是的，那是孤独的雪，是死掉的雨，是雨的精魂。

【范文解说】

全文不足800字，描绘的层次却很丰富：江南的雪野，雪地里孩子们的嬉闹，朔方的雪，旷野里雪花升腾的壮阔场面，添一字嫌多，减一字嫌少。寥寥数语，绘形传神。

历来咏雪的文字不算少，本文却有独特的视角：滋润妩媚的江南雪与旋转升腾的朔方的雪；孩子们的欢快嬉闹与文后满腔的悲壮与沉郁；写暖国的雪，似能听到蜜蜂的嗡嗡声，写北国的雪，如同在书写一阕敬奠的诗篇。谁能让意境的对比如此强烈而又如此深幽不露？

最难忘记的是最后那一段悲壮的文字：

“那是孤独的雪，是死掉的雨，是雨的精魂。”

所以说，散文是心灵的裸露，人性的开掘。

【范文】

珍 珠 鸟

冯骥才

真好！朋友送我一对珍珠鸟。放在一个简易的竹条编成的笼子里，笼内还有一卷干草，那是小鸟儿舒适又温暖的巢。

有人说，这是一种怕人的鸟。

我把它挂在窗前。那儿还有一大盆异常茂盛的法国吊兰。我便用吊兰长长的、串生着小绿叶的垂蔓蒙盖在鸟笼上，它们就像躲进深幽的丛林一样安全；从中传出的笛儿般又细又亮的叫声，也就格外轻松自在了。

阳光从窗外射入，透过这里，吊兰那些无数指甲状的小叶，一半成了黑影，一半被照透，如同碧玉；斑斑驳驳，生意葱茏。小鸟的影子就在这中间隐约闪动，看不完整，有时连笼子也看不出，却见它们可爱的鲜红小嘴儿从绿叶中伸出来。

我很少扒开叶蔓瞧它们，它们便渐渐敢伸出小脑袋瞅瞅我。我们就这样一点点熟悉了。

三个月后，那一团愈发繁茂的绿蔓里边，发出一种尖细又娇嫩的鸣叫。我猜到，是它们有了雏儿。我呢？决不掀开叶片往里看，连添食加水时也不睁大好奇的眼去惊动它们。过不多久，忽然有一个更小的脑袋从叶间探出来。哟，雏儿！正是这小家伙！

它小，就能轻易地由疏格的笼子钻出身。瞧，多么像它的父母：红嘴红脚，灰蓝色的毛，只是后背还没生出珍珠似的圆圆的白点；它好肥，整个身子好像一个蓬松的球儿。

起先，这小家伙只在笼子四周活动，随后就在屋里飞来飞去，一会儿落在柜顶上，一会儿神气十足地站在书架上，啄着书背上那些大文豪的名字；一会儿把灯绳撞得来回摇动，跟着逃到画框上去了。只要大鸟儿在笼里生气地叫一声，它立即飞回笼里去。

我不管它。这样久了，打开窗子，它最多只在窗框上站一会儿，决不飞出去。

渐渐它胆子大了，就落在我书桌上。

它先是离我较远，见我不去伤害它，便一点点挨近，然后蹦到我的杯子上，俯下头来喝茶，再偏过脸瞧瞧我的反应。我只是微微一笑，依旧写东西，它就放开胆子跑到稿纸上，绕着我的笔尖蹦来蹦去；跳动的小红爪子在纸上发出嚓嚓响。

我不动声色地写，默默享受着这小家伙亲近的情意。这样，它完全放心了。索性用那涂了蜡似的、角质的小红嘴，“嗒嗒”啄着我颤动的笔尖。我用手抚一抚它细腻的绒毛，它也不怕，反而友好地啄两下我的手指。

白天，它这样淘气地陪伴我；天色入暮，它就在父母再三的呼唤声中，飞向笼子，扭动滚圆的身子，挤开那些绿叶钻进去。

有一天，我伏案写作时，它居然落到我的肩上。我手中的笔不觉停了，生怕惊跑它。呆一会儿，扭头看，这小家伙竟趴在我的肩头睡着了，银灰色的眼睑盖住眸子，小红脚刚好给胸脯上长长的绒毛盖住。我轻轻抬一抬肩，它没醒，睡得好熟！还呷呷嘴，难道在做梦？

我笔尖一动，流泻下一时的感受：

信赖，往往创造出美好的境界。

【范文解说】

文中处处洋溢着浓浓的诗意、诗情。人鸟相亲的细腻笔触、清新的格调不仅显示出作家对自然、人生的挚爱之情，更令人感悟大至宇宙，小至人间，一切美之所在的真谛。

文章轻盈活脱，却也波澜跌宕。小鸟由怕人到喜人、近人、亲人、爱人，最后简直与人融为一体。什么时候，一对珍珠鸟悄悄生出它们的雏儿的呢？笔触的转换在文中暗显跌宕之姿。雏鸟的无赖、天真尤胜父母，于是篇末的那句话就点得极为自然。“信赖，往往创造出美好的境界。”人与自然、人与社会，生命的美好境界不正如此？

【范文】

六岁的美丽

张　波

就在昨天，就在我所居住的房间隔壁，有一个六岁的男孩坠楼死去了。

我是在出事的第二天早上得知这个消息的，那一刻我的心中突然地涌出了一种悲凉。有好一阵子，我的魂灵肯定是逸出了我的躯壳飘飘地飞向了一个遥远的所在，在天之极高处云之极白处孤独地倘佯着，试图去寻那个因了其幼小而更为孤独的魂灵。我希望能够与他的魂灵再有一次邂逅。然后，我想送他一程。

我忆起来了，在头一天的晚上我还曾听到了隔壁传来过女性痛不欲生的哭声。现在看来，那哭者无疑是男孩的母亲了。那母亲该是如何地心如刀绞悲伤欲绝呢？

当那母亲的哭声透过厚厚的墙壁传达过来的时候，我那时正无所事事地看着窗外一如昨日的夜色，看着这偌大的水泥森林灯火璀璨，广九铁路上有一辆全封闭的空调列车咣咣当当地驶了过去，一个并不出名的矿泉水广告在我的面前极显赫地辉煌着，其面积大得足以令人感觉到它即将破窗而入……这无疑是一个平平淡淡的夜晚，平淡得同前一天，前两天……没有任何区别。也就是在这时，我真切地听到了那位母亲的哭声，那哭声也确实使我产生了短暂的诧异，然而片刻之后——仅仅是片刻我就忘记了这哭声，去从事自己的那些鸡毛蒜皮的事情了，全然没有想到就在我所居住的918号房间一墙之隔920号房间发生了那样一件痛心的事情。

我想我是记得那男孩的模样的。这几天，他和他那三岁的弟弟总在宾馆的走廊里和电梯上跑来跑去的。他大约是一个顽皮的男孩，常常是风一阵地把走廊里所有的房门都敲上一遍，然后躲在一个角落里窃笑，偷看我们这些被他捉弄了的大人们气急败坏的样子。幸而，楼层的服务小姐们对他还是很友好的，对于我们的责问，小姐们常常宽容地解释说：小孩子调皮呢。我和他只有过一次交往，那是在电梯门前，我对他说：你好。他歪着头看看我，同样大声说了句：你好，便兔子一样敏捷地跑得没了踪影。

可这男孩却死了。这六岁的男孩。

听说，那天下午他的母亲在睡觉，他和他那三岁的弟弟爬到了窗台上，他们打开了铝合金拉窗，向着窗外高瞻远瞩。站在九层楼的高度看出去，我想这个原本平庸的世界可能就会显得不那么平庸了，人如蚁，路似蛇，山如黛，水似银，还有悠悠白云，湛湛蓝天，灿烂阳光……这一切对于这两个男孩、特别是对这六岁的男孩产生了什么刺激我此时仍然无法揣摸，那一刻这六岁的男孩的心里该涌出了什么样的诡奇而绮丽的想象呢？反正就在这时，他突然对他三岁的弟弟说："我会飞呢，我飞给你看……。"说着，这六岁的男孩双臂一张，便像只鸟一样地飞了出去。

片刻之后，那三岁的弟弟独自从窗台上爬下来，去推他们的母亲，说："妈妈，哥哥飞出去了……。"熟睡的母亲却没有意识到这句话所包含的危机，翻了个身又睡了。

男孩死于去医院的路上。据送他的人说，男孩死得很安详，也很平静，只鼻孔处淌了少许的血，鲜红着如同一朵小花，开放在他那稚嫩的小小的脸上。

这美丽是多么的残酷，这残酷又是多么的美丽呀。那么多的人听了这悲惨的一幕都唏嘘不已，一洒同情之泪，感叹说这孩子太淘气了……可我要说，不！他不是淘气，他只是犯了一个错误,或者说是一个疏忽——他想飞,却忘记了自己并没有翅膀啊。

难道不是吗？你、我、他，我们谁不曾有过这飞翔的欲望？在我们每个人的童年，甚至直到长大成人之后，你敢说你就从来没有做过飞天之梦吗？我们梦过太空，梦过月亮，梦过自己成了神仙，在蔚蓝色的天空上随心所欲地飞啊飞啊……谁知道这愿望竟会是伤人的刀刃？难道天真也是一种罪过？那么理想呢，难道它只是一个通往悲剧终点的美丽的路标么？这六岁的男孩是死于“飞”的愿望是确实的了。他当然还小，是一个学龄前的儿童，他不懂事，不知道科学，不知道人活在世上其实对于许多事情都无能为力；更不知道人要活下来就得老老实实地遵守很多规则。他只是活在自己的世界里，活在他眼中和心中的世界里，这世界是鲜活而充满生机的，是可以由他来左右和改变的，所有的生命都是他的朋友，都能够同他沟通和交流。于山他是一块石，于水他是一条鱼，于花他是一只蝶，于天他当然便是一只鸟了……“我会飞呢”——这是男孩留给我们的最后一句话，我想这句话绝对不是男孩心血来潮的信口开河，他一定是在许多个夜晚里瞪着乌黑的双眼细细地想象过关于飞的所有细节，一定无数次地伫立于窗前呆呆地注视过那些飞来飞去的小鸟，向它们询问有关飞翔的技巧。昨天下午，当他拉开宾馆九楼的铝合金窗，面对着蓝天白云的时候，他突然意识到他有了一个起飞的点，立刻，飞的欲望笼罩了他的全部身心，久久深藏于心底的理想之水猛然决坝而出，他明确无疑地感觉到丰美的羽毛一瞬间布满全身，尤其以胳膊上的羽毛最为粗壮有力，他渴望已久的某种进化已经在这一刻得到了最为完美的完成……如此，他才郑重地说出了最后的那句话，然后双翅一张，向着他的世界飞去了。

“我会飞呢”——男孩这句平平常常的话令多少名言显得苍白呢?

“我会飞呢”——男孩这句平平常常的话又会令我们这些少梦甚至是无梦的大人们感到怎样的一种惊心动魄呢?

其实我们也有过多梦的季节，其实我们也曾有过自己的六岁，其实我们也幻想过飞翔啊。只是，我们都懂事得太早，我们都被大人小心地呵护着，我们一直没有寻找到那个起飞的点……所以，我们就都活着并且一直活到了今天。

可就在昨天，就在我们所熟悉的平庸得没法再平庸的生活中，有一个六岁的男孩却死了，只因为他想飞。

我痛惜这六岁的男孩早夭；但我也近乎残忍地意识到了这六岁的生命所迸发出的夺目的美丽。与此同时，我还为自己为成长而付出的一种大丢失而感到了深深的悲凉。

所以，对于这个只有一面之交的六岁的男孩，我无意写一篇哀伤的悼文。望着这城市灰蒙蒙的因而让人不断丧失着想象力的天空，反省着长久地浸泡在世俗中而日益淡薄着理想主义光芒的生活，我愈发觉得了那男孩形同天使。他通体放射着圣洁之光，在我们这些凡夫俗子必须仰视的高度上轻盈地飞翔着。倘若我的魂灵能够与他的魂灵有一次短暂的邂逅，我想我会对他说：男孩，你飞吧，用你心中的那对翅膀。

【范文解说】

散文长时间被赋予过于沉重的使命，以道驭文，人类精神最自由的“独创之花”却偏偏背上了许多清规戒律、条条框框，心灵一旦屈从于理念，散文也便折断了翅膀。

“飞”的美丽，就生活的现实，是一出悲剧，可是，就六岁儿童的本真天性、想象的美丽自由，则飞出了尚未被“懂事”压抑，被“成熟”扭曲的人性之光。人没有翅膀，孩子的纯真心灵却张开了多么美丽的翅膀。

当我们面对那些从幼稚中慢慢成长，从幻想中走向现实的孩子时，我们会不会把想象、幻想的翅膀都生生地折断呢？心灵的飞翔多美啊，倘若都不飞了，世界还美丽吗？面对“飞”的美丽，我们不能不深思教育对生命应有的终极关怀。

【范文】

哲学家皇帝

陈之藩

到此作工已半月，不像是作工，像是恢复了以前当兵的生活。如果我们中国还可以找出这样紧张的工作，那只有在军队里了。同事里有从南朝鲜刚当过兵回来的，有远从加州大学来的学生。我问他们，美国作工全这样紧张吗？他们异口同声的说：“这里可能是最轻闲的。”

如不置身其中，可能怎样说也不容易说明白。一旦，在日光下整整推上八小时的草，或在小雨中漆上八小时的墙，下山以后，只觉得这个人已瘫下来，比行军八小时还累。

今天下工后，已近黄昏，我坐在湖边对着远天遐想。这个环境美得像首诗，也像幅画。大匠造物时，全用蓝色画成了这个“太平湖”。第一笔用淡蓝画的湖水；第二笔加了一些颜色，用深蓝画出青山；第三笔又减去一些颜色，用浅蓝画出天空来。三笔的静静画幅中，半躺着一个下工后疲倦不堪的动物。我想整个美国的山水人物画，都可以此为代表。

虽然，眼前景色这样静，这样美，但我脑筋中依然是这一日中，同事们的紧张面孔与急促步伐的影子。我的脉搏好像还在加速的跳动。我昏沉沉的头脑中得到一个结论：“这样拼命的工作，这个国家当然要强。”

中学生送牛奶，送报；大学生作苦力，作苦工，已经是太习惯了的事。这些工作已经变成了教育中的一部分。这种教育是让每一个学生不由自主的知道了什么是生活；也知道了什么是人生。所以一个个美国孩子们，永远独立，勇敢，自尊，像个哲学家帝王。

希腊哲人，想出一种训练皇帝的办法，这种办法是让他“从生硬的现实上挫断足胫再站起来，从高傲的眉毛下滴下汗珠来赚取自己的衣食。”这是作帝王必经的训练，可惜欧洲从来未实行过这种理想。没有想到，新大陆上，却无形上在实践这句话，每一个青年，全在无形中接受这样皇帝的训练。

作卑微的工作，树高傲之自尊，变成了风气以后，峥嵘的现象，有时是令人难以置信的。耶鲁大学有个学生，父亲遗产三十万美金，他拒绝接受。他说：“我有两只手，一个头，已够了。”报纸上说：“父亲是个成功的创业者，儿子真正继承了父亲的精神。”

青年们一切都以自己为出发，承受人生所应有的负担，享受人生所应有的快乐。青年们的偶像不是叱咤风云的流血家，而是勤苦自立的创业者。富兰克林自传，是每个人奉为圭臬的经典。

我们试听他们的歌声，都是钢铁般的声响的：

——人生是一奋斗的战场
到处充满了血滴与火光
不要作一甘受宰割的牛羊
在战斗中，要精神焕发，要步伐昂扬

——郎法罗

我很钦佩在绿色的大地上，金色的阳光中，一个个忙碌得面颊呈现红色的青年。

然而，我在湖边凝想了半天，我总觉得，这个美国青年画幅里面还缺少一些东西。什么东西，我不太能指出，大概是人文的素养吧。我在此三、四个月的观感，可以说：美国学生很少看报的。送报而不看报，这是件令人不可思议的事。

哲学家皇帝，不仅要受苦，还要有一种训练，使他具有雄伟的抱负，与远大的眼光，可惜这一点，美国教育是太忽略了。忽略的程度令人可哀。

爱因斯坦说："专家还不是训练有素的狗？"这话并不是偶然而发的，多少门专家都是人事不知的狗，这种现象是会窒死一个文化的。

民主，并不是"一群会投票的驴"；民主确实需要全国国民都有"哲学家皇帝"的训练。在哲学家皇帝的训练中，勤苦自立，体验生活那一部分，美国的教育与社会所赋予青年的，足够了；而在人文的训练上却差得太多。

晚风袭来，湖水清澈如镜，青山恬淡如诗，我的思想也逐渐澄明而宁静。

天暗下来，星光，一个一个的亮了。

【范文解说】

作者以哲学家的眼光观照世界，以哲学家的头脑思悟人生。从而提出和阐发了一个富有哲理意味的命题：应该以希腊哲人"训练皇帝"的办法训练青年，使其成为"哲学家皇帝"。这个哲理性意念是在如诗如画的湖边歇息时，于瞬间顿悟，又是他长期的积累所得。

文章由远及近，由理论及事实，由希腊哲人及美国青年，由美国青年的成才之路到"人文的素养""不足"的发现，步步深入，显示了作者勤于和善于思考的哲学家素质。本文的艺术魅力很大程度得益于作者的思辨力。还值得我们学习的是，本文充满哲理性思辨，又并不以“理”囿情，妙语惊人的议论中时时闪现如诗似画般的咏叹和描绘，显示出心灵的自由，可谓景、情、理的统一。

【思考题和练习题】

1. 散文其实写的就是作者本人独特而真诚的所见所闻所感，卢梭在《忏悔录》中说：“我不说我是卓越的，但是我与众不同。上帝是用模型造人的，塑造我以后他就把那个模型捣碎了。”散文只有一个主角：自己。让别人留在别人的文字里，自己留在自己的文字里，写一篇随感式的散文《我》。

2. 进入新学校，站在新的起点上，回首往日走的路，瞻望面前延伸而未定的路，你一定有很多想法。请以《路》为题，写一篇散文。

3. 你有没有写日记的习惯？请以《××三日》为题，写一篇散文。以时间为线索，情感为核心。注意选择新颖而贴切的意象。

4. 画家罗中立有幅油画《父亲》，那是一位北方的老农，我们的父母与他多么相似。那让艰难岁月磨出的道道皱纹，坚韧的眼神，默默承受着种种苦难而毫不怨天尤人、夸张矫饰，毫不张扬地生活着创造着。那么朴实平凡，又那么博大深厚，人性的光辉、生命的深度自这无言中渐渐升起。请以《父亲（母亲）剪影》为题写一篇散文。

5. 川端康成说：“美是邂逅所得。”请以《邂逅》为题，或从下面的题目中任选一个，写一篇散文。

难忘____________________

________________，真好！

情系____________________

幸福瞬间

____________趣

6. 生命是一条河，每一个真实的人生，只不过如水中行舟，有时航行、有时泊岸。它既割不断河水的联系，也割不断与岸的联系。请以你的

思绪为线索，把生活的片断串连一起，以掀动读者的心扉。(自拟题目)

7. 照诗的格式分行排列的未必是诗，而散文佳篇必然有诗情在。太阳、草地、山间小路、林中鸟鸣……山容水态一旦触发了你对造物之心的体悟，这些平平常常的景象，可以化成一幅又一幅跳动着的变幻的画。以《心中的画》为题，写一篇散文。

8. 根据下列材料，自选角度，自拟题目，写一篇散文。

> 对爱情的渴望、对知识的追求、对人类苦难不可遏制的同情，是支配我一生的单纯而强烈的三种情感。
>
> ——罗素《我为何而生》

9. 托尔斯泰曾强调："只有沟通人类的同感，去除人类的隔膜的作品，才是真有价值的作品。"仔细品味这段话，以此为题旨，自拟题目，写一篇散文。(提示：例如"墙"，有有形的墙，有无形的墙，墙既是自然的破坏者，又是秩序的维护者，文明的装饰品……)

10. 读了陈之藩的《哲学家皇帝》有何感想？利用文学形式讨论哲学命题，我国古已有之。十八世纪德国著名的浪漫派诗人诺瓦利斯曾说过："哲学原就是怀着一种乡愁的冲动到处去寻找家园。"散文应是作者"精神的家园。"如何在散文中写进"人"对历史的观照，对现实的思考，对未来的关注？把这种思考融进笔触，以《××的哲学》为题，写一篇富有思辨色彩的散文。

第四节 报告文学

报告文学是运用文学手法，生动、及时地报告现实生活中富有典型意义的人物和事件的一种文学体裁。

报告文学渊源于古代的纪实体散文，随着现代新闻事业的发展而成为一种独立的文体。世界上公认的开创性报告文学，是巴黎公社参加者、新闻记者利加沙勒的《一八七一年公社史》，也有人把美国共产党员约翰·里德根据耳闻目睹的十月革命的真实情况而写作的《震撼世界的十天》，看作是报告文学的开山作。1930年，“左联”在我国正式提倡这一文学样式，夏衍的《包身工》就是30年代报告文学的杰出代表作。解放后，报告文学在我国几度繁荣，涌现了以《谁是最可爱的人》、《县委书记的榜样——焦裕禄》、《哥德巴赫猜想》等为代表的一系列优秀作品，产生了巨大的影响。

报告文学的主要特点和相应的写作要求是：

一　以真实性作为“安身立命”的根本保证

报告文学的所谓“报告”，指的是它具有新闻的特点。新闻的生命在于真实，报告文学必须始终恪守新闻的真实性，真实、准确地反映客观事物，这是报告文学“安身立命”的根本保证，永远不能动摇的“铁的原则”。优秀的报告文学作品，总是具有弥足珍贵的史学价值，如与共和国几乎同时出现的《记中央人民政府成立盛典》（林韦）、《毛主席和我们在一起》（杨刚）、《新中国的十月》（司马文森），这些作品就极有见地地摄下了万民欢腾的开国大典盛况和开国元勋们谦恭的姿影。报告文学反映的客观现实，要真，要新，要快，当然，有些特殊的报告文学题材，由于受到时间、空间和条件的限制，作者无法及时采写，在事隔较长时间后才得以采写和发表，这也不会失去时效性。

新闻的真实和文学的真实，是两种不同意义的真实。文学的真实是艺术的真实，它的人物是根据现实生活中的真人加以概括、集中而塑造出来的，它所写的人物是没有通讯地址的。报告文学则不能有任何虚构，它的每一个细节都必须是真实的。但是，报告文学事实和材料的真实性，又不能只是外在的，不能只求经得起客观的验证，它还要求能够真实地反映客观事物的本质，即从全篇报告文学写作的整体内容和所反映的总的问题来看，也必须是真实的。因为客观事物是纷纭复杂的，事物的本质往往隐藏在纷纭复杂的现象背后，只反映事物的现象，而不揭示事物的本质，就不能准确地认识客观事物、客观世界。报告文学的真实性，也不能等同于一般的报章新闻的真实。报告文学不是一般报章新闻的集纳或单纯篇幅上的延长，不是一种不经久的新闻“特稿”，而是包容了许多有永久性的历史的事实，如半封建半殖民地时期包身工的苦难遭遇，六七十年代极左路线统治时期《胡杨泪》中主人公的坎坷人生，县委书记的榜样焦裕禄的光辉形象，等等，都将永恒地占据读者的心灵。只有重视和强调报告文学的真实性原则，并对报告文学的真实性原则提出严格的要求，才能充分体现报告文学本身的特色、作用和优势，符合读者对报告文学的心理需求。如果读者对报告文学的真实性产生了怀疑，报告文学也就失去了生命。

报告文学真实性的特点，要求报告文学的作者敏锐地获取有价值的报道线索，深入调查采访，努力掌握丰富的第一手材料。发现和追踪典型一般有三个途径，一是由作者自己在生活中发现和选择，二是从新闻报道中发现选择那些牵动广大读者心灵，而读者又急切想知道详情的重要题材线索，三是有关方面组织采访。采访之前，要尽可能掌握有关背景资料，要多少懂得一点与被采访的人和事有关的知识，要拟定采访的提纲。采访时，要善于根据实际情况调整采访的内容，要认真思考每一点所得的含义。作家理由曾经介绍采访一个“四五”英雄人物的情况。这个“四五”英雄在“四五”前后一共在天安门广场持续呆了六七天，拍下了五百多张照片，都是冒着生命危险拍下来的，新华社从他拍的五百多张照片里，选用了二百多幅作为资料留存。作家就此拟出了采访时可提的许多问题，如对方过去与总理有没有什么直接或间接的关系等，但采访时发现自己所需要的材料对方一概没有，只是由于偶然去北京出差的机会，碰上了“四五”事件，于是举起了相机，冒着种种危险，拍下了大量照片。作家并没有失望，他想，这“反过来同样说明一个道理：人民在创造着历史，人民在书写着历史，人民在记录着历史。所以，越是如实地、深入地探索，从个性出发，才可能生动地揭示出一些共性的东西”①。报告文学的采访与一般的新闻采访也有一定的不同。新闻采访要特别注意搞清楚事情，报告文学的采访要特别注意搞清楚人物，以及人与人之间的关系。报告文学以表现人物为主，往往把事件、生产过程、技术过程等推成为一个远景，因此采访时要把重点放在人身上，不但要采访本人，也要善于采访外围——你所要描写的主人公周围的人物，后者花的时间也许比前者多得多，这样可从多种角度了解人物，得到客观、全面而公正的材料。一般说来，很少有一个采访对象，能自己滔滔不绝地向你介绍自己的事迹，显示自己的高大形象。优秀的作家总是愿意在采访和思考方面花最多的时间，有的甚至提出应该“六分跑，三分想，一分写”，以确保掌握大量的能够反映生活本质真实的材料。

二　以文学性作为跻身文学殿堂的基本属性

报告文学是“报告”和“文学”的结合，既具备新闻的真实性，也具备文学性。文学性的重要标志是写人。从这点来看，报告文学既与作为新闻作品主要样式的消息有着显然的区别，也与人物通讯在文学色彩的浓烈与否上有着重要的不同。报告文学和人物通讯都要写到人和事，但人和事的关系在两种样式里并不相同。人物通讯，主要是运用生动形象的手法，去反映先进人物的先进事迹，事件在人物通讯里占有比较重要的位置，人物似乎依附于事件。大多数报告文学的笔锋则是直接指向人物的，指向人物的行动、性格，也指向人物的心灵、品格，深入地揭示人物的

---

① 理由《关于报告文学的写作问题》，见《新闻采访与写作》235－236页，人民日报出版社1982年8月版。

精神世界，作品中的事件依附于人物，为表现人物而存在。即使一些反映社会现实生活某一方面或某一重大事件的全景式报告文学，涉及到的人物比较多，人物形象也都有血有肉，生动丰满。报告文学与小说相比，它们都很注重人物形象的刻画，但除了人物与事件的真实与否以外，在人物的表现手法方面也有某些不同，如小说十分重视把人物置于完整或相对完整的故事情节中加以表现，使情节成为人物性格的成长史，而报告文学不少并不作严格意义上的情节设计，往往从某几个方面来刻画人物。

写作报告文学，应注意从如下一些方面增强作品的文学性。

把客观事实化为活生生的形象和画面再现出来。正像高尔基指出的那样，报告文学把“抽象的、平面的报道和宣传变成栩栩如生的、具体的，好像是立体的、能够感觉到的东西”。写一个从早到晚，成年累月伏案演算的数学家的工作，该是很抽象的，这里似乎没有生动形象的画面，更没有令人惊心动魄的场面，但在作家徐迟的笔下，陈景润攀登数学高峰，摘取数学皇冠上的明珠——证明哥德巴赫猜想的过程却极其明丽生动，令人触目惊心：

> 但当他已具备了充分依据，他就以惊人的顽强毅力，来向哥德巴赫猜想挺进了。他废寝忘食，昼夜不舍，潜心思考，探测精蕴，进行了大量的运算。一心一意搞数学，搞得他发呆了。有一次，自己撞在树上，还问是谁撞了他？他把全部心智和理性统通奉献给这道难题的解题上了，他为此而付出了很高的代价。他的两眼深深凹陷了。他的面颊带上了肺结核的红晕。喉头炎严重，他咳嗽不停。腹胀、腹痛，难以忍受。有时已人事不知了，却还记挂着数字和符号。他跋涉在数学的崎岖山路，吃力地迈动步伐。在抽象思维的高原，他向陡峭的巉岩升登，降下又升登！善意的误会飞入了他的眼帘。无知的嘲讽钻进了他的耳道。他不屑一顾；他未

予理睬。他没有时间来分辩；他宁可含垢忍辱。餐霜饮雪，走上去一步就是一步！他气喘不已，汗如雨下，时常感到他支持不下去了。但他还是攀登。用四肢，用指爪。真是艰苦卓绝！多少次上去了摔下来。就是铁鞋，也早该踏破了。人们嘲笑他穿的鞋是破了的：硬是通风透气不会得脚气病的一双鞋子。不知多少次发生了可怕的滑坠！几乎粉身碎骨。他无法统计他失败了多少次。他毫不气馁。他总结失败的教训，把失败接起来，焊上去，作登山用的尼龙绳子和金属梯子。吃一堑，长一智。失败一次，前进一步。失败是成功之母；成功由失败堆垒而成。他越过了雪线，到达雪峰和现代冰川，更感缺氧的严重了。多少次坚冰封山，多少次雪崩掩埋！他就像那些征服珠穆朗玛峰的英雄登山运动员，爬呵，爬呵，爬呵！而恶毒的诽谤，恶意的污蔑像变天的乌云和九级狂风。然而热情的支持为他拨开云雾；爱护的阳光又温暖了他。他向着目标，不屈不挠；继续前进，继续攀登。战胜了第一台阶的难以登上的峻峭；出现在难上加难的第二台阶绝壁之前。他只知攀登，在千仞深渊之上；他只管攀登，在无限风光之间。一张又一张的运算稿纸，像漫天大雪似的飞舞，铺满了大地。数字、符号、引理、公式、逻辑、推理，积在楼板上，有三尺深。忽然化为膝下群山，雪莲万千。他终于登上了攀登顶峰的必由之路，登上了（1+2）的台阶。①

这段形象描绘的可贵之处，在于处处紧扣陈景润的特征，如似乎“发呆了”，病痛“难以忍受”，“他穿的鞋是破了的”，“三尺深”的运算稿纸等等。阅读这段文字，绝不会坠入五里云雾，

① 徐迟《歌德巴赫猜想》，人民文学出版社 1978 年版。

而只能更真切地了解陈景润，更强烈地感受陈景润的精神。

调动除虚构以外的一切手段刻画人物形象。报告文学不可以虚构和改变现实，但是，它可以选择和提炼生活材料；它不可以任意拔高生活原形，但是，它可以充分而深入地揭示形象的典型意义。小说创作中除虚构以外的一切艺术手段，都可以在报告文学中得到充分的应用。1. 在矛盾冲突中表现人物。《县委书记的榜样——焦裕禄》写了焦裕禄在兰考县一年半所经历的三个方面的矛盾斗争：一是同严重的自然灾害——内涝、风沙、盐碱作斗争；二是同人——干部中在困难面前灰心丧气的错误思想作斗争；三是同他自己的病痛作斗争。对于现实生活中的矛盾斗争不可采取回避态度，否则就不能再现典型环境中的典型性格，人物形象也就一般化、概念化，不能深刻地反映人物思想的时代特征。2. 十分注意人物的细节刻画。报告文学往往具有较长较大的时空跨度，素材庞杂，材料众多，在这样的时候，就应借助于细节的描写，去寻找化繁为简而又富于表现力的途径。作家理由写华罗庚，就着重写华罗庚怎样解决“七个开关管一个灯”这一难题的细节；写周总理与人民大会堂的建设，又着重写“大理石柱”“水天一色”等细节。所谓“水天一色”，是总理创造性地用以解决万人大会堂给人以空旷之感这一难题的构想。总理说：大海是这么宽广，天空是那么辽阔，为什么站在那里，并不感到空旷，也不觉得自己渺小？天空是没有楞角的，我们能不能也搞成水天一色？于是，建筑学家们争论了几个月的问题迎刃而解了。这个细节，充分表现了周总理丰富的学识、精妙的联想以及平易近人的态度。3. 运用个性化的语言展示人物性格。如同是穆青等人写作的《县委书记的榜样——焦裕禄》和《为了总理的嘱托》，人物不同，语言风格也就不同。焦裕禄是县委书记，他不仅有和农民交谈时那种生动的口语，还有向干部、群众做报告时那种富于鼓动性的语言，以及同人们说理时带有一些哲理的语言。作为领导干部，他又是很注意语言逻辑的准确、严密的。因此，句子一般比较长，有不少是结构复杂的复句，在语调上，全篇又有不少地方还带着政论式的语言色彩。吴吉昌的语言，则是生动的农民的语言，明快、简短，有时还很幽默。在《为了总理的嘱托》的写作中，作家就多用农民式的口语，句子简短，尽量不用那些带有修饰语、附加语之类的复杂句式，等等，突出地表现了人物的性格特征。刻画人物形象的方法自然还有很多，不可尽数列举。

精心安排作品的结构。报告文学的写作要十分重视写作前的构思和内容的组合安排，特别是对一些时空跨度大，内容丰富的作品来说更是如此。夏衍的《包身工》，可视为精心安排结构的典范之作。这部作品要反映包身工制度的起源、实质和发展趋势，要再现包身工的悲惨生活和工作情景，容量极大，不少内容具有社会统计学意义。夏衍以包身工一天的生活和劳动为明线组合全文，从早晨四点一刻起身写到四点半吃饭，再写到五点钟上工，最后写到放工“抄身”；同时，又把包身工的来源，帝国主义厂家大量使用包身工的原因，从包身工身上榨取的巨额利润，以及“死一般的黑夜”终将过去，“黎明”终将到来的前景等，有机穿插到各个时间段中，经纬交织，错落有致，浑然一体。一般的篇幅不太长的报告文学可以借鉴短篇小说的结构艺术特点，作者手里的素材，如果能够处理成横断面，就去切取生活里的高潮部分，也就是最有意义的部分写成横断面，不要去铺陈、展开，拉成一个纵断面，这样，可使作品更紧凑、集中。有些素材如果超越了横断面所容纳的范围，可采取插叙、倒叙、补叙的方法，进行浓缩处理。篇幅较长的报告文学，当然可以采取纵断面的写法。报告文学也可采取心理结构的方法，如陈祖芬的《祖国高于一切》，把主人公过去的经历和十年浩劫中所受的折磨，以及现实的境况，通过心理活动联系起来。这实际上是一种浓缩性的结构，它打破了时空的限制和传统的单线、复线叙述方式，省略了许多的叙述、交代和过渡的文字，从而在较短的篇幅中容纳了更多的内容。

三 以时代性作为自身内容和社会效应的鲜明特征

报告文学不可能是怀旧之作，更不可能有“历史报告”之类。优秀的报告文学，总是直面当前的时代，以社会现实生活中涌现的正面或反面典型，讴歌时代的主旋律，鞭笞社会中的假恶丑；在时代的推进中，报告文学也总是直接发挥着应有的激励和警示作用；优秀的报告文学所刻画的优秀人物形象，如雷锋、焦裕禄、孔繁森等，成了人们学习的光辉榜样，极大地提高了社会的精神文明水准，促进了国民素质的提高。报告文学的时代性，是报告文学与生俱来的特征。而且，报告文学从近代到当代的发展历史说明，它是同无产阶级的革命斗争分不开的，是在国际无产阶级革命运动中孕育和成长的：在“人类新社会的光辉的先驱”进行历史的搏斗的时刻，出现了《一八七一年公社史》；在列宁领导的十月起义胜利之后，诞生了《震撼世界的十天》；当世界上要听取东方问题、中国向何处去问题的答案的时候，就有了埃德加·斯诺的《西行漫记》。作家黄钢指出：“这些报告文学的典范性作品说明：当客观世界酝酿和孕育着新的矛盾，当这些矛盾走向新的成熟阶段或正待解决的过程中，用直接反映这一矛盾的方式去探索矛盾解决的途径，检验革命方法或路线的成败，这便是当代报告文学特殊的光荣的职责。”① 难怪茅盾30年代说道：“每一时代产生了它的特性的文学。‘报告’是我们这匆忙而多变化的时代所产生的特性的文学式样。读者大众急不可耐地要

① 黄钢《报告文学的时代特征及其必须严守真实的党性原则》，见《新闻采访与写作》182页，人民日报出版社1982年版。

求知道生活在昨天所起的变化，作家迫切地要将社会上最新发生的现象（而这是差不多天天有的）解剖给读者大众看，刊物要有敏锐的时代感，——这都是‘报告’所由产生而且风靡的原因。”①

报告文学的时代性除了与写作的内容有关，也与作家在作品中直接的抒情议论有关。在报告文学作品中，作家往往直接充当事件的评论者，站在正义的、进步的、被污辱、被损害、被冤屈、被压迫的一方，臧否人物，品评生活，明辨是非，毫不隐蔽地表示自己的立场态度。正是在这方面，也表现了报告文学与小说的重要不同。在小说里，作家的观点愈隐蔽愈好，人生反映在人物的意识上；在报告文学里，作家的观点愈鲜明愈好，人生反映在报告者的意识上。强烈的评论色彩往往带有强烈的政论色彩，报告文学作者不可能置身于政治和社会良知之外；强烈的评论色彩往往带有强烈的抒情性，报告文学作品总是带有强烈的鼓动和感召力。试看肖复兴《生当作人杰》这篇报告文学的结尾：

> 是的，做为女儿，做为妻子，做为母亲，她承受了那么多本可以避免、或起码可以减少的痛苦和灾难，她牺牲了那么多本可以不牺牲、或少牺牲的珍贵的东西。但是，她毕竟收获的不仅仅是痛苦和泪水，她毕竟为我们的国家、民族和人民赢得了荣誉和骄傲。她是母亲的好女儿，她是丈夫的好妻子，她是孩子的好母亲。她更是做为我们共和国的一位优秀的工程师而生存在这个世界上的！难怪有人感动地盛赞她是“中国的居里夫人”。她觉得受之有愧。她说像她这样普通的工程师，在我们的国家有许多、许多。她只是一个平凡

---

① 茅盾《关于“报告文学”》，《茅盾全集》第五卷 269－270 页，四川文艺出版社 1983 年版。

的而且又爱哭的女人而已。

苏联作家小托尔斯泰曾经讲过这样一段名言:“一个人看起来平平常常,一旦面临着严峻的考验,大事也好,小事也好,他心中会升腾起一股伟大的力量——这便是人类的美。”小托尔斯泰把这种“人类的美”称之为“俄罗斯性格”。

它何尝不是我们中华民族的性格呢?它何尝不是中华万千优秀儿女之一的嵇汉雄的性格呢?

我愿意把这一段话工整地摘抄在这里,作为我对嵇汉雄由衷的礼赞!

嵇汉雄,你没有辜负你那响亮的名字!你就是人中的豪杰,巾帼的英雄。做人,就应该做你这样的人![1]

连续几段的议论,激情洋溢的礼赞,作家胸中蓄积的感情潮水再也抑制不住地强烈喷发出来,使作品出现了情和意的高潮,读者也不由得产生认识和感情的强烈共鸣:是的,做人,就应该做嵇汉雄这样的人!

【范文】

中国的“铁榔头”

鲁　光

世界上还有什么幸福能超过人民对自己的信任呢!

四十七次列车离开北京,冲进茫茫夜海,风驰电掣般向南,向南……

---

① 肖复兴《生当作人杰》72—73页,上海文艺出版社1985年10月版。

在卧铺车厢里，一位高挑个儿的姑娘，凭窗眺望。她颀长、结实、健美。微微卷曲的黑发拢在脑后，分扎成两绺，轻巧地垂挂着。深红色的运动衫领子，悄悄露在蓝色的外套上，仿佛是一枝“出墙”的红杏。虽然我们看见的是她的背影，但可以感觉到，在这位姑娘的身上洋溢着青春的活力和蓬勃的朝气。

车窗外，一片漆黑，夜色正浓。只有点点灯火，偶尔从她眼前向后飞逝而去。郎平啊，你是在欣赏祖国大地的夜景呢，还是在沉思默想？也许是那瞬息即逝的灯火，把你带回到昨晚为全国十名最佳运动员授奖而举行的健美晚会上去了吧？

对这位刚满二十岁的北京姑娘来说，那确实是永生难忘的。当她接受鲜艳的花束和银色的奖杯时，座无虚席的首都体育馆里，爆发出海涛般的掌声。何止是到会的一万八千人在鼓掌呢，她仿佛还听到投她票的十几万球迷的掌声和没有投票机会的千千万万普通观众的掌声。她手捧鲜花和奖杯，激动得含泪欢笑了。

她欢笑，但并不沉醉。她深深地懂得，自己是代表女排集体来领奖的。排球运动是一个集体项目，赢得的每一个球都要经过几位同伴之手，都凝聚着战友的汗水和心血。个人球艺再高，如果没有同伴的合作，也将一事无成。她想起了朝夕相处的同伴们：风度翩翩的老大姐孙晋芳，沉着顽强的张蓉芳，敢打敢冲的陈招娣，文静果敢的周晓兰，憨厚纯真的陈亚琼，埋头苦干的曹慧英，和蔼可亲的杨希，沉静灵巧的张洁云，聪慧灵敏的周鹿敏，腼腆壮实的梁燕，活泼爱笑的朱玲，还有那严厉而又亲切的指导、领队……总之，她想起了队里的每一个人。

当她和妈妈随着潮水般的人流涌出体育馆时，她用一条驼色的拉毛围巾，几乎把整个脸都严严实实地遮掩起来，只露出那双明亮的眼睛。奖杯呢？它装在一只又长又大的橙黄色的提包里。她一点也不炫耀个人，把自己溶进了普通观众的行列。

回家的路上，她的思绪像滔滔的江水在汹涌澎湃。

银杯啊,怎么这样沉? 呵,那里面盛满了自己和战友的汗水。

银杯啊,怎么如此重?呵,那里面装着祖国和人民的殷切期望。

回到家里，已经夜深了。但郎平的爸爸、妈妈还围着银光闪闪的奖杯看呀看，总也看不够。郎平的爸爸，是个球迷。而她的妈妈，却一点也不懂体育。当初，女儿要去打球，妈妈投的是反对票。她看到女儿身体瘦弱，不放心让她去。而爸爸呢，却苦口婆心地说服她。女儿到了球队之后，只要在北京打的球赛，他总要去看。在外地打的比赛，如果他出差路过，那也非看不可。其实，开始时，他对排球的打法也不是很懂。只不过是为女儿打好而高兴，为女儿失误而焦急、惋惜。郎平开玩笑地对他说:“爸爸，你看球，真比我在场上打球还紧张呢!”而妈妈的关心，是别具一格的。她生怕女儿吃不好，每次外出都给她带吃的，什么凤尾鱼呀，糖果呀，总是一装就是一满袋。一九七九年夏天，郎平在四川打比赛，给她姐姐写信说身体不太舒服。妈妈知道了，悄悄给女儿寄去两斤巧克力。巧克力送到郎平手上时，已经化了。郎平手捧着滴着咖啡色糖水的包裹，心里比那炎夏的天气还热。妈妈呀，你可真是一片慈母心啊! 近两年来，妈妈也开始看球了。她身体不是很好，多半是在电视里看女儿打球。

郎平回家时，妈妈问她:“哎呀，你们怎么老摔跟头啊?”

妈妈可不管存心还是不存心，心疼地说:“往后不许那么使劲摔呀!”

郎平跟妈妈说不清，只得笑笑说:“妈，我们以后摔轻一点……”

自从郎平到国家队打球以后，几乎没有机会跟妈妈、爸爸在一起过个团圆年。如今，离春节只有几天时间了，而且她患着感冒，妈妈是多么希望女儿留在身边多住几天啊! 但是女儿的心早已飞了。中国女排不在北京，前几天已经去湖南郴州冬训了。她决定明天就南行，去追赶自己的队伍。温暖的战斗的集体，像一块强大的磁石，深深地吸引着她。

南行的列车，呼啸着飞速向前。此刻，郎平已经困倦了。她曲着腿，躺卧在狭窄的铺位上，沉沉睡着了。乘她酣睡的时候，让我们掀开她打球的简历表看一看。

从孩提时代起，她练过绘画，迷过音乐，又幻想当飞行员，还想过当工程师。十三岁那年，父亲带她去体育馆看了一场国际排球赛。她惊喜地发现平日上体育课托不了几下就往地上掉落的排球，在运动员的手上竟然那么听话，这简直是令人陶醉的艺术啊！于是心里萌生出一个新的理想：当运动员！

别看她现在身高一米八十四，可当时还只有一米六十几，长得又细又高，体重只有七十多斤，体质很孱弱。但她不管这些，自信自己能当一个好运动员。她跑到北京市第二业余体校报名。那儿的教练张媛庆也觉得她太单薄了些，犹豫了片刻，竟然出人意料地同意收下了这个瘦弱的女孩。

她盼着有一天自己也能穿上印有“北京”字样的运动衣，代表首都人民参加比赛。于是，她夏练三伏，冬练三九，成千上万次地挥动长臂苦练枯燥乏味的基本功。有一次，她的脚脖扭伤了，怕回家后妈妈不让她来体校，就星期天也不回家。平时回家她也不忘带个球回去，对着墙壁托球，弄得墙头上印满了排球的痕迹。两年后，她跻身于北京女排的行列，而且成了主力队员。但是，她又多么盼望有一天胸前的运动衣缀上庄严的国徽，代表祖国人民去与世界强队争胜负啊！一年后，她的愿望又实现了。袁伟民决定起用这位不满十八岁的年轻姑娘参加第八届亚运会，而且让她顶替著名的主攻手杨希，打四号位。

在泰国曼谷，郎平像一颗奇异的新星，在排球坛上升腾而起。在与韩国队的比赛中，她那力大势沉的凌厉劈杀，森严凶狠的拦网，为中国队胜利立下了汗马功劳。她被称为“中国女排的新兵器”。可惜在迎战“东洋魔女”日本女排时，她的脚扭伤，影响技术发挥，扣杀常常不能奏效。而且在日本姑娘的严密防守面前，她的扣杀也暴露出过于单调平板的弱点。没有打完一局，袁伟民就把她换下来了。比赛结果，中国女排以〇比三败北。一位观众来信指责说："不该在这种关键时刻，起用一个没有把握的新手，这是中国女排教练用人不当。"这对一帆风顺的郎平来说，是一个莫大的刺激，她感到委屈。于是，她又把目光瞄向世界几个强队的主攻手，发奋追赶。不到一年功夫，她的发奋努力结出了成功之果。一九七九年末，在香港举行第二届亚洲女子排球锦标赛时，她为中国队荣获冠军立下了战功，被人们誉为中国的"铁锄头"。中央电视台播放比赛实况录相时，银屏里是一片"郎平！郎平！"的呼喊声；银屏外也是一片"郎平！郎平！"的欢呼声。她确实像一把当当响的铁锄头，发挥了振奋人心的威力。她的进攻力量，得到了世界排球界人士的高度评价。人们把她称为堪与美国身高一米九十六的海曼和古巴的玻玛列斯媲美的世界三大主攻手之一。

列车急速南行，南行。郎平恨不得列车飞驰得快些再快些。经过三十来个钟头漫长的旅途生活，她终于在郴州与自己的队伍相聚了。她是那么高兴，才离别几天，宛若几年。

郴州的春天，细雨绵绵，无休无止，仿佛是穹窿漏了似的。训练基地座落在北湖公园里。公园不算大，但有山有水，有楼台亭榭。有喷水池，有金鱼，有群猴，姑娘们的宿舍后面还有一片桂花树林。但郎平是无暇欣赏这一切的。除了饭堂、宿舍之外，只有在那座竹席棚顶的简易训练房里才能看见她挥汗如雨的高大身影。

对郎平来说，这是一次极为平常的训练课。暮色已经降临，姑娘们都已完成了任务，拖着疲惫的身子向宿舍走去。但她还在里面练习发球。袁指导给她的任务是再发三组球，每组三个好球，如发两个一般球或两个失误球，就得再加一组。场里除了郎平“砰”的发球声，就只有袁伟民的裁判声：“一般!”“失误!”她发了好一阵，任务不但没有完成，相反又加了几组。郎平抚摸着酸疼的肩膀，有点发急了。她透过墨绿色的球网望了望教练，袁伟民不动声色地伫立着，双手紧抱在胸前。那神态是说：“完不了，别想下课!”没有一点商量的余地。

郎平自言自语地说：“我奉陪到底!”她发狠地拿起球，又“砰”、“砰”地发了起来。

“停!”袁伟民神态严峻地走了过来，“不要发菜球！累了可以休息一会儿。”

什么叫菜球？郎平当然明白。顾名思义，菜球就是送给对方吃的小菜，即没有威胁力的“和平球”。比赛时，好不容易争回一个发球权，发菜球那是绝对不允许的。郎平暗暗责怪自己，怎么发出菜球来了呢！不行，绝对不行。她走动了几步，挥动了几下胳膊，又叉着腰沉思默想了片刻，重新开始发球。

“砰”、“砰”的发球声，“好球——好球”的裁判声，一直响着响着，响到很晚很晚。当郎平拖着沉重的步子走出训练房时，一位记者半开玩笑地悄声问她：“指导会不会存心整你?”她用手抹了把脸上的汗水，微笑道：“那可说不准。”袁伟民知道了此事，风趣地说：“今天没有。不过，‘整’过她不少次就是了。”

新春佳节来临了。宿舍的走廊上挂起了四盏古色古香的大灯笼，住屋外面的墙头的窗户上悬挂着缀满“梅花”的树枝。女排的姑娘们也休息了一天，开联欢会，放鞭炮，吃花生，嗑瓜子……这些瓜子是哪里来的？是郎平用她所获得的、首都新闻单位举办的“十佳”运动员评奖的奖金买的。

年初二，她们应衡阳市人民的邀请，去打表演比赛。打完比赛已经是晚上十点多钟了，但领队和指导却不让姑娘们走，说是要补一补课。

“郎平，你怎么不动弹呀?”指导点着名呼叫她。

郎平站在场地外边，依然不动。她正不舒服呢。

教练走过来，又一次问她：“怎么啦?”

郎平说：“指导，我有点恶心，想吐。”

教练心里明白，但他还是说：“想吐就吐，吐完了再上场补课！”

教练的心肠就是狠，不近情理！不过，郎平却没有埋怨的意思，你不让她上，她自己还想上呢！她清晰地记得，去年春天，她们出访美国，从香港到斯普林斯，坐了二十多个钟头的飞机。这座高原城市海拔二千多米，疲倦加高原缺氧，使她们非常不舒服。晚上练习时，八个姑娘边练边吐。吐还要练。当时她们真恨教练太不体谅人。但第二天打比赛时，她们却感到精神很好，以三比一赢了美国女排。在整个访美比赛中她们取得了六胜一负的战绩，其中在旧金山一场，有一局还使美国队吃了一个“鸭蛋”。只是这时，她们才真正明白，教练为什么不顾她们呕吐还要狠心坚持训练。练为战啊！这天晚上，郎平也是怀着这种心，坚持把课补完的。

这就是袁伟民的“整”。所谓“整”，就是有意制造困难，用各种意想不到的手段，来磨炼她。

说也奇怪，郎平却喜欢指导的这种“整”。虽然有时“整”哭了，觉得苦得受不了，但下来后又感激指导，希望指导以后再“整”自己。因为她明白自己在队里挑大梁的地位。世界上的几个强队，谁不研究她！他们把她的技术动作拍成电影，录了相，正在作为“强敌”，研究攻克的对策。要想使铆头继续敲响，就得不断锤炼。而教练的每一次“整”，不都是对自己的一次锤炼吗？千锤百炼吧，中国的“铁铆头”！有朝一日当祖国人民需要你“一锤定音”时，切盼你能够敲得重重的、响响的，敲出我们的国威来！

【范文解说】

中国女排是中国体育运动的骄傲，也是中国人民的骄傲。女排的成长，是一曲振奋人心的拼搏之歌，它的主旋律，就是祖国的荣誉高于一切。作家鲁光在六十年代担任体育记者时，就曾经在许多地方亲眼目睹过女排姑娘们的训练生活，“千百个姑娘，汗水和着泥水，在中国大地上滚翻救球的壮烈场景，至今还历历在目。”八十年代，在中国女排创建三十年的时候，鲁光又到中国女排训练地——湖南小城郴州住了二十余天，与姑娘们朝夕相处，掌握了大量的材料，在女排崇高精神的激励之下，“点燃了我心中写作热情的火焰”，真实地写作了优秀的报告文学作品《中国姑娘》。

郎平是杰出的女排运动员，作为主攻手，她以“力大势沉的凌厉劈杀，森严凶狠的拦网”，为中国队一次次的获胜立下了汗马功劳，被誉为中国的“铁 锄头”。在《中国姑娘》这部报告文学作品中，作家为郎平专门写了一章。

虽说只是写郎平一人，内容也相当丰富，本章文字引起我们注意的，首先就是作家对大量写作内容的精心结构和安排。假如我们把本章的内容按时间顺序来排一排，那么，首先是郎平“十三岁那年”观看国际排球赛，萌生起“当运动员”的愿望；继而是到体校读书后，“盼着有一天自己也能穿上印有‘北京’字样的运动衣”，两年后，“又多么盼望有一天胸前的运动衣缀上庄严的国徽”；再接着，18 岁的郎平担任了“主攻手”，成了“中国女排的新兵器”，不久又被赞誉为中国的铁 锄头；最后，刚满二十岁的郎平被评为全国十名最佳运动员之一，出席了春节前几天举行的授奖健美晚会，会议一结束，第二天就赶回排球冬训地湖南郴州，投入异常艰苦而又“极为平常”的训练。但作家并未按时间顺序展开记叙描写，只是截取了这一次从节前几天到“正月初二”大约七八天的一段时间，来表现郎平从十三岁到二十岁长达七八年的成长。首先出现在我们面前的，就是离京南去列车上郎平“凭窗眺望”的形象，作家把授奖大会的情景纳入到对郎平激动心理的描写之中，又乘郎平“酣睡的时候”，“掀开她打球的简历表看一看”，巧妙穿插叙述郎平从十三岁到二十岁的艰难而顽强的拼搏历程，而后集中笔墨写这一次在郴州苦练的情景。七八天而表现七八年，这是何等的集中、经济、凝练、紧凑，而郎平的苦练精神又突出地表现出来了。

确实，作家注目的中心是人而不是事，是人物的顽强而崇高的精神，而不是事情的盛况和过程。写十佳运动员授奖健美晚会，突出的是郎平的激动心情，是她“深深地懂得，自己是代表女排集体来领奖的”这一深刻的认识，是她走出首都体育馆时“用一条驼色的拉毛围巾，几乎把整个脸都严严实实地遮掩起来，只露出那双明亮的眼睛”这个表明她“一点也不炫耀个人”的有意义的细节。为了充分表现郎平，作家倒愿意抽出笔墨来写郎平慈爱的父母，“妈妈是多么希望女儿留在身边多住几天啊!”“但是女儿的心早已飞了。……温暖的战斗的集体，像一块强大的磁石，深深地吸引着她。”充分表现郎平以球队为家，渴望立即投入训练，不断以优秀战绩向祖国和人民汇报的崇高而美丽的情怀。作家“乘她酣睡的时候”，“掀开她打球的简历表看一看”，主要表现的也是郎平对排球事业的热爱和渴望为“北京”、为“国徽”增光的圣洁心灵。作家最后着重写郴州苦练，主要是鸣奏一曲拼搏之歌，突出祖国荣誉高于一切，为了祖国荣誉不惜作出最大牺牲的主旋律。在这一章中，作家调动了肖像描写、心理描写、环境气氛渲染以及必不可少的语言行动描写等各种手段，使郎平形象全方位突现出来，从而使作品具有了强烈的文学色彩。

郎平不愧是中国运动员的一个优秀典型，这是谁也不能不承认的，中国承认，世界也承认，“世界上的几个强队，谁不研究她！他们把她的技术动作拍成电影，录了相，正在作为‘强敌’，研究攻克的对策。”但是，难道郎平的优秀就只在于“技术动作”吗？典型的光彩就只在于此吗？不。作为一个报告文学作家，对于自己写作的人物必须有深刻的认识，并有责任把读者的认识也提到相当的高度。于是，在这一章里我们看到，作家不但在叙事写人，而且以饱蘸感情的笔墨议论人事，而且又是那样的深刻、独到，使读者产生一种认识上的满足感。例如："世界上还有什么幸福能超过人民对自己的信任呢?”起笔就包孕着深刻的思想内容，体现了某种议论的色彩；“她欢笑，但并不沉醉。她深深地懂得，自己是代表女排集体来领奖的，排球运动是一个集体项目，赢得的每一个球都要经过几位同伴之手，都凝聚着战友的汗水和心血。”这里，作家借郎平自己的认识表达了一个真理：个人是集体中的一分子，个人的荣誉离不开集体的努力，个人啊，千万不要离开集体。“这就是袁伟民的‘整’。所谓‘整’，就是有意制造困难，用各种意想不到的手段，来磨炼她。”这个议论精辟地揭示了“整”的含义，使读者透过贬义看到了褒义，透过无情看到了有情，颇有耳目一新之感。报告文学中的议论，又往往具有强烈的抒情色彩，本章也是这样："银杯啊，怎么这样沉?呵，那里面盛满了自己和战友的汗水。银杯啊，怎么如此重?呵，那里面装着祖国和人民的殷切期望。”这议论简直近于对称整齐的抒情诗句了。具有强烈抒情色彩的议论往往具有强烈的鼓动性，试看本章的结尾："千锤百炼吧，中国的‘铁鎯头’！有朝一日当祖国人民需要你‘一锤定音’时，切盼你能够敲得重重的、响响的，敲出我们的国威来！”这些话语，既是对郎平的期盼，也是对中国女排每一个队员的期盼；既是作家的心声，也是每一个中华儿女的心声。这激越而高昂的时代最强音，令读者也不由心胸激荡。真实性、文学性、时代性，在本章得到了完美的体现。

【思考题和练习题】

1. 报告文学的真实与一般文学作品的真实有什么异同？试举例加以说明。有的作家认为报告文学作品“允许略有虚构”，对此你怎么看待？试谈谈你的看法。

2. 怎样增强报告文学作品的文学性？同是表现典型人物形象，报告文学与小说在写作时有什么不同？

3. 举例说明报告文学中的议论与一般议论文中的议论有什么异同。

4. 搜集先进教师事迹，写一篇报告文学作品，反映某一教师或 某一地区教师的情况。教师的工作不仅在课堂，要注意从多方面表现人物。

第五节　思想评论

一　思想评论的特点

顾名思义，思想评论所评论的对象是思想现象。在一定的社会环境下，会有许多相应的、复杂的思想现象产生，恰当地对这些思想现象作出评论，有利于明辨是非，提高人的思想素质。由于思想评论与社会生活密切相关，可以说它是“社会的眼睛”。它和杂文的共同之处是侧重于评论说理，但相对而言，思想评论更注重说理，尤其是正面说理，杂文则比较强调文艺性。

首先，思想评论有很强的针对性。它常常对某种有广泛社会影响的思想现象作出评论，目的明确，具体得当，观点鲜明；所发表的见解既能体现时代的特色，密切配合时势（要“入时”），又能严谨立论，经得起时间的考验。

其次是短小精练。虽然思想评论可以有多种表现形式，如思想专论、思想短评、思想随笔等，但一般而言，思想评论的篇幅都不宜长，因为它是针对具体问题而发出的评论，并非系统的思想修养理论，所以通常一篇文章针对一种思想现象，解决一个具体问题。

套用排球运动的术语，思想评论也可以叫作“短、平、快”文章。“短”，是指篇幅短小；“平”，是指笔调平和，因为思想评论的读者都是同志，而做人的思想工作，需要有“春风风人，夏雨雨人”的心意；“快”，是指及时，生活、工作和学习中一旦出现某种思想苗头，就要及时作出评论。

二　怎样写思想评论

第一，勤于观察和思考。

思想评论要求作者掌握一定的政策和理论，要有社会责任感，能用正确的思想方法去观察社会事物，对世事和思想现象有比较敏锐的观察思考能力。

“风声雨声读书声，声声入耳；家事国事天下事，事事关心。”一个关心世事的人，对社会生活中出现的种种现象，不可能没有自己的观察和思考。有目的地去观察这些问题，对这些问题作深入的分析思考，再把这些分析与思考反馈给社会，这就是思想评论的任务。一个评论者要捕捉生活中的各种思想现象，就必须做一个有心的观察者。

谢云的《莫待“大”了再关心》[①]，议论的是司空见惯的老问题。作者发现许多地方热心当“红娘”，为大男大女举办多种形式的活动，在称赞之余，又想到青年男女转眼间就变成大男大女，如果能早一点为他们创造丰富的业余活动和社交活动，就不必把他们拖“大”了再关心。这篇评论看起来“事小”，实际上

① 《人民日报》1984年7月25日。

是对某种典型的工作思路的评论。如果不是评论者勤于观察勤于思考，是难以作出这样的评论的。

在观察的基础上要注意归纳。因为生活现象是纷繁复杂的，不能“见了风就是雨”，思想评论针对社会上的思想现象阐明观点，分析问题，应当对社会负责，所评论的问题应当有典型性，所作出的评论应当有一定的指导性。因为只有抓住典型才可能客观地反映社会现实。譬如，官僚主义问题总是困扰着我们的改革开放事业，困扰着我们的经济建设。在多种多样的官僚主义中，那种不负责任的官僚主义者是什么样呢？群众把他们的工作方法归纳为三个短语：拍脑袋、拍胸膛、拍屁股。《人民日报》1987年9月16日的思想评论《说“三拍”》，对“三拍”的表现作了解释：决策前不调查研究，不作科学论证，凭老经验办事，这是“拍脑袋”；遇到反对意见，自己又无法做出合理的解释，就“拍胸膛”，说“出了问题我负责”；一旦出了问题造成损失，他便“拍拍屁股”走路了。——这种高度概括，形象地描绘出一些干部的庸俗作风，揭露了这种坏风气对改革开放的干扰，有力地针砭了时弊，针对性很强。

第二，要有鲜明正确的观点。

评论是为社会生活服务的，针对某种社会行为或思想现象发表议论，赞成什么、为什么赞成，反对什么、为什么反对，都要说得清楚明白，不能吞吞吐吐，含糊其辞。一篇思想评论的成功与否，首先要看其观点是否鲜明正确。

项南的《差额选举的贬与褒》，就党代会和人民代表大会选举时采用差额选举办法发表评论。在列举了对差额选举的种种议论后，文章分析差额选举的好处：符合民主、公开和平等竞争的原则，更好地体现选举人的意志，是改变干部任免缺乏公开监督的有效方法，可以抵制不正之风……认为差额选举一定好于等额选举。此文观点鲜明正确，论据充分，无懈可击。[1]

顾执中的《就是死，也要有品德》，其标题就鲜明地表明了观点。作者宣传正确的人生观，认为一个人即使面对死亡，也不能苟且，一定要考虑人民的利益；批判那种不讲做人道德，极端自私自利的个人主义。结尾处说："一个人的死，也要有品德，何况于生？我们要活得有志气，有抱负，有意义；也要死而无憾，给人民留下有益的东西。"[2] 文章直抒胸臆，坦荡磊落，对时风而言，可谓振聋发聩。

社会现象是复杂的。有些问题，不能简单地用是与非、优与劣、美与丑、得与失去划分，需要运用辩证的方法，从不同的角度去分析，以防止主观主义和思想绝对化。思想评论要实事求是，对无法作出最终判断的问题，不要轻易下结论。不顾客观事实，轻率武断地对问题下结论，观点必定经不起推敲，评论也就失去了说服力。

优秀的思想评论往往有很强的分寸感。思想评论要把读者当作自己的同志，因此，一定要注意接受者的情感，即使真理在握，是非明确，也不能居高临下，盛气凌人，随意地给人扣"帽子"。如有些领导班子政治风气不好，缺乏批评与自我批评作风，评论时可以谈政治作风的重要性，讲批评与自我批评的必要性，正面论述，同时提供反面的教训；如果一上来就"定性"，把这种现象定为"土皇帝作风"、"庸俗的市侩习气"等等，似乎原则性极强，其实是盲目上纲上线，极容易误伤同志。

第三，注重分析，力求有深度。

要写好思想评论，仅有正确的观点是不够的。如果就事论事，缺少必要的分析和论证，即使"说法"正确，也不一定能抓

① 《人民日报》1988年6月7日。
② 《人民日报》1982年6月14日。

住事物的本质。一篇优秀的思想评论，应当通过有力的分析论证启发读者深思。只有观点没有分析，评论会显得空泛；如果一味分析不作归纳，文章就只是堆砌。这两种写法，都忽视了观点与分析的统一关系。黄一龙的《有所不为》，针对近年一些人道德沦丧的现象发表评论，认为一个人一定要“有所不为”，“正人必先正己，有所不为才能有所作为，这就是辩证法。”指出在道德建设方面不必闪烁其辞，人应当遵循最基本的做人准则，社会应当有“不为”的教育，“与其勉强孩子做这做那，倒不如立下一条规矩，必须有所不为，不准无所不为。”因为“有为”不容易做到，与其如此，不如让人们记住“不为”，如“不撒谎，不害人，拾到的东西不能归自己，公园里的花只能看不能摘……”，评论的矛头对准了否认社会公理而“无所不为”的坏风气。看起来作者似乎在提倡实行一种“低标准”，但是经过作者的深入分析，揭示了造成社会问题的深层原因，让读者明白：基本的道德标准往往最符合解决实际问题的需要。

通常说“小题大做，大题小做”，“小题大做”是指议论小问题时要注意发挥，善于纵横联系，做到以大证小；“大题小做”是指议论大问题时要学会开掘，找准切入点去分析，要“大处着眼，小处落笔”，以小见大。文章能不能给人留下一点印象，能不能起到作用，并不在于所评论问题的大小，而在于能不能把问题谈深说透。思想评论不是宏篇巨制，往往只有千字左右的篇幅，论说时更要防止大而不当。此外，如果所评论的问题是非清楚明白，那就要力求有深度。举例而言，如果从地上挖5立方米的土，大致有两种挖法：一是口子大一些，挖浅一些；一是口子小一些，挖深一些。显而易见，前者易，后者难。但是，前者不过是一个无用的坑，而后者是一个能见水的井。写思想评论，应注意不要让自己的论点成为无水的“浅坑”。眼光要高，但是接触问题却应当是具体的，也就是常说的“口子要小”，继之以深挖。思考有深度，“井”才会见“水”。与其对七八个问题一一放空炮，一带而过，还不如把一个问题说清楚；因为，只有把口子开小，才能促使深入挖掘。

有一段时间，一些报纸热衷于谈名人的族谱，称周扬和周立波分别是三国时吴国周瑜的第五十九代和第六十代孙。《人民日报》1988 年 3 月 18 日发表的思想评论《无聊的光环》，针锋相对地对这种宣传提出批评。文章并非简单地指责其“无聊”，而是指出这种做法“有很强的封建宗法色彩，它突出的是人们的血统关系，强化了宗族意识和宗族感情，有碍于发展社会主义的人际关系。”——这样的分析极有深度，一针见血，击中要害，扫清迷惑，令人信服。

第四，讲求结构技巧，注重锤炼语言。

有人误以为思想评论承担的是思想教育任务，因而不必讲求形象生动和语言活泼。这是一种片面的看法，也是造成某些思想评论结构一成不变、语言僵硬死板的重要原因。

思想评论的结构并没有一定的模式。通常所说的“提出问题，分析问题，解决问题”，是指一篇评论文章的基本任务，而不是指文章的固定结构。思想评论要针对社会生活中的现象发议论，这就不能不把相关的背景材料告诉读者，否则读者根本不知道作者的评论意图。这时，就需要采用叙议结合的方法，叙要叙得生动形象，议要议得入木三分。如果是针对生活中某种言论发表看法，也可以直接宣传自己的主张，亮出观点，不需要所谓的“帽子式开头”。

思想评论要说道理，说道理就应当讲求技巧。前人评说先秦诸子文章，称赞其“深于比兴”、“深于取象”。孔子、孟子和庄子即使是在论说最抽象的道理时，也注意用生动的语言，丰富的比喻。孔子曾让学生各言其志，曾皙说的是：“暮春者，春服既成，冠者五六人，童子七六人，浴乎沂，风乎舞雩，咏而归。”①——请看，他仅用几句话，就形象地描绘出一幅“治世”才有的图景，这比说“国泰民安”、“繁荣兴旺”、“小康社会”更容易让人接受。因为，只有在“治世”，读书人才可能在春风中纵情地歌咏徜徉，故而夫子“喟然叹曰：‘吾与点也！’”无独有偶，孟子在谈到理想的“治世”时，有一句“颁白者不负戴于道路”②——道路上不再看到头发花白的老人头顶身背着东西步履沉重地赶路了。这简洁的描述，要比说“生活富裕”、“民风淳朴”形象得多。思想评论的任务是“说服人”而不是“教训人”，既然是“说服”，就得晓之以理，动之以情，而不能以势凌人，以势压人。思想评论最忌假话、空话和大话，那种虚张声势，用官腔套话包装的文章只能吓唬自己，而没有真正的思想说服力。语言刻板干瘪，文章必然面目可憎。如果只知道用“干部腔”、“表决心”敷衍成文，只知道说空话、大话和套话，那么，这种评论所代表的只能是思想的死亡，决不会拥有读者。

【范文】

矫枉必须过正么？

吴有恒

往昔在延安，曾听过矫枉必须过正之说，谓譬如铁枝右歪，必须屈之过左，然后伸直。这是为革命不是绣花，不能那么温良恭俭让之说作解释的，意在阐明反右必须过左。我初听，觉得悖理，听过解释，方勉强接受。勉强者，半通半不通也。因为这是

---

① 《论语·先进》。

② 《孟子·梁惠王上》。

权威之言，只好接受。那时，已略有个人崇拜之风了。

此后，经过多年，直至遭“文化大革命”之殃，始渐悟此必须过正说之非。“文革”时，乱打乱砸乱抢，举凡国法党纪，社会秩序，是非标准，道德观念，文明风气，科学艺术，皆破坏殆尽。无数的老革命家，正直的人，受批斗，被杀、关、管。整个社会，经济凋敝，退到石器时代，文化毁灭，退到野蛮时代。而所有这些倒行逆施，无一不以极左的口号公然为之。据说，那是因为党内出了资产阶级，是一场你死我活的阶级斗争，史无前例，是以宁左勿右，理该如此云云。初时，好事者盲然从之；老实人吓得吃惊，昏头昏脑，不知所以，但也不敢怀疑，唯有低头认罪，自认路线觉悟低，只好发誓从此“紧跟”，唯恐不左就是了。这些老实人，甚至对自己亦唯恐不左，痛哭流涕，骂自己罪恶滔天，罪该万死。许多人都疾首痛心地自责，于是天下大乱。如是者十年，乱够了，才乱极而治，逐渐拨乱反正，又有了秩序，有了准则。现在，像“文革”那样的举国若狂的台风大概是刮不起来了。人们上过大当，不再那么容易盲从。不过，小麻烦还是有的。有些人习惯成自然，至今也还有意无意地以为左比右好。在这些人的心目中，矫枉必须过正说，至今仍起作用，仍被当作法则，当作经典，当作为人处世的金科玉律看哩。

值是注意的是，自有矫枉必须过正说以来，信此说者，必然过左，未有过右者。这是倡此说者原就意欲说明左比右好之故。而信此说者，则又另有一种心理，以为右是立场问题，左是方法问题，这便宁左勿右了。

以过正来求正，则不得其正。而今我才又复明此理。而今而后，我再也不信必须过正说了。这是一进步。进这一步多艰难呵！浪费了大半生，绕了个历时四十多年的大圈子。

这也是哲学之贫困。

【范文解说】

本文是一篇可读性很强的评论。生活中有些成论，一经进入政治生活，便会变得相当荒谬。如“矫枉过正”不过是一种生活现象，它究竟是不是真理?“矫枉”是不是“必须过正”?作者以无可辩驳的事实证明：“矫枉必须过正”从理论上讲是站不住脚的，“过正”势必会给革命事业造成惨重的损失；作者更从理论上作出归纳，指出“矫枉必须过正”是“左”的产物，而且从来都是“过左”，不是“过右”，这就更清楚地指出了“矫枉必须过正论”的实质和危害。文章行文生动,语言精彩,读之令人心动。

请思考以下问题：

1. 纵观全文，作者对“矫枉必须过正论”是有一个认识过程的，文末说“进这一步多艰难啊”，其内涵是什么?

2. 孔子说“言之无文，行而不远”，思想评论也要注意语言的锤炼，请体会本文的语言风格。

【范文】

江东子弟今犹在

林　放

一个直接参与迫害彭德怀同志的“头头”名叫刘汉如，最近被查出来了。他在干了这些罪恶勾当之后，居然还能一帆风顺，混进党内，并且被选拔到一个厂的科研所长的岗位上去，这是多么危险啊。让我们听一听他当年辱骂彭总时的嚎叫吧：

“对你这样的就得武斗!”

“你要翻案我马上就敲死你!”

“你老实点，别说你，刘少奇邓小平不老实我照样可以揍他！”

“老混蛋，你活着有什么用？要活埋你！”

就是这个刘汉如，他杀气腾腾地一边嚎叫，一边殴打我们的开国元勋。那是怎么样一个世界啊！“英雄有泪不轻弹”，彭总是不会轻易落泪的，但是我们读到这节新闻时，却禁不住为彭总流泪了。

我们当然要向前看，对一般受骗上当的同志不宜算细帐。但是像刘汉如这样的造反派头头，能说他是一般的上当受骗的无辜者？正如《人民日报》编者按指出的：“这类人物在‘文革’中学得一套善于窥测政治风向、玩弄手段、伪装进步的本领，有被某些同志选拔为接班人的可能。”危险就在这里。这种摇身一变，混进党内，藏龙卧虎，伺机重来的难道只有刘汉如一个人吗？让我们记住他那些辱骂彭总的恶言毒语，好教我们保持一个清醒的头脑。记得前一阵子，报刊上竞相刊登杜牧和王安石的《乌江亭》诗。杜说：“江东子弟多才俊，卷土重来未可知”，王说不然：“江东子弟今虽在，肯为君王卷土来？”两种说法是相反的，但是两人都肯定江东子弟如今犹在，而且还多“才俊”，这一点是相同的。至于会不会卷土重来，那就不能说得太死。问题在于我们清醒不清醒。如果我们糊里糊涂地把一批江东子弟提拔为接班人，那么十年之后不就是一个卷土重来的局面吗？要是这种事能引起我们的警惕，有预防措施，那才能保证他们不至于卷土重来啊。

【范文解说】

本文写于八十年代初，针对“文革”中的打手又混进领导岗位的事件发表评论，要求警惕这样的坏人，防止他们卷土重来。文章先揭露打手刘汉如直接迫害彭德怀同志时的凶狠猖狂，然后分析了这种人混进党内、混进领导层的严重后果，提醒读者要保持政治上的清醒。文章是非分明，但是又注意政策，如“我们当然要向前看，对一般受骗上当的同志不宜算细帐”，这就严格区分了不同性质的矛盾，体现了思想评论的严肃性。

请思考以下问题：

1. 这篇评论用了三分之一的篇幅揭露刘汉如的恶行，用的是叙述方法。请体会在思想评论中运用叙述手法的作用。

2. 引用杜牧和王安石的诗句，在文中起到了怎样的作用？

【范文】

说“提前完成”

屈超耘

“提前完成”这话，我们已经听了多少年。同样是这话，有的听来中意，有的听来刺耳，有的叫人听后哭笑不得。

按说，这“提前完成”确是一句好话。一项任务，一项工程，一件事情，本需一年完成的，十个月完成了，无论怎么讲都是好事一桩。因为这里的“提前”，孕含着参与者的心血和努力。换句话说，由于上自领导、下至所有具体工作人员的忘我劳动，才使得任务、工程提前完成。对于像这样的“提前”，我们只能歌颂，只能赞扬，希望在现实生活中越多越好。

但是，我们所接触的“提前完成”，并不都是喜剧，亦并不都是好事。那些所谓的“提前完成”不是所有人员勤奋努力的结果，而是另有其他原因。

有的“提前完成”，是以牺牲工程质量为代价的。近年来，常有这方面的报道：某市郊区有一条河的防洪堤，是“提前完成”的，后来经过检查，那些“提前完成”的段落，是用麦秸，野草代替料石而塞进堤心的；某大城市有一座现代化的火车站，它的所谓“提前完成”，是为了配合某个节日“奉命”行事的。虽然表面上于×年×月×日提前完成并向节日献礼了，后来却发生了一连串质量问题。这些质量问题，都是因要“提前完成”而未按原先设计标准办事的。

有的“提前完成”，是一些负责人弄虚作假的产物。比如农事活动上的春种、夏收、秋播、冬修，由于受季节和气候的制约，搞得好也只能稍微提前点，不可能年复一年提前完成。然而我们有些地方政府，每年在总结报告里都说“提前×天完成”。如果把这些地方多年的“提前×天”相加，那么，已经把夏收提前到清明节前后就完成了。实际上，清明时节麦子才拔节哩！

更有一些所谓的“提前完成”，其本身就是一种“天方夜谭”。比如一些地方“提前××天完成”的扫盲、绿化、卫生等等。有的是统计人员在办公室“合理估计”的产物，天知道它的准确系数是多少；有的则是领导班子根据形势“研究”出来的东西。因为这些东西不好检查，他们可以像捏泥人变戏法似的，大小高低由人为之。

那么，为什么会出现这些虚假的“提前完成”？这要从上下两面找原因：上面，一些领导机关官僚主义严重，爱听喜不爱听忧，只信下边报来的数字，谁“提前完成”谁就是英雄；下面，由于一些投机取巧者得到了实际上的好处（提升或奖励），“于无声处”起了示范作用。于是，本来一些老实人也不老实了，向浮华之徒看齐。就这样，上面下面两头齐搞，形成了恶性循环，使得虚假的“提前完成”，像滚雪球一样，一年多似一年，有的地方甚至成了“疫情”。

对于这样一些所谓的“提前完成”，广大人民群众早已经痛恨得牙痒痒了，街谈巷议者有之，上书检举者亦有之，都认为此假不打，害民害国。这里，我把一位民间文艺家编的小故事献给大家，可见群众情绪之一斑：一天，某人跑到领导机关汇报，说他“提前完成”了任务，领导问：什么事，提前多少天完成？答：我妻子生小孩，提前二百天完成。领导大怒：女人怀孩子，要足月才能生产，怎能提前？某人哈哈大笑说：你既然懂得这个道理，为什么给上级胡乱报“提前完成”呢？

【范文解说】

本文针对社会生活中司空见惯的“提前完成”现象作分析，着重从思想作风上找原因。官僚主义的表现很“丰富”，但是本文以小见大。文章剖析“提前完成”的具体表现：“献礼工程”，弄虚作假，无中生有等等，进而指出这些不良现象猖獗，是机关的官僚主义作风在作祟。思想评论抨击不良作风，既要以事实为根据，又要能透过现象把握本质，进行剖析，进而提高认识，有所教益。本文看似就事论事，实则作了深层次的挖掘，指出虚假的“提前完成”，多是官僚主义者和基层干部在“两头齐搞”，将其上升到“害国害民”的层面上加以认识，——思想评论抨击社会不良思想倾向，就要这样的震动感。

请思考以下问题：

1. 常言说“透过现象看本质”，本文是如何对“提前完成”现象作剖析的？

2. 文章中两次运用了归谬法，请说说这种积极修辞在评论中的作用。

【范文】

观操守在利害时

王建章

在纪念鸦片战争150周年之际，我想起了林则徐的一句话：

"观操守，在利害时。"追昔抚今，民族英雄林则徐这句话，仍不失为金玉良言。一个人的操行品德，是廉正，还是污秽？是光明磊落，还是阴毒狡诈？不是靠红嘴白牙说得如何，而是在"利害"面前自见分晓。因为历史都是一把尺子量人的。

见利忘义、见礼忘义，不管你如何开脱，不属于你的东西，你拿了，不属于你的利，你占了，你的"名节"自然要蒙上灰尘。就像有的僧侣吃了肉，不承认是肉，说成是"三净肉"，佛是好欺骗的，众人的眼睛不好欺骗。因此，要想防止自己的"名节"的倾斜，最好的办法是自重、自律。清朝的江苏巡抚张伯行在《禁止馈送檄》中说得好："一丝一粒，我之名节；一厘一毫，民之脂膏。宽一分，民受赐不止一文；取一文，我为人不值一文。"张大人的"名节"，在当时到底如何，我不清楚，但他若对自己的所言能够身体力行之，他的"操守"一定错不了。今天有没有那"一文不值的人"？有。那些贪污盗窃、收贿受贿，身陷"利锁"的人，不是在治理整顿之中，被一个个清除了吗？身外之"利"，最终使他们身败名裂。

共产党人早就有自己的"名利"观，毛泽东同志说要"毫不利己，专门利人"。一丝一毫之利都不是为了自己，完完全全忘我，自己的一言一行都是"我为人人"，就是一种崭新的境界。有了这种境界，就是一种"高尚的人"、"脱离了低级趣味的人"和具有共产主义精神的人，这样的人自然是高风亮节流芳千古的。

近些年，由于"淡化政治"的缘故，一些人不仅轻蔑"政治"，甚至羞谈"正直"，当然就更不会谈论"共产主义精神"和名节不名节了。历史已证明，那些被人们千古传颂的人都是讲究操守的人，而不是家有金山银山的人，所以古人说："生，我所欲也，义，我所欲也；二者不可得兼，舍生而取义者也。"

"观操守，在利害时"，因此在行文结束之前，还应对关乎

“操守”的另一半——“害”再罗嗦几句。在“害”的面前，是挺身而出，迎头痛击，还是苟且偷安，贪生怕死？这是观察一个人“操守”的又一天地。“害”，大则外敌侵扰、内臣作乱，次则自然灾害、生疮害病，另外坏人坏事，错误思潮等也属“害”之列。在这“害”面前，你能有战士的风采、斗士的风骨吗？如果是，那么你的“操守”就是满分！

“利”与“害”，就像悬挂在人世间的两个巨大的磁极，一切都受它们的吸引和排斥。有了它们，也就有了人间的正义与邪恶，也就划出了人的三六九等。我们应该用正确的人生观，接受新时期“利”与“害”的考验。我们并非要流芳千古，但要做一个正直的人、干净的人！

【范文解说】

对人的操行品德作评价，究竟取决于他的表白还是取决于他的行为？这篇思想评论，一开篇就单刀直入地提出了这个问题，极有针对性。对社会上流行的那种言善行伪的丑恶作风，作者作了无情的批判，认为人的真正操守只有在“利害”面前才会真实地表现。在批判错误思想作风的基础上，文章进入第二层次，阐述正确的人生观，指出共产党人的操守要经得起“利害”的考验。文章高屋建瓴，有破有立，反复论证，引经据典，行文慷慨激越，很有战斗性。

请思考以下问题：

1. 本文围绕“观操守在利害时”作了论证分析，作者是怎样透过通常的说法深入论述问题的？

2. 本文多处引用了名言警句，这样的引用有什么好处？

【思考题和练习题】

（一）

1. 思想评论有什么特点？它有怎样的社会作用？

2. 思想评论为什么必须有鲜明的观点？

（二）从下列现象中选择两种写思想评论。

1. 某地有一古塔发生倾斜，文物部门拨款，要求尽快落实保护措施，结果当地政府组织有关的七八个单位开会研究，迟迟不能落实，日历已经换了三本，仍旧没有做出决定。

2. 教师问学生："学校什么时候卫生状况最好？"学生说："检查团来的那一天。"教师问："那么你们有没有考虑过自身的问题？"

3. 学校有个班被推荐为省先进集体。班主任对大家说，我们对照一下评比条件，然后举手表决，是否接受这次推荐。表决时，有36位同学和班主任投了赞成票，11位同学投了反对票并陈述了理由，另有一票弃权。班主任说："赞成票超过三分之二，通过了。"全班同学都鼓掌，班主任接着说："比得到这种荣誉更让我们兴奋的应当是：我们看到有12位同学发表了不同意见。"

4. 某省教委办公楼落成，在制作楼名时，不求领导人和名人题词，而面向社会征集，最后选中了一位小学生的字。

5. 有个单位的接待室和会议室里，墙上挂满了各种各样的锦旗和奖牌，但是单位里并没有什么新气象，职工意见很大，说："虚荣不能当饭吃。"

6. 有所学校校庆，以官职论尊卑，部省级以上坐前排，厅局坐后排，处以下坐台下前排；给学校捐款多的都有专人陪同参观；没有官职也没有钱的就没人招呼。所以，这所学校的一些校友不大愿意回母校。

第六节　杂　文

一　杂文的特点

杂文是文艺性的以说理为主的文学体裁。杂文可算是一种古老的文体，先秦诸子的作品中就有许多篇章具有杂文的特征，如孟子、庄子和韩非子的文章，已经显露出杂文风格，只不过那时候杂文尚无地位，文人不愿意承认自已的文章是“杂文”。唐代中叶以后，韩愈和柳宗元等人写出了一批著名的杂文。如韩愈的《马说》，柳宗元的《捕蛇者说》等等，八大家的文章，按今天的标准分类，相当一批是杂文。杂文在中国现代文学史上能有特殊的作用和影响，与文学巨擘鲁迅创造性地发展并用杂文向旧势力搏战有很大的关系。鲁迅的时代，敌手武装到了牙齿，鲁迅则以杂文为“匕首和投枪”对抗，事实证明鲁迅的杂文确实是锐利的武器，在那个时代，敌人极其畏惧他的“匕首和投枪”。现今的社会，杂文的主要功用仍旧是荡浊扬清，可以称之为“阳光下的匕首和投枪”。

杂文比任何一种文体都更贴近生活，贴近人的思想，所以杂文必须敏感尖锐，体现时代色彩。鲁迅总是比一般作家更早地发现社会政治生活表象下掩盖着的问题，写出“匕首和投枪”式的杂文，及时地提醒人民予以注意。一般而言，每个阶段的杂文都会有相对集中的主题。如八十年代初，大量的杂文探讨思想解放问题，探讨如何抛弃旧意识，战胜保守观念；到了九十年代，则涌现出大量抨击腐败、呼唤法治的杂文。这并不是作家要“配合形势”，而是时势需要这种富有战斗性的杂文。

杂文以说理为主，立意深刻，思想理论性强。但是和思想评论不同的是杂文注重说理与文艺的结合。杂文手法也是“杂”的。举凡一切文体中使用的手法，杂文几乎都可以用。杂文可以议论为主，也可以借理说理，可以叙议结合，夹叙夹议，也可以借艺术形象来表现主题。可以严肃，也可以活泼，可以“一本正经”，也可以风趣幽默。

二　怎样写好杂文

第一，首先要有正确的世界观，尊重真理，尊重事实。

杂文作者要有社会责任感，要有干预生活的意识。杂文这种文体之所以有生命力，就在于它密切地关注社会，常常表现出新的革命性的思想。作为思想家的鲁迅，主要是通过他的杂文去表现他的思考。杂文如不涉世，只谈风花雪月，不着边际，无病呻吟，就一定会失去读者，自然也就没有存在的必要。杂文要承担社会道义，为人民鼓与呼。要以理服人，也要以情动人。而且必须有真情实感，要有“感动”。杂文作者应具有“感动”的天赋，敢爱敢恨，敢歌敢哭，见善若不及，视恶若探汤，只有敢于表现对假恶丑的恨，才能真正地爱真善美。学写杂文一定要注意培养自己的理论修养，提高自己的政治品质。

有的人出于某种偏见，以为杂文就是“骂人”，这种看法是错误的。的确，杂文常常揭露社会弊病，抨击假恶丑，但是这正体现了对社会的爱护，对真善美的歌颂。例如，近年来人民群众十分关心如何清除腐败的问题，故杂文对社会丑恶现象不仅要痛斥，而且绝对不能手软。也正由于杂文常有“匕首和投枪”的作用，所以用杂文形式对人民内部矛盾展开批评时，一定要慎重，尊重事实，注意辨别把握矛盾的性质，不能随意伤害同志。

第二，立意要深刻。

杂文的篇幅一般都不长，需要在几千字甚至几百字中把自己对问题的思考形象地传达给读者，因而杂文的立意一定要深刻。勤于观察，才会有思考的契机；善于思考，才会有思想“火花”，文章才有深度。如果满足于肤浅的思考，即使文章观点正确，有一些好的语句，那也仅仅是漂在水面的油花。

杂文应当体现思想的敏感，这种敏感来自对问题的积极思考。思考问题有时应当再向前跨一步，即在思考中不盲从，不迷信，不满足于就事论事，而要学会找准矛盾的关键，抓住问题的实质，展开深入的议论。

邵燕祥的《“鸿鹄之志”辨》，从安徽和县为项羽建纪念馆并塑像说起，联想到项羽说过的“富贵不还乡，如衣绣夜行”，进而又想到项羽未发迹时的豪语：“彼可取而代也！”并想到刘邦看秦始皇出行时说过的一句“大丈夫当如此也！”再想到同时代的草莽英雄陈胜，因为陈胜也长叹过一句“燕雀安知鸿鹄之志哉！”作者究竟要说什么呢？原来，他是为有人不加解释地向青年宣传“鸿鹄之志”而感到担忧。

> 从我们今天能达到的历史高度回顾过去，包括刘邦的“当如此”和项羽的“取而代”在内，志在富贵以至志在帝王的“鸿鹄”们，也无非囿于小生产眼界的“燕雀”，他们一旦有权后所能学样的对象，无非从万户侯到秦始皇帝的一系列封建主罢了。这是封建社会的政治模式、思想体系和小生产的经济体制加给人们的局限性吧！而从上到下的“鸿鹄之志”也正是长期封建官僚社会结构的精神支柱之一。

今天向青年谈理想，联系到立志，恐怕要跟历代的“鸿鹄之志”划清界限，再别让封建思想往下传代了。

杂文长于小中见大，大处着眼，小处落笔。成熟的作者常常是起笔波澜不惊，一点点地渐入佳境，最后是山呼海啸，振聋发聩。严秀的《一件小事》[1] 从一件并不小的"小事"说起：当年的武汉国际杂技节上，有位中国小演员不慎从高处摔下，鼻子出血，但带伤完成演出。五位外国评委认为让带伤的演员特别是年幼的孩子继续做高难度的动作，"过于残忍"，因此拒绝为这个节目打分，而中方人士认为这是"拼搏"，双方产生了激烈的争论。作者对这件小事上体现出的两种价值观作出了自己的评论，进而把它上升到人文和人道的高度去加以分析。最后得出"一个民族要真正的现代化，没有观念形态的同步发展（超前发展）是办不到的"的结论。

杂文要找准议论的"点"，联系现实，微言大义，有感而发。即使篇幅短小，一样能迸发出思想的光辉。谢云的《海内何妨存异己》[2]，由诗人邵燕祥赠台湾友人的诗句"海内何妨存异己，人间难得是知音"展开议论。我们的习惯思维是"海内存知己"，而作者由此联想到在思想领域内不可能全是"知己"，应当承认世界的多样性和人的认识的复杂性，有"异己"的理论、观点、主张存在，相互批评、论争、诘难，有助于发现真理，明辨是非。允许"异己"观点存在，正表现了一种现实态度和宽广胸襟，表现出探索和追求真理的无私精神。作者在这里阐述的观点体现着改革开放以来中国人民政治生活中的进步。有理有据，鞭辟入里，有很强的现实意义。

第三，构思要不拘一格。

文无定法，杂文尤其如此。过去把杂文称作"杂文"，是因为古代无法对这些千姿百态的文章归类，所以名之为"杂"，其实这也正从另外一个角度说明了"杂文姓杂"，而这个"杂"恰恰说明了杂文的构思应当是不拘一格的。

---

① 《文汇报》1992年10月4日。

② 《人民日报》海外版1988年11月16日。

1946年，国民党特务在南京下关疯狂围攻殴打呼吁停止内战的民主人士，制造了“下关惨案”。次日，主持《南京人报》的杂文家郑拾风在自己的言论专栏上仅用了六个字：“今日无话可说”，其余空白，如开“天窗”，读者心领神会。作者对反动派血腥政策的愤怒抗议，全都表现在这六个字中。后来这“六字文”被认为是中国现代杂文史上最精短的杂文。

杂文针砭社会弊端，切忌不痛不痒，要尽可能做到击中要害。如针对有些人轻视腐败危害，片面强调腐败现象是“少数”和“极个别”的问题，黄一龙发表了杂文《“少数”的威力》，采用釜底抽薪的方法，一批特权，二论“少数会变成多数”，最后突发一箭：林彪只有一个，“四人帮”也只有四人，分别占当时总人口的八亿分之一和二亿分之一，但照样能造成巨大的破坏。文章运用逻辑推理，说明“少数”人的腐败一样会造成灾难。针对只谈成绩不谈问题的坏风气，舒展在杂文中谈了一种传统说法：“九个指头和一个指头的关系”（指不要只看一分缺点，要多看九分成绩），然后指出：“伟大的国际主义战士白求恩大夫就是因为一个手指头被感染而死于败血症的。”① ——同样只用一句话就形象生动地说明了问题。

写杂文仅有丰富的知识还不够，还要善于联想，巧于运用。因为杂文不同于思想评论，思想评论重在说理，而杂文在说理的同时还要考虑给读者美感享受，因而要在构思上多动脑筋。

第四，学会形象化说理，文章要有“杂味”。

所谓“杂味”，是指杂文特有的表现技巧和语言风格。杂文要说道理，但是会说道理的并不等于真正的杂文。杂文要有“文”，如果没有文采，杂文这种文体也就没有存在的必要了。

杂文写作要注意“有理”，也要注意“有趣”。既靠“理”说

---

① 《贪官的价格》。

服人，又靠“趣”去打动人，这样的杂文才有艺术魅力。秦牧的杂文《“烙饼大不过烙它的锅”》，从尼泊尔格言“烙饼大不过烙它的锅”说起，列举的事例有：大科学家牛顿笃信宗教；哥伦布虽然发现了新大陆，却误以为那是印度；李时珍一生没有摆脱鬼神观念的羁绊……作者发现人在认识客观事物时，常常受到种种条件的限制。要想讲清楚这个道理，可以从唯物辩证法的角度去阐释，但写来不免深奥。作者借格言来说理，以“锅”喻客观条件，以“烙饼”比喻一定条件下的事物，理趣合一，贴切生动，浅显易懂。

引经据典也是一种常用的杂文笔法。恰当地用典能使文章变得厚实，为文章增添趣味性和知识性。如邓拓的《燕山夜话》中，多用典故，借古说今，展现了杂文的多彩而厚重的艺术魅力。但是用典不能走入误区，初学者看见前人杂文引经据典，以为不沾点“古文化”就不像杂文，以为杂文就是“掉书袋”，未免泥古不化。应当说，能通俗地说明的，就不要故作高深。文章写出来是给读者看的，不是为了吓唬人；如果曲高和寡，读者看不懂，文章等于白写。如果有必要引经据典，则要注意“浅出”，化繁为简，方便读者。读者看杂文，是要知道你想说什么，如果看一篇文章要付出很大的力气，像是在听你给他上历史文化课，他就不会耐烦。真理往往是最简单朴素的。通俗，也是写好杂文的要领。

杂文除常用借古讽今手法外，还可以用“旧瓶装新酒”等方法。刘征的《庄周买水》① 就是成功之作，文章写庄周“弃文从商”，想通过挖鱼塘致富，但是天旱，不得不买水养鱼，可是到了管水的东海之神若大人处没买到，转到河伯的“办事处”被“女秘书”索要了好处费，到了濠梁“提货”，发现水还在东海。

---

① 《人民日报》1988年8月8日。

东海的水被这么一倒腾，价格涨了几十倍。庄周跑了一个月，还是一滴水没买到。看了文章，读者都会想到故事的弦外之音，——作者讽刺的是现实生活中倒买倒卖、坑害老百姓的官商。文章如果不借“庄周买水”这个故事演绎而直抒胸臆，反倒会索然无味。

嬉笑怒骂，皆成文章。讽刺幽默是杂文的重要手法，杂文较多地承担抨击丑恶的任务，它在揭露和否定假恶丑时，往往用“撕破”的方法予以嘲弄，使假恶丑在嘲笑声中死亡。常用的方法有比拟、夸张、反语等等，如：讽刺公款吃喝以“硕鼠硕鼠，无食我黍”开篇；故意把公款旅游说成是“闹世界革命”；讽刺官僚不学无术则让他的孙子说“我爷爷是个画圈的”；写贪官贪婪吝啬，就描写他进了监狱还在盘算一夜可以省多少钱……流沙河的杂文集《Y先生语录》，以语录体描画世像，构思奇特，语言诙谐，充满睿智。如讽刺官僚无知无能——“你这个同志，智商不高也不低，刚刚够得上制定错误政策。如果你的智商再高一些或是再低一些，那人民就幸福了。”——智商高，不会制定出错误政策；智商低，轮不到他来制定政策，而他偏偏属于这个“不高也不低”，反而让人民遭殃了。在嘲笑声中，宣告了不合理的事物将会被埋葬。

杂文的魅力在于以睿智和深刻的思想感染读者，而不能以教师爷的架势对着读者指手划脚，或是板着面孔训人。有经验的杂文家（如邓拓和林放）常用平易近人的谈话风，把自己放在和读者平等的位置上，因为写文章总希望读者能产生共鸣，所以写作时应当考虑到与读者沟通。

【范文】

切不可“巴望好皇帝”

邵燕祥

有人说，既然唐太宗能使国家富强，百姓安生，我们“巴望”有一个现代的“唐太宗”有什么不可以呢？

期期以为不可。

话是从肯定唐太宗李世民“举贤纳谏”说起的。人们常以犯颜直谏的良臣魏徵同唐太宗的关系为例。魏徵确有点批龙鳞、不怕死的精神，一生陈谏数百事，史有明文；然而，唐太宗听了谏议，退朝发脾气，或酒后吐真言，不满于魏徵，甚至想把魏徵干掉，也是史有明文的。早在唐太宗即位的贞观元年，就有人打小报告，说魏徵“阿党亲戚”；审查一阵，“查无实据”，搁了下来。贞观十七年，魏徵刚死，因为出了另一起案件，唐太宗又怀疑起魏徵生前搞小集团。后来又发现魏徵把前后“谏诤言词往复”的记录抄给史官，有整“黑材料”之嫌，唐太宗更加不高兴，一怒之下撤销了把衡山公主下嫁魏徵长子的婚约，又把亲笔为魏徵作文书写的墓碑推倒。假如魏徵不是死于贞观十七年，到了贞观十八年会怎么样，就很难说了。

唐太宗同魏徵的关系并不那么甜蜜，魏徵的日子看来并不好过。“伴君如伴虎”，是封建皇权制下的通例。唐太宗大约也并不特别可亲可爱，因为一个封建皇帝的“民主作风”毕竟是有限的。

不过，唐太宗在中国历史上毕竟算个“好皇帝”。但是今天我们是不是还要巴望一个现代的“唐太宗”呢？倘若真有“百分之百的唐太宗”再世，恐怕随之而来的就是百分之百的封建主义：什么终身制、世袭制、等级特权、人身依附、分封割据、山头行帮，以至“家有千口，主事一人”的家长制，“一人得道，鸡犬升天”的裙带风，难免就要顺理成章地合法化了。

因此，一句话：不要皇帝，哪怕是“好皇帝”，白给也不要。我们多年来遭受的种种灾难，决不是由于缺少“唐太宗”或别的“好皇帝”，而恰恰是由于封建主义残余的影响，社会主义政治制度不够健全，人民民主和党内民主受到破坏，招致封建法西斯主义的横行。

因此，我们不是要在“好皇帝”和“坏皇帝”之间作选择，我们是要在真正的社会主义与封建主义之间，在民主与专制、法治与人治之间作选择。

而“巴望”出现一个现代的“唐太宗”即“好皇帝”的心理，使我们想到封建社会中暂时“还没有做稳奴隶”的人们对暂时做稳了奴隶的人们的歆羡；它产生在十年浩劫之后，人心思治之时，是可以理解的，但是却会使我们忘记或放松对封建主义残余的警惕和斗争。那结果将是非常非常危险的。

这是危言耸听吗？“居安思危”，正是为了真正的向前看。

【范文解说】

杂文一般都会有个“由头”，本文从一些人有关政治的闲话说起。经历了文革十年动乱，人们不堪忍受专制压迫，希望能有一个比较民主的可以比较自由说话的环境，希望强有力的人物出来收拾局面，这种愿望是可以理解的。但是希望出现“好皇帝”，则表现出政治上的幼稚糊涂。作者在这篇杂文中，以敏锐的眼光发现复杂的社会政治生活中的新问题，阐述了正确的观点，对看似开明实则落后的“企盼好皇帝”的思想作了批判。文章以史实为据，剖析魏徵与唐太宗的关系，指出其实质毕竟是封建君臣关系，所以即使有“好皇帝”也只能是封建独裁者。在新的形势下，我们要致力于社会主义法治的建立，致力于人民民主和党内民主的建设，决不能让我们党的优良传统受到破坏，一定要防止专制独裁残余作风卷土重来。全文立意深刻严密，分析高屋建瓴。

请思考以下两个问题：

1.“倘若真有‘百分之百的唐太宗’再世，恐怕随之而来的就是百分之百的封建主义”，这句话有什么含义？

（提示：只有封建主义的土壤，才会出现封建皇帝，进而才有可能出现“好皇帝”，所以如果盼“好皇帝”，等于主张恢复封建制度。）

2. 作者主张不要“好皇帝”的理由有哪些？

（提示：我们在“文革”十年动乱中所遭受的灾难，都是由于封建主义残余的影响；封建主义残余破坏了人民民主和党内民主；如果要“好皇帝”，就等于要下了一整套封建主义的制度。）

【范文】

诗界五品制

流沙河

帽子摘掉，内心窃喜，亦常情也。比较而言，贱头颅倒显得古怪地寂寞起来，因为帽子在我头上一戴就是22年，好好歹歹总算有个头衔，一朝摘掉，自己什么都不是了，能不寂寞？寂寞三年，新帽子飞来了，一把抓住，欣然戴上。这回我戴的新帽不再是“右派分子”，而是“著名诗人”，且“见报”焉。此后留心阅览诗类报刊，发现戴这顶新帽的愈来愈多，河鲤江鲫般地成群涌来。想昔年戴旧帽，诸同志不认罪，喊冤叫屈，要求甄别，而今纷纷戴上“著名诗人”新帽，竟没有一个要求甄别的，你不觉得有些怪吗？

时人重帽，蔚然成风。你若提笔写诗，便有帽子飞来。我发现新帽子，包括“著名诗人”在内，已有五品之多，恰似三千年前周老公公所订爵位，从高排到低，公侯伯子男。新帽有哪五品，请分说之。

一品“国际知名诗人”，级别最高，配额有限。

二品“著名诗人”，也不简单。当然，也有赝品，例如鄙人，诗虽劣，名甚响，也被强行阑入。

三品才是“诗人”，级别够可怜了，配额敞开。

写到这里，我想插话。话说50年代，大家都是“文学工作者”，额外戴一顶“诗人”的帽子，已满够尊荣了。记得传记著作有《诗人李白》和《诗人杜甫》，可见诗仙诗圣亦仅仅称诗人，并不“著名”，更不“国际知名”，虽然二公誉享千年，名播百国。遥想二公在冥河畔登台亮相，追戴“诗人”帽子，定当喜极而泣，因为他俩生前，一个只称学士，一个只称拾遗，不称诗人。活着称诗人，“见报”认可的，50年代为数不多，皆大师也。小子我那时候出过诗集两种，却未戴过“诗人”帽子，更不敢以诗人自命，不像现在，诗人遍街，萝卜滥市。如此廉价惨状，李杜诗灵有知，或当联名致函报刊，要求追晋两品，顶戴“国际知名诗人”帽子。至于一般诗鬼，三千年来，其数上万，也会闹事，要求补发“著名”之帽，以正视听，而副名实，那才有戏看呢。

我要在此提醒诗友，今后若有报刊文字称你诗人，你别高兴，须知这是嘲笑你不“著名”。如果你人缘好，编辑送你一顶“著名诗人”之帽，也别太高兴了，因为这意味着你不“国际”，洋人不知道中国有个你，你仍是土包子诗人啊。

插话既毕，回头说四品和五品。这两品在诗类报刊也常见的，细心读，能找到。四品维何？比“诗人”更低了，称之曰“诗作者”。某君写诗，顶戴三品，你若行文称他为“诗作者”而不称他“诗人”，他不恨你才怪。今后若有人叫你“诗作者”，你也别应声，因为一应声就等于承认自己不是人。须知作者不能算是人啊，作者如果也算是人，四品的“诗作者”与三品的“诗人”还有什么级别之差可言？不过话说回来，“诗作者”毕竟是个体称呼，比五品群体称呼“广大诗歌爱好者”又优越多了。你若顶戴五品，哪怕当场作诗百首，也不算“作”。你只能说：“我们爱好了诗歌一百首，刚刚爱好完，请指教。”

一品到五品，从高排到低，尊卑井然有序，暗合周公古礼。不过，这五品的名称长短不齐，长到七字，短到二字，不统一。还有，前三品是人，后二品是者，也不统一。建议改称诗公、诗侯、诗伯、诗子、诗男，冠姓于前，例如艾诗公啦臧诗公啦，邵诗侯啦公诗侯啦舒诗侯啦，流诗伯啦等等。这样正名，叫名顺口，排字省工，填表醒目，且有助于振兴国粹，让洋诗人看了眼红。

使人高兴的是，诗界五品制之设立，既不烦劳中央有关部门专题研究厘订，又不需要全国诗类报刊反复讨论修改，就这样神不知鬼不觉，凭着诗界诸君的集体潜意识，悄悄地实现了。真是人同此心，心同此理。昔年伟大领袖有言：“冬天不戴帽子要害感冒。”说得真好。①

【范文解说】

本文通过嘲笑调侃，讽刺了文艺界的不正之风。对报刊胡乱吹捧文人，文人互相吹捧，“著名”帽子满天飞等不良现象，痛下针砭。文章构思巧妙，对满天飞的帽子一一分析，列出“五品”，从“一品”说起，才说到“三品诗人”就插了一大段话。因为这“诗人”本是最普通最正常的称呼，可是因为“二品著

---

① 原载 1988 年 11 月 16 日《文汇报》。

名”太多，有又“一品国际知名”压着，所以竟然“诗人遍街，萝卜滥市”，作者对客观存在的“五品制”尽情加以嘲讽。此文不厌其详地进行铺陈，似乎津津有味，其实是要“把无价值的东西撕破给人看”。全文语言辛辣老到，极耐品味。

请思考以下两个问题：

1. 从这篇杂文中，你能体会出什么叫“杂味”吗？

2. 如果不用讽刺幽默的杂文笔法，就诗界胡乱吹捧的现象写一篇思想评论，能否有本文的效果？

【范文】

“小款”“情结”

朱铁志

所谓“小款”，当然是相对于“大款”而言。他们有点儿钱，但不如“大款”的“款”大，在富人面前，他们是穷人；在真正的穷人面前，他们算得上富人。其“小款情结”也多半表现在穷人面前，在穷人的寒酸和窘迫中，找到作为“情结”的心态和感觉。如换在大款面前，他们非但找不到这种感觉，还要平添几许烦恼和自卑。谚曰：“一万不算富，十万才起步”，“小款”的经济实力大抵在这个档次。

“小款”而成“情结”，多半源于他们具有某种令人艳羡的东西，或者有一个好爸爸，使之翻云覆雨之间财源滚滚；或者有一层好关系，干爹表叔成全照应，不费大劲，生活就在小康以上；有一个好职业，出入合资企业，穿梭于洋人之间，在白领面前是准白领，在蓝领面前自我感觉是白领，其身份不尴不尬，收入不高不低，若天天打“夏利”，不免囊中羞涩，若人前打“夏利”，人后打“面的”，还略有富余。

“小款”们一般都会点儿外语，但不算纯熟，在外国人面前说话喜欢外语里面掺汉语，在同胞面前说话喜欢在汉语里面夹外语，所以外国人看他们是中国人，中国人看他们有点儿像外国人。他们一般都对心中向往的国度耳熟能详，说起纽约、伦敦就像说起自家的阳台。也许是在写字楼里呆久了，说话办事表情夸张，不时摊开双手、耸动肩膀，作无可奈何状。他们一时还买不起车，但谙熟各种牌子的各种车型，说起“法拉利”、“劳斯莱斯”就像说自己自行车的后座。到独资企业后他们改变了口味，原来的米饭面条吃不惯了，对西餐却情有独钟、相见恨晚，以至于后来连吃馒头也改用刀叉，喝黄瓜汤也把汤匙往外撇。周末的晚上他们喜欢开个“派对”什么的，但苦于住房面积有限，所以“派对”只能以写意为主，欢势不起来。“小款”朋友一般忌讳人家提他们的乡下表兄，甚至不太喜欢别人说到自己的父母，倒不是因为一年土二年洋三年不认爹和娘什么的，而是觉得穷亲戚有损于“小款”的份儿。如家住在大城市的郊区，他们一般直称那大城市，比如家住丰台，他们干脆说住在北京，不愿与人啰嗦。这些人的着装，介乎于北京、上海、广州和巴黎之间，有点儿异国情调，但不浓；有点儿民族特色，但不地道。一眼看去，便知是伪民俗、假土气，要的是那么一种与众不同的劲儿。

你说不出“小款”朋友有什么不对劲的地方，一个人一个活法儿，人家不杀人、不放火、不抢粮食，也从没有碍着谁，你看不惯那是你的事。但你分明感到他们的与众不同，不知是羡慕还是讨厌，你觉得他们有点儿神秘、有点儿特立独行，细看之下又毫无内涵。他们无补于世，也无害于人，是都市生活多样化中的一样，是美丽人生各色人等中的一等。他们也许在奔向“大款”的路途中美梦成真。也许在不期而遇的遭际中重新回到他们原来属于的那个阶层。对比他们强的人，他们充满敬畏和艳羡的感情；对混得不如他们的同胞，他们有一种淡淡的藐视。对自身的优越，他们毫不隐讳，并且利用各种可能的机会展而现之。去过两次欧洲，回来就觉得北京“简直不是人呆的地方”；坐过一回头等舱，下了飞机就大谈普通舱能把人活活憋死。好端端的北京话，忽然带上一点港味，而且故意不把句子说完整，好像说完整的普通话是一件很费劲的事。熟悉的朋友见面，常有一日不见如隔三秋的感觉，明明上帝给了她一张不错的脸，非要自己花重金再改成一张新脸；好端端的一头黑发，转眼间成了黄毛，让朋友们邂逅时张口结舌，不知说什么好。作为“小款”，一般都有一次以上的离婚经历，以验证着自己的魅力不衰。但这种验证似乎也不宜多搞，因为有限的财产毕竟经不起多次瓜分，见好就收了。“小款”的所作所为也许不合理，但合法律；也许不合常规，但合“新观念”。不管你喜爱与否，他是阳光下独特的“这一个”。作为被“小款”们鄙视的工薪族，我们除了会心一笑，还能说什么呢？似乎也没法儿说，所以还是沉默吧。

【范文解说】

朱铁志的《小款情结》，讽刺了城市新生阶层中的崇洋心态、精神空虚和自以为富贵而骄人的市侩习气。小款崇洋但又没知识本钱，所以“在同胞面前说话喜欢在汉语里面夹外语，在外国人面前说话喜欢外语里面掺汉语”；小款喜欢学“洋派”，因而“说话办事表情夸张，不时摊开双手、耸动肩膀，作无可奈何状”；小款嫌贫爱富，所以忌讳提乡下表兄，不太喜欢说到自己的父母；小款志趣低下庸俗，所以连自己的脸也不喜欢，要改头换面，连自己的不错的普通话也不喜欢，而要模仿港台腔……作者在对这些现象作无情讽刺的同时，也表现出文人的厚道，因为小款虽然行为庸俗可笑，但他们没有触犯法律，也没有妨碍他人。作者刻画小款的崇洋思想、小市民的庸俗性格，入木三分，维妙维肖，充分体现了杂文的讽刺特色。

请思考以下两个问题：

1. 体会“他们无补于世，也无害于人”这句话，如果没有这句话行不行？

2. 作者在讽刺时用了怎样的手法？

【范文】

各领风骚没几年

陈小川

祖师爷这一称谓，在我们这个国度里的诞生是悠悠乎远矣的事了。许多行当都尊奉着自己的祖师爷，如建筑业尊鲁班为祖师爷，纺织业该叫祖师奶奶的，是黄道婆。各行各业的人们对自己本系统的主管祖师爷，一般也是“高山仰止，景行行止”的。用一个比较现代化的名词，就是崇拜权威。

到了清朝出了个诗人名赵翼，他的诗道：

李杜诗篇万口传，
至今已觉不新鲜。
江山代有才人出，
各领风骚数百年。

此公是够狂的，居然敢说李杜文章“不新鲜”了，而且对诗界的祖师《风》和《骚》也颇不敬。但是依我看，赵翼在当时是算得上一个思想解放的人物的，他的“各领风骚数百年”论，真是一个大突破。

然而，在赵翼之后，人们的思想解放过程却放慢了，以至于又出现了“江山代有祖师出”的局面。这些年来，随着许多新学科的出现及传入中国，不少科学家成为本领域的佼佼者，于是权威越来越多，拜在门下的人也与日俱增。我之担忧，并不是权威多起来，这当然是大好事。但权威们“各领风骚”年头越来越长，并且有终身制的趋势，却不是不值得担忧的。一位权威，在欧风东渐的20、30年代创造了某项成就，当时蔚为壮观，光彩照人，万人仰慕。到50年代他还是权威，70年代还执牛耳，到了80年代，同仁、后生发明了什么，还得拿到他面前去认可，这就不是什么值得乐观的事了。某权威20年代创造了成就，是国人幸事。到80年代，他的权威地位岿然不动，却是国人不幸了。

有一位中年讲师要晋升副教授，周围的人颇多微辞，主要是有人认为他狂，对本专业的权威——一位全国闻名的科学家大不敬。这位讲师认为，该权威知识老化了，研究课题在世界上无甚意义，他却不了解世界最新的学术动态，以为研究了什么重大课题。我看这位讲师就没什么错，而且道出了一条普遍规律，权威的兴衰本来就是很自然的事。赵翼的“各领风骚数百年”论，是囿于那个拖辫子的时代，小农经济缚住头脑，敢说出“各领风骚数百年”已经很具胆识了。而今天，“各领风骚数十年”都仍嫌太久，客观上是“各领风骚没几年”，甚而至于越短越好。不断地有人脱颖而出，去动摇权威的地位，才是一大幸事。

当今的时代，知识的陈旧周期加速。据统计，18世纪陈旧周期为80至90年，19世纪到20世纪初期，缩短为30年，近50年来又缩短为15年，如今一些学科领域中的知识陈旧周期已缩短为5至10年了。也就是说，10年前的饱学夫子，学富五车的权威，若不进行知识更新，今天就可能肚里空空如也。自然科学如此，社会科学、文学等领域也并不是绍兴花雕，越陈越好。近年来，有些年轻人运用控制论理论探索中国封建社会延续的原因，也独具新意。“年长者为乡里之智者”的观念，大大地动摇了。

所谓“各领风骚”，应该是在一个时代里，对本学科领域的发展起到了较大的推动作用。“才人”不是祖师爷，更不是头上有光环的神。“才人”“各领风骚”三、五年，就是值得入史册的了。最有希望的是年轻人，他们并不只有匍匐着去拜祖师爷的份儿，谁都可以立志去“领”几年“风骚”。因此赵翼的诗可以改改了，“各领风骚没几年”是大趋势。

【范文解说】

独特的思考方式往往能产生独特而又新颖的见解。善于思考的作者，对于历史典籍、传统格言以及各种成论，都有可能挖掘出新意。本文由赵翼的名诗说起，认为赵翼当初能说出“各领风骚数百年”就是大突破；而现今科学技术发展突飞猛进，权威“领风骚”的年月却不见缩短，青年难以脱颖而出，这种不正常的现象不利于人才的培养，不利于科学技术的发展。文章立论准确，论据充实，运用了辩证法，既揭示了社会生活中这种看似合理实则荒谬的现象，又提出正确主张。

请思考以下两个问题：

1. 作者把“各领风骚数百年”改为“各领风骚没几年”的依据是什么？

2. 杂文干预生活要找准切入点，试述本文是如何切入矛盾的。

【思考题和练习题】

（一）

1. 杂文有哪些特点？它与思想评论有什么不同？

2. 选读鲁迅的杂文20篇，然后解释什么是“杂文味”。

（二）选择材料并联想，写一篇杂文。

1. 苍蝇围着你转时，证明你身上有它感兴趣的东西；蜜蜂围着你转，同样证明你身上有它感兴趣的东西。不管是苍蝇围着还是蜜蜂围着，——被这些东西围着都未必是件好事情。

2. 中国人当然重视吃。韩愈说“食不饱，力不足，才美不外见”。廉颇为了显示自己还有用，一顿吃下去一斗米的干饭，还吃了肉十斤。武松为了耀武扬威，在景阳岗下喝了十八碗酒。樊哙为了救刘邦，在鸿门宴上喝下一大罐酒，并啃了一只半生的猪腿，镇住了项羽。全国每年耗在公款吃喝上的资金在一千亿元以上。中国还有近五千万农民生活在温饱线下，常年没有肉吃。

3. 有人说，中国足球运动上不去，问题未必在场上。教练员和球员的文化都低，但是工资不低；球迷的热情过高，期望过高，但是自己去踢球的不多。

4. 为什么会出现开会打瞌睡的现象?

5. 记者不用采访有新闻送上门，新闻发布会不发新闻发“红包”；杂志编辑卖版面，学者全说“出书难”，明星自传有人抢。

报载，影视明星与电视节目主持人纷纷出版自传，在炒作了一阵后，书市已经降温，仓库累计积压近千万册，损失惨重。有的地方开始用“买一送一”的方法清仓。

6. 某边远城市多年来向购汽车者征收的种种杂费中有“铁路道口无人看管费”，但该市至今仍没有一寸铁路。湖北某县级市一年砍去不合理的收费项目两千两百个。

7. 两个教授为了鸡毛蒜皮的小事，当街争吵，商店里却有个老板在吟诗。小学生每天动脑筋 8 小时以上，不少干部却说没有时间读书。

8. 从学过的古文中选择自己感兴趣的一小节，结合实际，展开联想。

第七节 教育教学论文的写作

作为一名教师，为了做好教育教学工作，必须进行教育教学研究，因此，学会写教育教学论文是教师必须具备的一项能力。这一节，我们谈教师应该如何写作教育教学论文，并在写作实践中不断提高这一能力。

一　首先要具有研究意识

所谓“研究”，就是探求事物的真相、性质、规律等，教育教学研究也同这些方面密切相关。有人说，教研是掌舵，教学是行船；教研是绘制蓝图，教学是实际操作。可见，教育教学研究是何等重要。作为一名教师，要看到教研的重要性，在头脑中树立起研究的观念，这样，他才能掌握教育教学之三昧。

各门学科都有各自的特点和规律，其教学也就有各自的特色与方法。一名教师要形成自己的教学特色，创造自己的教学方法，就必须经过长期的实践与研究。可见，研究是教师从幼稚走向成熟继而创造方法、形成特色的重要前提。

教师一旦具有研究意识，那么，将会在教育教学过程中处处留心，时时在意；将会自觉地探索规律，寻找方法；将会敏感于与教育教学有关的众多因子并努力寻找其与教育教学的结合点；将会消除平庸，实现超越，不断创新。

研究意识确立之后，它的触角便会伸向教育教学的两个领域，一为“宏观”天地，一为“微观”境界；若认真审视、思考，就会产生教育教学的宏观研究和微观研究。宏观研究常常涉及教育教学的管理、教育教学思想观念、教育教学的改革发展等等；微观研究常常涉及某种具体方法手段，某堂课的内容结构，某个章节或某篇课文的处理分析，等等。这样，宏观研究与微观研究始终在教师头脑中交替着或交织着，长此以往，会逐渐形成良好的研究心境，使研究成为教师的一种有机素质。

二　研究要循序渐进

当然，教育教学研究及其论文写作是一个循序渐进的过程，是一个由简单到复杂、由肤浅到深刻、由小型到大型的过程。同时，在这样的过程中，还要注意研究的类型及其次序。从教育教学的实际情况来看，教研的类型一般可分为三种，即实践性教研、总结性教研和探索性教研，自然，体现在论文上也是这三种类型。

所谓“实践性”，是指在教育教学运行中随时随地研究有关问题，及时判断正误、优劣并进行合理调整，使教育教学始终保持科学、缜密的良好运行状态。譬如，一堂课结束，立即写出教学笔记，及时总结得失——时间安排如何，课堂容量如何，学生反应如何；问题的设置是否符合学生实际，是否准确、明晰，是否可以有更好的表达方式；某种方法尝试是否成功，哪些地方还值得改进；教材本身是否存在不当之处；学生出乎意料的提问该如何处理，等等。

所谓“总结性”，是指在某一阶段之后对教育教学诸方面加以总结。它比实践性教研来得完整、系统，如果说实践性更多地倾向于感性认识的话，那么，它则更多地上升到理性认识，能够对教师教育教学结合情况加以肯定或否定，能使教育教学日趋成熟和完善。譬如，课堂结构模式是否与学生实际相适应，教育教学方法能否产生应有的效果，学生学习方法是否有待优化，学科教学与学生综合素质的关系如何，如何更好地激发学生学习的兴趣，等等。

所谓“探索性”，是指对未知领域或已知领域的潜在方面加以探讨、摸索、研究，它是对总结性教研的超越，能够培养教师自我更新和自我创造的品质，使教育教学永葆活力。譬如：在传统教学模式下，探索现代多种媒体与学科教学的关系；在客观条件很不成熟的情况下，探索如何创造条件实现某种教育教学方案；在大众化、平稳性较强的教育教学氛围中，探索如何独辟蹊径，令人耳目一新且有丰硕收益，等等。

这里所谈的三种类型，是就教师个体教研实际情况而言，它们是互为渗透和补充、互为交融和促进的。实践性教研能为总结性教研积累丰富而生动的第一手资料，也能为探索性教研打下坚实的基础，同时它又是探索性教研的出发点所在；当然，探索性教研则是通过实践性教研加以证明与实现的。在写作教育教学论文时，首先应注重实践性教研，它所研究的对象往往是单一的、直接的、感性的，相对而言，比较容易把握，写起来论题内涵单一、集中，结构简单、清楚，论证只需就事论事，篇幅常在千字以内，这种小型论文清晰、实在、灵巧，不需要太多的理论指导，可以经常撰写。它是大型论文的缩影，也可作为大型论文的分论素材，因此，它是基础，是写作论文的第一步。第二步是总结性教研论文的写作，实际上，这种论文是实践性教研论文的延展与放大，需要更多的归纳与综合，从篇幅上看，一般在二三千字左右，常常采用几个分论点加以阐述。它需要一定的理论作为依托，以加强文章的深刻性及指导性。至于探索性教研论文的写作，则比上述两种论文的写作要难，因为，一般来说，它要从无到有，“无中生有”，所阐述的观点及操作程序需要教育教学实践从头加以证明与检验。这样，就必须既要大胆设想、探索，又不能盲目、无序；既要实行超越，又不能脱离最基本的实际情况。当然，它的形式与总结性教研论文没有多大差别。这里，还要强调一下“研究报告”的基本知识：它是狭义的教育教学论文，以教育实践和教育理论为议论对象，剖析教育现象，论述教育原理，发表教育见解，提出教改主张。它一般有三种类型：①调查报告；②观察报告；③实验报告。它有四项基本标准：①思想性，即运用正确的理论观察、分析、解决问题；②科学性，即正确、严密；③创新性，即揭示、认识教育规律，提出全新观念；④理论性，即或创立新的理论，或对别人的理论加以修整，或在研究中有新的发现。研究报告是层次最高的一种教育教学论文，是写作教育教学论文所追求的目标与境界。综上所述，教育教学论文的写作，必须遵循一定的规律与步骤，切忌随心所欲、企图一蹴而就。

三　写作要讲究技巧

教育教学论文的写作，虽说可以不拘一格，但要获得公众认可，则需要讲究必要的写作技巧。一般来说，要注意以下几个方面：

第一，出新。论文要求“三新”，即观点新、角度新、材料新。其实，在实际写作过程中，能做到有一新也就不错了。这里，重点谈观点新和角度新的问题。

这两“新”是相辅相成的，角度新了，观点往往也会新。要做到角度新、观点新，可以通过如下途径：

⑴逆向思维。近墨者黑，不新，近墨者未必黑，则新；真花可人，不新，真花害人，则新……在教育教学研究中，各门学科都可以通过这种思维发现新的角度，得出新的观点。譬如，中学语文教材中伟人、名人的文章比比皆是，一般都认为它们是典型范例，是十分规范而值得学习的。但是，换个角度看，若处理失当，它们可能变为沉重的“包袱”，因为这些教材也有自身的“弱点”，如时代气息、语言表述与当代青年学生有一定的距离。看到了这一点，自然就会产生一个观点：语文教学改革必须注重教材的更新。这样，一篇论文就有可能诞生了。

⑵质疑思辨。对教育教学所涉及的各种因素均可提出疑问，加以思考辨析，从而获得新角度、新观点。如中学语文教材中孙犁的小说《荷花淀》，其语言微瑕有多处，可以一一指出来加以辨析、纠正，使之更为完善、精美；《战国策》中《邹忌讽齐王纳谏》写得短小精悍，但邹忌的比美与判断有违背生活常识、交往心理、逻辑事理之处，可以提出来进行剖析认识……这两例可以分别写成文章，而且言人所未言，自然有一定的价值。

⑶合理嫁接。尽管各门学科有其鲜明的个性特点，一般情况

下较难融合在一起，但是，各门学科之间又存在着结合点、交互性，只要我们善于发现，合理嫁接，便会收到意想不到的效果，相关的一类论文也就应运而生了。如数学教学与美育的关系，有人说，数学如果正确地看待它，则不但拥有真理，而且还有至高的美，这是一种雕塑式的冷而严肃的美，是一种纯净而崇高的美。写作这方面的论文时，可以将教师如何演绎数学之美对学生进行教育的方法手段归纳出来，这样的论文就会有新意，给人有益的启示。

⑷巧妙“包装”。一个时代有一个时代的概念和语言，概念和语言随着时间的推移而变化，因此，论文中的概念和语言一定不能陈旧，要让论文从观点到概念、语言都呈现出新的面貌。当然，有时候可以借用其他学科领域中的概念、语言来表达，努力令人耳目一新。例如，现在多说“层面”，少说“层次”；多说“多元化”，少说“多方面”；多说“构建”，少说“建立”；多说“架构”，少说“结构”；多说“工程”，少说“任务”；多说“心理素质”，少说“承受能力”……又如，借用物理学科中的“体膨胀现象”来说明语文学科中语言的丰富性；借用地理学科中“大落差”来说明语文学科教学中所运用的某些手段及一些大的反差、距离等等。除了概念、语言“包装”外，还有一个很重要的“包装”，即理论“包装”。新颖、权威的理论能增强论文的力度与分量，它是论文的有力支柱，有时候，它是论文的灵魂。因此，学习理论，巧妙运用理论，是写作教育教学论文的重要前提。

第二，重质。在出新的前提下，论文一定要重质，否则，仍然写不出优秀的文章来。所谓重质，就是重视论文的质量，即让论文具有较高的品位与价值。这里的质量包括框架的质量，材料的质量，论证的质量，语言的质量，等等。在具体写作过程中，应注意以下几个方面：

⑴构建匀称的框架。写论文搭框架很重要，因为框架就是论

文的纲要，框架所表达的意思正是全文的精华，有道是“纲举目张”，人们要了解一篇论文的观点及思想，往往先从框架着手。论文的框架类似于建筑的结构，要求匀称、协调、美观。一般说来，论文的标题常常是一个完整的、能揭示文章观点的判断句或是一个能揭示论题的短语，字数不宜太多，也不宜太少，正文常由引论——本论——结论构成。引论一般不长，或直接揭示论题来源并表明中心，或由有关理论引出论题再提出观点；本论常用几个小标题分成若干段落，每个小标题都是一个分论点或分论题，自然，小标题以三、四个为宜，每个小标题下所阐述的字数应大体接近，有的小型论文不必拟小标题，但也需分成若干小节，使结构非常明晰；结论与引论基本对称、呼应，字数也不宜太多或太少，常展望前景，给人以启发，令人产生研究新领域的欲望。

(2)选取典型的材料。论文既揭示个性也揭示共性——独特的角度与观点显示出个性，而所揭示的规律及其运用的范畴则显示出共性，这就要求我们要选取典型的材料来论证中心观点。例如，在论述数学形式美可以激发学生强烈的求知欲望时，我们可以选取古今中外数学家对圆周率 π 的计算材料——祖冲之首创的密率是 355／113；欧拉在求数列的和时发现 $1+1/2^2+1/3^2+\cdots\cdots+1/n^2=\pi^2/6$；蒲丰在研究概率的问题时，发现针与直线相交的概率也与 π 有关，即 $\pi=\alpha1/ap$；而瓦理斯则有结论——$\pi/2=\frac{2}{1}\cdot\frac{2}{3}\cdot\frac{4}{3}\cdot\frac{4}{5}\cdot\frac{6}{5}\cdot\frac{6}{7}\cdot\frac{8}{7}\cdot\frac{8}{9}\cdots\cdots$等等，这些都呈现出数学的形式美，也揭示出数学知识的内在的、和谐的、统一的美，自然会使学生产生强烈的美感与求知欲。在这里，π 的材料就显得相当典型，数学家们对 π 的计算各自有着鲜明的个性，也拥有统一的共性，以它们作为论文的材料，当然非常合适。在各个学科中都有类似的材料，可在写作过程中认真加以选择。

(3)组织严密的论证。论证是论说文三要素之一，是组织和运用论据说明和证实论点的过程，亦即论点和论据之间的逻辑联系。论证应做到逻辑严密，条理清楚。论证一般有事实论证和事理论证两种方式，它们常常配合使用。所谓“严密”，即材料与观点要一致——先提出观点再以材料进行演绎推理的话，那么，材料必须能证明观点；先列举材料经归纳推理再得出观点的话，那么，观点一定要涵盖材料。同时，“严密”还在于观点与材料之间一定要有较为透辟的分析作为纽带，让读者明白材料与观点之间的内在联系，切忌简单化，只表明观点、提供材料，而没有较为周全的说理。另外，“严密”还体现在自己的观点与所引用的经典原理、理论、定理或分式之间必须高度统一，切忌双方互相分离，或互相矛盾，或互相违背。自然，“严密”还要求语言表达的通达和准确，起承转合要似行云流水。严密的论证是论文的支柱，它支撑起论文的大厦，给观点以生命。

以上，从“出新”和“重质”两个方面简要地谈了论文写作的一些技巧。在写作过程中，应当灵活地加以运用。就实际情况而言，写作的技巧还有很多，平时应注意总结与归纳。

教育教学论文的写作并非为写作而写作，也不应为功利而写作，其目的应该是提高自身素质，推进教育与教学的进步。

【范文】

试论语文思辨教学与学生成熟之关系

卢坤荣

《大不列颠百科全书》（十五版简编）称，“思辨”这一词语用其拉丁语源 speclum（镜子）之意，说明语言反映潜在于物质世界的实质。《礼记》中有“慎思之”、“明辨之”之说，即对学问应采取思辨的态度。这两种解释虽然有所区别，但是，基本要求与方法是一致的，在思想辨析方面都有发掘较深层的某些意蕴的意思。对人物的评价，对历史、哲学、美学、文学、生活等领域的有关观点的思考辨析都有十分重要的作用。思辨可以使人们的认识更加清楚，更加符合客观实际，从而使人们更好地沿着正确的轨道走向未来。

对学校来说，使广大学生能沿着正确的轨道走向未来是一项至关重要的工作，这项工作，简而言之，就是让学生成熟起来。说到成熟，自然会考虑其两个方面——生理的与心理的。就目前学生（本文研究的对象更多的是高中学生）状况来看，绝大多数是独生子女，他们的生理已趋向成熟，至十八周岁，学校便会为他们举行成人仪式，而他们的心理却远没有成熟，与生理之间存在着较大的差距，给人以“长不大”的印象。据观察、了解，心理幼稚、脆弱，认识肤浅、偏激，情感单一、贫乏，内心孤独、浮躁等等现象较普遍地存在着；又据跟踪调查，这样的学生和在校大学生的思想道德品质有引人深思的“三分离”现象，即德智分离——重才轻德，义利分离——重利轻义，知行分离——重知轻行。这些现象正是他们没有真正成熟的具体表现。试想，学生以如此“内质”去学习、生活，怎么会获得最佳效果呢？怎么能在纷繁的社会舞台上站稳脚跟呢？怎么能为人类创造出非凡的业绩呢？

针对如此状况，人们正在采取多种手段加以解决。作为语文教师，则自然会利用语文这一人文学科的优势，充分发挥“思辨”的功能，在教学的诸多环节中，逐渐使学生成熟起来。

一　语文辩证性思辨教学能优化学生的辩证思维品质

思维的主要品质是敏捷性和灵活性、完整性和深刻性、独立性和批判性，那么，辩证思维品质自然也具有这些特性。从学生的现状来看，他们的辩证思维品质尚不健全，这一点可从他们上课时回答问题的表达中知道，也可从平时的作文中知道，而每年的高考作文情况更可以说明这一点。针对这一点，我们可以采取语文辩证性思辨教学来优化学生的辩证思维品质。

语文教学的内容包孕着很多辩证性材料，无论是课文中的还是写作中的，它们都可作为思辨的论题，通过强化训练对学生产生应有的作用。例如，鲁迅的《拿来主义》一文可谓辩证性材料的典范。文章就如何对待中外文化遗产这一重大问题作了生动、辩证、精辟的阐述，通篇透露出辩证思维品质的灵活性、批判性与深刻性。在教学过程中，我们可重点突出鲁迅的“思辨”意识、方法与过程，让学生充分体会到辩证思辨的力量与作用，从而学习和掌握并运用这种思维方式。鲁迅“思辨”意识十分强烈，力排“闭关主义”、“送去主义”及“抛给”、“送来”，而力主“拿来主义”，是非，爱憎，取舍，极为分明，有力地批判了各种对待文化遗产的错误倾向，明确地提出了辩证地、批判地继承文化遗产的主张。“思辨”方法灵活多样，高明巧妙，或举例剖析，或正反对比，或分类对待，或反语相驳，或比喻说理，将思辨的内容阐发得淋漓尽致，并为自己的思辨提供了有力的证据和砝码。“思辨”的过程从容、清晰、严密，“破”字当头，“立”在其中，“破”“立”结合，揭实质，析危害，明主张，述原则，列方法，将批判继承和创新的辩证关系阐述得完整、透彻。在学生感受、学习了这样的辩证性思辨之后，可以结合写作训练布置一道辩证性较强的作文题，让学生在运用这种思辨方式的过程中巩固它，使它变为学生能力结构中的重要的一环。如，这样一个题目——真花与假花。一般说来，学生总是喜欢真花，讨厌假花，因为，在他们的思维中，真的即好的，假的即坏的。这种看事物的方法往往会带来不正确的结论。其实，通过辩证性思辨，我们不难知道，真花，自然，鲜活，富有芬芳，但是，容易凋零、枯萎；假花，呆板，少灵气，没有芬芳，但是，可以长久保存，装点生活。由此而生发开去，我们在看待其他事物或现象或人物等等时，应该“找个好窗口”，既观察到其“优”的一面，肯定其真善美，又观察到其“劣”的一面，否定其假恶丑，只有这样，才能得到正确的认识与结论。长此以往，利用较多的机会与材料对学生进行讲解与训练，那么，学生的辩证思维品质便会得到优化，这对提高学生的成熟程度无疑是有较大帮助的。

二　语文质疑性思辨教学能增强学生的判断力和自信力

质疑，即提出问题；质疑性思辨，即采用提问的形式进行思考辨析。质疑在社会的各个领域都发生过并正在发生巨大的作用。科学史上“日心说”对“地心说”的否定，为人类作出了伟大的贡献，伽里略于艾菲尔斜塔上用事实否定权威的论断，为人类证明了一条重要的真理。敢于质疑，善于质疑，尤其是对那些伟人、名家、权威等质疑，是一个人成熟的又一个标志，它意味着一个人具有很强的判断力和自信力，摆脱了那种人云亦云、毫无创见的低级、无能的品性。高中学生因受“学生的任务即学习”训词“身份定势”与“学习定势”的影响，更多的是接受现成的知识，应付各种各样的用以巩固现成知识的习题，很少有时间去思考辨析此外的有关问题，长此以往，学生当然就缺乏与成熟的生理相应的判断力和自信力，以致在未来的工作中会因缺乏主见而难有作为。这种现象，对教育者来说，是极不愿看到的。

为此，语文质疑性思辨教学就显得较为重要了。从目前教材所选课文来看，名家名篇较多，传统篇目、“经典”篇目较多，这对学生来说，似乎都是“至宝”，唯有欣赏、赞颂、接受的义务，哪有质疑、思辨的权利？其实，在重视了质疑性思辨教学之后，那些“白璧”上的“微瑕”就一个一个出现在学生面前了。《邹忌讽齐王纳谏》中邹忌当着“外来”的人——客的面问“吾与徐公孰美？”令人难以置信，因为这不符合人们的基本心理

——忌讳或羞于在他人面前将自己的容貌与别人的容貌相比较；邹忌“妾之美我者，畏我也”、“客之美我者，欲有求于我也”这两个判断是不客观的，因为前者中“妾”美的是丈夫，怎一个“畏”字论断？后者中“客”美的是“客人”（邹忌），从社交心理来说，怎一个“求”字论断？《战国策》作为史著，似不可有此错误。与此文有关的、著名诗人臧克家的文章《纳谏与止谤》，从结构到语言共有十来处毛病；著名作家孙犁的小说《荷花淀》，其语言上的“微瑕”也有十处之多；著名教育家叶圣陶的小说《夜》，其语言带有“学生腔”，其“老妇人”形象描写失真（仿佛她是一位很有文学修养的诗人）；伟人毛泽东《改造我们的学习》中有病句；伟人邓小平《讲讲实事求是》中也有病句……（以上有关毛病不加细述，在教学中自然会碰到）如此列举的目的并非否定伟人、名家、权威的文章，也并非故意吹毛求疵以哗众取宠，而是让学生充分感受到，学习的任务不仅仅是接受知识，而且还要审察、明辨有关现象与论断，将原来一向被视为正确的或没有被发现的而实际是错误的东西指出来，科学地、客观地加以剖析，然后或加以纠正，或提出全新的观点。学生通过如此审察、思辨、纠正、创造，日积月累，其判断力自然会逐渐增强，又由于打破了对伟人、名家、权威的迷信，因而其自信力也会逐渐增强，学习也会由被动接受转化为主动“拿来”，形成学习上的“拿来主义”。作为正在走向成熟的青年学生来说，具备如此素质是十分必要的。

三　语文深层性思辨教学能促进学生认识运动的发展

认识运动，即认识的发展过程。由感性认识经思考上升为理性认识，形成观念、思想、理论，再在实践过程中检验。一个正确的认识往往需要经过由实践到认识，又由认识到实践这样多次反复才能完成。人的认识是由相对真理不断接近绝对真理的过程。高中学生的认识运动一般是难以发展的，一方面是因为本文开头部分所分析的原因，另一方面是因为缺乏实践检验的机会之缘故。他们的认识运动更多的是在感性认识与理性认识之间徘徊，表现在语言、行为上则为似懂非懂、似是而非、模棱两可。这是学生在成熟过程中深感苦恼的问题，也是教育者深感棘手的问题。语文深层性思辨教学在解决这一问题上有较有效的功能，它能促进学生认识运动的发展。

学生在学习《项链》一文时，很容易对玛蒂尔德的虚荣心产生反感，继而否定这个人物。因为玛蒂尔德的不切实际的梦想，现实中的过分要求，舞会上的忘我陶醉，项链丢失后十年的"惩罚"等等感性材料一下子涌进了学生的头脑，产生了相应的感性认识，认为莫泊桑这篇小说主要是讽刺玛蒂尔德及其虚荣心，暴露小资产阶级丑恶的灵魂。在这种情况下，我们可以设计一些探究深层意蕴的问题，让学生进行深入思考，进而使感性认识上升为理性认识。比如，玛蒂尔德的虚荣心是与身俱来的吗？玛蒂尔德的梦想能否实现？《项链》的主题到底是什么？等等。这三个问题都不能简单、肤浅地回答。就拿第三个问题来说，可以了解小说的背景——资本主义向帝国主义过渡时期；小资产阶级的特点和处境——投机性、动摇性，无法获取大量资本，相对大资产阶级而言，他们显得贫穷、无奈，只好苦苦挣扎；莫泊桑生活情况——长期过小资产阶级生活，其心态、意愿非常熟悉，体验深刻；莫泊桑小说大主题——关于人生真谛的思考。这样一来，《项链》的主题就不是一两句话可以概括的了，其实，它是多种人生哲理的一个综合体。学生一旦明白了这一点，那么，他们的认识便会产生一次飞跃，认识运动得到较大的发展。

针对学生认识运动缺乏实践检验这一点，我们可以通过两种途径加以弥补。一是用已经被实践证明了的真理去印证有些观点，使学生的认识向更高的阶段发展（这一点就不加赘述了）；

二是结合写作训练，让学生走出学校，到社会实践中去，把在学习过程中产生的有关认识与社会实践相对照，然后，通过再思考、再认识，或用议论文的形式，或用记叙文的形式，将产生的新的认识反映出来，这个过程自然能促进学生认识运动的发展。比如，学生通过浏览市容，阅读报刊，观看电视，听人讲述等等途径产生了感性认识——改革开放使我们的生活发生了翻天覆地的变化。很显然，这种认识，对学生而言，是浮在浅层的。而当我们带领他们深入采访、了解之后，这种认识才真正能够在他们的脑海中扎下根来，同时，当学生真正了解了他们的生存背景、文化背景和时代背景之后，他们的认识就有了一定的广度与深度，就会产生一次大的飞跃，认识运动当然也会得到较大的发展。

思辨是成熟的阶梯，语文思辨教学是学生成熟的阶梯。它能帮助学生分清是非，去伪存真，提高认识，提高修养；它能促进学生思维的发展；它是学生发现、创新的重要途径。本文就三种语文思辨教学与学生成熟的关系作了具体的阐述。其实，语文思辨教学的方式尚有很多，如常识性思辨教学、逻辑性思辨教学、生活性思辨教学、全面性思辨教学、鉴赏性思辨教学等等，它们对学生的成熟都有着各自独特的作用，在教学中，我们不妨加以充分发挥。

【范文解说】

这篇论文是探究学科教学与素质教育关系的产物。从出新的要求看，文章的角度与观点是新的，因为文章标题就告诉我们，语文思辨教学与学生成熟之间有着新的结合点，前者为手段，后者为目的，而目的正是现代教育所积极倡导的。就这一点而言，此文已有了一定的价值。

从论文类型来看，它是总结性论文与探索性论文的综合体，其中既有对曾经做过的事的总结，又有对将要去做的事的探索，总结为探索提供了有力的依据，探索为总结开辟了崭新的道路，这样，总结与探索相互衔接，相互印证，使文章具有一定的厚度与力度。

这篇论文的针对性较强，同时，解决问题的操作性也较强。引论及三个小标题体现了针对性，针对高中学生走向成熟而难以成熟的问题进行了较深刻的剖析；三个小标题下的详尽论述体现了操作性，使人们懂得了不少解决问题的具体方法和途径。从这个角度看，这篇论文既具有现代意义又具有应用价值。

此文的框架较为匀称，约4500字，中间本论部分占了三千多字，每一部分一千多字，较为均衡；引论稍长了一些，不过并不影响全文的匀称感，因为，它是必要的诠释与剖析。

全文所用材料大多比较典型，许多是教材上的，大家都很熟悉，但大家往往并不在意它们，一旦提出来剖析之后，会使人耳目一新、回味深思，从而感到作者有比较独到的见解且言之成理，自然会与之产生共鸣，从不同的角度接受其观点与方法。

从整体上看，文章语言通达，用词比较新；句与句、段与段衔接自然；论证也相当严密和充分。

【思考题和练习题】

1. 什么是教育教学论文？它有哪几种类型？

2. 学写教育教学论文要注意哪几点？

3. 撰写教育教学论文有哪些技巧？

4. 怎样鉴别教育教学论文的优劣？

5. 请你写一篇谈某学科教师应具备哪些基本素质的文章。题目自拟，千字左右。

6. 请从你喜欢的教学方法着眼，写一篇具体运用这种方法的文章。题目自拟，约3000字。

第八节　学校应用文

学校应用文是指人们在学校的日常生活、工作学习中经常应用的简易通俗的文体，如通知、启事、调查报告、计划、简报等。了解应用文的有关常识，学习和掌握应用文的一般写法，对我们今后的工作将具有很大的实用价值。

一　通知

通知是学校生活中最常用的文体之一。凡是传达指示、布置工作、发布规章、告知事项等都可以用通知行文。它可以用来处理多种公务，作者也没有层次限制，既可作为上行文，也可作为下行文，常常具有普发性，而且写法灵活多样，各行政部门、各个处室都可以根据实际情况的需要，选择使用各种类型的通知，内容可简可繁，篇幅可长可短。

（一）通知的一般写法

1. 第一行中间写“通知”两字，也可根据情况写“紧急通知”、“重要通知”、“××（单位）关于×××的通知”等。

2. 通知对象的名称，一般写在正文内容的前头，顶格写，下加冒号。也可先写正文内容，然后另起一行空两格写“此致”，再起一行顶格写被通知者的称呼。在日常简单的通知中,正文内容已明确了通知的对象,那么,开头或末尾的对象名称也可省略。

3. 具体内容一般写在通知对象的名称下面，另起一行空两格开始写。如果前面无通知对象的名称，就在标题下面另起一行空两格写通知内容。内容较多的可分条写。

4. 发出单位和日期分两行写在正文末尾的右下方。单位名称在上行，日期在下行，有的还要加盖公章。

(二) 学校通知的常见种类

根据学校的具体情况及通知的不同功能，可以把它分为布置性通知、告知性通知及会议通知三种类型。

1. 布置性通知

这是行政机关就具体事项对下级团体或个人布置工作、交代任务的公文。

【范文】

关于举办“二十年改革、二十年开放”征文和演讲比赛的通知

各班团支部、班委会：

为了深入开展“二十年改革、二十年巨变”主题教育活动，引导广大青年学生学习宣传邓小平理论和党的基本路线，全面深入地了解改革开放二十年来在政治、经济、科教、文化等方面取得的辉煌成就，激励他们在十五大精神的指引下，奋发学习，投身改革，校团委、校学生会决定联合举办“二十年改革、二十年开放”征文、演讲比赛。现将有关事项通知如下：

一、征文、演讲比赛主题：我在改革中成长。

二、参赛对象及方法：全体团员青年都要参加征文比赛，然后各班团支部选出3篇作品参加全校的评选；各团支部推荐1名代表参加全校演讲比赛。

三、征文、演讲内容：以“我”为切入点，着眼于一人、一事、一物，通过自己亲身体会和经历，感受改革开放以来发生在我国、我市、我校的巨大变化，描述“我”在改革开放不断深化的大背景下成长成才的足迹，从而激励斗志，树立远大志向，坚定跟党走建设有中国特色社会主义道路的信心和决心。

四、征文形式及要求：题目自拟，文体可用散文、议论文、诗歌等形式，字数在2000字以内。各班团支部至少推荐3篇优秀作品参加全校的征文活动，推荐征文经评比后择优在“校园之声”中播出。

五、评奖方法：由校团委、学生会联合组成评审小组进行评定，征文设一等奖2名、二等奖4名、三等奖6名、鼓励奖若干；演讲赛设一等奖1名、二等奖2名、三等奖3名。

希各班团支部、班委会接到通知后，认真组织本班学生积极开展好征文、演讲比赛活动，真正使活动做到既轰轰烈烈又扎扎实实。学校演讲比赛的具体时间和地点将另行通知。

××中学团委、学生会

一九九八年十一月二十日

【范文解说】

这份通知的正文分三个部分。第一部分为引言部分，说明发文缘由；第二部分为主文部分，对活动的主题，参赛对象、征文和演讲的内容、形式、要求及评奖办法等方面作了交代；第三部分结尾对各班团支部和班委会提出了希望和要求。

总述（引言）——分述（列成条款）——结尾（也可不加）是这类通知常用的结构。

2. 告知性通知

上级部门的有关事宜需要下级部门或个人知道时，常常用这种通知。例如：

通　　知

各教研组：

经研究，定于五日下午四时在第一会议室召开各教研组组长会议，请各位组长准时参加。

特此通知。

教导处

10月4日

这种通知，要交待清楚所通知的事项，有什么要求，如何办理等等。

3. 会议通知

这是用来告知有关部门将要召开某一会议，同时提出参加会议的有关要求的一类通知，兼有布置性和告知性，这类通知要求写得具体明确。

此类会议通知的标题部分，一般要交待会议的名称。正文部分要写清楚会议名称、参加人员、会议内容（主要议题）、会议地点和会期（起止时间）。有时还需在正文开头简述开会的目的或根据。若是需经上级批准的会议，则应强调"经××××批准"。此外，一些跨学校、跨县市的会议，还需要写明会务联系人及联系电话、对与会者的要求（如需携带什么材料等）、会议的报到时间和地点、到达会议所在地的交通路线等。

【范文】

关于召开'98省重点中学教育科研工作会议的通知

各市教科所、省重点中学：

经研究，1998年江苏省重点中学教育科研工作会议，于11月5日至7日在江苏省××高级中学举行。现将有关事项通知如下：

一、参加对象：

全省各重点中学分管教育科研的校长或教科室主任；各市教科所所长。

二、会议内容：

1. 研讨如何通过教育科研深化素质教育，更好地发挥重点中学的示范作用，并邀请上海市教科院×××副院长作学术报告。

2. 考察省××中学开展教育科研的情况，观摩实验课。

3. 部署当前全省重点中学教育科研的工作任务。

三、会议材料准备：

1. 请参加会议的各重点中学递交大会交流论文一篇，一式180份。文稿形式要求：⑴在首页左上角，设长方框，用五号字标出：’98江苏省重点中学教育科研工作会议交流论文；⑵文稿题目用三号黑体字；⑶文稿正文用四号仿宋体字。

2. 各市推荐一名教师带创作的多媒体课件（1—2件），参加大会交流。

四、会议时间与地点：

1. 会议时间：1998年11月4日下午报到，11月5日至7日会议。

2. 报到地点：××市凯利大酒店。

五、会议费用：

每人交会务费300元，住宿费、往返交通费回单位报销。

请各市教科所接此通知后，认真做好参加会议交流论文的准备和课件的选用工作，并及时通知本市各重点中学参加会议。

江苏省教育科学研究所

1998年9月25日

【范文解说】

此份会议通知的标题就交代了会议的名称；开头再一次交代了会议名称及会议地点，正文部分交代了会议的参加对象、会议的内容、参加会议所需准备的材料、会议的具体时间与地点及会议的有关费用。

会议通知既要写得简洁精炼，又要把与会者该知道的事情说清楚，从而为开好会议创造必要的条件。

二　通告

通告是在一定范围内，对人民群众或机关团体公布应当遵守或者需要知道的事项的应用文体，学校也经常使用这种文体。

通告在格式上一般包括标题、正文、结尾三部分。

标题

在第一行的中间写上“通告”。有时可以在前面加上发文机关和通知事项，如《××小学关于加强门卫制度的通告》。

正文

第二行空两格写通告的内容。先写发通告的目的、意义，这部分结束写上“现通告于下”领起下文；然后写通告的具体内容，常用“特此通告”作结，有时也不用。

结尾

在正文右下方分两行写上发文单位和日期。

通告在写作上要注意：

（一）中心突出。通告撰写者一定要对通告所表达的内容十分清楚，无论多少项都要紧紧围绕中心，做到内容集中，给人以深刻印象。

（二）要求具体。通告内容不能抽象笼统，含混不清。

（三）语言通俗易懂。即使是内容具有专门性质，也要尽量少用专门术语，便于群众理解。

通告和通知的不同之处主要表现在：通告是一种公告，没有固定的对象，具有一定的普遍性；通知的对象范围一定，常具体指某些人或某些单位，且在写作时一定要写清被通知对象的名称。通告常须张贴或登报，让更多的人了解内容；通知常只作传阅或印发。

【范文】

关于加强门卫的通告

为了维护学校正常的教学秩序，确保学校安全，学校决定加强门卫，现通告如下：

一、学校门卫实行18小时值班制，晚12时至早6时任何人无特殊情况不得出入学校。

二、师生员工出入校门须佩戴校徽。来客须登记后方可入内。

三、上课时间教师、学生概不会客，来客可在传达室等候。

四、校门口不得摆摊设点，不得喧嚷吵闹。小商小贩不得进入学校。

以上各点请广大师生员工、校外群众协助执行。凡违反者门卫人员有权批评教育。拒不接受批评，寻衅闹事，干扰门卫工作者，视其情节，从严处理。

特此通告

××中学

×年×月×日

【范文解说】

该通告标题交代了通告事项。

通告的具体内容又分前言和正文两部分。前言部分交代了发此通告的目的和意义。正文部分运用序数式交代了通告的四项具体内容，条理清楚，要点明确。在此基础上提出了希望和要求，结尾部分在右下方分两行交代发通告的单位和日期。

三　海报

海报是学校中较常用的一种应用文体。它是向广大师生报道或介绍有关电影、体育、文娱晚会、报告会等消息的招贴，有的还加以美术设计。海报这名称，最早起于上海。旧时，人们通常把职业性的戏剧表演界称为“海”，把从事职业性戏剧表演称作“下海”。也许是因为这个关系，便把作为剧目演出信息的招贴物称为“海报”。

【例 1：体育比赛海报】

球　讯

今天下午×点，我校学生联队和教师篮球队将在本校一号球场进行男子篮球友谊赛，欢迎大家前来观看助兴。

××中学工会
团　委
学生会
×月×日

【例 2：报告海报】

海　报

为了进一步推进应试教育向素质教育的转化，特邀请省教科室副主任×××来我校作“素质教育”专题讲座。时间：×月×日下午×时；地点：本校多功能教室。希全体教师准时参加，同时也欢迎广大学生前来听讲。

××中学校长室
×月×日

制作海报必须注意以下几点：

1. 内容必须真实，切不可张冠李戴，文不对题；可以适当用一些鼓动性的词语，以吸引观众，但不可过分夸大；

2. 文字要力求简洁，行文要直截了当；

3. 可根据内容的需要，画上象征性的图案，色彩构图要突出主题、简洁明快，有新颖的形式美和装饰美。

四 调查报告

推行政务，实施管理，开展工作，离不开调查研究。调查报告是就调查研究的结果所形成的书面报告。

（一）调查报告的特点

1. 内容强调真实性。调查报告寓理于事，因此它必须强调事情的真实性，必须尊重客观事实，言必有据。

2. 过程要求完整性。调查报告应反映客观事实的完整过程，给人以整体感。只有这样，叙述才能比较全面，事理才能比较公允，报告才能具有较强的说服力。

3. 文体体现两重性。调查报告既是一种公务文体，又可以具有新闻的特性。新闻特性强的调查报告，往往只是用来反映对某一新闻事物或社会问题所作的调查研究的结果，而作为公务文体的调查报告所反映的内容则更加广泛。

（二）调查报告的格式和写法

1. 标题

调查报告的形式分单标题和双标题两种。单标题一般要写明调查对象、报告内容及文种，如《对 307 名中小学生“离家趋势”的调查分析》①。双标题的正题用文章式标题，起提示主题

① 见人教社 1995 年版高中语文教材第五册。

的作用，副题多为公文式标题，点明调查对象、标明文种。如《南国佳果何以畅销全国？——东莞搞活香蕉购销的调查》①。

2. 正文

调查报告的正文比较规范，一般由前言、主体、结尾三部分组成。前言部分的写法多种多样。一般是介绍调查的目的、对象、内容、方法、过程、结论等。主体部分要以大量的事实、事例、数据反映调查对象的各种情况和真实面目。其结构可以多种多样，或者是纵式结构，或者是横式结构，或者是对比式结构，也可以纵横交错。结尾部分一般采用总括形式，或强调中心，深化主题；或“卒章显志”，总结全文；或提出建议要求等等。也有的不用结尾，主体部分完了就结束。

【范文】

中年教师的健康状况令人担忧

——对××中学部分教师的调查

近年来，一些中年有为的知识分子的早逝，引起了全社会的震惊和关注。那么，中年教师的健康状况究竟如何呢？最近，我带着这个问题，对××中学的部分中年教师进行了调查，结果表明：情况是令人担忧的。

在所调查的47名教师中，患有各种疾病的竟有36人之多，约占80%。其中患有慢性咽炎的33人，占67%，患有心血管系统疾病的18人，占36%，曾患肺病的8人，占16%。而同年龄段的工人的情况却好得多。就在该校对面那个工厂，据了解，该厂中年工人中身体健康者占62%，有心脏病和肺病史的分别仅占12%和10%。相比之下，中年教师的身体状况不能不引起我

---

① 见人教社1995年版高中语文教材第五册。

们的焦虑。

那么,造成这种状况的根源何在呢?据我调查,有如下原因:

第一,教师这一职业很苦。一天几节课站着讲解、板书、演示,一堂课下来,往往口干舌燥,精疲力竭。有位患严重关节炎的数学老师对我说:"课堂上一门心思讲课,什么都忘了;下课铃一响,才觉得浑身酸疼,简直支撑不住。"想想我们的老师吧,为了让我们掌握好一个难点,他们不知要高声重复多少遍;为了使我们弄清一道解题步骤,老师有时要写上满满一黑板;写了擦,擦了写,不知要吃多少粉笔灰,久而久之,职业病——咽炎、肺病的比率当然普遍上升。教师在校内有紧张的教学任务;下班后还要备课、批改作业、翻阅资料,八小时以外还得工作。不像企事业单位的普通职工,上班操作虽紧张,但业余时间就几乎没有思想负担了。

第二,中年教师担子最重。他们教学经验丰富,起着承上启下的骨干作用,因而工作量较大。在该校的中年教师中,每周12课时以上的占34%,繁重的毕业班课务绝大部分是中年教师担任的。不少中年教师还是班主任,有的还被任命为校或教研组的负责人,身兼行政、教学双重职责,负担更重。数学教研组组长陈老师去年带高三毕业班,由于负担过重,胃出血住了院。今年,她又担任了高三数学课,结果旧病复发,只得住院治疗。该校36%的中年教师担任了各方面的负责工作。如此长期超负荷运转,势必导致中年教师身体"支出"大于"收入",怎能不积劳成疾呢?

第三,中年教师待遇偏低。这几年教师的工资待遇尽管有所提高,但未能尽如人意地从根本上得到改善。一位有30年教龄的老师抱怨说,儿子才工作几年,工资拿得比自己都多。由于待遇偏低,经济负担重,生活比较清苦,使得许多中年教师营养状况不佳。我统计了体检表中"营养"一项的情况,在47名教师中，“良好”的仅占39%，“一般”的占55%，“较差”的占15%。如此营养状况，怎能有健康的身体，又怎能承担繁重的教学任务呢？

当然，中年教师健康状况差，是由多种因素造成的，但从根本上说，反映了教师的社会地位还未能受到应有的重视，因此教师这一工作至今仍未能成为“人人尊敬、人人羡慕的职业”。

作为学生,我们爱我们的老师,看到他们健康状况这么差,我们打心底里感到难过。为此,我呼吁:为了教育事业的繁荣,全社会都来关心我们的老师,特别是关心中年教师的健康问题吧!①

调查人：××中学高三　张凯

【范文解说】

这篇调查报告的标题就是双标题，正题“中年教师的健康状况令人担忧”对文章的主题起了提示作用；副题“对××中学部分教师的调查”点明了调查对象和本文的体裁。前言部分交待了调查研究的出发点、内容、对象和结论。正文采用纵向结构，分三个部分，调查报告的具体内容又分前言和正文两部分。第一部分列举具体数字，反映了令人担忧和焦虑的中年教师的身体状况；第二部分通过详细的例子和数据，从三个方面分析了造成中年教师身体状况较差的主要原因；第三部分呼吁全社会都来关心中年教师的健康问题。

五　计划

计划是管理机关、基层单位在一定时期内，为完成特定的任务，或为开展某项工作而预先做出的安排或打算。就学校而言，

① 摘自《全国中学优秀作文选》。

每学年、每学期都要制订计划。

（一）计划的分类

按内容分有综合计划，如××中学1998—1999学年工作计划；也有专项计划，如××中学1998—1999学年教学工作计划。按时间分，除学年度计划之外，还有一学期计划。按性质分，有学校工作计划、各条线工作计划、各项活动小组的工作计划等。

（二）计划的基本格式和写法

计划一般可采用条文形式或表格形式，也可既有条文，也有表格。不管哪种形式，一般要包括以下三个方面。

1. 计划的标题

计划的标题一般由制订单位的名称、计划适用时间及名称三部分组成，例如："××学校1998年工作计划"。

2. 计划的内容

计划的内容一般分前言和正文两大部分。前言部分一般说明为什么要订这份计划等问题；主体部分则具体着重回答做什么、怎么做、达到什么要求、何时完成等问题。计划主体部分总的写作要求是条理清晰、重点突出、表达明确。层次的划分上通常采用两种方式：1. 序数式，即在前言之后用表示梯级的序数加小标题的表达方式撰写主体部分，各部分还可再分若干小部分；2. 表格式，项目繁多而要求划一明确的计划事项常用表格式，使主体部分眉目清楚。

计划一般不写结束语，主体部分结束，正文即告完成。

3. 计划的制定者（个人姓名或单位名称）和日期。这一部分有一定的灵活性，有的在标题中已作说明的，则可略去。如标题中已交代是某单位制订的计划，末尾则不必重复，只需写明计划的日期即可。

【范文】

××单位高等教育自学考试学习小组 1995 年上半年学习计划①

为了顺利通过高等教育自学考试，在厂领导的关怀下，我单位参加自学考试的九位同志组成了学习小组，现制订 1995 年上半年的学习计划如下。

一、学习内容：

1995 年上半年开考的《写作》、《现代汉语》两门课程。

二、辅导教师与教材：

聘请××师专写作教研室主任×××和××学院讲师×××为辅导教师，以全国高等教育自学考试指导委员会指定的必读书《写作教程》（×××等编，1994 年华东师范大学出版社出版）、《作文法概要》（×××著，1992 年辽宁人民出版社出版）、《写作通论》（×××、×××编，1993 年北京出版社出版）、《现代汉语》（×××主编，1979 年上海教育出版社出版）、《现代汉语》上下册（×××、×××主编，1993 年甘肃人民出版社出版）为教材。

三、学习方法和时间安排：

每周三、五晚上七点至九点上辅导课，每周星期日下午二点至五点小组集体学习。

四、要求：

1. 辅导课与小组集体学习不得无故缺席。

2. 按时完成作业。

3. 抓紧时间，读完辅导教师指定的参考书。

1995 年 1 月 5 日

---

① 摘自人教社 1990 年版高中语文教材第五册第 67 页，略有改动。

【范文解说】

该计划的标题由三部分组成：1. 制订计划的单位“××单位……学习小组”；2. 计划适用的时间“1995年上半年”；3. 计划名称“学习计划”。

计划的具体内容分前言和正文两大部分。前言部分用简洁的语言交代了制订该计划的缘由；主体部分则运用序数式交代了学什么、怎么学、有哪些要求等，条理清楚、要点明确、重点突出。

【范文】

本周晚自习学习计划

为了充分提高晚自修的学习效率，根据最近一阶段自身的学习情况，特订出本周晚自习的学习计划如下：

时　间	内　容	要　　求
星期日	温习所学数理公式 预习语文新课	先试背公式，背不出再看书温习。预习新课文时，主要是找问题。
星期一	学习文言虚词“之”“其”	寻找含有“之”“其”的例句，分类记入卡片，归纳其使用规律。
星期二	背数理公式	根据所背公式，各做两道习题，以加深印象。
星期三	看杂志	看《中国青年》杂志和《小说选刊》，并做摘记。
星期四	进行作文训练	自拟一道作文题，进行一题多作的训练，写三个写作提纲。

（续表）

星期五	学英语	记单词，与同桌练习英语对话，增强语感。
备注	①完成当天作业后，再按此计划学习。 ②根据新情况作适当调整。	

高二　张劲松

×年×月×日

【范文解说】

这份表格式计划，除简短的前言外，运用表格的形式交代了什么时候做什么事情，怎样做，达到什么要求等，条理清楚，眉清目秀。

六　总结

总结是机关、单位或部门在实现计划目标或完成特定任务以后，对前一阶段的工作进行回顾和评估的公文，具有概括性、客观性和科学性等特点。

(一) 总结的作用

总结可以使零星的、肤浅的、感性的认识上升到系统的、本质的、理性的认识；可以使我们从成功中获取经验，从失败中汲取教训，从而保证今后的工作顺利开展；可以全面、系统地了解以往的工作情况，从过去的工作实践中寻找出规律，并使今后的工作循着规律前进。

(二) 总结的基本内容

由于工作的情况不完全相同，总结的内容也就不能千篇一律，总的来说，总结一般包括以下三个方面：

1. 基本情况。任何总结，都要有情况的概述或叙述。

2. 成绩和缺点。这是总结的中心或重点。总结的目的就是要肯定成绩，找出缺点。成绩有多大，表现在哪些方面；缺点有多少，表现在哪些方面，都是总结不可缺少的。

3. 经验和教训。取得成绩一定有经验，存在问题一定有教训。为了发扬成绩，克服缺点，总结时须对以往工作的经验教训进行认真的分析研究，并把它上升到理论高度加以认识，作为今后工作中的借鉴。

（三）总结的基本格式

1. 标题

总结的标题主要有四种形式。⑴公文式标题，一般由单位名称、期限、文种名称三部分构成。如《××中学1998年工作总结》。⑵文章式标题，这种标题多用于专题总结。标题的主要特点是对总结的主体内容有提示作用，如《落实素质教育要求　深入推进教学改革》，这个标题由两个分句组成，一辅一主，一虚一实，重点在后一句上，提示这是一篇关于“推进学校教学改革”的专题总结。⑶双题式标题，由文章式标题和公文式标题构成正副标题。正题提示主体部分要点，副题点明单位、时间、总结的种类。如《采取切实有效措施　塑造优良教师群体——××中学1997—1998学年师资队伍建设工作总结》。

2. 正文

⑴开头。总结的开头部分一般要概述基本情况，或者提出全文要点，文字应力求简明扼要。

⑵主体。这部分是总结的重点，一般采用夹叙夹议的表达方式，具体阐述主要的经验、做法、问题、教训、认识、体会，但侧重点各有不同。主体部分的结构形式主要有纵式结构和横式结构两种。纵式结构一般按照指导思想、方法措施、成绩或经验、问题或教训等顺序逐层展开。横式结构是按材料的逻辑关系分成若干部分，也可把总结所包括的时期分成几个阶段，叙述各个阶

段的不同情况，或者分别叙述各个阶段的做法、成绩、缺点、经验教训等等。但不论采用什么结构，用哪种方法，都要求层次分明，事理充分，中心突出。

⑶结尾。总结的结尾一般比较简单，或表态，或建议，或展望。不管哪一种结尾，都是宜短不宜长，宜简不宜详。

七　简报

简报是由党政机关、企事业单位和人民团体内部编发的，向上级反映情况、汇报工作，或和平级通报情况、交流经验，或对下级传达意见和要求的一种简明的报告，同时，它又具有档案工作的资料性，是反映机关历史情况的重要材料。

（一）简报的特点

1. 时间讲究快速。简报注重信息的快速传递，有强烈的时效性。

2. 行文简明扼要。简报的内容要充分突出一个“简”字，必须做到内容集中、篇幅简短、语言简练。

3. 内容求新求实。简报的内容应反映新情况、新问题、新动向、新经验，具有新闻性，反映的情况一定要实事求是、准确无误，反对编造虚构。

（二）简报的类型

常用的简报有以下几种：会议简报、专题简报、业务简报等。

会议简报主要反映某次会议的情况。如会议的筹备、会议的进程、会议的中心议题及讨论情况、会议的决议等。

专题简报是围绕一项专门工作发出的，主要是反映该项工作的进展、问题、经验以及典型材料等，如《学校招生工作简报》。

业务简报是反映本部门、本系统日常业务工作情况的，如《教师业务培训简报》。

（三）简报的格式和写法

1. 报头。简报的首页通常由分割线将报头部分和文稿部分分割开来。报头部分包括简报名称、编发机构名称、期数、出版日期。如：

文化工作简报

第 17 期

××省文化厅办公室　　　　　　　　　　1991 年 6 月 20 日

---

2. 标题。简报的标题一般用实题，即简明扼要地概括正文部分所叙事实的核心内容，它的要求和形式与新闻的标题差不多。例如：

[报头]

招生工作简报

第×期

××市教委高校招生办公室　　　　　　　　1996 年×月×日

[标题]

提倡尊师重教　鼓励填报师范

——市教委召开普通高中填报志愿工作会议

3. 正文。简报的篇幅一般比较短小，大多采用新闻结构形式来写，通常包括导语、主体、结尾几个部分。

导语要具体实在、简明扼要、突出中心、揭示主题，但不要重复标题。

主体是正文的骨干部分，它要求观点鲜明、层次清楚、逻辑严密，概括性材料与具体事实相结合。

结尾是正文的结束语，其作用在于提示所报道事物的意义，以加深读者的理解和印象。

4. 报尾。在简报末页的下方的分割线下写明本期简报报、送、发的单位。“报”是报给编制简报者的上级，“送”是送给编制简报者的平级；“发”是发给编制简报者的下级。最后在下方注明本期简报印发的份数。如果是内部印发的简报则不需用报尾。

【范文】

职工教育简报

第×期

××市职工教育管理委员会办公室　　　　1982年×月×日

推广先进经验　布置秋季开学

——市建委召开基建系统职工教育工作会议

最近，市建委在市建工局培训中心，召开基建系统职工教育工作会议。这次会议既是基建系统以“双补”为重点的经验交流会，职工教育成果展览会，又是布置今年秋季开学的工作会。市属局（院）和中央、省属在×基建、设计单位公司以上的党政负责同志、工会负责同志和教育科长都参加了会议。

会上交流了四个单位的经验：⑴市建工局围绕“双补”任务，像抓生产一样抓职工教育，做到“三个一样”（像重视生产一样重视职工教育；像组织生产一样组织职工教育；像解决生产中的难题一样解决职工教育工作中的实际问题）和“三个同时”（布置生产任务的同时布置职工教育工作；检查生产任务的同时检查职工教育的开展情况；上报生产任务完成情况的同时上报职工教育任务完成的情况），因而生产和职工教育都超额完成上半年计划的经验。(2)市预制构件公司领导深入教学实践，提高“双补”效果的经验。(3)市建三公司提高认识，集中办学的经验。(4)市城建局采取以老带新，边教边学边研究的办法，提高教学质量，学员结业率达到78%的经验。

会议当中,参加会议的同志参观了市建工局主办的职工教育成果展览。这个展览比较生动、形象地反映了该局职工教育开展的情况和效果,提高了大家的认识,增强了搞好职工教育的信心。

市建委负责同志在会上讲了话，肯定了上半年的工作成绩，提出了下半年的工作任务。介绍了市基建系统今年上半年“双补”情况。

会议经过讨论确定下半年的职工教育工作的重点是：

一、继续解决认识问题。要求各级党委坐下来再学习中央的《决定》、全国职工教育管理委员会等五单位的联合通知和省、市有关文件，提高认识，增强责任感，把“双补”和干部教育放在突出的位置上。

二、坚持多种形式办学。各单位要尽量抽调“双补”对象进行补课。要优先抽调技术工种、关键岗位和今明两年要转正、升级的青工进行文化、技术补课。

要鼓励自学。凡通过自学达到初中毕业的职工，提倡参照自来水公司的办法办理：即每年“五四”青年节进行自学文化补课考试，考试合格者，发给合格证，发给奖学金。

三、加强教学管理，开展多种形式的教研活动，提高专、兼职教师的教学质量，从而提高学员成绩的合格率。

四、各局都要积极创造条件，建立培训中心。

五、要遵照规定组织好秋季开学工作，要按时开学，不得无故延期。

报：市委、市人大常委会、市政府、省职教办、全国职教办。

送：市级有关部门，市职工教育管理委员会成员。
发：各区、县职工（工农）教育办公室。[①]

【范文解说】

该简报的报头、标题、正文、报尾都严格按照简报的有关要求，是一份非常规范的会议简报。

八　演讲稿

演讲稿也叫演说词，是供演讲人在人数众多的公共场合，集中阐述某个问题的文稿。它属于议论文的范畴，表达方式以议论为主，兼有叙述和抒情，其特点是观点鲜明、针对性强、语言生动、情感浓郁、善用口语，具有强烈的面对面的宣传、鼓动、教育作用，是学校经常用到的一种应用文体。

（一）演讲稿的基本格式

演讲稿一般有开头、主体、结尾三部分组成。

1. 开头。演讲稿的开头非常重要，这是演讲人与听众最初的实质性接触，具有安定听众情绪、控制会场气氛的作用，它的成功与否，在很大程度上影响着演讲的成败。因此必须能一下子唤起听众的强烈兴趣。

演讲稿的开头一般可采用以下一些形式：

（1）故事式。如果在演讲稿的开头能选择一个和演讲主题有密切关系的小故事，那么就很有可能收到良好的效果。如四川一位作者在《救救孩子》这一篇演讲稿的开头，紧密结合演讲的主题——要重视培养孩子们独立生活的能力和战胜困难的勇气，选择了这样一个开头，1997 年 5 月 24 日《新民晚报》披露了这样一个事实：一个四年级的小学生，每天要带父母亲手剥了壳的鸡

① 摘自人民教育出版社 1990 年版高中语文教材第五册。

蛋到学校吃。有一次，父母忘了给鸡蛋剥壳，差点憋坏了孩子，他对着鸡蛋左瞅右看，不知如何下口，结果只好原蛋带回。母亲问他怎么不吃蛋，他的回答很简单，“没有缝我怎么吃！”这样一个故事式的开头，无疑会收到很好的效果。

(2) 引用式。演讲稿的开头可以结合演讲的主题，引用名人名言，从而为主题的展开作必要的铺垫和烘托。例如有一篇题为《让生命在追求中闪光》的演讲稿的开头是这样的：“美国黑人教育家杰明·梅斯有句耐人寻味的名言：‘生活的悲剧不在于没有达到目标，而在于没有想要达到的目标！’这话是极有道理的。”另有一篇曾获湖南省大学生演讲比赛三等奖的题为《不忘国耻 振兴中华》的演讲稿是这样开头的：“记得有这样一句名言：‘一个人的创伤只会痛苦一时，一个民族的耻辱却足以铭记千年。’”

(3) 悬念式。悬念能激发听众的好奇心，能促使听众尽快进入演讲者的主题框架。有一篇抨击官僚主义的演讲稿是这样开头的：“一个人的衰老是从哪里开始的呢？有的是从脚老起，有的是从脑老起，而有的则是从屁股老起的。某些干部不深入实际，整天泡在‘会海’里，坐而论道，那么屁股可造孽了，既要负担身上的重压，又要与板凳磨擦，够劳累的。如此一来，岂不是屁股先老么？”这种“悬念式”的开头，调动了全场听众的兴趣，从而有效地控制了听众的情绪。

(4) 抒情式。这种开头常常运用华丽的修辞，激情澎湃，把听众引导到诗一般的境界中。如在美国演讲史上几乎与林肯齐名的爱德华·埃弗雷特国务卿，1863 年 11 月 19 日在葛底斯堡国家烈士公墓落成仪式上发表的演讲是这样开头的：“站立在明净的长天之下，极目眺望经过无数人们长年耕耘而已安静憩息的广阔田野，那雄伟的阿勒格民尼山脉隐约耸立在我们前方，兄弟们的坟墓就在我们脚下，我真不敢用我这微不足道的声音来打破上帝和大自然安排的这意味无穷的寂静。但我必须履行你们交给我的任务，因此请求你们施予我宽容与同情。”这样的开头，一开始就把听众带到了美丽、庄严、肃穆、壮阔的气氛之中。

以上谈了演讲稿的几种常见的开头。不管是哪一种开头，都必须做到简短有力，引人入胜。

2. 主体。演讲稿的开头固然很重要，但最重要的还是主体部分，它是演讲的核心，也是演讲的高潮所在。为了给听众留下深刻的印象，并唤起听众心灵的共鸣，主体部分的内容一定要集中，中心一定要突出，条理一定要清楚，感情一定要丰富。要运用充分有力的事实材料和理论材料，有条不紊地展开深入的阐述和论证，显示一种严谨的理论力量和雄辩的逻辑力量。为了更好地达到“晓之以理、动之以情”的教育目的，主体部分还常常运用抒情的表达方式，直抒胸臆，字里行间渗透强烈的思想激情，从而使演讲既有巨大的说服力，又有强烈的感染力。

3. 结尾。一个精彩的结尾，能烘托、强化演讲的效果，这对一篇成功的演讲稿来说是不可或缺的，因此绝不能草率了事。它可用简明有力的语言概述演讲内容，点明演讲主题；或以精炼扼要的言辞呼应开头，使整个演讲浑然一体、一气呵成；或紧扣演讲的主题，根据听众的特点发出热情洋溢的号召；或引用哲理性的名言、格言，引发听众的回味和长思。如张海迪著名的《是颗流星，就要把光留给人间》这一演讲稿的结尾：“现在，我经常想，在生命的里程中，自己做得太少、太少了。我总是想把一天当作两天用。只要心在跳动，我就要努力地工作和学习，顽强地与疾病抗争，用生命的火花照亮通向美好未来的征程。”这一结尾就用简练朴实的语言，点明和深化了演讲的主题，既耐人寻味，又催人奋进。

（二）写作演讲稿的基本要求

演讲稿除了要注意结构上的基本格式之外，还具有两个明显的独特之处：一是在现场直接面对广大听众；二是在可读性之外更讲究可说性和可听性。因此，写作演讲稿在注重观点鲜明、重点突出、条理清楚、感情丰富的同时，还要特别注意以下几个方面：

1. 了解听众特点，适应听众心理。撰写演讲稿必须首先了解听众的构成情况。对他们的职业、年龄、文化程度等做到心中有数，以此确定演讲稿内容的深浅及主要的表达方式。

2. 口语化强，流畅动听。演讲稿的语言一定要读来顺口，听来顺耳，生动朴实，有声有色。遣词造句一定要通俗易懂，流畅动听，抽象的道理、概念要具体化、形象化。这样才能活跃气氛，吸引听众。

3. 例证丰富，理据充实。演讲成功的关键在于“晓之以理，动之以情”，只有例证丰富、分析中肯、有理有据，才能“以理服人、以情动人”，才能感染听众、打动听众；如果空话连篇，内容干巴巴，就只能给人以矫揉造作、装腔作势的感觉，也就无法起到感染和鼓动听众的作用。

【范文】

书中自有千重天

很高兴能参加这次读书成果演讲比赛。作为一名中学生，我非常喜爱读书，但，此时此地，我不敢妄谈读书对我的思想有何帮助，也不敢瞎说读书对我的学习有何促进。因为我的思想并不成熟；我的成绩也绝非优异。然而，读了一些书，总还是有所收获的，这是我今天可以向朋友们介绍的我的读书成果。它是一个在我的头脑里越来越清晰的认识，一个在我的心灵里越来越强烈的呼声：读书使我认识到，书是一个五彩斑斓，奇异美妙的世界，书中自有千重天！

我爱读书，因为书从内容到形式都是千变万化，各式各样的。翔实可信的史书使我清醒地观察历史，预知未来；清新秀丽、朴实可爱的小诗可以使我的头脑更加聪慧、灵敏；笔锋犀利、所向披靡的杂文则常常引起我的深思；典雅精致、形散而神不散的散文让我感觉到舒适宁和；细致入微、别具魅力的小说让我能看到生活里的希望，理解生活，热爱生活；而一则则令人捧腹的小幽默又告诉我生活应当从笑开始……

我爱读书，因为书有着各式各样的性格，也就是说书的风格各异。那些笔调轻快欢悦的，读起来像观赏山溪里蹦跳的水花，十分欢畅；那些悲哀抑郁的，读着就像品尝一杯浓浓的苦咖啡或是咀嚼一串儿干涩的青橄榄；也有忧心激愤的，读着它的每一个字，都像能点燃我胸中灼灼欲出的火；更多的是明丽清雅的，轻声朗诵着它们，总有竹林里那种山雨欲来的感觉；当然，还有轻松自如、诙谐幽默的，这些无须你想得太多，只要肯读准能得到快乐……

我爱读书，因为我爱一切给世界以美和爱的事物。试想一个无美的世界，无爱的世界，必定是无人肯停留的。更何况书中的美和爱又有着比较独特的独到之处。书中的爱有像鲁迅先生那种爱之愈切、斥之愈急的爱，也有像魏巍那种溢自心底，流于笔尖的爱；有无数诗人墨客面对着祖国大好河山抒发的对中华的爱，也有艾青在《大堰河——我的保姆》中那样对劳动人民深情的爱。书中的美也是独具风韵的，有像苏轼词赋中那种气势磅礴，震撼人心的美，也有像三毛那种殷殷切切，纯真自然的美；有欧阳修那种阴柔温婉的美，也有像雨果在《九三年》中所展示的粗犷豪放的美。而作为一个追求美、渴望美的人，我们对此能无动于衷吗？

我爱读书，因为我向往知识。知识是创造财富的法宝，是改造世界的钥匙，知识才会使人强大！书，这一凝结了人类历史上一切智慧的综合体，正是一个知识的大宝库。我们想要更快、更好、更正确、更有效地掌握更多的知识，尤其是我这样的脱离了社会实践的中学生，就必须在书中去寻找，读书是摄取知识的最佳途径。书，好比是翅膀，读得越多，飞得越高远；好比是种子，播得越多，收得越丰富。

我爱读书，不是像有些人那样仅仅是为了消遣而读书，也不是像另一些人那样为了显示其学识的渊博而读书，更不是为了在考试中得一个高分而读书。我不敢像周总理小时候那样豪迈地宣称“为中华之崛起而读书”。但是，我心里明白：无论从国家的昌盛，民族的兴旺，还是未来的建设，或是自己成长的需要来看，只有读书才可能把我塑造成为一个真正合格的人，这也是历史和未来对每一个人的现在所提出的要求。

所以今天，当我走上这个讲台时，心情十分激动，我娓娓地叙说了这些来自于书中又用于实践的收获，回想起小时候第一次背着书包跨进学校，第一次走入图书馆，找到那本我梦寐以求的连环图册的旧事时，我忽然明白了就是从那个时候起，书便在我的心中营造着它自己的天国。直到今天我讲完了我以前从未想过的问题，我又一次深深地体味到了这个天国竟是如此之高远，如此之广阔，我真想高呼一声：书中自有千重天，以此激励我，引导我在未来的征途上读更多、更好、更有用的书。

这，便是我，一个中学生的读书成果。[①]

【范文解说】

这篇演讲稿的开头，用简练朴素的语言，一下子就涉及到了演讲的主题，并鲜明地提出了自己的观点：“书是一个五彩斑斓、奇异美妙的世界，书中自有千重天。”主体部分紧紧围绕这一中心，分五个方面展开演讲，内容集中，材料充实，例证丰富，条

---

① 摘自《全国中小学生分类作文精选应用文专辑》第186页，文汇出版社1996年版。

分缕析，观点和材料和谐统一，语言流畅，感情真挚，具有强烈的感染力。结尾部分以简明扼要的言辞总结全文，既使全文浑然一体，同时又深化了演讲的主题，引起听众无穷的回味。

九 启事

启事是单位或个人有什么事情需要公开说明或希望大家协作、帮助时写出的书面文字，它是学校经常使用的应用文体。

（一）启事的基本格式

启事同其它告启类文种一样，也是由标题、正文、落款三部分组成。

1. 标题。标题即启事的名称，如“招领启事”、“征文启事”，有时为了突出事情的紧迫性，可以写“紧急启事”。

2. 正文。正文即启事的具体内容，一般包括目的、意义、特征、数量、要求等，不同性质的启事，正文的内容也不尽相同。写法一般是在标题下另起一行空二格写启事的正文。正文的末尾有时还加上“特此启事”等字样。

3. 落款。在启示的右下方注明启事单位的名称或个人的姓名，在名称或姓名的下方再写上启事的日期。

（二）启事的常见种类及其写法

1. 招领启事。这是在拾到他人或某单位丢失的物件后，通知失主前来认领的启事。它通常只写明招领物件的名称，但不能写明具体数量和特征，以防冒领。如：

招领启事

高一（2）班王江同学于昨天下午在篮球场上拾到衣服一件，内有借书证、学生证和菜票若干，请失主速来认领。

××中学政教处

1998年12月20日

2. 寻物启事。这是失主为了寻找丢失的物品时所写的启事。撰写寻物启事，必须将丢失物品的名称、数量、质量、特征及遗失的时间、地点写清楚。同时，失主还应清楚地写明自己的姓名、住址或所在单位的名称、电话号码，以便拾到者与自己联系。如：

寻物启事

昨天下午课外活动时，本人不慎在足球场上遗失一把自行车钥匙，钥匙上配有一只足球匙坠，请拾到者与高一（3）班李明联系，不胜感谢！

×月×日

3. 征稿启事。这是学校行政部门或报刊杂志编辑部门为征集稿件所经常使用的一种启事。其写法和其它启事不同的是要写明征稿对象、内容范围、文章体裁、字数要求、投寄方法、起讫日期等。如：

征稿启事

为丰富校刊《校园风采》的内容，特征求下列稿件：园丁颂歌、班级新事、学习心得、思想火花及文艺创作等。来稿要求观点鲜明，选材富有时代色彩、文字简洁生动、字迹清晰，篇幅一千字左右。请写明真实姓名和所在班级。

稿件请送本校学生会《校园风采》编辑部。地址：瀚海楼二楼学生阅览室隔壁。

《校园风采》编辑部

×年×月×日

【思考题和练习题】

1. 为推动课外阅读活动的开展，并征集读书心得，本校学生会决定举办“我喜爱的一本书”征文。请你以学生会宣传部的名义写一份启事，要写明征文的目的、意义、内容、形式及有关事项，文字简明，格式正确，不超过200字。

2. 下面是一份简报的报头部分，请指出它的错处。

第×期

招生工作简报

1994年×月×日　　　　××市教育局高校招生办公室

提倡尊师重教　鼓励填报师范

——市教育局召开各中学校长会议

提示：错误有三处，一是期数应在简报名称的下方，二是编印单位应在左面，印发时间在右面，三是正文标题要移至通栏横线之下。

3. ××中学将于10月5日下午3时召开全校师生大会，请在“两个文明”建设中作出显著成绩的校友来作报告。请你以校长室的名义写一个会议通知。

4. 阅读下面的这份通知，对写得不够明确的地方作必要的修改，并说明理由。

> 班长：
>
> 兹定于今日下午开会，汇报上周社会实践活动情况，并讨论下阶段计划。希准时参加。
>
> 学生会

提示：(1) 缺少标题。(2) 通知对象不明确，也未顶格。(3) 开会的具体时间不明。(4) 会议地点不明。(5) 发通知的日期没有。

5. 调查报告

以“课间10分钟”为题写一篇调查报告。

提示：首先要通过调查，掌握翔实全面的材料，特别是有代表性的事例和数字，然后进行实事求是的分析，并提出自己的看法。

6. 计划

为了贯彻国家教委关于减轻义务教育阶段学生过重课业负担的指示精神，某中学学生会准备协助学校对初中各年级同学的课外作业负担情况作一次全面调查。现请你代为拟订一份调查计划。计划中必须写明调查的目的、对象、方法、具体安排、工作要求等内容。语言要得体，格式要正确，文面要整洁。

提示：写计划有一定的格式。计划一般包括标题、内容（正文）、制定者和日期三个部分。标题，一般要把单位名称、计划内容、有效期限等概括出来。正文，一般有简短的前言，主要是交待原因、目的，有时也包括任务、目标。本计划的正文主要内容，一定要按照题目要求，写清对象、方法、具体安排、工作要求等项。署名和日期，如果已经署名在标题下，结尾就只写日期。

附调查报告例文①：

课间10分钟

不问不知道，一问吓一跳。当下中学生在课间休息时仍“刻苦用功”的比例竟超过1/3。那么，在他们中，“重点”与“非重点”、初中与高中的情况又有何不同？如此抓紧时间为的是什么？请看这项调查——

在整个教学流程中，课间10分钟是个小小的环节。然而，我们的调查却从这小小的环节折射出一个应引起重视的问题——当下，有37.7%的中学生（以初、高中二年级为调查对象）把课间10分钟用在“学习”上，62.3%用在“玩”上。同时，学习与玩的具体比例为：非重点初中生60%＞40%；重点初中生37%＜63%；重点高中生40%＜60%。在此，可得到

① 摘自1998年12月1日《新民晚报》。

如下印象：一，有2/3的非重点初中生利用课间10分钟“学习”，说明这部分学生的学习是紧张而沉重的。这大致缘于他们面临严峻的升学考，且又处在非重点的不利位置，怎能不加倍努力呢？二，有2／3的重点中学的初、高中学生则利用课间10分钟“玩”，说明这部分学生较自信和主动，这大致缘于他们的综合实力和素质。当然那剩下的1/3的比例也不是很低的。三，非重点中学的高中生则“玩”得较痛快。是他们更理性、更智慧吗？或许经历过小学升初中、初中升高中两次不如意的考试，已厌倦了竞争，或许周围环境使然，总之，答案是否定的。

深入调查的结论显示，在利用课间10分钟“学习”的同学中，除了少数是在“整理上一堂课的笔记”，或“预习下一堂课的内容”，74．3%的同学是在“抓紧做老师布置的作业”。那么，为什么如此着急，如此焦虑呢？66．6%的重点中学的同学坦言，“为了争取好成绩，所以分秒必争”。其他如“学习压力大”，“放学后要参加家教”的比例则比较低平。反之，对非重点中学的同学来说，尽管“争取好成绩”也很要紧，却有33．3%的同学承认“放学以后还要参加家教”。看来，前者是更多地为了追求心中的目标，即目标成为了动力；后者则是更多地为了完成既定的任务，即任务成为了压力。然而，这“动力”和“压力”的指向，既不是综合素质的提高，也不太可能是成绩的跃进。因为这扰乱了人的大脑皮层的调节系统，表面上是抓紧了10分钟，实际上却是涣散了人的整个精神状态。调查显示，挤占了课间10分钟的同学中竟有60%并不感到“疲劳”，而是“已经习惯了”，这应该做怎样的评价呢？只有叹息了。

另外，在课间“玩”的同学中，72．5%是“和同学一起聊天”。无疑，这对放松身心，交流信息，增进同学间的友谊是有好处的。但仅此而已，很少有同学去“操场打球”，“与同学游戏、奔跑”（有些学校是明令禁止的），则不能不是一种遗憾。为此，我们电话采访了一些家长，大多数家长回忆自己读书时说，他们的课间10分钟是“铃一响，便匆匆地奔出去，去打球、去游戏……”我们认为，为了学生的健康和学习，教师有责任在下课后，动员所有学生走出教室。

第四章　阅读与欣赏

第一节　阅读的要求和能力的培养

古人常常把“阅读”与“作文”合并而论。叶圣陶先生也强调“阅读是写作的基础”。的确，古今中外的作家无一不是广泛涉猎，“劳于读书，逸于作文”的。杜甫之所以“下笔如有神”，这与其“别裁伪体亲风雅，转益多师是吾师”、“读书破万卷”是密不可分的。高尔基说：“读书越多，书籍就使我和世界越接近，生活对我也越加光明和有意义。”那么到底怎样阅读才能做到服务于写作，收到预期的效果呢？

一　阅读的要求

（一）学会选择

阅读的书籍、材料要经过认真的选择。世界上的书刊资料多种多样，特别是知识激增的今天，倘若不加选择碰到什么就读什么，不仅个人精力时间不许可，而且会对自己有害。因为，所谓“开卷有益”只是站在某个角度而谈的。别林斯基说：“阅读一本不适合自己阅读的书，比不阅读还坏。我们必须学会这样一种本领，选择最有价值最适合自己所需要的读物。”只有学会选择才能事半功倍，走向成功的彼岸。从采集写作材料、掌握写作规律、熟悉写作方法和技巧来说，师范生大致应选择这样一些读物：写作基本理论及美学、心理学、逻辑学等方面的书籍；中外文学名著、有争议的作品及作品评论方面的书刊；各种文化科学读物及有关报刊；为了某一写作目的去选读的有关书刊。下面谈谈选择的途径方法。

第一，根据书的目录选书

查找书籍要利用“目录索引”，“目录索引”是出版单位和图书馆编印的一种检索“工具”，如《四库全书总目》、《全国总书目》、《国内内部期刊索引》、《人民日报索引》。要弄清可供使用的图书馆有哪些检索工具。一般图书馆常见的检索顺序是按书名第一个字的笔画排列。目录卡片上有书名、作者、出版社及时间。随着计算机的普及，可以在计算机上直接键入书名，或者键入作者，都可找到自己所需要的书，较之一张张翻阅卡片，效率又提高了许多。

第二，根据报刊或有关书籍上的评介来选书

比如想读点当代诗人的诗作，不知道有哪些著名诗人和著名作品，也不知道这些诗人作品的特点和风格，就可以通过查阅已经出版的几种当代文学史上的评述来选择。再比如一些文艺报刊——《文学报》、《文艺报》、《读书》、《随笔》、《作品与争鸣》、《名作欣赏》、《文学评论》等，定期及时地推出新作并加以评论，读者据此选读，相当方便。

第三，向有关专家、老师请教选书

前人的经验可以使后人少走许多弯路。清代画家郑板桥曾以《史记》为例说：“史记百三十篇中以项羽本纪为最，而项羽本纪中，又以巨鹿之战、鸿门之宴、垓下之会为最，只要对这几篇‘反复诵观’，而无须‘篇篇都读’。”师范生读书伊始，经常向有关专家、老师咨询意见，接受指导，当是一种明智之举。

（二）多种读书方法相结合

G. W. 阿普斯在《学习技巧》一书中指出："学生和其他读者所具有的普遍性错误之一，就是他们都以同一种阅读方法去阅读资料。"正确的做法是精读、略读、浏览等多种阅读方法相结合。

第一，精读

精读，是按内容顺序仔细阅读。不仅要"字求其训，句索其旨"，而且要准确把握全篇、全书的内容、情境、结构、技法、技巧等等。这种阅读常常需要查阅资料，翻检工具书，或与别的读物进行参照、对比、分析。精读往往不是读一遍。苏东坡有著名的"八面受敌"法，一次只注重探求其中一个侧面。国外"SQ3R 读书法"也适用于精读。"SQ3R"是英语 Survey，Question，Rred，Recite，Review 五个词的第一个字母的缩写，即"浏览、发问、阅读、复述、复习"。精读的好处在于理解深入透彻。

第二，略读

略读，又叫"粗读"、"泛读"。它不像精读那样要求逐字逐句读，追求深入的理解，但也绝非是囫囵吞枣，全然不知其味。略读其实是"有所取有所不取"的阅读，它注重标题、首尾句、中心词、提要、图表等关键部位，捕捉主要的观点、材料，而对一些过程性的交待、辅助材料等则很快带过。叶圣陶先生说："如果只注意精读，而忽略了略读，功夫还只做得一半。"[①] 可见略读对于收集写作材料、提高阅读能力的作用也是不可低估的。

第三，浏览

浏览，是日常性阅读的常用方式，比略读速度更快，常常是"一目十行"，甚至是"随手翻翻"。浏览始终体现了阅读的主体

① 《叶圣陶语文教育论集·〈略读指导举隅〉前言》。

性。报刊杂志集中了大量信息，与己无关的可只读标题或根本不看，普通常见的内容扫描一下便可知一二。一本书浏览一下目录，便可有初步理解。面对印刷品数量庞大的现代社会，浏览实在是一种高效的阅读方式之一。

精读、略读、浏览三种阅读方式应配合使用。同一本书有的部分精读，有的略读，有的只要浏览。第一次略读，第二次要用时精读，以后需要时还可再浏览。总之，可根据不同的目的，将各种阅读方法交叉运用，互为补充。

（三）养成良好的阅读习惯

阅读习惯，指在阅读实践中养成的在一定情况下自动化地进行有关阅读操作的行为倾向和行为方式。良好的阅读习惯，有利于提高阅读的效益，而不好的习惯则常会使阅读“劳而无功”。

第一，学会记阅读笔记

俗话说“好记性不如烂笔头”，钱钟书式的过目不忘者毕竟为数甚少。阅读倘不能做到勤记，不仅容易遗忘，而且到动笔写作时会“书到用时方恨少”，更何况即使是钱钟书这样的大家也一直在不懈地记阅读笔记。所以，应当养成不动笔墨不看书的习惯。关于写阅读笔记，可以借鉴夏承焘先生提出的“小”、“少”、“了”三字。

“小”，是说笔记本要小，方便于随身携带，及时记录。有人以卡片代替笔记本，方法也是可取的。“少”，是指文字精简，每条字数不必多。文字精简了，才有更多的时间思索。“了”，是指透彻了解，而不是盲目摘抄。

第二，边读边思边辨

孔子说：“学而不思则罔，思而不学则殆。”读思结合，是阅读必须要养成的习惯。再者，作为采集功能的阅读，读思结合更应该注意对阅读材料进行分析归类，即对作品加以整合，揣摩作者的构思、立意和写作技巧。唯有如此化为己有，写作时才能真正为我所用。

第三，善于质疑

明人陈献章在《白沙子全集》中写道：“前辈诣学贵有疑。小疑则小进，大疑则大进。疑者觉悟之机也，一番觉悟一番长进。”以“疑”为战略的阅读，使得阅读过程中充满一种“问题情境”，顺着这种问题情境，便可以把自己引到深处，最终实现阅读的目的。

二　阅读能力的培养

阅读能力是阅读者运用自己已有的知识经验，顺利而有效地完成阅读活动的能力。这是一种特殊能力，是在一般能力发展的基础上，通过阅读实践而形成多层次多侧面的能力结构。对于阅读能力结构，国内外研究者历来看法不一。我们认为，基于为写作服务的阅读能力结构，主要由认读能力、分析理解能力、评赏能力和迁移能力组成。培养，理应从这几方面加以把握。

（一）认读能力

这是最低层次的阅读能力，它通过对文字符号的感知，获得阅读材料的最浅层的意义。认读能力的功能在于通过一定的阅读实践，学习和掌握文字的音、形、义的基本特点和组词造句的基本规律，积累丰富的语言文字知识，学习和掌握一定的认字、解词的技能技巧，为高层阅读能力的形成打下必要的基础。

认读能力的培养要从积累字词开始。我们可以有意识地积累，有选择地阅读。可选择一些词语丰富的古今中外优秀作品来读，如中国古代四大名著、唐宋八大家散文、鲁迅的小说和杂文、莎士比亚戏剧，以及近年来获奖的小说及评论文章，等等。阅读时，把其中的生字、生词抄出，并查字典、注音、解释或者摘抄一些精彩的词汇、成语、格言，作为积累词语的基础。

（二）分析理解能力

这是基准层次的阅读能力，它通过对阅读材料的词句、段落、篇章、修辞的分析理解，领会文章的内容和形式。分析理解能力的功能，在于提高阅读者由现象而本质，由本质而现象，由局部而整体，由整体而局部地理解阅读材料的能力。一篇文章拿到手，在认读感知的基础上，我们要试着分析、理解，搞清文章以什么样的语言反映了什么样的内容，又以怎样的结构体现了作者怎样的思路，文章用了哪些材料说明了怎样的观点，同时懂得文章为了表现内容、思路、观点用了什么样的语言、结构和材料，为何要采用这样的语言、结构和材料。可以说，分析理解是阅读能力的核心，也是阅读是否成功的主要标志和基准。

（三）评赏能力

这是较高层次的阅读能力，它通过对作品的思想、感情、意境、风格的评价和鉴赏，使分析理解能力得到深化。它以阅读者头脑中已经形成的思想观点来评价、鉴别、赏析读物的好坏、是非与美丑，带有明显的主观色彩。

评赏能力可从三个方面培养：

第一，学会全面地看待作者和作品

评赏阅读不能简单地就文论文，尤其不能寻章摘句、断章取义。如阅读陶渊明的诗，有人单看“刑天舞干戚，猛志固常在”便断定陶渊明是一位“金刚怒目”式的诗人，这就不符合实际情况了。又如读鲁迅的《藤野先生》，有的人注意到作者描写清朝留学生梳着油光可鉴的辫子学跳舞的种种丑态，就认为全篇旨在讽刺留学生；而有人则从鲁迅弃医学文和到水户去瞻仰朱舜水遗迹，就认定文章的主题是表现作者的爱国主义思想。其实，如果从全文作整体把握，我们便不难发现，这篇散文主要是怀念藤野先生，赞美其高尚的品格。

第二，学会从“形象”入手把握作品的思想意蕴黑格尔说："艺术用感性形式表现最崇高的东西，因此，使这最崇高的东西更接近自然形象，更接近我们的感觉和情感。"[①]这里所说的"最崇高的东西"，可以理解为作者所把握的事物的某些本质方面；这些本质方面，总是凭借人物形象和自然形象在作品中显示出来。所以，读者要想真正进入作品的思想天地，理解作品的思想内容，就必须学会从"形象"入手，透过"感性形式"去把握那些本质的东西。对于人物形象，要潜心地体察作者对他们的音容笑貌、行为动作所作的描写，进而把握他们的"脉搏"，感受他们的"神采"，聆听他们的"心声"，了解他们的"生命运动"。对于自然形象，要仔细地审视它们的形体、色彩和变化，看它们是怎样作为"人类非有机的身体"而与作品中人物生息相通的。譬如曹雪芹笔下的"柳絮"是怎样化作了林黛玉的"眼泪"、化作了薛宝钗"上青云"的"羽翼"。只有热情地拥抱了作者所创造的艺术形象，才能更进一层，去领悟作者的寄托以及作品的思想倾向。

第三，入乎其内，出乎其外

评赏文艺作品必须首先进入作品的艺术境界，同作者所描写的人物同呼吸共命运。只有与作者同爱同憎，息息相通，方能领悟作品的真谛，此为"入乎其内"。但我们在评赏时又不能完全"沉醉"在作品之中，还要善于"跳出来"，站在历史的和美学的"高处"，对其作总体的审视和理智的评判，这就是"出乎其外"。譬如读柳宗元的《江雪》："千山鸟飞绝，万径人踪灭。孤舟蓑笠翁，独钓寒江雪"，全诗勾勒了一幅幽远、雅淡、富有诗情画意的寒江"独钓图"，诗中的渔翁是作者的写照。我们赞赏柳宗元在参与以王叔文为首的政治改革失败后，虽遭压迫，处于孤立，仍然无所畏惧的斗争精神，但是诗中流露的那种孤芳自赏的人生

---

① 《美学》第1卷第10－11页。

态度，则不是我们所应欣赏和效仿的。所以，评赏作品既要入乎其内，又要出乎其外；不但审视“树木”，还要审视“森林”；不但取其精华，还要去其糟粕，从而准确地评赏作品的美与丑、优与劣。

（四）迁移能力

这是最高层次的阅读能力，即阅读者能将阅读中所得知识、技能，巧妙地迁移运用到自己写作的活动中去。阅读的一个重要目的是为了“写”，只“读”而不会“迁移”，那就成了常言所说的“书橱”。

第一，移花接木，巧用材料

阅读者阅读作品在经历了认读感知、分析理解、综合评赏之后，应努力将材料归类，揣摩其用途，尝试着把它与其它材料组接。这方面做得好的例子很多，如：罗贯中曾经把历史上刘备“怒鞭督邮”的细节移用到张飞身上，等等。这种“移花接木”的关键，要看其是否“嫁接”得巧妙，是否合乎人物的性格逻辑、合乎事物发展演化的必然规律。

第二，借鉴技巧，为己所用

文章之美，离不开表现技巧。所谓“技巧”，即灵活运用一般写作原则、规律和方法所表现出来的具体而又有个性的艺术手段。“技巧”表现在具体作品里，是指能动地凝结文章或文学作品的内容、具体而生动的艺术方法和手法。阅读者在对作品进行评赏、揣摩后，应该能动地将它的好方法、好技巧变成自己的方法和技巧，这样才有切切实实的收获。鲁迅先生在《〈木刻纪程〉小引》里，曾经从横向联系和纵向联系两个方面，深刻地论述了借鉴技巧的途径和意义，指出：“采用外国的良规，加以发挥，使我们的作品更加丰满是一条路；择取中国的遗产，融合新机，使将来的作品别开生面也是一条路。”[①] 杜甫“不薄今人爱古人”，转益多师借鉴技巧，终成一代诗圣。王蒙写《组织部新来的年轻人》，就直接借鉴了鲁迅小说《在酒楼上》的技巧。谌容的中篇小说《人到中年》，通过陆文婷病中的模糊意识流动，展现了她病倒的前因后果、个人事业的执着进取，以及家庭生活的困窘等情景，从而构筑成凝炼流畅、复合交叉的故事情节，这是借鉴意识流技巧的成功一例。

【范文】

“门外汉”壶艺及其作者

金晓东

“门外汉”所制的茗壶确实非同寻常，凡是看过他的紫砂佳作的人都会留下深刻的印象。笔者有幸见到他的一把名为“束柴三友”的茶壶，乍看有点粗相，然而只要提壶相观，立即就爱不释手了。这把“三友壶”匠心独运，构思妙极：整把壶的外形是一捆束着的柴爿，被束的二十多根柴爿由松干、梅桩和竹枝混合而成。其中两段梅桩自然衍生的枝干分别成了壶嘴和壶柄；束柴内中一段稍微突出的竹竿节头巧妙地被当作壶盖揿子；至于捆住柴爿的是一根细嫩弯曲得可以当绳使用的竹梢。细赏这把壶，发现它细腻处更为穷尽物理：那松干上的鳞皮、蛀洞栩栩如生，那根根断面的锯迹折痕乃至年轮都历历在目，最有趣的是在一根内心蛀空的松段上沿，一只机灵的小老鼠正在洞口窥察，也许它想在洞内找个安身之处……

“门外汉”壶艺的一个显著特点是以朴胜华。他的作品浑朴

① 《鲁迅全集》第6卷第48页。

自然，不文饰，不造作，用他自己的话来说“不爱城中高髻样，白梳蓬鬓卧沧浪”。他的创作摒弃人为追求的痕迹，主张返淳归朴，而这才是艺术家的硬功夫和艺术品的高格调。①

【范文解说】

这篇短文述及艺术欣赏的全过程，对于阅读和阅读能力的培养，颇有一点启发意义。

欣赏者“有幸见到”“束柴三友”壶，“立即就爱不释手”，这是由认识（感知）所引起的情感活动；由于动了感情，所以就会对一把陶壶作细致的观察，由外到内，由整体到局部，从而获得更加丰富的感受，留下相当深刻的印象；这中间，作者还展开了想象，如“机灵的小老鼠正在洞口窥察，也许它想在洞内找个安身之处”，别添一番情趣。此文在描述当中，还融汇着作者的理性思索，特别是末段对“门外汉”壶艺格调的概括，更闪烁着作者的独特理性火花，发人深思，令人叹服。

【思考题和练习题】

1. 培根说：“有的知识只要浅尝即可，有的知识只要粗知即可，只有少数专门知识需要深入钻研，仔细揣摩。所以，有的书只读其中一部分即可，有的书只知其中梗概即可，而对于少数的书，则要精读、细读、反复地读。”你怎么理解这一段话，并打算怎样选择各类书籍，用不同方法进行阅读？

2. 英国诗人柯勒律治把读者分为四类：第一类好比计时的沙漏，注进多少，漏出多少，到头来一点痕迹也没留下；第二类好像海绵，什么都吸收，挤一挤，流出的东西原样不变，甚至还脏了些；第三类像滤豆浆的布袋，豆汁都流了，留下的只有豆渣；第四类像宝石矿床里的苦工，把矿渣

① 原载 1986 年 5 月 4 日《文汇报》。

甩一旁，只要纯净的宝石。

请你弄清上述比喻说的是哪四种读书情况，然后分析前三类没有收获或收获不大的原因，最后考虑自己今后怎样读书。

3. 到图书馆去熟悉一下图书分类法，查对一下图书目录，谈谈你是如何选择并找到你所需要的图书的。

第二节　审美愉快与审美判断

一　审美愉快

审美愉快是指在美的欣赏和美的创造中，审美主体通过对美的认识所产生的情感愉快的感动，是通过自身美感意识中各种心理因素的综合活动而获得的一种满足、喜悦和愉快的情感体验。

细心体察美的欣赏和创造过程，不难发现，随着审美主体对于对象的美的认识，必然会产生情感的愉快、精神上的陶醉。亚里士多德早就指出，对于艺术美的欣赏，能使人产生不同性质、不同程度的愉快感觉。狄德罗也指出，对艺术的欣赏能使人产生“一种心怡神悦的感受，它会使我们心花怒放”。我国南朝画家宗炳认为，欣赏山水自然美和反映自然美的山水画可以“畅神”，即能使人产生精神上的愉快。这种由美的认识而产生愉快的情感体验，不只发生在艺术欣赏中，也发生在创造美的过程中。柴可夫斯基在谈及歌剧《奥涅金》的创作时说：“当我写这篇音乐时，由于难以借用笔墨表示的欣赏，我甚至完全都融化了，身体都在颤抖着。”① 许多作家也都曾谈到他们在形象创造中所体验到的

① 转引自捷普洛夫著《心理学》第七章第125页，东北教育出版社1953年版。

愉快和满足。

审美愉快是审美过程中各种心理要素共同协调作用的结果，这些心理要素包括审美感知、审美理解、审美联想和审美想象等。如果我们认真分析一下欣赏艺术美所产生的愉快感动，就会承认“艺术品所引起享受是由它的许多方面产生的。这里有认识生活现象的喜悦，有对它们正确评价的公正感，有共同参与创造过程的愉快，有对创作技巧的赞叹，有对人的精神丰富性的感觉，也有吸收崇高的社会理想而感到的自豪”①。所以，把审美愉快归结为某一种心理构成因素的特性是不恰当的。

那么，美感心理的特殊结构包括哪些呢？它又是怎样导致审美的愉快特性的呢？

(一) 认识结构

审美的认识结构以形象思维为中心，包括感觉、知觉、表象、联想、想象、理解等心理要素，这些要素相互配合、相互作用，形成了在感性和理性、现象和本质、个别和一般、偶然和必然的辩证统一中认识和反映世界的艺术方式。经由这种特有的方式，审美主体能够通过审美对象个别的感性和形象形式，直接悟到真和善的普遍的理性内容，领会到自然和社会的必然规律，把握到具体形象所包蕴的真理。这种对于“真理”的获得，必然使人受到感触和启发，从而在生动、形象的感受中，得到理智的、精神的欲求与满足，产生一种肯定的愉快的情绪体验。鲁迅在论述艺术作品对人的特殊精神影响时说：“盖世界大文，无不能启人生之闷机，而直语其事实法则，为科学所不能言者。……虽缕判条分，理密不如学术，而人生诚理，直笼其辞句中，使闻其声

① 列·斯特洛维奇《审美价值的本质》第172页，中国社会科学出版社1984年版。

者，灵府朗然与人生即会。”① 正是由于艺术美能将“人生诚理”体现于使人可以直接感受的具体形象中，欣赏者就能够在感受具体形象中“与人生即会”，通过具体形象体会到“人生之闷机”，于是感到“灵府朗然”，而这一切都是在美感的认识结构基础上产生的。

这里必须指出，“一见钟情”式的审美愉快看上去似乎没有认识的过程，其实它还是基于审美认识结构的，只不过，这一过程形成于平时，在审美瞬间被“隐去了”而已。人们在日常生活实践中，经常凭借美感的认识结构，对生活中的印象进行比较、概括、提炼、加工，从而在意识中形成美的观念，只是这种不自觉地在意识中形成的美的观念尚显得不够明确、充实，而一旦遇到某一对象恰与已形成的美的观念相符合，美的观念遂得到鲜明而充实的体现，于是在理智上、精神上顿然感到满足，产生强烈的感情愉快。鲁迅先生在论及诗歌作用和鉴赏时说：“盖诗人者，撄人心者也。凡人之心，无不有诗，如诗人作诗，诗不为诗人独有，凡一读其诗，心即会解者，即无不自有诗人之诗。无之何以能解？惟有而未能言，诗人为之语，则握拨一弹，心弦立应，其声澈于灵府，令有情皆举其首，如睹晓日……”②。这里所说的，正是欣赏者在阅读诗歌时，发现诗歌中美的意境与自己心中已形成的美的观念相当一致，于是“握拨一弹，心弦立应”，理性和精神的欲求顿时得到满足，整个心灵感到无限的兴奋和愉快。

（二）情感结构

情感结构以审美对象所引起的情感体验为中心，这些情感体验具有各种不同的性质，如满意的和不满意的，喜悦的和悲痛的，爱怜的和憎恶的，愤怒的和恐惧的，等等；这些不同性质的

① 《鲁迅全集》第1卷第71－72页，人民文学出版社1981年版。

② 《鲁迅全集》第1卷第68页，人民文学出版社1981年版。

情感体验，经过美感结构心理的整合，最后都要导致作为美感整体功能的愉快和满足感。这是因为，美感的情感结构始终是和认识结构相互结合、相互制约的。譬如读一部小说或是看一部影片，随着情节的展开，你必然会被其中所描绘的现实生活和人物的思想感情所感动，从而对作品中的人物产生各种各样的情感反应，特别是对自己所同情的人物，你会倾注全部感情去热切地关注他的命运。如果没有这样的情感体验，那就很难深刻地感受艺术形象，也难以形成美的认识，更难引起美的情感的感动。所以在艺术欣赏中，欣赏者越是受到作品的情感的感染，便越是容易进入作品的艺术境界；同时，欣赏者在这艺术境界中，自己的各种情绪和情感也能得到正当的抒发，受到有益的陶冶。所以，通过审美中多样的复杂的感情活动，最后得到的总体验，仍然是精神的愉快和满足。亚里士多德指出，悲剧的欣赏能够使人引起怜悯和恐惧之情并得到净化，因而能使人产生一种特别的快感，得到精神的愉悦。

把握审美愉快的内涵，还应当注意不能将其等同于一般的感官快感。我们并不否认审美愉快和感官快感有一定的关系，审美愉快往往要以感官快感作为基础，但二者却有着本质上的差别。一般的感官快感，是由于生理、物质需要得到满足而产生的情绪反应，它只和人的感觉等低级心理过程相联系，而审美愉快则是由社会的、精神的需要得到满足而产生的情绪反应，它和整个审美心理过程相联系。

二　审美判断

审美判断是对事物的审美特性进行分析、综合所作出的审美评判和断定。它作为审美的一种心理形式、心理过程，既是审美认识由感性向理性过渡的中间环节，又是对事物审美特性确立特定审美态度的中介或前提。

（一）审美判断的客观性与主观性

从审美判断的过程看，我们可以见到它的客观制约性。审美判断以形象直觉为出发点，以审美注意、审美探究、审美联想想象为策动力，以分析、比较、综合、抽象、概括为手段，以对事物审美特性的理性把握为归宿，从而对事物的性质、关系作出判断。因此，检验审美判断的正确性、深广性，需以是否把握对象的审美特性以及对象之间、对象内部诸要素之间的必然联系为基本尺度。只有正确把握对象内容、形式上的审美特性，才能作出正确的审美判断。

审美判断比之一般认识上的判断，又具有更强烈、更鲜明的主观性。一方面，审美中的性质判断是对事物审美特性的判断，而事物的审美特性又恰恰是主客体相互作用的结果，具有鲜明的主观性内容，因此审美判断必然具有鲜明的主观色彩。另一方面，审美判断中的关系判断不仅判断事物之间的自然关系、社会关系，更要判断事物与人的审美关系，判断事物同自己之间审美的价值关系，产生特定的审美态度，形成审美的而非一般的肯定判断或否定判断，因此它必然受个体价值观、审美观的制约。

正因为审美判断有鲜明的主观性，所以主体的审美经验、情趣、能力就直接制约着审美判断的正讹、广狭、深浅，所谓“仁者见仁，智者见智”，因人而异。诗人王维精通音乐、绘画，相传他在洛阳观壁画《按乐图》时，能立即判断画中乐工演奏的是何曲子，第几叠，第几拍。当友人命乐工奏《霓裳羽衣曲》至第三叠第一拍时，果然乐工的手、口动作和方位与画中的完全一致。清代美学思想家叶燮曾经指出：“凡物之美者，盈天地间皆是也，然必待人之神明才慧而见。”[①] 美是到处存在的，只有具备较高审美洞察力、审辨力、感受力的人才能发现它，并作出合

① 叶燮《已畦文集》卷九，《集唐诗序》。

乎实际的审美判断。

（二）理智判断与情感判断的统一

审美判断的方式、内容有其特殊性，并在审美感知、美的创造中发挥着特殊的作用。康德曾对此作了精辟的论述，他系统地论述了审美判断的性质、特征和功能，把人的心理功能分为知、情、意三个方面，认为审美主要靠情感，审美判断的主要内容是人对个别事物的某种主观态度和情感（快感与不快感），而不是概念；这种判断，是一种非逻辑的不借助概念的情感判断，而不是理智判断。显然，康德指出审美判断是情感判断，是个人主观性与普遍性的统一，对我们认识审美判断的特征有很重要的意义；但是，他将审美判断视为纯粹个人主观的判断，是同理智、功利、内容无关的形式判断，这就失之偏颇了。审美判断总是在特定的审美关系中判断事物的价值，形成特定的审美态度。审美判断的过程既是理智活动的过程，又是情感活动的过程；在对事物进行分析、概括、断定的同时，又灌注进自己的情感态度，同对象发生情感交流。例如说“林黛玉是一个叛逆者的形象”，这看上去仿佛仅是对林黛玉这一艺术形象所蕴含的社会意义所作的历史的、政治的、伦理的理智判断，但实际上它已经熔铸进了审美者对林黛玉叛逆性格的情感态度，体现了对林黛玉这一艺术形象的赞赏，以及对她的身世、处境、命运的同情和惋惜。所以，审美判断不是纯客观的、无动于衷的理智判断，而是在理智中交融着情感，在情感中凝聚着理智。

总之，审美判断在审美心理活动中发挥着特殊的作用，这是其它判断所不能代替的。审美判断的过程是探究、挖掘、发现对象的潜在审美特性、审美价值的过程，既是审美由感性向理性飞跃的桥梁，又是这种飞跃的重要标志。

【范文】

审美快乐从何而来（节选）

滕守尧

美感有种种特征，但其最终的结局或效果却是一种特殊的快乐。当人们怀着浓厚的兴趣去欣赏一件艺术品或某种自然美时，并不是为了满足一种基本的生理需要，而是为了满足一种精神上的追求，从而沉浸到一种无比愉快的精神境界中。有一位西方人曾经说过，审美的快乐是天国的快乐而非人间所有。[①] 这样说虽然有些过份，但并不是没有道理的。审美快乐的确有着非同一般快乐的独特性质，这些性质使它与日常生活中常见的种种快乐明显地区别开来。例如，它不同于见到自己久别重逢的亲人时的那种天伦之乐，也不同于相爱的情人拥抱时的性感快乐，更不同于进食和品味时的感官快乐。它与这些快乐有高级低级之分，也有个别性与普遍性之别。与亲人或情人相会的愉快是只属于个人的，是由个人的境遇决定的，而且受个人"需要"的急缓强弱程度的影响。例如，同样是亲人，每天在一起，便看不出多少快乐；久别重逢，便快乐十分。同样一个久别重逢的亲人，对妻子是一种快乐，对父母和兄妹又是另一种快乐。审美快乐则不然，它在普遍性、持久性、强烈性等方面，都比其他快乐高出一筹，是一种处于更高层次上的快乐。说审美快乐具有普遍性，一方面是指审美趣味基本上相同的人在感知同一种审美对象时，会体验到大体相同的快乐；另一方面是指它不仅仅是来自于某一单一的低级感官（如触觉、味觉、嗅觉等）的快感，而是多来自于视觉

① 参见桑塔耶纳《美感》，中国社会科学出版社 1982 年版。

和听觉等高级感官的快感。当然，即使来自视觉和听觉的快感，也不一定都是审美的。观看一场街头角斗或观看一场足球比赛，你会感到很快乐。但由于这种快乐不含有某种深刻的人生意味和高尚的情操，所以仍构不成审美快乐。因此，审美快乐不仅多来自视、听等高级感官的感受，而且还要从这种感受一直贯穿到心理结构的各个不同层次（如情感、想象、理解），这种贯通性，会使整个意识活跃起来，多种心理因素发生自由的相互作用，产生出一种既轻松自由、又深沉博大的快乐体验。很明显，只有当人们在欣赏壮阔崇高或优雅别致的自然景色或艺术品时，才能真正体验到审美的快乐。在这种快乐中，既有对形式的赞美和对情感意味的共鸣，又有洞察各种含蓄地展示出来的“真理”时的欣慰，还有对日常生活中某些压抑情绪的净化和消除。正因为其中有了认识和评价，所以即使我们面对着罗丹雕塑中一座丑陋的老妓女的塑像或是一场催人泪下的悲剧，我们仍然能体验到审美的快乐。总之，这是一种难以用恰当的语言加以定义的快乐。你说它是喜，它又掺杂着悲；你说它甜蜜，其中又有辛辣。各种不同的感受奇妙地混合在一起，构成一种极其丰富和生动的愉悦体验。①

【范文解说】

选文从两个方面生动而又完整地阐述了审美愉快的内涵。

文章首先将审美愉快与其他一般快乐区别开来，指出审美愉快有着非同一般快乐的独特性质，它的普遍性、持久性和强烈性，都远比其他快乐高出一筹。接着，作者强调审美愉快是多种心理因素（审美理解、想象、情感）综合发生作用，产生的一种既轻松自由、又深沉博大的快乐体验，这种体验，喜怒哀乐兼而

---

① 选自滕守尧《审美心理描述》，四川人民出版社 1998 年版。

有之，且奇妙地混合在一起。阅读本文，对我们加深对审美愉快的理解大有裨益。

【思考题和练习题】

1.试述审美愉快与一般感官快感的异同。

2.什么是审美判断？

3.谈谈你对审美愉快与审美判断的理解。

第三节　读者的想象与补充

以语言符号为媒介因素的各种文字样式，包括小说、散文、诗歌、剧本等，它们不能把色彩、线条、音响等感觉因素直接作用于读者。这就要求阅读欣赏者依据语言符号进行想象，即在作品语言的刺激下迸发想象力，把印在或书写在白纸上的一行行文字，经过“再创造”，变成仿佛可以直接感受的视觉形象和听觉形象。没有想象，就没有文学作品；同样，没有想象，就没有对于文学作品的欣赏和鉴赏。

一　对作者艺术想象的“还原”

作者在进行文学创作时，其想象力特别活跃：对于他所塑造的人物形象，能够如见其人，如闻其声；对于他所描画的自然形象，能够真切地体察和感受其形状、色彩、气息和运动。黑格尔说：“如果谈到本领，最杰出的艺术本领就是想象。”① 高尔基曾

① 《美学》第1卷第357页，商务印书馆1986年版。

经具体地形容："文学家在描写吝啬汉的时候，虽然是不吝惜东西的人，也必须要把自己想象作吝啬汉；描写贪欲的时候，虽然不贪欲，也必须要感到自己是个贪欲的守财奴；虽然意志薄弱，也必须带着确信来描写意志坚强的人。"① 这种丰富的、活跃的想象，被他们用语言符号记录下来，就变成了以书面形式出现的文学作品。读者在阅读这种作品时，如果不能凭借语言符号尽可能多地"还原"作者的艺术想象，那就无法进入文学作品的形象世界，无法把握作品的人物形象和自然形象，无法与作者进行思想的、情感的交流。换言之，在阅读的初始阶段，读者要积极主动地当一回"作者"，设身处地地驰荡一下神思，在头脑里创造一番"画境"。譬如，当你阅读《红楼梦》中"黛玉葬花"一段时，你应当仿佛看到了红雨飘零，落花遍地；仿佛看到了林黛玉触景伤情，小心翼翼地用锦囊收拾"艳骨"，然后和着泪水，用一抔黄土去掩埋"风流"。没有这一种想象，你就很难进入境界，很难与林黛玉吟诵的《葬花辞》产生共鸣。读诗更应如此，面对着"黄河之水天上来"七个字，你应当在想象中勾画这样一幅画面：黄河在奔腾，黄河在咆哮，那气势磅礴的飞流，仿佛从高不可及的云天一泻而下，于是你听到了船夫的呐喊，嗅到了黄土的气息，感受到了中华民族生生不息的脉动。

二　对作者提供的形象进行独到的补充

阅读、欣赏文学作品，仅仅满足于前面所说的"还原"，还远远不够。"还原"不是依样画葫芦。实际上，读者永远不可能是作者，读者的想象与作者的想象总是存在着许许多多差异，"葫芦"是无法画成一个模样的。这就要求读者凭借作者所提供的形象，所展示的"情"、"境"，所描述的"人"、"事"，结合自

① 转引自毛星《论文学艺术的特性》，人民文学出版社 1958 年版。

己的生活积累和艺术积累，调动自己独特的生活经验和审美经验，再做一番创造性的想象，有依托地进行独到的生发与补充。唯有如此，欣赏活动才得以充满生气，洋溢个性，更紧地拥抱艺术形象，更深刻地理解艺术形象。就作者而言，他所创造的艺术形象，一旦交付社会，它就不再是作者个人的产儿了；许许多多的读者，一代又一代的读者，会根据自己的情况对艺术形象进行审视、评价和补充，使艺术形象焕发新的光彩，迸发新的活力。人们说，成功的艺术形象会在历史的演进中不断成长、不断丰富，其原因就在于此。当然，这种生发和补充，由于打上了读者个性的印记，所以必然会见仁见智，异彩纷呈，无法整齐划一。鲁迅说过，"读者所推见的人物，却并不一定和作者所设想的相同，巴尔扎克的小胡须的清瘦老人，到了高尔基的头里，也许变了粗蛮壮大的络腮胡子"；又说，《红楼梦》里的林黛玉，民国人所想象的往往是"剪头发，穿印度绸衫，清瘦，寂寞的摩登女郎……但试去和三四十年前出版的《红楼梦图咏》之类里面的画像比一比罢，一定是截然两样的，那上面所画的，是那时的读者的心目中的林黛玉。"[①] 有言道：有多少个读者，就有多少个哈姆雷特。一切成功的艺术形象皆是如此。因为，读者所把握的艺术形象，总是融入了各自的心灵、气质、情趣、经验和理想。这种由许许多多读者"再造"艺术形象的"工程"，使文学作品的艺术空间得以无限地外延，并酿成了审美活动的无限丰富多彩性。但是，不管多么无限，多么丰富，这种生发和补充决不是随心所欲的，它总是受到既定作品的规范，受到艺术形象生命轨迹和发展逻辑的限制；所以，鲁迅又说，巴尔扎克的"老人"尽管被高尔基的头脑改造过了，"不过那性格，言动，一定有些类似，

① 《鲁迅全集》第 5 卷第 530—531 页，人民文学出版社 1981 年版。

大致不差，恰如将法文翻成了俄文一样。”① 否则，整个欣赏活动就失去准则了。

三　艺术“通感”的培养

在阅读、欣赏文学作品的过程中，各种心理因素会发生相互影响，相互启发，相互沟通。你可以“由说话看出人来”，也可以由人物的动作体察到他的心跳；你在阅读关于花儿的色彩描写时，有可能嗅到它的芳香。如此等等，视觉、听觉、触觉、嗅觉、味觉皆可以在欣赏活动中由此及彼、振荡相传，这就是所谓的“通感”。通感的能力越强，对艺术形象的体察与把握就越是多面、完整、有机和富于立体感受。当你读到李白高吟“仰天大笑出门去”的时候，你会情不自禁地由他的笑声，迅速地“读出”他那高傲而喜悦的眼神，以及他遍身散发出的豪情与热力。当你阅读《三国演义》中曹操、刘备“煮酒论英雄”时，你不但会在想象中看到刘备俯身拾箸的典型的“枭雄”动作，而且会在想象中嗅到弥漫于小亭中的“山雨欲来风满楼”的逼人气息，感受到“奸”、“枭”二雄内心深处的喧嚣与骚动。这样，你就可以更加真切地体会到，那梅园中的小径是怎样曲曲折折地伸向了剑树刀丛的赤壁，那谈笑风生的煮酒“雅会”是怎样迎来了中原逐鹿的一轮又一轮的性格与实力的交锋，你对曹、刘二人的心灵世界和《三国演义》的战争画卷就把握得更加完整、更加细致、更加深刻了。“通感”能力的养成并不神秘，它总是与读者的生活实践，以及不断进行的各种艺术欣赏实践密切相关；体验得多了，读得多了，品味得多了，你的贯通能力就愈强，就会进入多方领会、应付自如的境界。

---

① 《鲁迅全集》第5卷第530—531页，人民文学出版社1981年版。

【范文】

长江三唱①

“奇文共欣赏”，得佳篇与亲朋、同好共品，乃人生一乐事。阅历不同，目力各异，所得必五彩纷呈。林黛玉与香菱论诗，说：“正要讲究讨论，方能长进。”“颦儿”言之有理，我乃效颦，与进修生吴晶（温州师院）、张翠（锦州师院）一道，共品了元代词人卢挚的《六州歌头·题〈万里江山图〉》，得鉴赏文字三篇，姑名之曰：“长江三唱”。现由《名作欣赏》发表，不知能否引起同好们“一作多评”，来一番七嘴八舌、嘈嘈切切错杂弹的雅兴？

——何永康记

六州歌头

题《万里江山图》

卢　挚

诗成雪岭，画里见岷峨。浮锦水，历滟滪，灭坡陀，汇江沱。唤醒高唐残梦，动奇思，闻巴唱，观楚舞，邀宋玉，访巫娥。拟赋《招魂》《九辩》，空目断，云树烟萝。渺湘灵不见，木落洞庭波。抚卷长哦。重摩挲。　问南楼月，痴老子，兴不浅，夜如何？千载后，多少恨，付渔蓑。醉时歌。日暮天门远，愁欲滴，两青蛾。曾一舸，奇绝处，半经过。万古金焦伟观，鲸鳌背，尽意婆娑。更乘槎，欲就织女，看飞梭。直到银河。

---

① 原载《名作欣赏》1996年第5期。

1. 大江东去与人生之舸

何永康

说不尽的长江。

虽有苏东坡“大江东去”在，但人们依然要执著地向长江献上自己的礼赞，因为它太美了，太伟大了。正如当今一首歌所唱的那样：它用甘甜的乳汁，灌溉着花儿的国土；它用纯洁的清流，荡涤着历史的尘埃。

从某种意义上说，长江比黄河更显得抒情，更带有鲜艳的色彩、无羁的意绪和浪漫的想象；儒家的“诗教”似乎还没有来得及对它进行更多的道德规范和理智约束。长江，滋养着充满原始活力的中国南方文化，屈原是它的魂魄，李白是它的丰彩。

卢挚的这一首《六州歌头》，首先是对绚烂而又神奇，保留着远古传统的南国神话的多情扫描。

上片以“诗”、“画”总领。词人把长江当“诗”来读，当“画”来赏。巍峨的、晶莹的雪岭，孕育了这首大诗；壮丽的岷山和挺秀的峨眉，大笔写意地勾勒了这幅画卷的筋骨。开首两句，尽揽高寒、清澄、磅礴之气，酝酿并蓄积了一股飞扬腾踔、滚滚而来的势头。于是，“诗”泻了，“画”动了，生气流行了；一切都在运动中显示着信心与豪情、速度与力量。“浮锦水，历滟滪，灭坡陀，汇江沱”，节奏短促，一气呵成，漫漫征程归于一瞬，无限风光尽收眼底。四个动词——浮、历、灭、汇——如坠石，如鼓点，野气蒸腾，不可一世。锦江的春色任我波荡；险恶的、不可下的滟滪堆任我驰奔；危坡高岗任我覆盖和吞噬；条条支流任我挟持和把握。“我”来了！诗心和江魂合二为一，以奋发超越的架势突破群山万壑直抵楚汉。至此一顿。是所谓“山随平野尽，江入大荒流”，感情的脱僵之马该慢些走了，顾盼流连之间该有一番新的体察和感受了。

眼前是气象万千的云梦大泽。据司马相如《子虚赋》称：云梦者，方九百里，其山隆崇嵂崒，上干青云，下属江河；其土众色炫耀，照烂龙鳞；其石赤玉玫瑰，琳瑉昆吾，五光十色；至于衡兰芷若，莲藕觚卢，芙蓉菱华，桂椒木兰，更是千姿百态、溢彩流芳、美不胜收。这是一片充满了原始活力和勃勃野性的神奇的土地，多少幻想、神话、巫术观念和浪漫激情，多少如诗的梦、如梦的诗在这里滋生、蓬勃、吐艳、翱翔……挟千军万马之势而来的长江在此地变得多情而婉转了，词人也因之心神摇曳、寻寻觅觅、沉醉在某种遐想之中。"唤醒高唐残梦"，一语既出，思接千载，楚怀王的历史幽灵和巫山神女的绰约仙姿梦一般地显现了。据传说，楚怀王游云梦中的高唐台馆，曾梦见巫山神女。此梦，宋玉以《高唐赋》着意渲染，更富诗情画意。如今，旧梦已残，一种历史沧桑之感在词人心中油然而生。于是翘首凝眸，向着历史的幽远处发出了一声声呼唤：醒来吧，那逝去的梦魂！这不是抱残守阙，重温旧梦，而是别开生面，另有所图。以"动奇思"为陡转，词人心意怦怦地开始了他那神奇而又浪漫的远游。"闻巴唱，观楚舞，邀宋玉"，有声有色，有情有致，还要把通晓音律、文采飞扬的宋玉请出来结伴同行，——哪里去？"访巫娥"！看看巫山神女的日子过得怎么样。见到了没有呢？语焉不详，叫人难以猜度。大概是新梦难成，一时间平添几多惆怅，故"拟赋《招魂》《九辩》，空目断，云树烟萝。渺湘灵不见，木落洞庭波"。宋玉的《九辩》、《招魂》，以"悲哉秋之为气也"、"魂兮归来哀江南"的苍凉涌上了他的心头；极目远眺，但见湘水边云烟笼罩的树木和藤萝，一片迷茫。此情此景，不能不使词人联想到屈原的《湘夫人》，"帝子降兮北渚，目眇眇兮愁予；袅袅兮秋风，洞庭波兮木叶下"，这千古名句简直如阵阵秋声振荡着人的心弦，使你俯仰和鸣，"抚卷长哦"。

在这里，词人将浪漫的想象和深沉的咏叹交织在寥廓的历史空间之中；在这里，神话人物、历史人物和现实人物联袂翩跹，神仙世界与世俗社会渺然若化，虽有迷惘和忧伤，但更多的是渴望，是祈求，是对美和永恒的向往。

长江，流经这片鲜艳而又古朴、细腻而又粗豪的南方文化园地，变得更有风采了。面对着它的万斛浪花和滟滟波光，人们除了“长哦”之外还应当怎样呢？词人一往情深地答道：“重摩挲。”

下片以武昌为起点，目送长江中下游。重点在两处：武昌的南楼和安徽的天门山。词人着眼于人世间的兴衰际遇，发出了“多少恨，付渔蓑”、“愁欲滴，两青蛾”的人生喟叹。长江，毕竟如苏东坡所说：“浪淘尽、千古风流人物。”神仙的世界，说到底还是在虚无缥缈的彼岸。长江不得不以现实世界为“河床”，在它的波涛中，有纤夫的泪，有诗人的魂，有沉沙的折戟，……本词不写人世间的“大事体”（如三国赤壁之战），而将艺术的视线投向一位夜登南楼的“痴老子”——庾亮。庾亮在东晋历仕元帝、明帝、成帝三朝，有辅立成帝、平定叛乱之大功，咸和九年(334)任征西将军，镇守武昌，重兵在握。《晋书·庾亮传》载：“在武昌，诸佐吏殷浩之徒，乘秋夜往，共登南楼。俄而不觉而至，诸人将起避之，亮徐曰：‘诸君少住，老子（老人自称）于此处兴复不浅。’”这一段小小的插曲，已经时隔千年，为何引起了词人的浓厚兴趣？大概是“痴老子”那股子兴冲冲夜游的“憨”劲儿吧？谁没有一点返归自然的乐陶陶的“童心”？至于碌碌人生，新愁旧恨，就让它随江流东去，付与渔人的一蓑烟雨便了。“对酒当歌”，曹孟德早已有言在先，人们为什么不应当活得豁达一些、痛快一些呢？然而，生活毕竟是一册不好啃的读本。人的感情网络中不能不纠缠着缕缕愁丝。李太白当年飞渡天门，尽管豪情满怀，为“两岸青山相对出”的奇观搅得神醉心痴，但收篇落墨还不是“孤帆一片日边来”么？是的，人生的孤帆常常如小小的沙鸥在江天日照之间艰难地振动着羽翼啊！一想到这些，词人的心绪又顿时凝重了，只觉得暮色之中天门山分外遥远，隔江对峙的两峰简直就像紧皱的、愁欲滴的青黛蛾眉。看来，人情的流泻委实太复杂了，往往是忽而高歌，忽而涕泗，亦悲亦喜，忧乐难分。长江不也是“斡流而迁，或推而还”么？冲决天门的楚江不也是“碧水东流至此回”么？

但大江总是东去！

但人生之舸总是一往无前！

词人不禁从万千思绪中昂起头来，以怒而飞的气势，以奔如电的速度，超越了种种“奇绝”，随大江直赴新的天地。“半经过”，当解为飞舟神速，舟中人来不及左右顾盼，只能领略两岸的一半风光。

转瞬已过金陵，金、焦二山的伟观扑入眼帘。大海的潮汐在这里迎接和护送不远万里而来的江涛。长江就要入海了。词人再一次忽萌“奇思”。这一回，不是邀宋玉、访巫娥，而是骑鲸驾鳌醉入东海，而是乘槎海上直抵银河。干什么？“欲就织女，看飞梭”，打算到灿烂的星河里作客了。

全词从楚汉神话世界，到世俗人生天地，再到广漠的天宇空间，激宕淋漓地抒写了奔流不息、奋发追求、浪漫而又深沉、缤纷而又凝重的大江之情。与此同时，抒情主人公的阔大胸襟和奕奕神采也以极大的生动性展现在我们面前。江魂与诗心如明月与潮水共生，《万里江山图》因此词获得了特殊的生命。

为这类长卷画图题词难度极大，弄不好会写成“导游词”，松散拖沓，全无韵味。卢挚不拘泥细小，能放能收，着力追摄长江的丰采，把握长江的神髓，加之运笔气酣意畅、舒卷自如，故能异帜独擎，兀立于“话说长江”之辞林。

2. 一月一楼台　一人一江流

吴　晶

那一日，当船经过三峡时，我的心狂跳不已，以为天下美景莫过于此。但当仲夏夜来临，月光下的山与江水就不再是世间所应有的了，我和身旁许多平凡实际的人一起在明月、大江的蛊惑中心摇神荡、激情澎湃。也许“逝者如斯，而未尝往”的江水是神奇的，这“盈虚者如彼，而卒莫消长”的月亮是有魔力的，平常人生因此而灿然生辉。

手边眼前是一首元初文人卢挚的词《六州歌头·题〈万里江山图〉》，读这首词正是舒展开一幅山水长卷。古代绘图总是悄然包藏深厚的人生意识，何况画中是长江全景。

卢挚也很擅长的另一种诗歌形式散曲，有一篇《长沙怀古》的首句写道：“朝瀛洲暮舣湖滨”，这很像“朝辞白帝彩云间，千里江陵一日还”。长江朝发雪山，暮入大海，一日千里，中国古典诗歌中又常歌咏岁月如江水东流到海不复回。卢挚曾因仕途升迁多次在长江沿途走过，一见长江，一生沉浮立时都兜上心头。

这首词作，是一次神游之旅。眼中客景的苍茫江山、悠远古迹固然是画上虚影，表露出来的主体心灵对人生的回顾、历史的远眺却是真真切切。卢挚从浩浩荡荡的大江流中品味出一丝伤感、寂寞、肃杀的况味来了。

明月·楼台

卢挚词中一个很令人注目的意象是“南楼月”。写月亮的诗历来如恒河沙数。一位英国诗人眼中的月亮是停在歌特式教堂楼顶上的景象，像字母“i”。九叶诗人辛笛笔下的海浪上的月亮，是青蛇吞吐着银珠。卢挚《六州歌头》中的月亮则静静地照着武昌南楼的楼台，照着高高的、冷冷的、无语的丈八楼头，千古未变，不管登临望月的是东晋的庾亮、南宋的范成大（范有《鄂州南楼》诗），还是元初的卢挚。明月千年，楼台千年，但人已变，世已迁。

翻开卢挚在《全元词》中留下的不多的十几首词，“明月”和“楼台”的意象颇多。在《最高楼》词中，他说：“待留与南州谈盛事，更恰好南楼逢老子。明月夜，古来无。”又是“南楼月”。“南楼”、“老子”见于《晋书·庾亮传》，是宋人词中爱用的一个典故，像黄庭坚就用过。但“南楼月”，在卢挚的两首重要词作中凸现，似对他有特殊意义。《最高楼》一词是卢挚迁官湖南后谢病北归经武昌时所作，这次南迁对卢挚来说是一次足以铭记的转折：一方面，他初次领略了远离故乡、京都的长江风物、楚湘人情；另一方面，他又初次感受了宦途沉浮的冷暖和追求功名的无味。

《六州歌头》词中的那幅画，画的未必是月夜，但无疑在词人心里立刻跳出一个他极熟的记忆中的月夜。李白这位浪漫诗人说“我欲因之梦吴越”，马上就“一夜飞渡镜湖月”，让我也能像他一样借助月光如梦如幻的魔力，在瞬间穿越千山万水，不管他秦时明月汉时关。让我们走近卢挚心中的月夜，那词云：“问南楼月，痴老子，兴不浅，夜如何?”作为一个文人，卢挚的一生还是顺遂的，少年进士，又官至集贤院翰林学士承旨，诗、文、散曲之名在元初也一时无双。但“春风得意马蹄疾”的高昂生涯里也不免“古道西风瘦马”的落寞失意。最失落的莫过那次南行，在卢挚心中无疑是一次谪贬。在湖南任上他“不习风土”，屡次请求北归又不准，自不免陷入恶劣的心境，意绪索然。他在散曲《长沙怀古》里叹道：“世态纷纷，千古长沙，几度词臣”，屈原、贾谊的境遇正暗合他的遭际。在这首《六州歌头》中，他也提到“邀宋玉”、“拟赋《招魂》《九辩》”、“渺湘灵不见，木落洞庭波”，宋玉也好，屈原也好，无论失意得意，文人历来同一梦。怀古实是感今。

“千古兴亡、百年悲笑、一时登临”，古诗词的基本主题之一是登高怀古，在一个绝高处感受“前无古人、后无来者”的孤寂，感慨“无人会登临意”。像范仲淹的《岳阳楼记》，可算是千古凭高之作中的极品，同是迁客骚人，却能“漫嗟荣辱”、无喜无悲。卢挚的登楼“赋”不像陈子昂、范仲淹，也不像辛弃疾，也许比不上他们的意境开阔；他记挂心头念念难忘的还是个人的宠辱得失，但也正因为如此他的词更见个人心绪。

登上南楼楼头，仰望一弯冷月的卢挚觉得当今之世无人可以交心，倍感孤独，只好从历史上寻一知意互通款曲：茫茫人世，千百年前，这“南楼月”恰恰照过一个庾亮。庾亮出身西晋大族，渡江后又为高官，一生却也历尽荣华与播迁，他对镇守武昌有什么感想虽不得而知，只晓得他也爱登这南楼望天上月亮。经历和思想的暗合，触发了卢挚最深的孺慕之心、惺惺之意，千古之下得一神交，也浑解不少愁闷寂寞。词人于是仰首问天上清清明月：当庾亮说“老子于此兴复不浅”的时候，照着他和这南楼的也是你吧？那夕是何夕呢？如今已是许多年过去了，人已远逝，只留下楼台明月，庾亮如此，今日我走后，什么时候有谁还会来登南楼望明月呢？庾亮也算东晋一代名臣，千载之后魂归何处？那么自己又能如何？不如乘风归去吧。

卢挚在许多词与散曲里都写到自己厌弃宦途：“风云变古今，日月搬兴废，为功名枉争闲气”，“时自嘲，虚名无处逃，谁惊觉？试霜侵鬓毛”。他羡慕巢父、许由、陶令、严陵的归隐田园，“无是无非，快活煞庄家”，却又一生一世走不出官场；厌倦宦海生涯无休止的起伏，又视浮名虚利如鸡肋欲舍不能，只好寄情“醉时歌”，“快唤巢由同一醉”，“醉里乾坤大，任他高柳清风睡煞”。然而，这只能是老夫聊发少年狂，借酒不能忘忧，外表旷达闲适，内里郁结于心。他在一首曲子《劝也》中说：“想人生七十犹稀，百岁光阴，先过了三十。七十年间，十岁顽童，十载尫羸，五十年除分昼黑，刚分得一半儿白日。风雨相催，兔走乌飞。仔细沉吟，都不如快活了便宜。”正是元人的放涎沉痛之声，卢挚也不免。

人生苦短，无由排遣，只好作出世之想。词中说“更乘槎，欲就织女，看飞梭。直到银河。”孔子说“道不行，乘槎浮于海”。苏轼说自己“空余鲁叟乘槎意”，要“小舟从此逝，江海寄余生”。卢挚呢？认为这还不够，要学“乘风列子，列子乘风”来作逍遥游。张华《博物志》云：“天河与海通”，无论登高望远，入海入江都还在尘世，只有天上才远离尘嚣。如果能在天河里游弋，行近织女星，看她飞梭织锦，一直行至天河尽头，看那一弯“银浦横空碧”，该多好。卢挚的作品多是“妩媚如仙女寻春”，但他的一枝健笔能写“秀”、“豪”两种文字。这首词，显然是“自然笑傲”之作。无独有偶，婉约大宗李清照有一首豪放词说：“天接云涛连晓雾，星河欲转千帆舞”，水天相连，亦真亦幻。卢挚这首《六州歌头》，全篇是想象之词，而最后几句更是神来空灵之笔。天国即理想国，萦绕着词人对理想境界的梦想。本来，登楼台望明月，正是为了离高不可及的理想更近一些。词的尾声，是词人仰首问天，但天意自古高难问、问天天不语，于是迸发出奇思妙想。星星、银河、月亮，是亘古静穆空旷的天空的明亮的眼睛，人类最早的神话就起源于上天揽月摘星的欲望。丈八楼头，是现实中离明月最近的地方。

词人·长江

江山如此多娇，引无数英雄竞折腰。卢挚这首《题〈万里江山图〉》，除个人身世感慨外，还用更多的笔墨去写如图的长江。

卢挚生时，正是强盛的元帝国开国之初。他少年功名得意、宦途一帆风顺，自不免意气风发、胸襟爽朗。其实若不带狭隘的胡汉观念来看，江山一统、战乱平息毕竟是一件好事。“人生失意无南北”，得意亦然，卢挚所处的时代使他的词作终不失乐观、明丽的一面。

山河风景无异，但人心已异。人无百年之忧。此时，曾弥漫民间的南宋末年易代悲凉已为之一变。但作为一位有深厚文化素养的文人，卢挚身在异族强权统治下为官，在蔑视汉人与文人的社会氛围中寻觅，毕竟不是一件多么快乐适意的事。故国山河仍历历眼前，故国之思虽远却难以忘怀。这，委实是他心中郁郁不能舒解的隐痛，既有个人的无奈，更有家国不堪回首的无奈。

有元一代，咏史咏古的诗、词、曲特别多，实在是以千古江山为酒杯，浇一己胸中之块垒。在卢挚的作品中，有十七首以怀古为题的曲子，其中《钱塘怀古》的结句是“栖越吞吴，付与忘言”，真的忘言了吗？恐怕不会！还有《前调·萧娥》的结句是：“社稷消磨，汴水东流，千古洪波”，感叹一个朝代的兴亡，故作的平静中有几多痛楚激昂？

经过宋代尤其是南宋以后，长江有了太多的涵意，远远超过了唐时的黄河。曾几何时长江是中分南北的南疆北界，是蛮夷华夏的门户，是鬼斧神功的天堑、天险，壁垒分明的鸿沟雷池、楚河汉界，是退守的堡垒，是进攻的战壕，多少惨烈严酷、腥风血雨的鏖战发生在这大江之上。俱往矣！到如今的元初，它只是一条江，新亭对泣已随风而逝，中流击楫早已绝响。这是几百年前苏轼泛舟赤壁的长江，这是几十载前辛弃疾渡江南来的长江，很难想象也是文人的卢挚会无一点感慨于兹。长江是宋后叶文学尤其是南宋词的一条最深的伤口，时间过了很久也许不再流血了，但一道疤痕仍时时在汉人心中作痛。卢挚在两湖一带作过官，很熟悉长江之风光；而作为文人，他胸中装满了关于长江的史事和典故，略一回首，片刻沉吟，长江就勾起多少幽思，挥之不去。江山本关兴亡，是“欲说还休”，还是“我不想说”？江流在目，江声入耳，正是：洋洋江水只流东，无语又有声，无情又含恨。

长江从川地来，直奔东海。生在四川的苏轼自豪地说："我家江水初发源，宦游直送江入海。"江水从四川的雪岭、岷山、峨嵋山，一路而来，经过锦水、三峡，绕过许多芳草甸的山坡，汇聚条条峡水作为支流，日渐浩荡。它流过卢挚熟悉的楚地湘乡，楚天千里极目，湘水望断秋水，只见湘水岸边的树木藤萝被霭霭江云笼罩着，洞庭湖的波浪轻轻摇荡，无边落木萧萧而下，正是秋色浓重。卢挚在散曲《秋景》里写洞庭湖："四周不尽山，一望无穷水"，这正是"空目断"。《秋景》还写道："载我在潇湘画里"。当年真的在洞庭湖上泛舟，倒说是恍惚在画里；这回他是用手抚着《万里江山图》的画卷，反而像回到了洞庭湖边，真是亦真亦幻，似真似幻，"假作真时真亦假"了。卢挚在画上重温了自己曾经乘着大船经过的各处风光绮丽的绝佳之地。"天门中断楚江开"，那一天他是在夕阳西渐之前经过天门山的，当如血残阳在两峰夹岸的江流上落下时，抛在船后的浓碧的两山轮廓犹如两弯青黛峨眉，透出苍茫无边、深重而又漠然的孤寂哀愁之感。

想象之舟转眼已过了万重山影，来到下游入海口的镇江。眼前是金山与焦山两处名胜景观。其实，"万古伟观"应是镇江的另一座号称"天下第一江山"的北固山，但卢挚竟绝口不提。是不是文人们心头关于北固山的文学和历史的记忆太多、太沉了些呢？

北固山，以及和它紧密联系在一起的人与事，在南渡之后是宋代文学的一个敏感点，也是文人雅客吟哦间皆能会意的一线灵犀。辛弃疾写了许多关于北固山的词作，并引得后来许多辛派词人也时时不忘"北固山"三字。辛词中最有名的两首咏北固山的词分别说："千古江山，英雄无觅孙仲谋处"（《永遇乐·京口北固楼怀古》），"何处望神州？满眼风光北固楼，千古兴亡多少事，悠悠，不尽长江滚滚流"（《南乡子·登京口北固亭有怀》）。往事已矣，北固山也只是成了和金、焦二山一样的风景了。大江东去水悠悠、水滔滔，但其中有多少英雄恨、古今泪、万古愁，只有词人了解。“千载后，多少恨，付渔蓑”，东晋南渡的恨，三国时吴国被吞的恨，还有南宋灭亡的恨，长江负载得太多太多了，词人却一笑，轻轻荡开一笔，说能够消受和记取长江喜怒哀乐的也只有江边日出而作日落而息、世世代代与长江共同生存的渔翁钓叟、平头百姓了。

长江流到这里，江面大展，几同海面，宋代作家曾巩写的“万里帆樯海外风”，写的正是北固山下的江景。这时词人想起了李白的“临沧海，钓巨鳌”，陆游的“醉入东海骑长鲸”，想象宽阔的江面上鱼龙浮现、竞相跃戏，想象如果能像古人、仙人骑鲸驾鳌般自由自在任意遨游在江上该有多好，或者实际一点，驾一只大船、鼓长风扬白帆如生双翼，在一望无边的江面上让心灵来一次彻底自由的舒放，以结束这次“万里江山”神游之旅和想象之行——该有多好？

一明月一楼台，一词人一大江，也就是一词人一楼台，一明月一大江。一介词人，面对大江，明月如珠，楼台如画，正作了他与大江的背景，简简单单的一人一台一月一江，构成天衣无缝、难觅难寻的美好的情景、情愫。卢挚的词不像张若虚的诗那么清新，有人生初觉晓烟般的轻愁，也不像苏轼的诗那么圆熟，显现豁达放任的老年心境，但正是元人的奋发无羁追求功名和瞬间即逝的清醒痛苦失落，共同构成了卢挚词中雄健而又纤细的感觉。

卢挚只是个寻常文人。楼台不朽，明月不朽，大江不朽，因为他有这样一首词，连同他一起也不朽千古了。

3. 倾听灵魂之声

张　翠

这里隐匿着一个封建文人痛苦欲滴的灵魂；

这里飞扬着南天楚地缤纷的艺术精灵；

这里曲曲折折飘来一支万古有灵的寻根曲；

这里首先推出的却是长江滚滚而来的速与力的交响——

“诗成零岭，画里见岷峨”，大意磅礴，尽揽高寒，总领一阕。接下来“浮锦水，历滟滪，灭坡陀，汇江沱”从长江上游发源处落墨，直贯而下，一泻万里。“浮”字配之“锦水”，写来春色荡漾，正合上流之“一泓清溪”“花朵艳丽”。“历”字虽平常，但“滟滪”却勾勒出一堆巨礁的恐怖的黑色身影，也牵引读者走进“滟滪大如马、猴、龟、象”的古老歌谣。“灭”字极自信，野气蒸腾，不可一世。“汇”字则豪情万丈起，挟流入海归。这四字节奏紧促，动态淋漓，如亲见卢疏斋之挥毫泼墨，一气呵成；又仿佛观长江之漫漫征程，砰砰鼓乐。“唤醒高唐残梦”一语既出，前呼千载故事，后唤万代诗情。巴唱、楚舞、巫娥、湘灵，云树烟萝、洞庭秋波，屈子宋玉、《招魂》《九辩》……这些意象并不新鲜，但却于顿挫的音响中组合出浪漫神奇、充满原始活力的南国文化。如果说《湘夫人》是它的千古伤心之祖，李白则用一片彩云涂抹了它的美丽与潇洒；如果说“无边落木”“不尽长江”是它的悲凉情调，苏东坡则以“大江东去”豪歌出它的狂放无羁与英雄风流。

台湾诗人余光中曾喻长城是未随古代飞走的一条龙，那么长江便是未随古代飞走的另一条龙。这条龙盘亘在南中国的大地上，时至今日依然撩拨起无限诗情：沈从文、刘白羽、舒婷、韩少功、余秋雨……一一在长江滋润的南国文化中寻寻觅觅，留连忘返。赏古词而论今人似乎离题，然黑格尔老人的一句话似乎足以将我们拉回至元代那幅万里江山图前。“艺术也可以说是要把每一个形象的看得见的外表上的每一点都化成眼睛或灵魂的住所，使它把心灵显现出来。”这首词中出现的这些意象，也在古今历代诗、词、曲、文中反复出现过，它们正是古今艺术家们歌咏楚文化的眼睛或灵魂的住所。面对长江流经的这片负载着楚文化历史内涵的瑰丽土地，词人只能抚卷长哦，摩挲良久。

下阕以问句起，用庾亮夜登南楼典。庾亮是东晋三朝重臣，咸和九年任征西将军，镇守武昌。《晋书·庾亮传》载：“在武昌，诸佐吏殷浩之徒，乘秋夜往，共登南楼。俄而不觉而至，诸人将起避之，亮徐曰：‘诸君少住，老子于此处兴复不浅。’”词人没有像在《京口怀古》中那样赞“何许英雄，惊倒孙郎”，而是轻拈出一个痴老子的憨态与童心。这兴冲冲乐陶陶的劲儿样儿不正和词人的醉态自语谐映成趣吗？下文“千载后，多少恨，付渔蓑”虽亦有淡淡尘世兴亡之感，但远不及“世态纷纷，千古长沙，几度词臣”慷慨伤怀，此句更多的是碌碌人生随水逝，新愁旧恨付渔蓑的恬淡豁达。“渔蓑”这个意象有归隐意，张志和之“青箬笠，绿蓑衣，斜风细雨不须归”，柳宗元之“孤舟蓑笠翁，独钓寒江雪”，苏轼之“竹杖芒鞋轻胜马，一蓑烟雨任平生”，其超越尘埃、孤高清逸之气皆冉冉而出，是为佐证。“渔蓑”之后，作者又紧尾一句“醉时歌”，词人曾在“对酒人生几何，被无情日月消磨”中唏嘘感喟，也曾在“一葫芦春色醉山翁，一葫芦压倒花梢重”中痛快欢歌，此番醉时歌自当是词人超脱旷达之音。如将这三句联系在一起，便可瞥见一个虽无灾无难到公卿，却厌倦仕宦生涯，念念难忘“篱菊平生之约”，又往往“寒食无家”的封建文人无可奈何的痛苦灵魂。其同期小令“半夜心，三生梦，万里别，闷倚篷窗睡些”也正是这样一颗痛苦欲滴的灵魂的坦露。这灵魂也许只能在天门中断的楚江中，在碧水东流的日暮里，在南国湿漉漉的两岸青山和孤帆远影上寻求慰藉和归宿。所谓“楚雨含情皆有托”是也。

既然魂魄有托，诗心有寓，就让魂魄诗心在长江中重重实实受一次惊吓吧——“曾一舸，奇绝处，半经过”。飞舟怒奔如电，来不及顾盼左右，转瞬间就已到下游金、焦二山了。长江就要入海了。此时词人的胸襟与思绪已于生命与自然的强力冲撞中，已于长江速与力的轰然交响中自由开合，恣肆飞升：词人欲骑鲸驾鳌驰入东海，乘槎海上直抵银河。“就织女，看飞梭”只是词人借这个神话意象来抒写宇宙胸襟和时空意识。尽管斯土斯水是词人的精神家园，但古人的宇宙观还是相当强烈。即便婉约如女词人李清照，也写出过“天接云涛连晓雾，星河欲转千帆舞”这样的惊天之语，更何况曹操、张若虚、陈子昂、卢挚这些豪放男儿？词人并不满足于将自己的灵魂托于南天楚地滔滔江水，而是要到无垠无际的宇宙时空中寻求精神之家、生命之根。

此词本是题画，金启华先生曾赞誉此词“实为音乐与图画之结合体，展画图而奏乐曲，为元词题画佳篇”，“虽为题画，实为写生”，“发抒情怀”，至于抒发何种情怀，先生未云。历来有读者看出此词的气势，又从气势看出奔流不息、奋发向上的精神追求，笔者认为这首词是在长江速与力的交响中另奏了一支如丝如缕亘古不绝的寻根母题曲。当你侧耳倾听，你会听出一个封建文人痛苦欲滴的灵魂独白，听出这颗灵魂对南天楚地的多情恋语，听出在生命与自然的冲撞中灵魂喁喁而飞，听出灵魂飞升天宇后的自由阔大之音。

这支曲子是如长江那样曲折迢遥，却幽幽轰轰直奏到六百年后的今天，直奏到现代都市人的心底，让你倾听，沉思，萦萦不散。

【范文解说】

这三篇赏析文章，围绕同一首词作——《六州歌头·题〈万里江山图〉》(元·卢挚)，展开想象和评说。由于出自三位读者之手，故欣赏的角度、论说的重点颇不相同，这说明面对同一个作品不同的人会有不同的理解。当然，这必须有一个前提，即这个作品本身应有丰厚的内涵，应有广阔的可供读者驰荡神思的艺术空间，否则是不可能产生如此审美效果的。三篇赏析文字，都充分展示了读者阅读此词的想象，有的追循长江的踪迹作一泻万里的畅想，有的侧重于长江的文化血脉作思接千载的历史回眸，有的则轻叩词人的心扉去探询作家的创作心态……这些想象，是凭借词作所提供的意境而生发开来的，其间融入了读者自身的许多经验、许多情感、许多志趣，故既有对原作的解读，又有今人的发挥和补充。三篇赏析文章的文字都带有比较浓郁的抒情色彩，读来容易产生情感上的呼应与共鸣。

【思考题和练习题】

1. 想象在阅读欣赏中有什么作用?

2. 读者的想象和补充应遵循哪些审美原则?

3. 阅读鲁迅《好的故事》(《鲁迅全集》第二卷),发挥想象，进行补充，写一篇关于鲁迅创作心态的文章。

第四节　从欣赏体会到赏析文字

本章前面几节，已对欣赏活动应当注意的几个问题做了论说。若能领会于心，付诸实践，总会在欣赏过程中获得某种体会。有了“体会”，是不是就到头了呢? 不能这么看，还应当“更上一层楼”，努力把欣赏体会变成赏析文字。这样做有两个好处：第一，如果体会深，有新意，文字表述也好，那就有可能公开发表，通过报刊媒体与广大读者“对话”，甚至有可能吸引某些“同好”与你直接切磋，“疑义相与析”，使欣赏活动进一步深入；第二，对于绝大多数欣赏者来说，把他的欣赏体会形诸文字并非为了发表，而是通过写作实践，把所获得的种种体验加以梳理，加以提炼，使其更具条理性，更富有思辨色彩。我们在这里强调的，主要是第二点。

由“体会”到“文字”，带有某种“质变”的味道。当你在“体会”时，主要是驰荡神思，凭借作品作“心灵的远游”。这里边有无穷的乐趣，自由，放纵，可虚，可实，可作“面”上的扫描，可作“点”上的沉思，但由于偏重于“神游”，故常常显得飘忽，有些重要问题一时难以深入，有些精彩的思考会“稍纵即逝”。这时候，你如果能拿起笔来，把体会“捕捉”到稿纸上，那情形就大不一样了：你会让跳荡的神思变得“规矩”一些，让纷杂的思绪变得“条理”一些，让心潮深处的潜流变得显露一些，让一闪而过的灵感变得沉着一些，其结果，必然是欣赏体会的净化与升华。因为，在这种写作过程中，逻辑思维会从形象思维的潮汐中升腾出来，如“明月”将“潮水”笼罩，使恣肆的欣赏透射出思辨的光华。从本质上说，把欣赏体会变为赏析文字，乃是一种自我锻炼、自我熔铸和自我检视，故有人认为：写一篇短小的赏析文字，顶得上数十次自由自在的内心揣摩。一些有经验的读者，总喜欢把心得体会落实到文字上，力图在“落实”的过程中使思想产生“聚合”和“裂变”，从而形成某种质的飞跃，获得新的突破。

那么，怎样把欣赏体会变成赏析文字呢？这是一项颇为艰辛的劳作。正如吴小如先生所说：赏析文章的写作“是一个非常艰苦的过程，它需要独特的思考、发现与匠心独运的表现”。由于欣赏者各有其个性，素质、思想、视角、偏好、习惯千差万别；加之每一篇赏析文章的具体要求、侧重点、笔调又不可能一个模样，故这类文章的写作很难列出几条“写作须知”，只好具体问题具体对待，根据实际情况和实际需求因文制宜，因时制宜，因人制宜。当然，大的原则还是有的，如必须遵循基本的写作规律，必须“情”、“理”交融，必须“识”、“色”兼备，必须“叙”、“议”结合，必须求真求美，等等。这是一项相当复杂的

“综合工程”，从某种意义上说，它与文艺创作有相似之处，需要灵气，需要构思，需要登高送目、洞幽察微、浅深聚散、万取一收、主客契合、融会贯通、热情畅想、冷静审视，以形象思维和逻辑思维为双飞的彩翼，去鼓荡艺术和生活的充实空气，以实现心灵的漫游与回归。

【范文】

春江花月夜的沉思

何永康

春江潮水连海平，海上明月共潮生。
滟滟随波千万里，何处春江无月明。
江流宛转绕芳甸，月照花林皆似霰。
空里流霜不觉飞，汀上白沙看不见。
江天一色无纤尘，皎皎空中孤月轮。
江畔何人初见月？江月何年初照人？
人生代代无穷已，江月年年只相似。
不知江月待何人？但见长江送流水。
白云一片去悠悠，青枫浦上不胜愁。
谁家今夜扁舟子？何处相思明月楼？
可怜楼上月徘徊，应照离人妆镜台。
玉户帘中卷不去，捣衣砧上拂还来。
此时相望不相闻，愿逐月华流照君。
鸿雁长飞光不度，鱼龙潜跃水成纹。
昨夜闲潭梦落花，可怜春半不还家。
江水流春去欲尽，江潭落月复西斜。
斜月沉沉藏海雾，碣石潇湘无限路。

不知乘月几人归，落月摇情满江树。

江畔送客归来，月亮正圆。小径如游动的梭，牵着花魂，织着花梦。春夜的小风，撩起江面上雾的轻纱，送来涛的鼾声和浪花的絮语，……我不由然止步伫立，心头腾起一首诗，和着丝竹的缥缈清音，迷离着仙袂飘举的缤纷与婀娜。啊，张若虚，这就是你那“孤篇压倒全唐”的《春江花月夜》!

一

人人都有一种寻求精神家园的祈求与冲动。屈子行吟，上下求索，“合百草”，“建芳馨”，用整个生命和全部才智开辟与灌溉了一片充满神话想象、燃烧着浪漫激情的精神园圃。斗转星移，诗国的峰巅上走来了又一位“楚狂人”——李白，他扬言：“以虹霓为丝，明月为钩”，“天下无义气丈夫为饵”，“临沧海，钓巨鳌”，为社稷、苍生作一番轰轰烈烈的事业！狂矣，大矣，然则他心中也时时缠绕着缕缕乡愁：“何处是归程？长亭更短亭!”这种乡愁酿造了多梦的人生，《红楼梦》一部大书写了许多“梦”，《野草·秋夜》中的小花“瑟缩地”做着“梦”，伟大的革命诗人也禁不住慷慨吟哦：“我欲因之梦寥廓”！看来，不管是有意的，无意的，成熟的，稚嫩的，人总是不息地寻求着内心的归宿，他的生命的根。这可算是永恒的人生哲理。十八世纪德国浪漫派诗人诺瓦利斯说得好：“哲学原就是怀着一种乡愁的冲动到处去寻找家园。”

张若虚的《春江花月夜》，首先是一首寻求精神家园的歌。

“江天一色无纤尘，皎皎空中孤月轮。”诗人一下子把读者的视线，从春、江、花、月引向夜的太空。那里，无一丝云彩，一斑鸟影，一朵寒星，一点尘埃，更衬托出皎皎明月之孤。这是遐想与反思的绝妙契机。天地万物的渺然若化，使人对“自我”的感觉由实到虚，进而由淡到无，——这绝非消极地失却“自我”，而是“自我”在天地间的积极消融，一种超脱形骸的精神飞越与恣肆。如果说，世界上真有神而妙的“无差别境界”的话，那么，这种“内宇宙”与“外宇宙”的契合，乃是最令人心驰神往的了！

值得注意的是，张若虚大笔写意地在无际的苍穹上留下了一轮孤月。他略去了“一切的一”，只向皎皎圆月顶礼膜拜，用“不知其几千里也”的心灵羽翼去拥抱“宇宙之珠”。这几乎是世界性的审美感受与哲理追求。当芸芸众生在我们这个可亲可爱又总是叫你“凄凄遑遑”、“席不暇暖”的星球上生息、抗争、喜怒、哀乐的时候，忽然，月出于东山之上，徘徊于牛斗之间，你能不屏息凝眸，翘首远眺么？那是何等辉煌，何等皎好，何等纯净，何等静穆的一轮哟！仿佛宇宙间的一切爱，一切安宁，一切希望，一切寄托，一切尊严，都冰清玉洗般地凝聚到她的身上了。难怪古今中外的“谪仙人”们要对月、邀月、攀月、咏月、揽月翱翔了。就是那些在“柳梢头”下编织爱情之网的少男少女们，也免不了感受到一种神圣与庄严，以及月老的万般怜爱。张若虚相当自然地在这“江天一色”之际，目无旁视地将一轮皓月当作自己的精神归宿，他赖以寄托魂魄的“家”。这不禁使我联想到古老的神话“嫦娥奔月”。嫦娥的飞升，说到底乃是人们在寻求生命之根的艰苦跋涉中对宇宙精华、人生真谛的形象化了的顿悟。他们寻寻觅觅，南北东西，碧落黄泉，终于有朝一日，在万籁俱寂之时，抬望眼，从一轮明月中找到了真、善、美的最佳寄托，“意”与“象”，“内”与“外”，霎时间化为鸿蒙恍惚的一片，于是，就情不自禁地飞升了。这是人的心胸的了不起的“净化”。张若虚在这种“净化”中摒弃了人世间说千道万、纷乱如麻的难题，只掷下了两个问号：“江畔何人初见月？江月何年初照人?”

他强调了一个“初”字，但不在“人之初”的善与恶上纠缠。既然月亮是真、善、美的最佳象征，那么，是谁最先发现了她，认识了她呢？她又是在什么时候把人们的心儿照亮的呢？这分明是“人与美”的哲理的探询；字字句句，穷源追本，很有一股子执著劲儿。要回答这个问题，在我们今朝看来，似乎很简单：是劳动，是社会实践，使人们真正发现了美，认识了美，并且按照美的规律去行为，去生活。张若虚可没有我们视为无上珍宝的“望远镜”和“显微镜”，他显得有些困惑：“不知江月待何人？但见长江送流水。”在明白人看来，江月普照万物；在痴情人看来，江月只照自身或他人。一个“待”字，使痴情者转为月亮；皎皎明月，您在痴痴地等待谁呢？秦时明月汉时关，汉代的月亮，到哪里去等待秦代被它照耀过的人啊！吁唏中，透露出人生短促、光阴无限的忧伤。

不过，沉思于春江花月夜的诗人还是颇有收获的。他感慨万端地吟诵道：“人生代代无穷已，江月年年只相似。”前一句，包含着后浪推前浪、人生代代传的发展观念；后一句，闪烁着世界永恒、物质不灭的哲理光辉，“社会”与“自然”都顾及到了。诗人的基本精神还是乐观的、进取的。人的精神家园在哪里？在一代又一代的“接力”中，在失落、徘徊、奋起、追寻的求索中。远古的不说，且看“对酒当歌”——“我醉欲眠卿且去”——“把酒酹滔滔”，人生的“夜光杯”不是愈举愈高，靠向吴刚的“桂花佳酿”么？莫效“穷途之哭”，莫叹“冷月葬诗魂”，年年相似的一轮“江月”，总是那么美好，那么沉着，那么给人以信心和力量。愿我们“千里共婵娟”，永世无终期！

二

把“春”、“江”、“花”、“月”、“夜”联系起来加以歌咏，并非张若虚的独家发明。此乃乐府《清商曲辞·吴声歌曲》旧题。

“一年之计在于春”，“春江水暖鸭先知”，“云破月来花弄影”，“春宵一刻值千金”，……人们对“春”、“江”、“花”、“月”、“夜”的审美关注是不倦的，大概还要唱它个千年万载，——它们委实太美了！

然而，“美”的显示总是团结而互助的。“峭然孤出似非大观”，贾宝玉在试才题对额的时候感慨良多地说过这句颇有见识的话。就是前面提及的“皎皎空中孤月轮”，也不是遗世孤立的，它有深而广的美的氛围。只不过，诗人通过心灵接受机制将缤纷五彩融合，升华，最后凝聚成一个审美焦点罢了。可见，“春江花月夜”的美的神髓，不在各别之美，而在种种美景的眷恋和关照，在于那“一点通”的“灵犀”和齐飞的“彩翼”。

“春江潮水连海平，海上明月共潮生”。春临大地，江河上游冰雪消融，潮水顿涨，江海连平，月共潮生，——多少前因后果，顷刻间一齐道出；一个“共”字，将“月”与“潮”的微妙关系点明。它们是春之使者，以无限生机，以生命与共的亲密，喜悦地向人们宣告：“春来了，春来了！”她是踏着滟滟然随波闪烁的水月之光来的；她轻盈地一下千万里，又洒脱地将自己的信息传递给广阔大地上的每一条江河。故诗人叹道：“滟滟随波千万里，何处春江无月明。”

接下来是一个特写：“江流宛转绕芳甸，月照花林皆似霰。”芳甸，是开满了春花的江边沙滩。宛转，使江流带上了依依不舍之情。霰，指花月辉映之光。“皆”字总指月光、花林。统而言之：水绕芳甸，月照花林，水映月，月照花，花彩迷离，有如纷纷霰雪。这是前一幅阔大图景中充满柔情蜜意的一角。翩翩而来的江流，如风华正茂的美男子，环绕着芳甸大献殷勤。他明眸顾盼，步步流连，搔首踟蹰，弄得芳甸心旌摇曳，默默含羞，很不好意思。于是，月光来帮忙了，它巧妙地给芳甸披上薄薄的“轻纱”，然而，甸上的花林又不甘心完全隐去自己的丰彩，总是忸怳着，半遮面地显示着婆娑的姿影，结果将“轻纱”抖乱，化为纷纷飘洒的洁白的“霰雪”。简洁的两句，朴素得有如素描，但其间缠绕着多少情丝！贾谊道：“万物回薄兮，振荡相转。”大自然总是生动流转，息息相关的：纵目天涯，有江与海的连平，月与潮的共生；低眉审视，有水与花的心心相许，月照花、花弄影的无限意趣。这一切，交织得那么细密，那么和谐，使诗人油然产生了“饮酣视八极”、醉眼复朦胧的模糊体验：

“空里流霜不觉飞，汀上白沙看不见。”

这种审美综合效应，给人以融身心于天地之间的遐想与快慰。那长空中的月光，仿佛流动的霜华，却又不觉飘飞之状；在这如霜的月光下，俯视汀上如霜的白沙，诗心囊括了上、下，南、北，东、西，光、影，动、静，凉、热，繁、简，虚、实，庶几乎要“包举宇内”了。的确，在这令人神思荡漾的时刻，诗人发现了一个融融、泄泄，“生物之以息相吹也”的自然大家园，他的热烈憧憬和心灵跋涉可以在此地做片刻消停。这跟陶渊明的超然事外、平淡冲和的“田园梦”不尽相同。陶渊明唱道：“归去来兮，田园将芜胡不归！”张若虚的弦上之音是：“归去来兮，田园如画胡不归！”他仿佛在与“春”、“江”、“花”、“月”、“夜”做“一番神秘而又亲切的、如梦境的晤谈”（闻一多语）；他不是“羡万物之得时，感吾生之行休”，而是在神奇的永恒面前，在自然大家园的亲密和谐的氛围中，体察到了青春的心跳和微笑，萌动了“吾生与春同住”的少年式的人生祈求和畅想。

于是，诗人才有了前面所说的那一番寻求精神家园的哲理沉思。假如没有对自然界诸“美”交相辉映、万“艳”心扉互叩的真切体验，张若虚是不能获得那种敻绝、深沉、寥廓而又驰荡的宇宙意识的！

当然，这里边不仅仅是轻快、愉悦与满足，不仅仅是仰望苍穹、纵横古今的哲理反思与展望，也有忧伤，也有惆怅……

这就是对世事、人生的略带苦涩的品味。

人不可能永远在自然大家园里徜徉，他总要用心血，用“羽毛”，用“春泥”，在世俗社会里营造自己的精神的“香巢”。没有这个“巢”，生命之光就要暗淡下去。“香巢”在哪里？历来够人缠的。“三月香巢初垒成，梁间燕子太无情，明年花发虽可啄，却不道人去梁空巢已倾！”处于封建末世的林妹妹作如是观，就是在初唐那些个浸透了青春浆汁的绿色的日子里，张若虚也不免要茫然四顾，“目眇眇兮愁予”！

于是，“春江花月夜”飘来了一片“白云”……

三

“白云一片去悠悠，青枫浦上不胜愁”。

行云、流水，是一对兄弟，都有点“自由主义”，自来自往，用情不专，轻易离别。不同的是：“黄河之水天上来，奔流到海不复回！”一去不回头；白云“去悠悠”，尚有回头之望。“青枫浦”上可能住着一个多情女子，白云悠悠而去，愁煞了这位闺中少妇。《春江花月夜》由是转入对游子、思妇之情的描述与咏叹。客思闺情，是封建社会夫妇经常分离的现实反映。这里边有多种情况：有的是生活所迫，有的是朝廷排挤，有的是为了求官，有的是为了经商，有的是为了征役，……张若虚笔下的思妇，可能是一位贵妇，但也没有必要把人物身份“咬”得太死，我们把她的内心波动视为一种普泛的社会情绪便了。这种普泛的情绪，透露出对爱情的憧憬和“此事古难全”的悲伤。在人的感情园地里，爱情是含着露珠开放的鲜花，然而，封建时代的思想阴霾总是用直接的或隐秘的方式将她窒息和摧残；“爱”与“淫”，常常是同一个概念。在许多人的日常夫妻生活中，对婚姻的维持胜过了对爱情的追求，“相敬如宾”、“举案齐眉”被认为是最佳境界。他们有“爱”吗？他们真切地意识到、体察到“爱”吗？他们的情感热烈到、执著到要毫无保留地以对方的心灵为自己的“精神家园”吗？很少，很少，很少。这可算是一种因袭的精神重负，一种生活在历史惯性中的可怜的惰性！不过，生命之树常青。爱情的琼浆总要在生命的叶脉中不息地流动。而当“绿叶”由于这样那样的原因将要飘零或已经飘零的时候，那种本来并没有明确体察到的互为生命之根的爱情意识，便猛然觉醒了，并且表现为不驯的喧哗与骚动。若从这个意义上着眼，封建时代的形形式式的“离别”与“飘泊”，倒提供了唤醒爱情青鸟的契机，人们仿佛在这些远走他乡、相见时难的日子里才咀嚼到了“别亦难”的爱情青果，才谛听到了自己心底谱写了许久的爱情的音乐。所以我说：中国封建时代以少妇思春、游子飘零为题材的数不清的诗作，是一片播种了充满生机的爱情种子的精神园圃，它开出的花尽管有的文弱，有的火爆，有的素洁，有的华贵，但从总体上，其情感基本上是真挚的，丰富的，深沉的。这里边所蕴含的悲剧意识，演进到曹雪芹那儿，便凝聚为“千红一哭，万艳同悲”，——从贵妃娘娘到“身为下贱”的女奴都抛洒着爱情不自由，“红消香断有谁怜”的辛酸的眼泪。

当然，生活在初唐的张若虚，还不可能把这种人生不相见、两情如参商的忧伤，熔铸为《红楼梦》式的决绝哀歌和铮铮诅咒。他对离情别绪的咏叹，还是一种“春半”时节半欲留春半恼春的抒怀，江水悠悠，思绪悠悠，一切是那么美好，沉重得有些轻松，感伤中不失希望，故诗的后半部情思跳荡，活泼自如，单是艺术视点就变化得叫人应接不暇。有人把“可怜楼上月徘徊”八句，视为写思妇对离人的怀念，把“昨夜闲潭梦落花”八句，视为写游子客思之情，——这就划得太“整齐”了。让我们先疏通一下：

“谁家今夜扁舟子？何处相思明月楼？”王尧衢认为：今夜扁舟中不知是谁家女子，又安知思此游者之闺人住何处楼哉？徐慎以为：今夜扁舟客子，既不知为谁家，又安知其相思在何处之楼哉？孙望曰：因游子行止不定，闺妇住处固定，故游子不会想到爱人处于何处明月楼；若说两相不知，则诗人不会把这对男女写入诗中。故王、徐之说皆不理想。应为，何处游子相思着明月楼中的妇人；或，游子于何处相思着明月楼中的闺妇。按：孙说是。

“可怜楼上月徘徊”。诗人通过游子的设想，强调月光对闺妇的深情，与白云飘忽成对比。仿佛明月对闺妇说：“少妇啊，可怜你静夜情思，我姑且再陪伴你一夜吧，说不定你的良人将回来了。”亦可认为，客子对明月说：“可怜的明月呀，我尚无归期，看来你要长久地陪伴我的心上人了！”

“应照离人妆镜台。”游子的口气：今夜的明月大概会照到我爱人的妆镜台吧？双关之语：一为，闺人见妆镜台，可能照照镜子，发觉自己思夫情切，面容消瘦了，“人比黄花瘦”；一为，客子之思，“我的爱人恐怕瘦了吧？”

“玉户帘中卷不去，捣衣砧上拂还来。”写闺人之悲缠绵不绝，和着月光（或：有如月光）卷不去，拂还来。大妙！意象生动，把女主人公力图从悲思中挣脱出来的情感描画得维妙维肖。

“此时相望不相闻，愿逐月华流照君。鸿雁长飞光不度，鱼龙潜跃水成文。”此时，同一时刻，相思的男女共看明月，但不能相闻其声，因不相闻，故闺人喃喃自语：“但愿月亮的光华能流到江畔之扁舟，照我良人。鸿雁能长途飞翔，却不能将我这儿的月光度往扁舟中的客子。托鱼龙传递月光吧，也不行，鱼龙潜跃出水，十分短暂，复又落入水中，只留下一丝丝波纹……”

“昨夜闲潭梦落花，可怜春半不还家。江水流春去欲尽，江潭落月复西斜。”王尧衢以为：昨夜，是望月之夜的后一日回顾前夜，谓之“昨夜”。孙望曰：当为无定指的望月之夜。孙说是。闲潭，是闺妇居住之地，或象征闺妇，与“青枫浦”、“明月楼”仿佛。落花，收拾芳春，注满忧愁。春天已逝一半，可惜客子还不归家。江水悠悠东去，溶着春光，流个欲尽。此时，江潭上的落月，又斜斜地偏西了。

“斜月沉沉藏海雾，碣石潇湘无限路。不知乘月几人归，落月摇情满江树。”“斜月”句，将“月”藏入海中，与诗首“海上明月共潮生”呼应。碣石，以代远方的海滨，位北；潇湘，位南，——天各一方，征程遥远。普天之下，游子甚多，不知在此春江花月之夜，有几个游子乘月而归？花落完了，春流尽了，客子却没有回来；在落月的清光下，闺妇怎能不情思摇荡，洒满江树！

恕我做了以上这番啰嗦的“串讲”。诗，妙在可解与不可解之间。这里边尚有许多“空白”，有待读者诸君去驰荡神思，细细品味。还是说说人生的“香巢”吧！张若虚找到了没有呢？从字面上看，他未能将客思闺情收拾到一处，给予温馨的归宿。他忙不迭地在游子、闺人之间殷勤探看，牵扯情丝，到头来终未如愿，只留下不绝如缕的莫名惆怅和忧思……然而！想想吧：当男女主人公千里共婵娟、遥递一瓣心香的时候，当诗人用同情、慈爱、忧虑、不安、理解、祝愿将他们抚慰与关照的时候，你能不强烈地意识到，有一种无形的、“大庇天下寒士”的“香巢”正在一口春泥、一口春泥地构造着吗？人们啊，你难道不愿意为此化做辛勤的燕子么？

四

江畔送客归来，写这篇春江花月夜的“沉思”，我想起了二十五年前孙望先生讲授《春江花月夜》的情景。先生是那么的清瘦，但感情是那么的充沛。他一口气讲了八、九个课时，精深而博大。我有笔记。——立即翻箱倒柜地找了出来，重温一下吧！然而，该打，只草草地记了两、三页！我这才记起，那时候自己是很不用功的。逝去的就让它逝去吧，眼前的春江花月夜还是颇够我们这些中、青年学人受用的啊……

窗外，学生们上完了晚自习，有人用现代派的腔调唱着“金梭、银梭”什么的。[1]

[附] 何永康谈《春江花月夜的沉思》是怎样写作的[2]

我们首先对张若虚所处的时代，他的生平、创作实践，及其文化背景，做一番扫描，——这主要凭借文史资料。还要尽可能多地阅读现有的评论《春江花月夜》的文章，分析比较，加深自己的认识，发展自己的独到之处，逐步明确自己的鉴赏角度，最后，落实到“拟题”上。这一回，我们不打算写考证性的文字，也不想写一般的赏析文字；我们企图做一点哲理的探究，写得自由些、活泼些、深沉些。于是，在反复吟咏、浮想联翩的审美意绪中迸出了一个“题”——《春江花月夜的沉思》。它无须加副题（如“《春江花月夜》赏析”），因为，张若虚的诗题已巧妙地嵌在我们的题目之中，明确而又含蓄；而且，此题既可以理解为“鉴赏者（我）在春江花月夜的沉思”，又可以理解为“神游于《春江花月夜》中的沉思”，有“弹性”，有“空间”，有一定的“机趣”，又方便于我们放纵一下“哲理的探究”，故可认定下来。

怎么开头？可用平实的：“初唐诗人张若虚的《春江花月夜》，云云。”我们打算定下一个漂亮流畅、心旌飘摇的调子，并且把“我”的形象化进去，故拟“小引”如下：

> 江畔送客归来，月亮正圆。小径如游动的梭，牵着花魂，织着花梦。春夜的小风，撩起江面上的雾的轻纱，送来

---

① 原载《名作欣赏》1987年第4期。

② 因很少有人在写过赏析文章后再写“赏析文章的写作体会”，编写本教材时未能找到其它类似材料，故选《春江花月夜的沉思》，并附此“体会文章”以为配合。

涛的鼾声和浪花的絮语，……我不由然止步伫立，心头腾起一首诗，和着丝竹的缥缈清音，迷离着仙袂飘举的缤纷与婀娜。啊，张若虚，这就是你那“孤篇压倒全唐”的《春江花月夜》！

这种开头，一般论文很少用，赏析性文章也很少用它；它是散文诗，主要功能是为本文制造一种氛围。显然，“个性”是比较强的。

顺着这股子感情势头，我们可以带着比较淋漓的“元气”进入正文写作。在这种情势下，不必拟几个部分的小标题，那样“板”了些；也不必一贯到底，浑然一篇，那样不大自如，节奏感较弱。我们仅标出一、二、三……就够了。

第一节论说什么？通常的办法是从论“景”入手，《春江花月夜》也正是由写景开始的。我们不这么办。我们直接介入张若虚的宇宙意识和人生求索。这是本文的重点，是“沉思”的核心；至于论“景”，留待第二节阐发，作为第一节的延伸和开掘。这样，我们就将视线集中到“江天一色——但见长江”八句。

我们这样提出本节的论点：

人人都有一种寻求精神家园的祈求与冲动。不管是有意的、无意的、成熟的、稚嫩的，人总是不息地寻求着内心的归宿，他的生命的根。这可算是永恒的人生哲理。十八世纪德国浪漫派诗人诺瓦利斯说得好：“哲学原就是怀着一种乡愁的冲动到处去寻找家园。”张若虚的《春江花月夜》，首先是一首寻求精神家园的歌。

此处有一个“眼”，即诺瓦利斯的一句名言。拿过来，是因为它用在这儿很熨贴，很精当，有一定的“权威性”。写诗评，同写其他评论一样，不能动辄引用名言、警句；不引则已，一引中的。自己不发表见解，还要你写评论干什么？

本节的论点亮出来了。接下来，该就“江天一色——但见长江”八句，进行分析和阐发。否则，文章就失之飘浮。这种分析、议论，切忌“串讲”，把诗句的内容用散文再复述一番（少同名诗人进行这种比赛吧，你很难超过他们的）。试看我们评说的一段：

> 值得注意的是，张若虚大笔写意地在无际的苍穹上留下了一轮孤月。他略去了“一切的一”，只向皎皎圆月顶礼膜拜，用“不知其几千里也”的心灵羽翼去拥抱“宇宙之珠”。这几乎是世界性的审美感受和哲理追求。当芸芸众生在我们这个可亲可爱、又总是叫你“凄凄遑遑”、“席不暇暖”的星球上生息、抗争、喜怒、哀乐的时候（注意！这是一个长句，为了加强评论者的感情分量。在一般情况下，要少用长句），忽然，月出于东山之上，徘徊于牛斗之间，你能不屏息凝眸，翘首远眺么？那是何等辉煌，何等姣好，何等纯净，何等静穆的一轮哟！仿佛宇宙间的一切爱，一切安宁，一切希望，一切寄托，一切尊严，都冰清玉洗般地凝聚到她的身上了。……张若虚相当自然地在这“江天一色”之际，目无旁视地将一轮皓月当作自己的精神归宿，他赖以寄托魂魄的“家”。这不禁使我联想到古老的神话“嫦娥奔月”，嫦娥的飞升，说到底乃是人们在寻求生命之根的艰苦跋涉中对宇宙精华、人生真谛的形象化了的顿悟。他们寻寻觅觅，南北东西，碧落黄泉，终于有朝一日，在万籁俱寂之时，抬望眼，从一轮明月中找到了真、善、美的最佳寄托，“意”与“象”，“内”与“外”，霎时间化为鸿蒙恍惚的一片，于是，就情不自禁地飞升了。这是人的心胸的了不起的“净化”。

张若虚在这种“净化”中摒弃了人世间说千道万、纷乱如麻的难题，只掷下了两个问号：“江畔何人初见月？江月何年初照人？”

以上这段鉴赏文字，有这么几个特点：(1) 努力扣住张若虚的原诗、原意——“孤月轮”，论说诗人为什么忘怀一切，神往于明月。(2) 关于“嫦娥奔月”的联想与议论，比较自然、中肯。张若虚，以及人世间许许多多追求光明、纯洁的人，都是“嫦娥”，“嫦娥”可作“共名”。对于嫦娥飞升的理解，有新见，向学术界提供了某种东西。写诗评，不能就事论事，囿于一点，作茧自缚。要善于开展，又不能信马由缰，为显示“广博”而东拉西扯。(3) 行文中，适当地化入经典作家、杰出诗人的词句，显得典雅、持重、有色彩、有历史感，但不能生、冷，不能舞弄，那样做令人讨厌。上面那一段文字中，有郭沫若、庄子、苏东坡、李清照、白居易、岳飞等人的词句，不细心看不出。一定要用活，化为已有。不能在用时查找，要靠平时广泛阅读，消化吸收。

在评议了张若虚神往于明月之孤之后，在分析了“不知江月待何人？但见长江送流水”两句之后，我们应当实事求是地指出：“《春江花月夜》在吁唏中透露出人生短促、光阴无限的忧伤”。要辩证：

不过，沉思于春江花月夜的诗人还是颇有收获的。他感慨万端地吟诵道：“人生代代无穷已，江月年年只相似。”前一句，包含着后浪推前浪、人生代代传的发展观念；后一句，闪烁着世界永恒、物质不灭的哲理光辉。“社会”与“自然”都顾及到了。诗人的基本精神还是乐观的、进取的。人的精神家园在哪里？在一代又一代的“接力”中，在失落、徘徊、奋起、追寻的求索中。年年相似的一轮“江月”，总是那么美好，那么沉着，那么给人以信心和力量。愿我们“千里共婵娟”，永世无终期！

这是第一论段的小结。既应对诗人、诗本身做一个“小鉴定”，又应在理论上、认识上有所升华。可以是平实的总结、概括，也可以像我们这样带有强烈的感情色彩（这与本评论的基本格调相符）。

至此，我们可以进入第二论段，主要论“景”。我们不想再说“情景交融”之类的老话。泛泛地讲些老道理，是写鉴赏文字的又一忌。我们从诗的实际出发，强调“美”的显示总是团结而互助的，峭然孤出决非大观。我们这样提出本论段的论点：

前面提及的“皎皎空中孤月轮”，并不是遗世独立的。它有深而广的美的氛围。只不过，诗人通过心灵接受机制，将缤纷五彩融合，升华，最后凝聚成一个审美焦点罢了。可见，“春江花月夜”的审美精髓，不在各别之美，而在种种美景的眷恋和关照，在于那一点通的“灵犀”和齐飞的“彩翼”。

提出了这一论点之后，我们就自然而然地返回到诗的开始八句（写景）。这八句的特点是什么？要仔细品味，不能大而化之。否则，可以很快得出“结论”——诗人咏叹了自然之美，并为哲理抒怀提供了依托。这是不够贴切的。诗人发现的不仅仅是种种美景，而是种种美景的亲密与和谐，心连心地组成了美的“自然大家园”。如果没有对自然界诸“美”交相辉映、万“艳”心扉互叩的真切体验，张若虚是不可能仰望“皎皎空中孤月轮”，获得那种夐绝、深沉、寥廓而又驰荡的宇宙意识的。由此可见，写诗评不能走马观花，满足于对诗的浅层感受。诗贵含蓄。诗歌鉴赏，应当深入到“含蓄”中取宝。在第一论段，我们写得比较驰荡，那是对宇宙意识、人生真谛的探询，笔势容许放纵些。现在面临的第二论段，情况有所变化,要考查大自然界诸美的亲密关系,用“工笔”来评析就显得有必要了。试看我们写的一段文字：

> “江流宛转绕芳甸，月照花林皆似霰。”意为：水绕芳甸，月照花林，水映月，月照花，花彩迷离，有如纷纷霰雪。这是前一幅阔大图景中充满柔情蜜意的一角。翩翩而来的江流，如风华正茂的美男子，环绕着芳甸大献殷勤。他明眸顾盼，步步流连，搔首踟蹰，弄得芳甸心旌摇曳，默默含羞。于是，月光来帮忙了，它巧妙地给芳甸披上薄薄的“轻纱”。然而，甸上的花林又不甘心完全隐去自己的丰彩，总是忸怩着，半遮面地显示着婆娑的姿影，结果将“轻纱”抖乱，化为纷纷飘洒的洁白的“霰雪”。简洁的两句，朴素得有如素描，但其间缠绕着多少情丝！贾谊道：“万物回薄兮，振荡相转。”大自然总是生动流转的、息息相关的：纵目天涯，有江与海的连平，月与潮的共生；低眉审视，有水与花的以心相许，月照花、花弄影的无限意趣。张若虚正是在这神奇的永恒面前，在自然大家园的亲密和谐的氛围中，体察到了青春的心跳和微笑，萌动了“吾生与春同住”的少年式的祈求和畅想。

这一小节文字，写得比较细致。由原诗句出发，进行了适当的想象与补充。这种想象与补充，有赖于鉴赏者的艺术感受力。没有艺术感受力的人是写不好诗评的。这种素养同样靠平日养成，甚至要“下水”写写诗，写写散文，写写小说。没有灵气的鉴赏家是蹩脚的，常常隔靴搔痒，或者用“理论”吓人。堆砌了一大堆的连自己也搞不清楚的新名词、新术语，其实自己并没有真正步入艺术天地。这是学风不正的表现。我们学习写鉴赏文章，切不可取此道。当然，想象和发挥又得符合诗的实际情况，不能“乱想”一气，滑到其它地方去。现在，我们可以转入第三论段了。第三论段写什么？要顺乎诗的感情流向，也要顺乎诗评业已形成的思想演化势头。当说到张若虚那颗“少年式”的诗心时，我们又看到了另一方面：

> 当然，这里边不仅仅是轻快、愉悦与满足，不仅仅是仰望苍穹、纵横古今的哲理反思与展望，也有忧伤，也有惆怅……
>
> 这就是对世事、人生的略带若涩的品味。
>
> 人不可能永远在自然大家园里徜徉，他总要用汗水，用“羽毛”，用“春泥”，在世俗社会里营造自己的精神的“香巢”。没有这个“巢”，生命之光就要暗淡下去。“香巢”在哪里？历来够人缠的。就是在初唐那些个浸透了青春浆汁的绿色的日子里，张若虚也不免要茫然四顾，“目眇眇兮愁予”！
>
> 于是，“春江花月夜”飘来了一片“白云”……

以上这一小节文字，可视为由第二论段向第三论段过渡的“过渡段”。它比较自然，也比较巧妙。写赏析文字，也得讲究气韵的贯通。能恰当地运用“过渡段”，对深化思想，拓宽文章的路子，颇有帮助。顺着上述“白云”的去向，我们转入了对《春江花月夜》中“客思、闺情”的评析。第三论段的开头是这样承接的：

> “白云一片去悠悠，青枫浦上不胜愁。”

由此，《春江花月夜》展开了对游子、思妇之情的描述与咏叹。

这种“承接”，如顺水推舟。我们无须这样写：“让我们再谈谈另外一个问题，这就是《春江花月夜》对客思闺情的咏叹和描述。”在第三论段中，我们除了要阐述自己的独立见解，尽可能出新意之外，还要顾及到一个情况：张若虚的有关诗句（共20句），艺术视点不断变化，叫人应接不暇。故长期以来，诗评家们提出了种种不同的解释，令人莫衷一是。这就促使我们下一番功夫，清理一下，考据一番，提出自己的见解。所以，我们在第三论段用较多篇幅进行“串讲”（这本来是一忌）。这种“串讲”，融会着学术气味颇浓的考证，可以帮助诗评的读者提高认识。如王尧衢、徐慎、孙望等学者的种种辨析与考查，就给后学者提供了许多真学问，故有必要在诗评里加以介绍和评判。若从本文的总体构思上说，前两个论段写得比较自由，“诗化”的气息较浓；现在“收敛”一些，“老实”一些，“学究”一些，倒可以获得一种变节奏、变色调的审美效果。请学习写鉴赏文章的人们注意：适当地改变一下文章的节奏与色调，也是一门艺术，不能从头至尾一种腔调唱个够。当我们把《春江花月夜》的后20句讲解得比较透了之后，人们一方面似觉满足，一方面又可能产生倦意。于是，我们不妨插入这几句：

恕我做了以上这番啰嗦的“串讲”。诗，妙在可解与不可解之间。这里边尚留有许多“空白”有待读者诸君去驰荡神思，细细品味。

这几句多余吗？不。这是一种总体上的“补救”。诗评的读者本来有些倦了，有些烦了，你作为诗评作者，自己先“认”

了，人们就原谅你了，就会发出会心的一笑。这是一种写作上的“机智”，一种谐趣（当然，“机智”不应该重复，以上“补救”法不可再三）。何况，我们还可以借此将整个诗评推向结尾，推向文思的高潮呢！我们可以这么收局：

还是说说人生的“香巢”吧！张若虚找到了没有呢？从字面上看，他未能将客思闺情收拾到一处，给予温馨的归宿。他忙不迭地在游子、闺人之间殷勤探看，牵扯情丝，到头来终未如愿，只留下不绝如缕的莫名惆怅和忧思……然而！（注意标点符号）想想吧：当男女主人公千里共婵娟、遥递一瓣心香的时候，当诗人用同情、慈爱、忧虑、不安、理解、祝愿将他们抚慰与关照的时候（注意长句），你能不强烈地意识到，有一种无形的、“大庇天下寒士”的“香巢”正在一口春泥、一口春泥地构造着吗？人们啊，你难道不愿意为此化做辛勤的燕子么?!

要而言之：诗歌赏析的撰写过程，是十分复杂、艰辛而有趣的艺术创造过程。在落实到文字上时，鉴赏者的思想仍在不断生发、深化、改观。不到自己最为满意地打上末尾的句号，这一工程就不能提交“验收”。由于“工程”实施过程有万千变化，难以概述，所以我们才用上面这种办法来进行描述和讲解。①

【范文解说】

《春江花月夜的沉思》是一篇赏析文章，比较全面、细致地评析了张若虚的著名诗作《春江花月夜》。此文的特点是：“情”与“理”结合得比较自然，文字表述比较流畅，有一种内涵的文

① 录自《文学评论写作》，江苏教育出版社 1996 年版。

彩。所附“写作体会”，说得比较平易、具体，大至构思、布局，小至遣词、造句，作者都尽可能详尽地做了说明，有助于初学者仔细揣摩。学习本教材的人，应当由此举一反三，既形象又概念地理解和体味本节的基本内容，在弄清《春江花月夜的沉思》的写作过程后，尝试撰写诗歌赏析文章，以及诗评之外的其它种类的赏析文字。

【思考题和练习题】

1. 为什么要努力把欣赏体会转化为赏析文字?

2. 读了《春江花月夜的沉思》及其写作体会后，你有哪些主要收获?

3. 阅读朱自清的《荷塘月色》，写一篇赏析文章，然后再写一篇带有总结、回顾性质的写作体会文章。

第五章　小学作文批改与评讲

小学的书面作文是从中年级开始的，从语言心理学的角度看，这一时期的学生很想把自己看到的、听到的、想到的“发表”出来，而且，在达到一定的识字量之后，他们就能够写出比较具体的、有一定条理的片断，进而写出简单的记叙文。到了小学高年级，学生的语言进一步丰富，思维也日臻完整，基本上能按要求选择材料，编写作文提纲，可以从篇章的角度去安排各个段落，写出比较有中心、有条理、有真情实感的记叙文。

当然，学生的这种作文能力的形成和逐步提高是在教师精心的指导和严格的训练下实现的。入门之初包括入门之后，大多数学生都会感到“没东西可写”，也有些学生虽然有话要说，但表达不好，成不了文。所有这些都需要教师的具体的引导，要教会学生如何观察事物，如何感受生活，如何扩大阅读，开阔视野，还要教给学生一些必要的表达方法，这里面包括作前指导和作后批改、评讲，而作后的批改和评讲是更重要的一个环节。因为作前指导虽然重要，但它毕竟还是一般性的，泛泛而谈居多，而作后的批改、评讲，则是具体的、因班而异、因人而异的指导，针对性更强，实效性更大。所以，作文的批改和评讲是语文老师的“功夫活”，作文教学效率的高低往往依赖于老师作文批改、评讲的功夫如何。

第一节　作文批改的要求和方法

作文批改既是写前指导的继续，又是作后评讲的基础，批改时要根据指导的要求，检查学生训练的情况，以便发现问题，帮助学生了解自己作文训练的得失，使学生明确努力的方向。当然，通过批改，老师还可以了解学生的思想、情感，指导学生正确地认识生活，培养学生良好的个性心理素质，把作文教学与育人有机地结合起来。

一　批改的原则

1. 鼓励性的原则。国外有一项研究表明，学生能力的发挥与心理状态密切相关。教师对学生的评价，采取积极的态度，则学生的能力可以发挥 80%—90%，而在一般情况下，只能发挥 20%—30%，其中 50%—60%的潜力，能够通过积极评价激发学习动机而递增。作文批改当然要严格要求，从写作态度到作文内容，从语言表达到文字书写都应该严格要求。但严格要求不等于要求越高越好，改得越多越好。要把严格要求与保护学生作文的积极性结合起来，要尊重学生，要多鼓励。特别是刚刚参加工作的老师，容易片面地理解作文批改，以为作文批改就是批不好的地方、改不通的地方，结果，通篇作文的批改都是修正性的，有时遇到基础不好的学生作文批之不行，改之不够，还要配上严厉责备的口吻。也有的老师担心，不把所有的有毛病的地方批改出来，会被认为是工作不负责任，于是把一篇作文批改得面目全非，一无是处，弄得学生灰溜溜的。学生看到批改后的作文，心灰意冷，好像一盆冷水劈头盖脑浇下来。长此以往，学生自然怕作文，不愿意作文了。其实，作文批改的含义是两方面的，表扬学生作文成功的方面，修正其中不妥的地方，多就少改，只要有一点可取的地方，都应该加以肯定，可改可不改的，尽量不要改。教师要力避以自己的眼光、水准要求学生，应该从学生的实际出发，靠船下篙地批改。这样，可以较好地保护学生作文的积极性，提高学生作文的自信心。有经验的老师都懂得鼓励的重要，他们的手里像拿着一把小扇子，只要学生作文里有一点点成功的火星，他都努力把它找出来，细心地煽，直至煽得旺旺的。有这样一个小学生，作文写得不怎么样，老师在他的作文本上一般总是批评的多，修改的多。后来换了一个老师，第一次的作文题是“教师节到来了”，等到作文本发下来，老师没有修改多少地方，更没有批评指责什么，相反，还在作文中“校园内外，张灯结彩”一句下加了双圈，并眉批道“简洁、确切”。看到老师的表扬、赞赏，他很高兴，把自己的作文仔细地看了一遍，有些语句不顺的地方，自己还悄悄地作了修改。后来的一次作文是“记一次班队活动”，他开始注意词语的选择，讲究表达的简洁。其中写到：“我们参观的这个居民小区，果然名不虚传，家家户户，窗明几净。”又得到老师的肯定。从此作文的兴趣渐浓，作文水平也很快得到了明显的提高。

批改作文要好、中、差一视同仁，特别是差生的作文，不能另眼相看，一定要耐心批阅，热情帮助。小学生的写作是作文的起步，兴趣和信心非常重要，要记住：兴趣是最好的老师。

2. 少而精的原则。少，是突出重点；精，是要言不烦。曾经有个老师针对学生作文中滥用虚词“而”的缺点，写了这样一个眉批：当“而”而不“而”，不当“而”而“而”。十个字的眉批连用六个“而”，个个精当，既幽默又中肯，给学生留下了深刻的印象。批改作文要根据教学的实际进度和要求，根据学生写作的实际水平和接受能力，尽量做到恰到好处。还要能够根据学生的不同情况，区别对待，进行有针对性的指导，不能“一刀切”。对写作基础好的学生，要多在文章的选材立意、写作方法上提出要求，给予指导。对写作基础较差的学生，应在字、词、句的基本训练上多加帮助，并采取重点批改的办法，循序渐进，逐步提高对他们的要求。如先指导他们把话说通，把句子写顺，再指导他们前后连贯、言之有序。批语要具体、明确。鼓励也好，指出问题也好，要恰如其分，贬也好，褒也好，不能过于笼统。“结构严谨”、“详略得当”、“语言尚通顺”、“内容欠妥当”之类的批语，写起来省力，对学生却是没有什么帮助的。批语应讲究新颖有特色，避免公式化，千篇一律。我国著名作家秦兆阳十一岁时，一次在作文中写梦见自己飞到月亮上去了，内容很新颖，老师看后，兴奋地批道：

无事好作非非想，
幻境自向梦中来。
若将天地常揣摩，
妙理终有一日开。

这个哲理诗式的批语一直激励着秦兆阳，他后来回忆：我之所以走上作家的道路，与老师的这段评语有极大的关系。显然，好的批语，会如习习春风撩拨学生心怀，成为学生写作的动力之源；会像熠熠发光的航标灯，给学生指明作文的方向，甚至会照亮学生的心灵，激活他们创造的火花。

3. 启发性的原则。传统的作文批改讲究老师的精批细改，以老师的辛劳代替学生的主动参与，极大地限制了学生的有效训练，学生无须多动脑筋，无需去思考自己作文的得失，因而难以提高作文训练的效果。启发性的原则要求作文批改要充分认识学生的主体地位和作用，注重启发学生开动脑筋，努力将老师要传授的写作知识和技能,变成学生主动探求的内容,让学生自悟自得。

由于传统的精批细改收效甚微，有人便觉得作文批改无所作为，可有可无，甚至干脆不再认真批改作文。其理由是，既然老师花了那么大的精力改出来的作文，学生并不认真看，那又何必做此无用功呢？不如把时间花在评讲或其它方面。这显然是不对的，也是不现实的。且不说一般学生作文的积极性会受到挫伤，就是愿意认真作文的学生，他们的作文得不到老师及时而认真的批改，自己的作文好在哪里，差在哪里，一概不清楚，作文水平又如何提高呢?

显然，问题的关键并不在于要不要批改，而在于如何批改。

其实，早在春秋时期的孔子就曾提出："不愤不启，不悱不发。"意思是说，教育学生不到他苦思冥想仍然领会不了的时候，不去开导他，不到他想说又说不出来的时候，不去启发他。作文批改要善于营造学生"愤"、"悱"的情境，诱导学生自己动笔修改。例如作文批改遇到游离于中心之外，需要整段删去的地方，与其老师大笔一挥划掉，不如批一句："这一段与文章中心的关系怎样？可不可以去掉?"遇到应该用"激动"而用了"感动"的情况，与其给他改过来，不如提示一下："感动"和"激动"有没有区别？这里用哪一个词好？有不少老师在这方面作了很多有益的尝试，有的老师的作文批改大多只作提示，如："这个句子缺少应有的成分，请自己补上。""这里应该过渡一下，试着写一句。"等等。有的老师还发明了符号批改法，用20多种符号标出学生作文中不同类型的毛病，然后要求学生自己或者互相批改作文，这样，学生拿到作文时，可以根据老师的符号提示，开动脑筋，自己把文章改好。

总之,要充分利用眉批和总批,引导学生发现问题、思考问题,让学生当主角。只有这样,才能有效地提高作文训练的效率。

二 批改的方法

批改作文的方法多种多样，尤其近年来，许多老师大胆探索，有不少的尝试，但一般不外乎老师批改为主、学生参与批改为主两种。老师的批改有两种情况：

1. 以批为主。“批”分眉批和总批。眉批是在局部范围内对思想内容、段落、句法、词法等方面指出优缺点，它通常是写在有关内容的右侧的空白处，内容比较简单。它便于及时地有针对性地进行具体的指导。如在题为《两条毛巾》的作文中，学生开头写的内容和老师的眉批是这样的：

一天早晨，教室墙上挂着两条颜色鲜艳的新毛巾，同学们都以惊异的目光注视着，追问这两条毛巾是从哪里来的。	文章的开头引人入胜，好！

又如一个学生写一个先进人物的作文中有一句：“他在造桥的劳动过程中连续不断地劳动，所以做了八十八天。”显然，这个学生对所写的事物关系不清，还不会使用“因为……所以……”。针对这个情况，老师删去“所以”换上“整整”，并作了这样的眉批：“劳动八十八天的原因是什么？请用‘因为……所以……’造句。”这样的眉批指导性就很强。

眉批要具体、明确、有针对性。作文中暴露出的一些不足，有些是学生粗心造成的，划出来就行。有些是学生写作能力所限，可略加点拨，有些内容估计学生看不出来，老师改了以后，还要加以阐释、说明，使学生明白修改的道理。

总批是根据一篇文章总的倾向，进行比较具体的评说。可以是全面的，也可以是突出某一方面，篇幅相对长一些。总批宜突出重点，充分肯定学生作文中成功的方面，也可以指出作文的不足，要避免笼而统之，大而化之。内容上也不能老是先表扬优点，然后批评缺点，最后指明方向，这种全面性的总结批语作为某一阶段的小结还适合，如果篇篇如此，学生就会觉得老一套，没兴趣看，那就失去了批语的意义。

批语要注意字迹工整，不能兴之所至，龙飞凤舞，更不要写错别字，努力给学生树立一个良好的榜样。

2. 批改结合。“改”是就着文章修改，大致包括删、补、调、换几种情况。删，就是删去不必要的字、词、句、段；补，是增补缺少或遗漏的内容；调，是调动原有语句的顺序；换，是更换不适当的语句。进而，把啰嗦、不通的语句改顺畅，使表达尽可能生动流畅。批改结合，可以使“批”成为“改”的说明，“改”成为“批”的示范。当然，批改也可以错开进行，一般地说，如果是思想内容、篇章结构方面的问题，宜批不宜改。比如材料虚假、感情不健康、主题不明确、层次不清楚等方面的问题。另外，估计学生自己能够修改，有启发学生思维价值的问题，要多批少改。假如是语句上的毛病、标点符号不正确、格式有问题，估计学生自己改不好的，则应该以改为主，批改结合。还有，就年级而言，低年级以改为主，高年级可以多批一些。

批改时要顾及整体。下笔之前，先要把全文浏览一遍，对全篇的思想内容、篇章结构、语言特点有一个总的认识，明确哪些地方是批改的重点，哪儿增添，哪儿删除、更换，哪儿该下批语，心中先有个数。初阅时将作文中的错别字和不恰当的语句划出来，然后边看边改边批。批改的同时要作好记录，为评讲积累材料。

对老师的批改，学生不认真看是达不到批改效果的，面批可以弥补这一缺陷。批改时，把学生找来，当面指出学生作文中成功的地方、不足的地方，启发学生自己动脑筋修改。或者教师边改边讲析，让学生不仅知其然，而且知其所以然。也可以教师批改之后，向学生说明批改的理由，征求学生的意见，这样可以加强交流，促进学生思维。当然，要求教师每次作文都能面批，那是不现实的。只能采取有重点、轮换式的方式，尽可能使大多数甚至全体学生在每一学期都有面批的机会。

学生批改为主的形式也是多种多样。

1. 学生自改。一般地说，学生交上来的作文自己都推敲过、修改过，在他们的感觉中，好像是难以自己修改了。因此，要学生自改，首先要让学生发现自己作文的问题，知道修改的要求。教师可以先看一看作文，提出意见，还可以公布范文或评讲资料，让学生对照范文或评讲资料自批自改。

2. 学生互改。俗话说："旁观者清"。有些问题学生自己写作文时往往发现不了，别人批改时倒会发现。学生互改可以先在同桌之间进行，也可以让水平较高的学生批改水平较低的学生的作文。训练初期，教师要拟出批改的内容，列出主要项目，以便明确范围，统一标准。如批改记叙文，主要项目有：(1) 有无错别字；(2) 标点符号是否正确；(3) 用词是否贴切，语句是否流畅、生动；(4) 句与句、段与段之间意思是否连贯，层次是否分明；(5) 中心思想是否正确鲜明，能否根据需要选材、组材；(6) 结构是否完整，详略是否得当，等等。组织学生互改作文这种方法不宜过多，更不宜把这种做法作为处理学生作文的主要方式和手段，因为学生毕竟是学习者，他们的写作水平和对事理的认识水平毕竟有限，批改作文时，不可能像老师那样准确地发现问题并指出解决问题的办法。而且次数多了会影响学生主动参与的积极性，互相批改也就难以取得好的效果。

3. 小组批改。以自然小组为单位或根据学生的作文能力强弱搭配组成4—6人小组，选出有普遍性、代表性的习作印发给学生，让学生集体讨论批改，教师担任"巡视员"、"裁判员"，深入各小组指导，及时纠正错改和不当之处，对批改认真的小组或同学及时给予表扬、鼓励，以激发学生认真批改的兴趣和热情。小组批改具有互补功能、竞争功能，小组成员可以取长补短，形成合理的互补机制，而且会你追我赶，形成积极的竞争。

4. 集体批改。教师把作文印发给大家或者抄写在黑板上，组织全班同学一起讨论，共同批改，互相启发，集体研究。这样做的好处是，全班同学都在老师的调控之下，便于明确目标，突出重点。集体批改，创设较多能够相互启发、引起联想、发生“共振”的机会，符合创造心理学的理论。学生在互相批改中不仅仅学到了写作技巧，提高了语言表达水平，而且，对于提高学生的思辨能力，培养学生学会倾听、学会尊重的基本素养都具有重要的意义。

组织学生批改作文，既可以实现作文批改形式的多样化，也可以较好地把写和改结合起来。其实，学生写作文时就应该改，只不过小学生不懂得写作的基本的技巧技能，不知道如何改。现在，在老师指导批改的过程中，学生会逐步学到多方面的作文知识，写作、批改、欣赏作文的能力会逐步提高，这对于提高作文教学效率是很有好处的。

不管哪一种的学生批改，教师都不能放任自流，要教给基本方法。讲清楚修改的一般顺序，先改整体再改局部，整体关系到文章的成败，修改时必须首先考虑；字、词、句的推敲应在整体修改后进行。整体的修改要多“看”，局部的修改要多“读”。“看”，主要是看内容、选材、层次；“读”，主要是看句子通顺不通顺，词语用得准确不准确，标点使用恰当不恰当。同时，还要让学生掌握增、删、调、换的修改符号，以便统一标志。

三 作文批改示例

我的心事

湖北省荆州市荆州区荆州小学四年(1)班　　程　洁

前一段时间，我吃不下饭，睡不着觉，一直惦记着李林林同学。

> 开篇用简练而准确的语言暗点题。

李林林和我是“手拉手”的好朋友，我们同岁，她住在一个很远的小山村，那儿~~地处~~（十分）偏~~远~~（僻），交通不便，是湖北省有名的穷山村。

> 这段交代十分必要。安排在这里也很恰当。
>
> 突出“穷”字。

上个月，李林林同学给我来信，说她爸爸得了重病，家里除了几间四面漏风的破房子和几件换洗的衣服外，其它值钱的东西都卖光了，而爸爸的病却不见好转。她还说，下学期将因交不起学费而退学~~子~~。

> 简述来信内容比直接引用节省笔墨，而且容易突出重点。
>
> 为下文提供援助作铺垫，也暗扣“心事”。

自从得知李林林的情况后，我常常寝食难安。我想李林林是我的“手拉手”伙伴，她有困难，我一定要尽力帮助她渡过难关。于是，我把自己一年积赞的~~一百~~（100）元钱，以及旧书包、文具盒、铅笔、课外读物等一齐寄给了李林林。

> 用词准确。
>
> 描写“我”的心理活动，为主题服务。
>
> 数字写法前后文应该统一。
>
> 由想到做，了却“心事”。

爸爸~~了解了我的心事~~（知道后），鼓励我说：“你做了一件有意义的事，我们

> 必须这样改，想想为什么。

支持你，虽然我们家（每月）收入不足800元，~~经济很困难~~（并不宽裕），但要节省开支，每月资助李林林100元。你看怎么样？”	爸爸的态度是解除“我”心事的重要原因之一。
我听了爸爸的话，**高兴得跳了起来**。	问题解决了，心情愉快，真实。
我坚信，李林林同学在我们~~及~~（全）社会的（帮助和）支持下，一定会克服重重困难，~~重返她的~~（安心地在）校园~~的~~（里学习）！	结尾不错，升华了主题。可惜最后一句有毛病。

总评：

这篇作文反映了“手拉手”献爱心的积极主题，选材真实，没有编造痕迹；写城里学生捐助贫困山区的同龄人，为“希望工程”添砖加瓦，有时代气息，情节安排也比较合理，前因后果交待得清楚明白。另外，语言朴实，基本做到了叙述口语化，对话符合人物年龄和身份。个别词语和标点符号使用不当是不足之处。

【思考题和练习题】

1. 作文批改的要求是什么？主要方法有哪些？
2. 什么是作文批改的删、补、调、换？
3. 作文批改练习：

我吃了粗心的大亏

这天，我们进行了数学测验。

第二天上午，数学测验卷发下来了，我没有细看，便往书包里一塞。放学回家后，我便拿出笔订正起来。

突然，我怔住了，手中的笔停了下来。“这是怎么回事?”我失声嚷道。因为我订正时算出的答数和老师打叉的答数一模一样。但由于这是一道计算题，很容易算错，于是，我又算了一遍。

可算出答数的时候，我简直不相信自己的眼睛，因为我算出来的答数显然又和上面的答数分毫不差。“这怎么可能?”我心中满腹疑团。难道是我又算错？难道是老师批错了？难道……面对这道简单而又使我满腹疑团的计算题，良久，我才回过神来。

“我倒不信算不出来，越难，我就偏要算一算。”我嘴里嘀咕着。我边说边又拿了钢笔和草稿纸重新算了起来。可算来算去仍旧是这个答数，真是怪，怪！我咬着笔头，思索良久，可还是想不出问题出在什么地方。一时间，我陷入了五里云雾之中。

我越想越觉得这道题目怪，越算越觉得老师批错的可能性大。就在这时，我的脑子里猛地闪过一个念头：去问同学。“对，去问同学。”于是我穿好鞋，向同学家走去。其实只不过是小学的同学而已，进入中学后，虽然在一个学校，但不在一个班级，他在四班。我到了他家之后，不巧他不在家，于是我又走回家来。

当我回到家后一看钟，可恨，已经5点多钟了，妈妈已经下班回家了。于是，我便来请教妈妈。“妈妈，这一道错题算来算去还是这个答数，这是怎么一回事?”妈妈一看，就对我说：“你题目抄错了。”“哦!”我这才醒悟了过来。于是，我赶忙拿起钢笔把错题改了过来。

唉！我吃了粗心的大亏，为了一道错题浪费了这么多时间。

第二节　作文评讲的要求和方法

作文评讲是把批改中发现的学生作文中共同取得的成绩和存在的问题，提高到写作规律上来分析，让学生回过头来对作文中的优点和不足进行重新认识。批改是评讲的基础，评讲是批改的延伸。评讲还具有承前启后的作用，是对学生写作实践全面分析之后的总结，也是一次再指导，而且比作文前的指导更为全面，更为深入，因而能扩大作文指导的效果，使写作教学的目标得到更好的落实。

作文心理调查资料表明，学生大多喜欢上作文评讲课，作文评讲是学生期待的一次重要的信息反馈，它既是师生思想认识上的交流，也是情感的交流。成功的作文评讲课，不仅提高学生的写作能力,还能增强学生写作的信心,巩固写作的兴趣。因此,作文评讲是作文教学中的一个重要环节,搞好作文评讲至关重要。

一　评讲的要求

1. 要以激励为主。多表扬学生作文中存在的优点，表扬的面要广，哪怕是一个用得好的词、一个句子，都可以表扬，力求造成一种表扬效应。有经验的老师评讲时，一般总是先念一遍"光荣榜"：整篇作文较好的有哪些同学，立意较高的有哪些同学，构思新颖、谋篇较好的有哪些同学，开头和结尾较好的有哪些同学等等。特别是对那些中差生的"闪光点"，更应重视，大力表扬。事实上，学生把能在评讲中被老师表扬，看成是莫大的荣幸，有的终生难忘。因为他们在老师的表扬中获得了成功的体验，发现了自己的能力，认为"我能行"，进而转化为写作的动力。事实上，一番富于鼓励的话语，就好像爱的清泉，不仅会启迪学生的心智，而且能吸引学生亲其师，信其道。《中学语文教学》杂志社曾经搞了个"我是怎样爱上作文的"征文，根据大量来稿统计，百分之九十以上的人是因为受到老师的表扬才爱上作文的。相反，常常也有这样的情况，评讲中，老师当众宣读一篇差的作文，尽管老师没有指名道姓，也要求学生不要猜测是谁的作文，其他学生依然东张西望，想猜出是谁写的。被读作文的同学满脸通红羞愧无比，其他学生人人自危，学生作文的积极性怎么调动呢？其实学生的习作别管质量如何，都包含了学生的辛劳，表达了他们对事物的认识和思考，不宜轻易否定，更不应当众出他的洋相。

2．要注意发挥学生的主体作用。有的老师认为，评讲就是把自己批改作文的情况说给学生听，结果，老师大包大揽，注入式，满堂灌。老师“一言堂”，学生食而不化，老师口干舌燥，学生昏昏欲睡。其实，任何知识的结累、能力的形成都离不开学生的主动性，老师代替不了学生。老师满堂灌，即使讲的都是至理名言，学生能听进去、能理解的有多少？理解了能够转化为自己的知识和能力的又有多少？因此，提高作文讲评效率的关键是激发学生的主体意识，发挥学生的主体作用。在确定了评讲重点之后，要设法引导学生开动脑筋，积极参与，让他们充分发表意见。老师的作用主要在于启发、点拨。应该注意，小学生的知识、阅历和思维方式都不同于成年人，教师不能完全按照自己的思路去指导学生的思维，否则就难免启而不发。要注意从学生中来，到学生中去，用学生的认识指导学生。有一种学生自我评讲也是很有意义的，这是一种在老师的指导下，由学生自己总结作文得失的方法。具体做法是：把批改过的作文还给学生，让他们对照老师的修改以及评语，仔细思考后写心得体会，然后选择有代表性的学生重点发言，最后教师略作小结。这就促使学生认真阅读、理解老师批改过的作文，更好地发挥教师批改的作用，同时还可以改变作文评讲课总是老师讲、学生听的被动局面，活跃课堂气氛，较好地发挥学生的主体作用。

要讲究评讲的计划性、系统性。根据布卢姆目标检测的基本观点，学习目标必须明确清晰，要加强定向定量控制。文章是一个有机的综合体，写作是一种复杂的劳动，任何一个角度都可以评讲，如果我们仅仅根据习作中存在的问题头痛医头，脚痛医脚，评讲的效率是难以提高的。《大纲》明确规定，小学阶段学生要能写简单的记叙文，做到有中心、有条理，内容具体，语句通顺，感情真实，思想健康。能写常用的应用文，书写工整，注意不写错别字，会用常用的标点符号。语文教材的编者也将各个作文知识点以基础训练的形式，分散安排在各册教材中，在编排体系上遵循由浅入深循序渐进的原则。评讲作文要有整体规划，既要从学生的作文实际出发，又不宜被一两篇习作牵着鼻子走，体现不出教师在评讲中的指导性、主导性。每次评讲要从整体出发，评一两个点，或者说以一两项内容为重点，这样突出重点，点点相连。当然，有些重点难点，比如记叙文中的叙事状物要讲究“序”、要注意详略恰当等等，不是一次两次就能完成的，可以反复多次。但是，反复不是简单的重复，而应该有新的角度、新的说法，深浅难易也应有所不同，这样才能体现循环往复、螺旋式提高的写作教学的规律。

要讲究综合效应。作文评讲是对学生作文的综合指导和综合评价，要有整体意识，注意发挥作文评讲的多种功能，不能就文论文，停留在某篇习作本身。要就文论“理”，从具体的作文上升到写作规律来认识。不能局限在文字表达的评价，要注意开拓学生的思路，发展学生的观察力、思考力、想象力。作文评讲还应该包括对学生的写作态度、作文习惯、文风的评价。

要注意评练结合。作文评讲后教师要根据具体情况安排练习，因为学生作文中出现的问题，往往不是老师一讲就解决的，要真正成为学生的知识和能力，必须经过反复的操练。因此，要认真设计评讲后的作文练习，如围绕中心选材布局、过渡照应等等，可以搞专题训练，让学生在练习中巩固评讲课上所得到的知识。也可以用一题多练的方法让学生根据评讲要求把作文重作一遍，这样可以尽可能地使学生避免犯同类性质的错误。

二　评讲的方法

1. 确定重点。可以从两个方面考虑，一是学期作文教学的计划，二是本次作文中反映出来的带有普遍性、倾向性的问题。每次评讲前，应该首先对本次作文总的情况作大致介绍，指出共同的优、缺点。然后立即抓住主要问题，进行重点讲评。比如，学生作文用词不确切、词汇不丰富，或阅读中学过的词语不会用，教师就可以把“遣词造句”作为一次评讲的重点。有个学生写《一件小事》，在短短的几句话中，就出现了好几个“拿”：“看见一个头发花白的老太太，拿着东西吃力地走着，我连忙跑过去从她手中把东西拿过来，我一直拿着，快分手的时候，她才把东西拿过去，并说：‘谢谢你，让你拿了这么远的路。’”评讲时，教师可以结合课文阅读，引导学生体会，同一个意思可以有不同的动词来表达。同样是拿来拿去的“拿”，什么情况下可用“提”，什么情况下可用“背”，什么情况下可用“接”，什么情况下可用“递”，启发学生思考和修改，以培养学生根据不同的动作形象选用不同的动词的能力。

2. 选好典型。评讲作文要选择好典型，佳作分析可以选择班里数一数二的好作文，从正面引导，但不宜总是局限在少数几个学生的作文，好作文如果其优点不是大家都可以学的，不是训练的重点，评讲的意义也不大。同样，如果评讲存在问题没有典型性，就不需要评讲。所以，选择评讲材料要慎重，要能够说明问题。如有个老师确定了“要围绕中心写具体”作为评讲重点，选的以下这篇文章就比较典型：

我的爸爸

我的爸爸是个工人，他在电厂上班。

爸爸每天早上班，迟下班，连星期天也不休息。

记得有一年，爸爸生了病，还每天坚持工作。后来病越来越重，他才到医院去看。医生说：“你的病很重，要住院。”在住院期间，他还坚持工作。

我要学习爸爸对工作极端负责的精神。

这位老师在评讲作文前，先了解了这个学生的家庭，知道这个学生的爸爸确实是一个很不错的同志，就把原文印发给大家，叫同学们推选了几个代表，访问了这个学生的爸爸，掌握了不少具体材料。评讲时，老师先表扬了这篇作文的优点，然后抓住这篇文章反映爸爸“工作极端负责”这一中心，要求学生思考，为了突出中心，哪些地方需要写得更具体，引导学生根据访问所得的材料，不断补充、充实。

“生了病”——什么病?

“每天坚持工作”——是怎样坚持的?也就是如何与病魔作斗争的?

“病情越来越重”——重到什么程度?在外貌、神态和行动上有哪些不正常的反映?是在怎样的情况之下被送进医院的?

“住院期间还坚持工作”——医治的情况怎样?病情是如何变化的?做了些什么工作?是怎么做的?

这样紧扣原文中心，让学生在关键的地方进行补充描述，就使文章有了具体的内容，读起来形象生动，有血有肉。而且，由于评讲中注重发挥了学生的主体作用，学生的围绕中心具体叙写的能力得到了显著的提高。

3. 注重比较。俗话说：有比较才有鉴别。对比可以是好差对比，正误对比，让具体的材料说话，具体生动地说明该怎么写，不该怎么写，使学生看得见，摸得着。还有一种对比是特点对比，写的是同一个内容，都写得不错，但各有特点。通过对照比较，让学生从中获得更大的收获。

有一个班的学生参加了访问农村专业户回来，写了作文《除稗草》，出现了好几篇立意较好的文章。因为稗草和水稻在抽穗之前，外形相似，较难辨认，大家都有这种感觉，但是体会不同。有一个同学写道：张爷爷为什么一眼就能看出混在水稻中的稗草来，而我们却不能呢？这是因为他平时劳动实践多，而我们劳动实践少的缘故，真是实践出真知。

另一个同学写道：稗草混在水稻中，它想把好的养料吸尽，想长得比别的高些，好让它鹤立鸡群，但我们在张爷爷的指点下，很快就看穿了它的阴谋，一把抓住它，拔起来抛得远远的。

上述两种写法，要比单纯记叙一次劳动过程，喊一些为农业发展作贡献的口号好得多，评讲时把这些好的立意，拿到一起作比较，指出写法上的不同特点。这样可以使学生在如何立意方面得到启发：一个很普通的材料，经过精心的思考，联系实际展开想象，就能写出不同的含义深刻的文章来。

三　评讲的类型

1. 专题评讲。根据写作教学计划中的专题以及学生作文里集中出现的问题进行专项的分析和评讲称之为专题评讲，进行专题评讲时，首先要认真确定一个专题，注意多方面收集材料。一般可以结合相关的课本知识，以范文或学生的习作作为例证，理论联系实际讲解，以使学生对所讲的问题有比较系统和深入的理解。最后还应布置一些专门的练习，以消化知识，训练能力。专题评讲是整个教学计划中的一个有机部分，把每次专题评讲的内容联系起来，就可以构成写作训练的链条。这种评讲，由于内容集中，分析深入，容易收到较好的教学效果。

2. 佳作评讲。选出的作文可以是各方面都比较好的，可以是某个局部写得好的，也可以是进步显著的。可以是本班的，也可以选用别的班或外校学生的作文。如有可能，应事先将作文印发，以利于学生先有所了解，然后全班讨论。有时还可以请这些作文的小作者向全班同学介绍构思的过程和写作的体会。佳作评讲可以通过典型指导一般，同时也有利于激发大家的上进心、自信心，调动大家的写作积极性。

3．综合评讲。综合评讲是对全班学生作文的优点和存在问题分类归纳后，进行综合评析。这种评讲涉及的面比较广，既评讲作文思想内容方面的问题，也评讲结构、语言表达方面的突出问题，当然它并不是杂陈罗列，面面俱到，评讲的内容也应有所侧重，有点有面。这种评讲，宜于在大作文或作文单元总结时采用。

附　录

一堂五年级作文讲评课实录

一、课题

通过语言、行动，具体、形象地写人。

二、教学过程

（一）启发谈话（小结作文概况，引出本课教学中心。）

师：最近，我们写了两篇写人的文章，一篇是《我的老师》，一篇是《一个刻苦学习的人》。很多同学从怎样写人的四个方面（外貌神态、语言、行动、心理活动）入手，把所写人物的思想、品质、性格、作风具体形象地表现出来了。这样的文章能说服人，感动人。我批阅着同学们写老师的一篇篇作文，仿佛在我面前出现了一个个我学习的榜样——亲切、热情、耐心的好老师。如吕敏写的邬老师，海燕写的王老师，季军写的李老师……还有不少同学写我，这是同学们对我的鼓励和鞭策。读了写同学的一篇篇作文，我似乎也看到了一个个勤奋学习的好同学。特别要提出表扬的是竹海雷和吕敏同学，最近作文进步很大。但是，也有些同学所写的人，只给了我一个模糊、粗浅的印象，文章里空洞的话太多，特别是人物的语言行动没有写好。因此，不能说服人，感动人。今天我们这堂课重点谈谈（老师用教鞭指着事先写好的课题）如何“通过语言、行动，具体、形象地写人”，使别人读了如见其人。

【评：课前谈话，语言不多。不仅亲切地表扬了作文写得好和有进步的同学，而且针对存在的问题，明确地提出了本课要着重研究解决的问题。更值得注意的是教师的语言，做到了准确、鲜明、生动，天长日久，学生当然受到良好的影响。作为语文教师，应该努力争取做到。】

（二）具体讲评

1. 讲评第一段文章（老师把下面这段文章张贴在黑板上）

一次，我和同学打架。邬老师叫我到办公室。我想，这下一定要挨批评了。于是，我低着头，一边哭，一边拖着沉重的脚步，走进了她的办公室。哪知邬老师并没有批评我。她先是轻轻地擦去我脸上的泪痕，拂去我衣服上的尘土，然后耐心地对我说：“我们要向先进的同学学习，同学之间要团结友爱。”听了她的一番话，我心里非常激动。多么难忘的教育，多么亲切的老师。

从此，每当我和同学为小事要动手的时候，我一想到邬老师的话，就立刻克制自己把手放下。

师：现在，我们一起讨论这段文章。

师：这段文章作者歌颂了老师什么品质？

生：这段文章歌颂了老师耐心教育学生的优秀品质。

生：这段文章歌颂了老师亲切、耐心的优秀品质。

师：从哪些地方表现出来？

生：这篇文章写得好，有语言，也有行动。

师：具体说说好在哪里。

生：“她先是轻轻地擦去……同学之间要团结友爱。”这几句写得好。

师：表示动作的词是什么？用得确切吗？

生：“擦”、“拂”用得很确切。

生：通过行动把老师亲切的形象写出来了。

师：（用红笔在“擦”、“拂”下加点。又用蓝笔在老师讲的话后面加双圈，同时在这几句话的旁边板书：“准确地使用动词使老师亲切的形象跃然纸上”、“通过语言表现老师的耐心教育”。）

师：海雷进办公室后，老师的行动只有这两个吗？语言只有这一句吗？

【评：这个问题提得好。小学生往往想到什么就写什么，不会选择运用典型的语言和行动来写人。这样的发问，就是问到了关键处。】

生：因为这些最能表现人物的优秀品质。

师：（板书：反映人物优秀品质的）

生：因为这些最能表现中心思想。

师：（板书：表现文章中心思想的）

师：这是我们写人物语言、行动的两个注意点。例如，我们学过的课文《小英雄雨来》，文章为了表现雨来的爱国主义精神，只写雨来在夜校读书时读到的一句话：“我们是中国人，我们爱自己的祖国。”

【评：以阅读指导写作，恰当地把阅读和写作联系起来了。这样的指点，就叫点在点子上。】

师：这段文章，还有哪里写得好？

生：“于是，我低着头，一边哭，一边拖着沉重的脚步，走进了她的办公室。”这一句写得好，写出了海雷当时沉重的心情，衬托了老师的亲切。

师：（板书：“沉重的心情衬托了老师的亲切”）

生：“多么难忘的教育，多么亲切的老师。”这一句写得好，抒发了自己对老师的感情。

生：“从此，……”（结尾一段）写得好，结尾的话不多，但写出了老师教育的结果。

师：据我了解，海雷现在的确是不打架了。

【评：教师短短一句话，不仅使海雷受到莫大的鼓励，也深刻地教育了大家；既加深了对写作知识的理解，又自然地进行了思想教育，把文与道有机地结合起来了。】

师：从海雷进办公室时的心情及行动到后来的激动，你想一想，老师这一“擦”一“拂”，不光是擦去了眼泪，拂去了灰尘，还去掉了什么？

【评：这个问题问得深。如何确切地运用动词？确切地运用动词在文章中起什么作用？这些写作知识当然深深地印在学生的脑子里了。】

生：不光是擦掉了眼泪，拂去了灰尘，而且去掉了思想上的污点，害怕的心理。

师：“污点”太严重了，用“缺点”比较恰当些。

师：这里告诉我们，动词要用得确切。（板书：“动词要用得确切”）

【评：教师要十分注意学生用词是否准确。严格要求，一丝不苟。】

师：（小结这段文章的优点）由于海雷把老师的动作写得确切，语言作了选择，我们读了这段文章，好像看到了一个电影的特写镜头一样，一个女老师，正像妈妈一样，替一个满身灰尘，满面泪痕还在抽泣的小男孩擦泪，掸灰尘。因此，老师的形象非常鲜明。

2. 讲评第二段文章（老师把第二段文章张贴在黑板上）

师：现在请海燕自己读这段文章。

生：（读）“海燕！海燕！”我好像听见有人在叫我。我慢慢地睁开眼睛，咦！我怎么在办公室里了？只见王老师和几个同学在我前面。“醒来了！醒来了！”同学们高兴地说。老师笑着对同学们说：“你们出去吧！让海燕好好休息一会。”说完，她转身和同学们一块出去了。不一会儿，王老师端来一杯开水，轻轻地走到我跟前，温和地对我说：“刚才你晕倒了，现在你先喝杯水吧！”说罢，扶我坐了起来。我激动地接过水，感激地望着王老师，含着热泪，喝下了这甘露般的开水。这时，我只觉得自己舒服得多了。

师：这段文章歌颂了老师的什么品质？

生：这段文章歌颂了老师热情关心同学的优秀品质。

师：从哪些地方表现出来？

生：“端”、“走”、“扶”。

（老师用红笔在这段文章中这三个动词下加点）

师：大家把这段文章读一遍。读了这段文章，你感觉怎样？

（学生读了这段文章以后，纷纷举手发言）

生：这段文章写得很自然。

师：（板书：“自然”）

生：感到写得很真实。

师：（板书：“真实”）

师：这样的文章也很朴素。

（板书：“朴素”）

师：文章中没有很多形容词，好像一个人穿了一件干净的普通衣服一样，但给人的感觉却很朴素。而这些自然、朴素、真实的语言动作充满对同学的爱。

【评：讲评的材料经过精心的选择，每篇材料有不同的特色，每篇讲评有不同的要求。教师心中完全有数，因而要言不繁，处处都能讲在点子上。】

师：海燕，对王老师这些自然、真实的语言、动作，当时你感到怎样？

【评：让学生现身说法，自己谈体会，多么亲切、动人，不能不说这也是一种教学艺术。】

生（海燕）：当时我很激动，讲不出话来了。

师：海燕心里很激动，但讲不出话来，千言万语，万语千言都饱含在哪里了？

生：（齐答）“热泪中”。

师：对！都饱含在这热泪之中了。

【评：教师启发引导，学生心领神会，又一次体现了“教育寓教学之中”。】

师：请再看看，这段文章，写了几个人的语言？

生：三个人。老师、同学、我。

师：三个人的语言各不相同。语言行动要合乎人物的身份和性格。

【评：不同人物有不同的语言和行动，语言、行动要合乎人物的身份和性格。这也是小学生所不注意的。经过教师的指点，学生又在知识的海洋中汲取了丰富的营养。】

师：（小结。指着板书，把注意点说一遍）

（三）作业

学习通过人物的语言、行动表现人物优秀品质的方法，改写一段文章。

（老师把下面一段文章张贴在黑板上）

一天下午，天气又闷又热。我们进行了一次劳动。

劳动开始了，同学们个个像小老虎。干得很起劲。我们的邬老师也干得很起劲。同学们见她累得满头大汗，都劝她休息一下。她却叫我们休息，而自己又干了起来。

在邬老师的带动下，同学们越干越起劲。不一会儿，菜全部种完了。

我们的邬老师，就是这样一位以身作则的好老师。

【评：知识是懂不懂的问题，技能是会不会的问题。重点讲评以后，紧接着进行针对性的练习，练习材料紧扣讲评重点。这样才能把知识转化为技能，有效地提高写作能力。】

1. 作业指导：

师：看一看，这段文章主要写谁？

生：主要写同学和老师的劳动。

生：主要写老师的劳动。

师：你怎么知道是写老师？

生：因为文章的结尾写着："我们的邬老师，就是这样一位以身作则的好老师。"

师：刚才××同学为什么会说是写老师和同学呢？因为这段文章对主要人物写得不具体。因此，主要人物的形象就不突出了。今天，我们的任务是要写好主要人物的语言和行动，使人物的形象更突出。

师："邬老师也干得很起劲。"可以通过邬老师劳动时的行动来写。

师："大家叫她休息，她却叫我们休息。"请你通过对话来写。

2. 学生作业：（教师巡视，了解情况，找出问题）

3. 作业交流：

（学生读自己的作业，——写行动的部分。老师有意识地摘录学生作文中所用的各种不同的动词，然后针对学生存在问题，抓住"拿"、"抡"、"举"锄头，推敲哪一个动词用得最确切。）

师：现在看一看"拿"、"抡"、"举"这三个动词，哪个用得不确切？

生："拿"不确切，因为用"拿"，使不出劲。

师：还有不确切的吗？

生：没有了。

师：（以教鞭作拿的动作，问学生）这样能掘地吗？

生：不能！

师：（以教鞭作举的动作，问学生）这样能掘地吗？

生：不能！

师：（以教鞭作抡的动作，问学生）这样能掘地吗？

生：能！

师：因此，“拿”、“抡”、“举”只有“抡”最确切。

师：××，刚才你作业上是写“举”，发言时却是“抡”，你为什么要改过来？

生：（笑而不答）

〔注〕课后了解，是由于听了别人发言，觉得自己的不好，发言前改了。

【评：准确地了解学生的情况，才能进行针对性的讲评。在课前，讲评课的设计是这样；在课中，进行交流讲评也是这样；在课后，仍然是这样。这就叫“有的放矢”，“讲究实效”。】

师：现在，再讨论交流人物的语言部分。

生：（四个学生朗读自己修改过的作文）

生：（最后一个朗读）同学们有的说：“邬老师，您休息吧！这里我们干。”有的说：“邬老师，您休息一会儿吧！我们能干完。”邬老师抹了一把汗对我们说：“你们休息一下，这块地我包了。”

【评：讲评作文，讲究实效。效果反映在学生身上。从学生的发言说明这是一堂很有成效的讲评课。】

师：（教师针对学生的发言，结合板书简要地进行了小结）

【思考题和练习题】

1．作文评讲的要求是什么？拟订一份学期作文评讲计划。

2．评讲的类型有哪些？各有什么特点？

第三节　佳作的分析

“每一个儿童就其天资来说，都是诗人。”这是苏霍姆林斯基的名言，可为何有些学生害怕作文，总感到没东西可写呢？关键是缺乏正确的引导。如何引导呢？儿童心理学家皮亚杰指出：对于孩子来说，从他一来到这个世界，他的一举一动“都是以模仿为基础”的，正是这种模仿，才“成为日后形成思维的准备”。这对于我们的作文教学是很有启发的，我们在引导小学生作文之初，要十分重视学生写作的模仿性操练，重视佳作的分析，要引导学生从佳作中学习写文章，包括生活的观察、情感的积累、内容的选择、结构的确定、语言的表达等等。因此，佳作的分析可以引导学生学习成功的习作是如何用词、造句、布局、谋篇的，是怎样表达思想感情的，以不断吸取营养，积累语言材料，从而架起从模仿到作文的桥梁。

佳作分析，对于小学生来说主要应分析些什么呢？

一、内容真切。《小学语文教学大纲》指出：小学生作文就是练习把自己看到的、听到的、想到的内容或亲身的事情，用恰当的语言文字表达出来。可见，作文最要紧的是写真切的生活，表达真切的感受，要表达真情实感。谁都承认，生活是作文材料的源泉，学生写作文首先是要有生活感受，没有生活，没有体验是无论如何写不好作文的。佳作分析首先要分析作者表达的是什么样的情感，是如何表达的。我们要借助佳作启发学生真切地感受生活。鲁迅先生笔下的“百草园”，植物天地争奇斗艳，动物世界栩栩如生，极富情趣，原因就在于作者对百草园非常熟悉。同样，朱自清先生的《荷塘月色》因为感情真切，所表现的进步知识分子一时找不到正确的出路的苦闷、彷徨之情，才会变得生动感人。

有的同学看到别人写的作文很真切、很感人，不免要抱怨自己没东西写，即使挤牙膏似的写点东西也是空洞乏味，为此而苦恼。通过分析佳作，要让学生认识到，成功的作文都是从实实在在的生活中选材，写自己真实的情感，这是写好作文的首要条件。请看下面这篇学生作文：

第一次杀鱼

一个星期天的下午，爸爸刚进门就大声地喊："姑娘，快拿盆来！"我一看爸爸手里提着一条足有一尺多长，活蹦乱跳的大鲤鱼，赶紧拿过盆，又往里放了些水。爸爸把鱼放进盆里，鱼便摇头摆尾地游了起来。

我正看鱼的时候，妈妈在一旁逗我说："晴晴，你敢把鱼杀了吗？"我从来没杀过鱼，可我不甘示弱，逞能说："这有什么，杀就杀，有什么了不起的。"说是说了，可我心里却打起了小鼓，既然大话说出了口，也只好硬着头皮去试试了。

我蹲下身子，用手刚把鱼捞出水盆，想照爸爸以前杀鱼的样子先用刀刮鱼鳞，可鱼扑棱一下，从手里滑了出去，"啪"的一声，又落回盆里，水溅了我一脸一身。我第二次用力抓住鱼头提起来，它只好把尾巴甩来甩去的。我把鱼摁到菜板上，它还在乱动，我喊："妈呀，鱼一点也不老实啊！"妈妈说："你真笨，不会动动脑筋？"我想了好一会儿，想起了爸爸喝醉了酒一动不动的样子，就自作主张地倒了一小杯酒，拿了个小勺，捏开鱼的小嘴，一勺一勺地灌了四小勺。真灵，鱼醉了，一动不动了。

我拿刀刮了两侧的鱼鳞，可靠近背脊和腹部的鳞片就不好刮了，不得不用指甲一片一片地抠下来。接着，用力剖开鱼肚，粘乎乎的内脏流了出来，里面有个很像白色的小葫芦似的东西，充满了气体，摸起来有弹性。对，这就是自然书中讲过的鱼鳔，有时鼓胀有时收缩，鱼就是靠的它上浮下沉的。

我掏完了鱼的内脏，该抠鱼鳃了。打开鳃盖儿，弯弯的牙状鱼鳃露出来了，我用手指勾住，用力一拽，总算抠出来了，这时我只觉得右手食指有些痛，原来，手指肚划破了，渗出了血。但我没在乎，接着用水把鱼冲洗干净，递给了爸爸。爸爸接过鱼高兴地说："不错，我姑娘长大了，能帮爸爸干活了。"受到爸爸的表扬，别提我多高兴了。可妈妈却扯住我的手，心疼地说："看看，手都划出了血。"并赶紧给我包好。

晚上，这顿饭我吃得特别的香，也许是因为我付出劳动的结果吧。

显然,这篇习作的小作者如果不是亲身经历了杀鱼的过程,是无法把杀鱼的心理写得如此生动、有趣的,初学作文的同学,不妨学学这位小作者,留心生活,从自己的生活中选取作文的素材。

再看下面这篇短文:

日　出

杨立薇

一天清晨，我特意起早，爬上门前的小山，遥望东方的天际，焦急地等待红日的出现。

天渐渐破晓，淡青色的天空镶着几颗残星，大地朦朦胧胧的如同笼罩着银灰色的轻纱。这时，万籁俱寂，偶尔从远处传来几声鸡鸣。一会儿，东方天际浮起一片鱼肚白，大地也渐渐地光亮起来。在东方，天际、山峦、树梢，都像盖上了一层红色锦缎——我知道那是朝霞，太阳就要出来了。

慢慢地，太阳冒出了地平线，红红的，像一个蒙着面纱的含羞少女，悄悄地窥视人间。最后，终于露出了整个笑脸。此刻，霞光万道，将半个天空染得通红；广阔的大地，也涂上了一层鲜红的油彩；片片翠绿的树叶在微风吹拂下闪烁着耀眼的光辉；鸟儿披着一身红霞，欢叫着，飞向云天。寂静的村舍也醒来了，人们开始了晨炊。红光、村舍、飞鸟，袅袅炊烟，构成了一幅美丽的图！

太阳离开了地平线了，红彤彤的，缓缓地向上浮动，红日周围，霞光尽染无余。那轻舒漫卷的云朵，好似身穿红装的少女，正在翩翩起舞。

过了一会儿，红光悄悄退去，天空变得更加蓝了，像是深沉的大海，辽阔而明净。云儿也变了白花花的，显得无比柔和、优美。远处的山峦露出了清晰的轮廓。近处的树木，亭亭玉立。碧绿的田野，人影点点，整个世界充满了无限生机。这景色感染了我陶醉了我，我仿佛觉得自己已经融入了朝阳的光辉。

日出是一种人人都看到过的自然现象，但不是人人都能写得如此生动。作者不仅观察得仔细，而且全身心地投入。作文不是纯客观地叙写日出的过程，而是在由远而近地有层次地描绘阳光色彩变化的同时，写出自己的感受，给人以身临其境的感觉。文中一些生动的比喻、形象的描写极富感情，字里行间充满新奇和欣喜之情。这是很值得学习的。

通过佳作分析，努力使学生明白，要使作文内容真切，其一，要多参加一些有益的活动，扩大生活面。观察和积累生活是写好作文的第一步。据说，北宋诗人梅尧臣每次外出，总爱随身携带一个小布袋，随时把自己看到的、想到的，写在小纸片上，放进布袋，久而久之，库存充足了，写起来便得心应手。今天，我们可以要求学生准备一个笔记本，每有所得，可以马上记下来。思想的火花往往是稍纵即逝的，及时把它记下来，就可以丰富自己的生活感受。其二，要培养观察生活的敏感性。引导学生留心观察、思考，做有心人。同样一件事情，有的同学经历以后，会留下深刻的印象，回味无穷。有的同学却是两手空空，没什么收获。这是因为同学们的感受能力不一样，要有意识地培养学生的这种感受能力，指导学生细心观察，观察之后还要善于联想、勤于思考，这样，学生观察生活的敏感性就会一天比一天强起来。

二、立意正确。立意新颖不俗，那是最好，但以此要求小学生，有些勉为其难，甚至是揠苗助长，对小学生首先还是引导他们有正确的立意。所谓立意正确就是文章所表达出来的思想、观点是积极向上，催人上进的。就是要引导学生歌颂新道德新风尚，反映新变化新面貌，表现同学们高尚的情趣和爱好，说明正确的道理。

佳作分析要引导学生写健康有益的内容。要使学生明白，写文章就是要让人读了之后受到启发和教育，因此，我们要选择正面的健康的材料来写，一些反面的消极的东西只能作为否定的内容、衬托的材料。

发生在星期天的事

袁　梦

妈妈曾答应这个星期天带我到郊区的“美国梦幻乐园”痛痛快快地玩一天，可是，今天一大早，天气预报说会有一场大雷雨，计划只好取消。我呆呆地望着窗外，闷闷不乐。

中午时分，妈妈走到我身边说：“别撅着小嘴了，带你去吃肯德鸡好吗？”今天的肯德基快餐店，热闹非凡，里三层外三层，好一会儿才找到坐位。我坐下来后抬头一看，对面是一个和我年龄差不多的胖男孩，正津津有味地吃着鸡块。他的胃口一定不错，面前已有好大一堆鸡骨头。这时，那男孩开口说话了："奶奶，再去买两只辣鸡翅，再来一杯可乐。""什么，还要?"站在一旁的白发老太有些责备地说。那胖男孩不满了，"不就是花你几个钱嘛，怪不得妈妈说你小气。"

听着祖孙俩的对话，我楞在那里。这时，妈妈端着装有食物的餐盘走过来，可是不知怎么的，我喜欢的鸡翅、鸡腿、汉堡包失去了往日的可口和美味。"怎么，还不开心?"妈妈不解地问。我摇了摇头，拿起一块大的鸡腿塞在妈妈手里。

走出快餐店，我拉着妈妈的手，悄悄地说："妈妈，我们下次请外公、外婆、爷爷、奶奶一起来吃肯德基好吗?"妈妈摸摸我的头爽快地说："没问题。"

这个星期天，我很难忘，这不是因为我吃了顿美味的肯德基，而是因为它引发我许多感想。我们这一代为自己想得太多太多，而对别人特别是老年人关心实在是太少太少。

发生在星期天的事情很多，但是，写作文要选择有意义的材料，作文的中心思想要健康，要正确。袁梦同学选择了星期天在肯德基快餐店看到的一幕，批评了有些孩子只顾自己，不关心老人的现象，立意正确，而且有着鲜明的针对性。我们经常可以看到在餐馆里孩子吃得津津有味，老人在一旁陪着；在游乐场里孩子玩得兴高采烈，老人在外面候着……小作者从平常的生活经历中，提出了一个不平常的问题："我们这一代为自己想得太多太多，而对别人特别是老年人关心实在是太少太少。"作文的中心思想很正确，很有现实意义。

立意的正确依赖于学生的思想认识水平，佳作的分析不仅要让学生知其然，还要让学生知其所以然。

其一，要广泛阅读，丰富自己的知识，提高自己的思想认识水平。要认真学习《小学生日常行为规范》，学习报刊上的有关新道德新风尚的宣传报道，未曾作文先做人。显然，如果袁梦同学没有尊敬长者孝敬老人的思想觉悟，没有对“小皇帝”、“小公主”自私霸道的不满，就不可能有作文中如此深刻的认识。

其二，要多分析多思考，不断提高自己认识生活和反映生活的能力。学生对生活的观察，往往停留在肤浅的感性认识阶段，有了感性材料，不等于就能写好文章。因为感性的东西是表面的、片面的，还要学会分析事物，发现材料的意义。不善于分析思考的人，就会觉得什么都平淡无奇，什么都不值得写，即使面前放着有意义的材料，也会视而不见，写不出有意义的文章。

三、材料新颖。选材不落俗套，不人云亦云，充满时代气息，其本身就有很大的吸引力。它可以使读者耳目一新，获得新的思想，美的享受。成功的习作大多是选材就与众不同，见人之所未见，写人之所未写。

警察罚警察

金 戈

人民警察对交通违章的群众罚款司空见惯，可是警察对警察是坚持原则还是迁就原谅，好像就很难说了。前不久，我在熙熙攘攘川流不息的人流中，亲眼看到警察罚了警察。

“同志，”民警阿姨对一位民警叔叔严厉地叫道，“你知法违法骑自行车闯红灯，按规定……”民警阿姨没有说下去，只是用一双明亮犀利的目光盯住违章的民警叔叔。周围的人们把目光一齐投向那位民警叔叔，望着他那涨得通红的脸，我想，这位民警叔叔能甘心受罚吗？说两句好话吧，说两句好话不就算了，我可从没看到过警察罚警察的事哩。

可警察叔叔的举动使周围的群众深受教育，他急忙掏出5元钱递给警察阿姨，十分诚恳地说："实在对不起，我急着上火车站接远方的客人，不小心闯了红灯。我今后一定注意！"说完，他接过罚款收据，推着自行车从人群中走了出来。

人群渐渐散开了，我望着警察叔叔的背影，凝视着秉公执法、态度严肃的警察阿姨，心情久久不能平静。他们二位，无论是罚款的还是被罚的，都值得我好好学习。

这篇习作的题目就很新颖，一看内容更觉得有新意。现实生活中，人们往往会讲个情面，特别是同行之间难免有些关照，可这篇作文选取的材料恰恰相反，警察违章照样挨警察罚。这是多么有新意的选材啊！这个材料的发现和运用，突出地表现了警察同志严谨执法的工作作风，因而读来令人耳目一新，很受教育。

这篇习作可以给同学们以下的启示：

其一，要写自己独特的经历和感受。我们每个人的生活环境是各不相同的，所以每个人经历的事也是不相同的，即使是同一件事，不同的人感受也是不相同的。要尽可能选择独特的、新颖的材料，把与众不同的经历和感受写出来。《警察罚警察》正是这样选择了自己独特的经历，写出了独特的感受。

其二，要善于多角度观察事物，分析事物，发现事物的新颖、独特之处。"横看成岭侧成峰，远近高低各不同。""天街小雨润如酥，草色遥看近却无。"这富有哲理的诗句告诉我们，同一事物从不同的角度去观察，其结果是不一样的。有些虽然是常见的事情，我们只要换一个角度去看它，就会有新的发现。

四、表达不俗。佳作之所以成为佳作，表达上也一定很有特色，或构思巧妙，或手法灵活，或语言生动。通过具体作文的解剖分析，学生们可以从中学习表达技巧，提高表达水平。

给小狗洗澡

陆婷婷

早晨，爸爸带我到唐镇的表姐家去做客。

一会儿工夫，便来到表姐家，迎面跑来的是一只活泼可爱的小狗，它摇着尾巴大摇大摆地来到我的身旁。我伸出手来，它一点也不害怕，好像跟我很熟似的，亲昵地添了添我的手，对我这个远到的客人表示友好和欢迎。

姐姐从家里出来了，把我和爸爸迎进客厅，小狗也翻身打滚地绕在脚前脚后。我把表姐拉到一旁，迫不及待地说："让我给小狗洗个澡吧！"姐姐说："怎么能让客人干这个活呢？"我急忙说："我喜欢！"

我轻轻地抱起小狗，它就像一个小孩子，蜷缩在我的怀里。我把它抱到卫生间，在浴缸倒了一些温水，顺势把小狗放进水里，它没有任何反抗，却瞪着一双黑溜溜的眼睛望着我，似乎在说："怎么是你给我洗澡呀？"我拿起刷子在它的背上刷呀，刷呀，动作轻轻的，慢慢的，生怕碰痛了它。随后，用肥皂在它身上抹了一些，又轻轻搓了起来，小狗浑身毛茸茸的，给它洗澡真是一种享受。擦完身子后，我把淋浴器上的莲蓬头拿下来，拧开水龙头，把小狗冲了个干净。再用毛巾擦了擦,小狗焕然一新,洁白的绒毛一抖一抖的,像是在感谢我,好像我是它的主人似的。

姐姐正在厨房里做饭，我把小狗抱起来，让姐姐评分。姐姐说："我的小客人，不错，第一次洗就这么好，行，满分！"我听了，心里乐滋滋的。

这篇作文在材料的安排上有详有略，而且详略恰当。作者用主要的篇幅写了为小狗洗澡的全过程，而对作客的有关情况一笔带过，这一点对小学生来说，是很不容易达到的。另外，小作者点题和前后呼应的能力也不同凡响，除了开头交代“到唐镇的表姐家去作客”外，在第三节写小狗“亲昵地舔了舔我的手”时，不忘添上“对我这个客人表示欢迎”这一笔。第五节的点题、呼应还能巧妙地换一种说法：“好像我是它的主人似的。”类似的呼应还有一些，都用得比较好。

特别难能可贵的是文章叙事简洁，描写也比较生动。小狗的神态写得尤为可爱。你看，“它就像一个小孩子，蜷缩在我的怀里”，“瞪着一双黑溜溜的眼睛望着我”。描写细致、动人，没有亲身经历过为小狗洗澡的人是写不出的，即使是亲身经历，如果不善于观察、感受，不善于作具体细节描写的人也是写不出来的。

这里，有两点要注意：

其一，讲练结合。人们在长期的写作实践中，创造并积累了丰富的写作技法，并且“文成而后法立”，表现手法还在不断地更新和发展。不过，小学生刚刚学习写作文，空对空地讲文章作法，意义不大，但从具体的佳作出发，老师讲一点相关的写作知识，引导学生细细品读佳作，然后指导学生依样画葫芦，模仿佳作的手法写作，可以帮助学生学习基本的写作方法，逐步掌握基本的写作技能，进而加快提高学生作文水平的进程。

其二，由浅入深。首先要引导学生有话说，有事写，然后才是说得具体，写得生动。就是指导写作方法也应该由易到难，由简单到复杂，可以先进行单项训练，然后再要求综合，一次只提一个方面的要求，逐步达到总的训练目标。其实，写作的方法技巧还有两个层次，低层次的技巧是在写作中应遵守的规矩、法则，高层次的技巧是在熟练运用这些规矩、法则的过程中获得的，即熟能生巧的“巧”。前者可以耳提面命地进行言传身教，后者却难以传授，是因人而异的，对小学生表达上的要求应有个度。

【思考题和练习题】

1．评讲的佳作如何选择？如何分析？

2．佳作分析。

今天我休息

早晨，和暖的太阳已爬上窗棂，小鸟叽叽喳喳的叫声把我从香甜的梦中唤醒。呵，好舒服啊！今天星期天，我可以痛痛快快地休息了。

我揉揉惺忪的睡眼，看着小闹钟，已经七点了。要在平时，我早已走在上学的路上。要知道，为了我早读，妈妈总是天不亮就把我从梦中推醒："快起床吧！一日之计在于晨！"妈妈那急促的叫声让我感到时间紧迫，不容分秒犹豫。可现在，浑身舒展，神清气爽，一个星期欠下的觉今天全睡醒了。

院子里洒满阳光，多么温馨、恬静。咦！那院角里什么时候开满了大红、粉红的小花？妈妈说那是凤仙花，去年掉在泥土里的种籽，今年它们自己悄悄地开花了。我满怀欣喜，连忙找出我的小水壶，装满水，给凤仙花浇水。花朵上的水珠在阳光的照耀下晶莹透亮，美极了！抬头，又看到小梧桐上的叶子已十分茂盛，枝叉上还吊着一根长长大大的丝瓜，想不到它"埋伏"在树丛里躲过了前几天的暴晒，仍长得那么壮实。我从玩具箱里拿出我的大水枪，瞄准了"靶子"，扫过去一梭"子弹"，把那丝瓜浇了个透，在阳光下，它显得更水灵了。正玩得高兴，楼上传来悠扬悦耳的钢琴声，我想起我那心爱的电子琴了。

当手指触摸在琴键上时，欢快的音符把我包围了："紫竹调"、"步步高"、"杨柳青"……我陶醉在美妙的乐曲声中。妈妈慈祥地坐在一边欣赏音乐，不时地说："我最喜欢听你弹琴了，你要是天天练琴多好啊！"可我平时哪有那份闲情逸致？今天才总算尽兴了。

下午我又活跃在网球场上，打出一身汗，洗个澡，多快活。晚上，我坦然地坐在电视机前看着"东方110"和《三国演义》。当我整理好明天上学的书包，撕下墙上的红日历芯时，已经九点半了。

今天，我休息得充分，明天，我将继续投入紧张的学习生活之中。

第四节　病文的分析

相传世界闻名的大科学家爱因斯坦读小学的时候，有一次上劳作课，同学们都交上了自己的作品：泥鸭、布娃娃等等，唯独爱因斯坦没交，直到第二天，他才送上去一只做得很粗陋的小板凳。老师看了很不满意，说："我想世上不会有比这更坏的小板凳了。"爱因斯坦回答说："有的。"然后不慌不忙地从课桌下面拿出两只做得更糟糕的小板凳。这个传说听起来有些好笑，其实很正常，任何人的学步之初总是不雅观的，科学家也不例外。写作同样如此，学生一开始的作文难免缺胳膊少腿的，不成样子。即使有了一点写作基础，也不一定下笔成文就完美无缺，"玉不琢，不成器。"写文章不经过认真推敲、修改，是很难出好文章的。

佳作的分析，是正面的引导，是指导学生应该怎么写；病文的分析，是反面的警戒，是教导学生不该怎么写。在指导学生作文的过程中，这二者应是相辅相成的。在实际的教学过程中，容易重视前者而忽视后者，我们要引以为戒。

小学生作文存在的毛病主要表现在以下几个方面。

一、生活体验肤浅、粗疏。"巧妇难为无米之炊。"没有细致的观察，深刻的感受，是绝对写不出好作文的。从心理学的观点看，深刻的感受必须以感觉和知觉为前提，它是在观察的基础上进行的，而且感受大于观察，也大于表象，它带有浓厚的主观色彩，是情感积极参与下的一种心理体验。因此，缺少经历缺少见识不行；但仅有观察或某些活动，尤其是被组织参加的一些活动，自己没有多大的兴趣也不行，那样观察到的只能是表象，写下来的只能是“被肤浅经历过的东西”。表现在小学生作文中常常有内容不合理、甚至文不对题、材料不充分、描写不具体、言之无物等等。请看下面这篇习作：

放学路上

我们学校门前有许多小摊，有的摊贩在卖“羊肉串”，那诱人的“羊肉串”吸引了我。于是，我便掏出钱买了五串。啊，这“羊肉串”可真香！吃完了还想吃，我便又掏出钱买了几串，我见与我同行的小红空着手，便慷慨地递给她一串，我们吃完便走了。

走了一段路，我突然感到一阵阵肚子疼，接着小红也觉得肚子有些疼。这时，同学小华跑上来，她见我捂着肚子，便问：“你们俩怎么了？是不是肚子不舒服呀？”“我觉得肚子疼。”我说。小红也赶紧说：“我也有些疼。”小华问：“是不是着凉了？还是消化不良？”哦，我才明白了，原来是刚才的“羊肉串”有问题。小华说：“老师不是说过吗，不能去买摊贩上的东西吃，你们怎么就不听呢？”这时我感到十分后悔，我真不该受“羊肉串”的诱惑，嗨，现在后悔也来不及了。于是我下决心，一定不再去买小摊上的东西吃。

打那以后，我不仅自己不吃小摊上的东西，还劝说其他同学不要乱买小摊贩的东西吃。

应该说，文章的主题还是挺有意义的：不能乱吃不洁的食物。但由于缺少体验，虽然此类事并不陌生，文章还是写得肤浅、虚假。才走过一段路，“我”就突然感到肚子一阵阵疼，而且，小红也跟着疼痛。显然小作者对“吃坏肚子”这类事缺乏真切的感受，发作的时间也太快了。这一点还体现在文章的写法上，对于肚子疼痛的情状，除了一句“她见我捂着肚子”外，文中几乎没有任何描写，文章的内容空洞、单薄。如果作一些具体的感觉、情状方面的描写，就可以增加文章的生动性、形象性。所以，要通过病文的分析，引导学生细致地观察生活，深刻地感受身边的人和事。

另外，“放学路上”这一题目规定了事情发生的特定的时间——放学以后，特定的地点——放学的路上，这些本文都没交代，这也是明显的不足。

二、思想认识不正确。写文章总有一个主题，主题是通过人和事表现出来的，是作者认识生活的结果，看问题的方法不对，认识不正确，文章就不可能表达健康的思想感情。比如有个同学为了反映自己的同伴经常帮助自己，写这个同伴力大无比，是全校鼎鼎大名的“大力士”。有一次，自己被一个高年级的同学欺负了，去找这个同学帮忙，这个同学二话没说，就去把那个高年级同学的鼻子打出了血。试问，这个同学的做法能叫做助人为乐吗？纯粹是哥儿们义气！这种义气的结果只能是害人害己，根本不值得赞扬。

写文章总有一个选什么样的材料，怎样写的问题，这些都与学生的思想认识有关。

王爷爷讲故事

昨天，晚饭过后，我们出去乘凉，几个小朋友又围住了王爷爷，缠着他讲故事。

“好吧。”王爷爷清了清嗓子，高兴地说：“今天，我给大家讲一讲《纪晓岚智斗王尚书》。”

“好！”大家一听“智斗”，浑身就来劲了，立即坐得笔直笔直的听他讲开了。

清朝时候，有个文人叫纪晓岚，是著名的《四库全书》的主编。他才智过人。有一天，几个朋友一起聚餐，坐在他对面的王尚书指着桌子下面啃骨头的狗问纪晓岚："是狼是狗？"在坐的人听了都哈哈大笑。你们知道这是为什么吗？原来，纪晓岚是侍郎官，问"是狼是狗"听起来就成了"侍郎是狗"，大家能不笑吗？

纪晓岚听后不动一点声色，指着狗的尾巴一本正经的回答："狼是向下垂，狗是往上竖。"这一有趣的回答，逗得满坐的人捧腹大笑。大家听出了纪晓岚的话里有"狗是王尚书"，当然要笑了。王尚书本来是想取笑人的，结果自己反被取笑了，感到十分尴尬。

我们听了一个个笑得合不拢嘴。

《王爷爷讲故事》讲了一个什么样的故事呢？无非是互相取笑、以狗相骂而已。看了这个故事，我们会变得才智过人吗？不会的，顶多是学了点耍嘴皮子的能耐吧。写文章要注意表达正确的思想认识，是宣传无神论，还是宣传封建迷信？是提倡全心全意为人民服务，还是主张一切向钱看？是赞扬人与人之间的相互关心、相互帮助，还是鼓吹相互挖苦？这些问题不能含糊。绝不能把不健康的东西塞到作文里去。

三、结构安排不合理。结构问题实际上是一个人认识和反映客观事物的问题，是思路问题。有些学生对所要反映的事物理不出个头绪来，就不可能有清晰的思路。记叙文写作要求材料的安排首尾贯通，有条不紊，否则就会颠三倒四。结构的安排要紧扣主题，为表达中心服务，要求符合事物的发展规律，反映事物的发展过程。各个部分之间彼此关联前呼后应，不能线索不清，层次不明，不讲过渡照应。这方面常见毛病是重点不突出，详略不恰当，顺序不合理等等。比如有一篇作文《我这个人》，介绍自己，说自己是一个倔强的男孩，先介绍自己上学期参加数学竞赛的事，虽然生病，依然参加竞赛，并且取得很好的成绩。然后写自己在幼儿园参加图画比赛的情况，虽然下雪天，手都冻僵了，还坚持画，终于取得第一。这样的层次安排显然欠妥。如果按时间顺序写，应该先写幼儿园的事，再写上学期参加数学竞赛的事。如果把幼儿园的事作为插叙，那就要有插叙的过渡和衔接。再如有篇《今天我休息》的作文，写星期天自己当小主人，积极参与家务劳动，叠被子、擦地板、收拾房间、布置阳台，受到爸爸的表扬。应该说，文章的主题是好的，可惜的是叠被子的篇幅占了全文的一半，没有必要；而擦地板、收拾房间这些不轻松的劳动写得太简单，甚至轻轻一笔带过，详略不当，这样文章的中心就无法突出。诸如此类，都属于结构安排的不合理。

四、语言表达不好。作文教学既要培养学生观察事物、分析问题的能力，也要培养学生用词造句、连句成段的语言表达能力。学生作文的语言应该是规范的通用的，把意思说清楚，力求简洁易懂，不写错别字，不生造词语。当然小学生的作文语言有一个逐步丰富逐步顺畅的过程，开始的语言表达往往会有言不及意、语无伦次的现象。

放学路上

放学，我便背着书包回家。今天和平时一样，我走在人行道上，望着马路上来来往往的车辆和琳琅满目的商店，并没有什么特别。

我迈着步子快速地走着，当我要过马路的时候，我看到了一幅情景，一群天真活泼的低年级的小学生秋游完毕，正由老师带领着要过马路。可是，车辆太多，两位老师皱起了眉头。首先看到他们的是民警叔叔，他忙指挥着车辆停止行驶，然后，向老师们挥手。这时，无论是轿车还是卡车，甚至自行车都自觉地停了下来。老师这才放心地带着小学生过马路。这时，老师对学生说：小朋友，快给警察叔叔说再见。他们便跟着喊：“警察叔叔再见。”一边说着还一边挥手。民警见了，也向他们挥着手，从他的眼睛里流露出留恋的感情。这情景只有几分钟，可我的眼睛却像看了一个多小时的电视剧。这是一件小事，可它却是那样不平凡。在刚才的情景中，人们是多么的善良，多么的热心。

从这件小事，我看到了可贵的真情，我相信在不久的将来，人们的心会变得更加纯洁。

一群小学生要过马路了，民警叔叔连忙指挥来往的车辆停止行驶，就连骑自行车的人们也自觉地停了下来，小学生蹦蹦跳跳穿过马路后甜甜的喊着："警察叔叔再见！"是何等感人的场面，所以本文的选材是很成功的。可惜的是语言表达相当粗糙。首先，句子不够通顺、简洁，如第一小节写了"放学，我背着书包回家"、"我走在人行道上"，第二节又接着写"我迈着步子快速地走着"。第一节中的"今天和平时一样"、"并没有什么特别"都显得重复啰嗦。另外，"琳琅满目"的应该是商品而不是"商店"；后面的两个"挥"手用得还可以，前面的民警叔叔向老师"挥手"应该是"招手"才对。还有，作文除了记叙事情的大致经过外，几乎没有任何描写，如果开头有一些热闹的马路场面的描写，车辆停止后人们的神态描写等，都将增强表达效果。

当然，语言基本功较差，表达不好的同学，往往不只是遣词造句的问题，立意见识、材料组织都会有明显不足。

【思考题和练习题】

1. 小学生作文常见的毛病有哪些类型？
2. 分析下面两则短文的毛病。

(1) 那天，我流泪了

"哇，好香啊！"暑假中的一天晚上，我正在房间里看书，忽然一股卤鸡蛋的香味扑鼻而来。我连忙放下书，跑到厨房一看，啊，锅里正煮着哩。那诱人的香味弄得我口水直流。我嚷着要吃，妈妈过来了，指着我的鼻子说："你呀，真是个小馋猫。这蛋是给你爸爸准备的。他要上北京去了。"

我不好意思地回房去。奇怪，书看不下去了，我忽然想起这种大热天出差，多么不是时候。哎呀，交通紧张，连火车票都难买。天气热，车厢里人多，该不会出什么事吧？突然，一幕可怕的景象浮现在我的脑海里：一辆大客车和火车相撞，有几节车厢出轨了，旅客们死的死，伤的伤，血淋淋的场面，惨不忍睹……我越想越觉得可怕。

我不敢再往下想。我的心跳加快了，不知为什么，脑海里忽然冒出了几个可怕的字眼："爸爸，这次出差，你可不能……"

我难过得哭了，哭得好厉害。

(2) 我错怪她了

我上二年级时，发生过这样一件事。

一天中午放学时，张杰和我留在教室里订正数学题。我订正好，就先走了。

吃过午饭，我来到教室，打开文具盒一看，发现我的钢笔没有了。我连忙告诉周围的同学，上午放学张杰是最后一个回家的。有一个同学接着说，张杰上一年级时也拿过老师的钢笔。

我跑到办公室告诉老师，我说："老师，张杰偷了我的钢笔。"老师问："你怎么知道是她偷的？"我把理由说了一遍。老师说："那你快去把张杰叫来。"张杰来了，老师对她说："你有没有偷张红的钢笔？"张杰说："我没有拿她的钢笔。"老师说："如果拿了的话，你明天把钢笔还给她。"张杰红着脸走出办公室。

第二天早上，张杰带给我一支钢笔，我一看，和我的笔一模一样，就是新了点。我也没在意，随手把它放进文具盒。

晚上放学回家后，我整理书包时看见自然书里夹着一支钢笔，啊，这支钢笔才是我的，我又把钢笔还给了张杰。

第五节　庸文升格指导

庸文升格指导是作文教学重要的一环，许多老师对此重视不够，他们满足于作前指导，作后批改评讲一下，一次作文训练到此就算完成了。其实，从教学的角度看，这个过程并不完整，它缺少分析评讲后的反馈。而且这种反馈意义更重大，学生平庸的有毛病的作文，有时只要稍加点拨略作修改就能有明显的提高，它可以更有效地提高学生作文的能力，激发学生作文的热情。

如何指导学生庸文升格呢?

一、找出毛病。学生的作文不好，不好在哪里，要给学生找出来，而且要找准，要恰如其分，以便治病救文时对症下药。当然学生作文的水平相近，错误常常相同或相似，翻来复去，难免厌烦，老师要有耐心。普遍性的问题普遍抓，经常出现的问题经常抓。有时作文中暴露的问题比较多，看上去浑身是病，这里还需有策略，要善于抓住重点，不能眉毛胡子一把抓。

二、提出对策。对学生的平庸作文找出毛病后，还要帮助学生修改。学生能够自己修改的，要启发学生自己修改；学生能力所限无法修改而又必须修改的，老师要提出具体的修改意见，指导学生怎么改，让学生修改时方向明确，有处下笔。光是笼统地要求加强课外阅读、学会观察、提高自己认识能力，无济于事。就某一篇作文而言，应该怎么改，一定要具体，而且要因人而异。感受肤浅、中心不正确的，怎样改就会深刻些，中心就正确了；结构不合理的，怎样调一下就合理了；语言不好的，主要表现在哪些地方，是什么毛病，怎样改语言就顺畅了、生动了。

三、检查修改。这一点非常重要，虽然指出了毛病，提出了修改对策，学生不能认真地修改，庸文不会自然升格。因此，学生改了没有？改得怎么样？到位不到位？老师要检查，要把好关。学生在修改过程中往往还会出现一些问题，也需要及时指点。而且，许多情况下并不是一改就成功的，需要仔细复看，哪些地方达到了目标，哪些地方还不符合要求，抓住这一点，训练到位，学生作文才可能有提高。否则，言者谆谆，闻者昏昏，不经过认真的修改训练是无法形成能力的。

庸文升格示例：

1. 选材的升格

选好材料是写好作文的关键，什么是好的材料呢？一个最基本的要求就是真实，从实实在在的生活出发，不胡编乱造。学生作文即使不能都写亲身经历的事情，也要合情合理，不应矫情造作甚至凭空杜撰。内容虚假的作文升格的方法就是删改甚至更换有关内容，努力使内容真实可信。

【原文】

一天晚上

那是去年中秋节的晚上，家家户户都在忙着欢度节日，我家也不例外。突然，爸爸拉过我，说："快去给爷爷送月饼去。"我一听可高兴了，这老爷爷60多岁了，无儿无女。平时得到人们的关心，中秋节呢？

我拿了一盒月饼、两瓶酒向老爷爷家走去。

走到老爷爷家门口，我敲了敲门。门开了，我见老爷爷一人坐在窗前，看着月亮，流着泪。见我来了，老爷爷擦干泪水。我说："老爷爷，我给你送酒和月饼来了。"老爷爷笑了："谢谢你们一家啊！"话刚说完，又一阵敲门声，原来是李大伯来了。他手里拿着一瓶酒，对老爷爷说："老哥，今天是中秋节，上我家喝两杯。”刚要走，忽然又听见喊声：“大哥，我给你送来一盘烤鸭，这是你最喜欢吃的。”原来是张大娘给老爷爷送烤鸭来了。

不知过了多久，小屋里已挤满了人，他们都给老爷爷送来吃的。王阿姨要老爷爷去他家，小刘叔叔又不肯。正在这时，李大伯提议：“大家都不要争了，还是大伙把东西都拿出来，一齐过一个愉快的节日。”

看到这些，老爷爷不禁流出两行热泪。他说：“二十年前，在一次敌人扫荡中，我的妻子和女儿都失踪了。唉，二十年了，到现在一点消息也没有。”说完，他长长地出了一口气。在场的人们也难过得流下了泪水。

天色已晚，人们都散席了，月光射进屋子里。

【升格指导】

“一天晚上”这一类的题目，本来有许多材料可以选择，因为我们自己拥有无数个真实的夜晚。可这篇作文不从自己的经历和感受中选择材料，却编造了一段无法自圆其说的内容。像“走到老爷爷家门口，我敲了敲门。门开了，我见老爷爷一人坐在窗前，看着月亮，流着泪。”难道老爷爷听到敲门声，先来开门，再坐到窗前去看月亮、去哭？因为自己年龄太小，对新中国诞生前后的历史又缺乏应有的了解，于是就有“二十年前”“敌人扫荡”一类的笑话了。显然，既然是编造，总不免要露马脚。修改的办法是：从自己真实的生活经历中选取材料，老老实实地写自己真切的感受。

【改文】

一天晚上

吃过晚饭，我正准备做作业，听到电视里说明天是“三八”妇女节，我一阵高兴，明天是妈妈的节日。我该给日夜操劳的妈妈送件什么礼物呢?

对了，不如做一张贺卡来表达我的心意。于是，我开始动工了。

我避开妈妈的视线，拿出一张铅画纸和一些画画的工具。我先把这张纸对折，在封面上用刀镂刻了一颗大鸡心，在鸡心里写上“节日快乐”四个字，在鸡心的周围又画上一颗颗小鸡心，又在封面的边沿上画了一排排蝴蝶结。在贺卡的里面我用各种色彩画了几朵竞相开放的鲜花，用花朵围着刚才写的字。然后，我又在花的下面写上:“祝妈妈节日愉快，万事如意!”在这几个字的旁边，我还画了一群小鸟。

贺卡做好了，我蹑手蹑脚地走进厨房，把贺卡平放在微波炉上，因为妈妈每天早上总要先起来给我做早饭，我要给妈妈一个惊喜。放好以后，我又悄悄回到我的房间，松了口气，觉得自己干得很漂亮。

夜里，我做了一个梦，早上，我注视着妈妈的行动，妈妈悄悄起床了，她走进了厨房，我心里暗暗高兴。妈妈正准备打开微波炉，突然发现了贺卡，心里明白是谁干的，却还明知故问:“是谁送我贺卡呀?”“是我!”我蹦起来说。“喔，那真是太谢谢了，没想到我的女儿这么懂事啊!”妈妈满脸笑容。

这个夜晚，是我难忘的夜晚。

2. 立意的升格

小学生作文立意平庸主要有两种情况：一是没有明确的立意，记流水账一样；二是表达的主题没有意义，甚至不正确。这种情况下，要引导学生分析材料，挖掘材料中的积极因素，确定一个积极的有意义的主题，并围绕这一主题修改文章。

【原文】

我真幸福

越是临近小学毕业的日子，我的学习越是紧张。爸爸妈妈一个起早，一个带晚，为我的学习操心。

每天早晨五点半一到，妈妈就把我从睡梦中叫醒。以往，我起身以后，要穿衣服的时候，不知昨晚把衣服、袜子放哪儿了。现在可好了，妈妈总是在我睡觉以后，替我把衣服、袜子什么的都整理好，放在床头柜上。这样，我一早起来，就不用到处找衣服了。洗漱过后，她就帮我背书，有时还帮我削铅笔、吸墨水。

傍晚，爸爸早就把饭菜准备好了。我放学一回家，可口的饭菜已摆到桌子上，吃好晚饭，休息过后，我就做作业，复习当天的功课。这时，爸爸怕我口渴，总要泡上一杯茶，放在我的写字台上。我做作业，他就在一旁陪我。发现我写错了，他就向我指出，有时遇到我不会做的数学题，他就做给我看。不管是迟是早，他从来没有在我睡觉之前休息过。

爸爸妈妈这样关心我，我真幸福。

【升格指导】

现实生活中，对同一个事物，由于人们的认识水平不一致，看法会完全不同。就说幸福吧，什么是幸福？《我真幸福》一文的幸福观是不对的。当然，父母对孩子的关心是无可指责的，不过要恰当罢了。可作为孩子来说，自己力所能及的事情都依赖爸爸妈妈，还怎么培养自己自理的能力？说到写文章，这就涉及到立意的问题。下笔之前，总少不了要考虑写什么、表现某种态度，这就叫立意。立意是写好一篇文章的关键，立意不正确，无论如何也谈不上是好文章。这篇习作把父母包办自己该做的事情认为是一种幸福，无疑立意上出了偏差。

【改文】

让我自己来

老师看了我写的《我真幸福》后，说立意有问题，并向我推荐了一篇《孩子跌倒之后》，我便看了起来。

文章说的是一个小孩跌倒以后，他的爸爸妈妈不去扶他，而是鼓励孩子自己站起来。后来，孩子靠自己的力量站了起来。作者赞扬了这对父母的高明之处，培养了孩子的自立能力。同时还指出：现在不少的家长乐于包办，使孩子失去了很多自己动手的机会，这是不利于孩子的成长的，做父母的要培养孩子的自立能力，教会孩子自己的事情自己做，只有这样，孩子的独立能力才会慢慢形成。

看到这篇文章，我很受启发。我也不小了，该培养自己的自立能力了。

放了晚学，我回家吃过晚饭，稍稍休息之后，便坐下来复习功课。不一会儿，爸爸要替我泡茶，我连忙说：“爸爸，我现在不想喝茶，要喝让我自己去倒好吗？”爸爸也就不泡了，坐在我的旁边看我做作业。我一边做作业一边叮嘱自己：用心做，遇到不懂的自己动脑筋，不要老依赖爸爸。说也奇怪，今天没问爸爸，作业也做得挺顺利的。

做完作业，我削削铅笔，查查钢笔里有没有墨水，收拾好自己的书包，准备睡觉。我把衣服脱好一件一件地放在床头柜上，妈妈过来了，我知道她来做什么的，便说：“妈妈，这些事我自己能做，从今以后，让我自己来。明天早晨，你也不要喊我，到时候我一定会起床的。”

妈妈高兴地说：“行，自己的事情就该自己做。”

3. 结构的升格

考虑不周,思路不清,这是小学生作文的常见毛病。具体修改关键是要理清思路,有的只需局部调整,就能顺理成章,有的则需要动大手术,要确定一个合理的顺序,按照顺序重新组织材料。

【原文】

我的班主任

我的班主任王老师是教我们语文的，他对工作总是那样认真，语文课也上得很生动。他对我特别关心和爱护，没有一点对我不关心的地方。他对学生总是那样好，跟爱护我一样，王老师对自己的各方面却毫不在意，对待别人也没有什么不好的地方。

在所有的老师中，我最爱的是班主任王老师，最恨最怕的也是王老师，虽然有时候他对我很严肃，但是，我一点也不怪他，就是有时在背后骂他一通。我也曾努力，要老师改变对我的印象，可是我总是惹班主任生气，没有一次让老师高兴过。老师经常要批评我，我不知道如何做才能让老师高兴。

这也不能完全怪我，因为班主任的脾气本来就比较暴躁。他一看到不高兴的事，就要生气，就会大声吆喝起来，一时真叫人有点受不了。

虽然，班主任王老师的脾气有些不好，但是，我还是很喜欢他的。

【升格指导】

读了《我的班主任》这篇作文，第一印象就是结构混乱，没有条理。第一自然段中，刚刚介绍了班主任王老师的工作态度，什么具体事例也没有，马上就讲他对同学的关心、爱护，忽而又变成说他对自己毫不在意，只说了一句，又说起对别人的态度来了。第二自然段，说老师中最爱的和最恨最怕的人是王老师之后，也没具体叙述原因、具体表现，就说“有时候在背后骂他一通”，显得莫名其妙。写我“没有一次让老师高兴过”也与上文连贯不上。最后一段在讲了老师脾气不好后，接着就写“我还是很喜欢他的”，联系全文来看，读者一定会想：这是出自内心的话吗？读起来多勉强啊！

结构上的混乱，主要是作者思路不清，写作文前没认真拟提纲，结果写作时只能是东一榔头西一棒了。修改时，不妨先拟定一个提纲，理清思路后再写。

1．总的介绍（最爱、最恨、最怕）

2．具体写最爱（工作态度、关心爱护我）

3．介绍最恨（脾气暴躁）

4．介绍最怕（严厉批评）

5．概括

【改文】

我的班主任

在所有的老师中，我最爱的人是班主任王老师，最恨、最怕的人也还是他。

我怎能不爱班主任王老师呢？

他对待工作非常认真，别的不说，每天早上，他总是在我们前面赶到学校，亲自帮我们背书。放晚学了，他和我们一起打扫卫生，一边劳动，一边指导我们。有一次，轮到我值日，地没扫干净，他帮助我重新打扫，并且教育我做任何事都必须认真。那次值日，我被评为“优秀”，心里可高兴了。

可我也怕他、恨他。

他脾气暴躁。一遇到什么不高兴的事，脸立即一沉，发起火来。不是大声熊人，就是让人写检讨，真叫你受不了。我有时也少不了成了他的出气筒。

他有时还会在全班批评我，我急了，也会在背后骂他几句。过后又想，谁叫我惹他生气的！他也是为我好啊！

说句实在话，我恨他、怕他，那毕竟是一时的。我爱他——我的王老师，那是永远永远的。

4．语言的升格

语言表达有一般要求，有较高要求。一般要求是把话说通顺，把意思表达清楚；较高要求是文从字顺，表达生动具体。当然具体的语言修改是可以双管齐下的，在把语句改顺畅的过程中同时注意加工润色，使之生动形象。

【原文】

我做了一件好事

雨过天晴，我一边哼着小调，一边往家走着。忽然，一个小小的音符打断了我的小调。我连忙循声望去，原来是一个小弟弟摔倒在地上。我想：算了吧，天都这么晚了，还做什么好事，快回家吧。我刚要走，老师对我的教育又浮现在眼前了。于是我决定把小弟弟扶起来送回家。

我三步并成两步向小弟弟走去，到了他身边，我扶起他，见他满身泥水，做好事的信心一下子跑去三分。但我又看到小弟弟那可怜的样子，心想做好事哪能怕脏呢，于是，便毫不犹豫地问：

“小朋友，你怎么摔倒的?”

“是那块石头绊的。”

“你家住哪儿？我送你回家好吗?”

“好的。我家住西村。”

我抱起小弟弟向西村走去，地上有许多小水塘，几次都差点滑下去，但总是克服了。就这样，我一直把小弟弟送到家。还没等他把事情的经过告诉他妈妈，我便消失得无影无踪了。

一进家门，妈妈见我满身是泥，头发乱糟糟的，脸一下子转阴了：“你怎么弄成这个样子?”我把事情的经过说了一遍，妈妈一听，高兴地笑了，笑得是那么甜……

【升格指导】

小学生写文章，语言要注意通俗流畅，把话说清楚。可有的同学不注意这一点，以为话说得越深奥，越显得文章有水平，因此故作高深。结果反而以辞害义，使人难以理解。

像《我做了一件好事》一文有这样的句子：“忽然一个小小的音符打断了我的小调。”这句话的意思谁能听懂？音符是乐谱中表示音长、音高的符号，把它用来形容孩子摔跤的声音，不恰当也不通俗，语意不明。当然，也许作者是想说：“听到不远处传来扑通声，我停止哼小调。”

还有，本来是要说：“还没等小弟弟把情况告诉他妈妈，我就离开了他家，”小作者不这么说，硬要说成“我便消失得无影无踪了”。“我”上哪儿去了呢？怎么会“无影无踪”了呢？

什么“做好事的信心一下子跑去了三分”、“妈妈……脸一下子转阴了”，人们都难以理解，通常有多少人会这么说呢？

一篇文章写出来，总得要给别人看。运用的词语、写的句子一定要通俗易懂，不要故作高深，这样，才能有好的效果。不然的话，所写的内容除了自己之外，别人都看不明白，这样的文章就没有多大价值了。

【改文】

我做了一件好事

雨过天晴。放晚学了。

我一边哼着小调，一边往家走。突然从不远处传来“扑通”一声，我连忙循声望去，原来是一个小弟弟摔在烂泥地里了。我想：算了吧，天这么晚了，管他呢！我刚想走，又想起了《小学生日常行为规范》里说的“主动帮助有困难的人”，决定把小弟弟扶起来送回家去。

我三步并作两步向小弟弟走去。到了他身边，我连忙扶起他，看见他身上又是泥又是水，思想又动摇了，但一见小弟弟那可怜的样子，心想：“做好事又怎么能怕脏呢？”于是我毫不犹豫地问：

“小朋友，你怎么摔倒的？”

“是那块讨厌的石头绊的。”

“你家住在哪里呀？我送你回家好不好？”

“好的。我家住在西村。”

于是我抱起小弟弟向西村走去。地上有许多小水坑，我好几次都差点儿滑倒，但我还是克服了困难，一直把他送到家门口。

还没等他把事情的经过告诉他妈妈，我就匆匆离开了。

一进家门，妈妈见我满身是泥，头发乱蓬蓬的，脸上露出不高兴的神色，厉声地说："你看你，怎么弄成这样子？"我把刚才的事情说了一遍，妈妈听了，高兴地笑了，笑得那么甜，并说："嗯，这是件好事。"

【思考题和练习题】

1. 指导庸文升格要注意些什么？
2. 试就下面这篇作文的升格提出具体的指导意见。

我真自豪

下节又是自然课了。记得在前几次的自然课上，陈老师问我们："你们班里哪两个人做的纸工比较好，自然成绩好？"大家异口同声地说："陈浩！"又有人陆陆续续地说："劳晨轶。""尹晓非。"最后，老师让我们三人参加比赛。

比赛前一星期，陈老师让我们几个同学每人用4张长18厘米，宽15厘米的铅画纸做"楼板"。回到家，我在想：一张薄薄的纸，怎么能承受重大的压力呢？我左思右想，我看见爸爸搬来一只装水果的箱子，这时，一个念头飞快地从我脑海里一闪而过：对，就照着瓦楞纸的形状做。我找来4张铅画纸，一把剪刀和胶水，还有尺、笔。我先量好尺寸；接着，用剪刀头划印痕，再按着划印痕的线折；折好后，我再涂上胶水；大约过了5分钟，第一个"楼板"就诞生了。就这样，我又做了3个……

终于到了比赛那天，我和另外两个同学来到比赛点，几位老师给我们和其它学校的参赛同学各发一张铅画纸。我按着在家里做的那样一步步做下去……终于完成了自己的"楼板"，抬起头，我看见别的学校的同学都还在专心致志地做。这时，老师来把我的"楼板"收走了，接着把"楼板"放在两块木板上，其余的老师在上面放筹码，500克，1000克，最后，我的"楼板"承受了1.7千克的重量，取得了第一名。

我觉得非常自豪、非常激动，因为爱动手、动脑，我尝到了成功的甜头。

第六章　小学生课外阅读与写作

小学生写好作文，既要有真切的生活感受，一定的生活阅历，也需要进行广泛的课内课外阅读。因为有限的课本阅读，根本无法包涵学生所需的全部写作知识和社会知识。学生在日常生活、语言交际中潜移默化、耳濡目染习得的语言“毛胚”，需要靠对质精量多的范文佳作的阅读来打磨、规范、定型；学生将眼中所见、耳中所闻和心中所感传达出来的写作能力，需要靠对各类文章的仔细揣摩、用心体会与摹仿借鉴而逐步形成并得以提高；学生的观察能力、认识能力、思维能力、想象能力以及创造能力更需要在长期阅读、不断积累的过程中，反复锤炼和锻打。诚如叶圣陶先生所言：“学生作文不好，其实是阅读不好。”“阅读不好，作文也不会好。”可以说，阅读是吸收、储备，写作是倾吐、输出。课外阅读是课内阅读的延伸、扩展，也是学会并写好作文的重要前提。教师要注重引导学生以读促写，以写固读，让他们学会在阅读中找“米”下锅，并吸纳丰富的“源头活水”，从而使得读与写相辅相成，互为促进。更为重要的是，小学生正处于学习阅读与写作的起始阶段，教师应抓住这一最佳时机，精心指导，细致安排，激发他们的阅读兴趣，使其掌握一定的阅读方法与阅读技巧，并逐步养成良好的终身阅读习惯，以适应未来“可学习化社会”的要求。

第一节　课外阅读篇目的确定

一般地说，课外阅读是一种虽受制于一定的阅读条件（如经济因素、信息来源与优劣等），但完全可以按个人的兴趣、爱好、动机，作出自由取舍的阅读行为，具有很强的个性化特征与不可控制性。这使得不少学校小学生的课外阅读长期处于无序低效的涣散状态中，有的学生在读物的选择上存在着明显的“偏食现象”，甚至良莠不分，沉迷于一些格调不高、质量低劣的读物中。因此，教师应针对小学生开始学习阅读这一特殊性，给他们以正确的引导和科学的规范，并为他们选择和确定课外阅读的篇目和范围，规定阅读内容与阅读量，提出相应的阅读要求，从而使学生个体性的阅读行为变成可控制、可影响并朝着健康、有序、有效方向发展的群体参与行为，最终使学生具有选择读物的眼光、一定的欣赏品位与良好的阅读习惯。

一　确定课外阅读篇目的原则

确定小学生课外阅读篇目的总原则是：课外读物要适应于少年儿童的年龄特点、认知水平、智力发展水平，要有利于少儿身心发展和感知、认识、理解、思维能力以及综合素质的提高，要具有引导学生崇尚、热爱真善美的情感教育功能，具有引导学生初步了解生活、关注自然、认识世界的科学教育功能。

具体地说，确定课外阅读篇目，主要遵循以下两条原则。

第一，由浅入深，循序渐进的原则。

所谓“由浅入深”，是指课外读物内容要根据不同年级的学生实际水平，体现出从易到难，由浅入深的梯度；所谓“循序渐进”，是指阅读要求与相应的写作要求也要有明显的难易、深浅梯度，体现出课外阅读指导的整体性、连续性与序列性。低年级小学生尚处于识字阶段，而高年级训练有素的小学生已经能够写出“有中心、有条理、有真情实感的简单记叙文”了。可见，不同年级小学生的整体阅读、写作水平存在着较大的阶段性差异，这就要求教师制定出切实可行的课外阅读指导计划，规定好阅读内容或范围，控制好阅读总量，并提出相应的阅读要求，做到由浅入深，适量适度，循序渐进。

根据《九年义务教育小学语文教学大纲》中的分年级读写要求和不少学校成功的经验，可以对小学一至六年级学生的课外阅读活动作如下安排，仅供参考。

一年级学生的年阅读总量可控制在3万字以内，应结合课文，以图文并茂、注有拼音的低幼读物为主。要求能在直观图画的提示下,学会观察读物中简单的事物,学会按一定顺序观察事物,以达到用两三个完整、通顺的句子口述读物部分内容的目的。

二年级学生的年阅读总量可控制在5万字左右，同样应以图文并重、注有拼音的儿童读物为主，要求能比较细致地观察图画和事物，能正确、清楚、连贯地复述或转述读物内容。

三年级学生的字词、语句已有了一定的积累并开始学习写作，因此，可适度加大阅读量，年阅读量可控制在20万字左右，要求能独立阅读浅显的儿童读物，除图文并重的读物外，要加大儿童文学作品与优秀作文的比例。要求学会有顺序、有重点地观察图画和事物，并能根据读物内容发表一些简单的看法，开始学写简单的读书摘记，注意养成良好的阅读习惯。

四年级学生的年阅读总量可控制在30万字左右，以少儿读物、报刊杂志为主要阅读内容。要求学会从整体入手，理解把握词意、句意、段意和文意，学会抓住文章的重点，学写简单的读书笔记，示例如下：

【范文】

《人的智慧》读后

今天，我读了《人的智慧》这个小故事。它是这样写的：从前有一个农夫，他牵着一头牛在田里耕地。老虎问牛："你的力气比人大得多，怎么还听人的？"牛说："因为人有智慧。"老虎问农民："喂，我想问你，什么是智慧？"农民说："你想看智慧，我给你拿去。不过，我怕你吃了我的牛。我得先将你捆上。"老虎想了想说："好吧。"农夫把老虎捆了起来，拿起木棍就打。农夫说："智慧给你拿来了。"

读了这个小故事，我懂得了：智慧的力量是无穷的，只要运用智慧就能取胜。

【范文解说】

这则读书笔记的最大优点是用清楚、准确、连贯的语言复述了故事主要内容，然后在此基础上，用一句话表现了小作者对故事内涵的正确理解。四年级的学生能这样写读书笔记，已经很不简单了。

五、六年级学生的年阅读总量可控制在40—50万字，应以少儿读物、报刊杂志以及中外名作中适合少儿阅读的短篇作品与节选部分为主要阅读内容，要掌握一定的阅读方法和技巧，养成圈点勾划的读书习惯，能分门别类地积累好词佳句，能理解文章的主要内容，并具有一定的分析能力，能写出有一定见解的读书笔记。

以上，对小学生课外阅读的规定、控制与要求，旨在建构起较为完整、较为系统的课外阅读序列与阅读指导系统，从而避免小学生课外阅读的涣散与失范，旨在变放任自流、随心所欲的学生课外阅读为在教师精心指导下有计划、有步骤、有梯度、有目标、有要求、可测评的阅读学习活动。当然，教师应根据不同学校、班级以及学生的实际情况，作必要的调整与安排，以确保课外阅读指导的有效性和可操作性，真正达到“使学生获得多方面的知识，提高认识，受到思想教育和美的熏陶”的目的。

第二，文质兼美，寓教于乐的原则。

总的说来，小学生课外读物要寓思想品德教育于语言文字中，要有小学生喜闻乐见的形式和内容，要符合他们的欣赏水平和接受能力，要能够使得他们在长期的阅读过程中，接触并感悟美的事物,培养并升华美的情感,形成并强化真善美的观念。因此,应以文质兼美、寓教于乐为原则,确定小学生课外阅读篇目。

具体地说，既要注意渗透思想品德教育，也要注重读物的语言质量。可选择以下读物：

1. 选择抒发热爱祖国壮丽山河、悠久历史和灿烂文化的少儿读物，以激发学生热爱祖国、热爱民族的情感。如浅近易懂、描写自然风光的古诗、介绍古代工艺成就、科技成就的历史故事、成语故事等。

2. 选择歌颂革命领袖、革命英雄、历史人物、时代楷模、少年榜样以及广大人民群众的少儿读物，让学生熟悉一串串闪光的名字，感受一个个高尚灵魂的人格魅力与精神力量。培养学生热爱中国共产党的思想感情并逐步形成正确的人生观和价值观。如介绍毛泽东、周恩来等老一辈无产阶级革命家的少年生活、革命生涯的故事，介绍岳飞、文天祥、董存瑞、邱少云、孔繁森、赖宁的事迹和业绩的故事等。

3. 选择歌颂社会主义建设辉煌成就，表现普通人真挚情感，反映社会、学校、家庭生活，健康而富有时代气息的少儿读物，培养他们珍爱今天幸福生活的情感，培养他们良好的爱心观念、公德意识和艰苦朴素、诚实勇敢、关心集体、团结友爱、坚韧顽强的精神品质。如反映时代生活的短小散文、学生习作等。

4. 选择表现世界各国人民爱和平、爱自由等美好情愫的少儿读物和中外名作，引导学生认识世界，热爱全人类共同的文明成果与精神遗产，陶冶爱美致善的情操。如《安徒生童话》、《格林童话》、《一千零一夜》、《万卡》、《汤姆·索亚历险记》等。

5. 选择介绍动植物、介绍生活物品等科学知识的少儿科技读物，加强学生对自然和生活的了解，引导其热爱大自然、热爱科学，并树立环境保护意识，从小具备严谨求实的科学精神，以适应未来社会的需要。如法布尔《昆虫的故事》、科普小品、浅显的科幻小说等。教师要对学生阅读作精心的指导，使他们在熏陶渐染中，体味只可意会不可言传的语言美感，使他们通过对生动优美语句的学习积累，逐步正确理解，灵活运用，从而促进儿童早期的语言和思维发展，提高其文学修养和思想素质，并热爱我们祖国的语言文字。

二　课外阅读荐读书目简介

鲁迅先生在《朝花夕拾》中写道："每看见小学生欢天喜地看着一本粗拙的《儿童世界》之类，另想到别国儿童用书的精美，自然要觉得中国儿童的可怜。"好在这一切早已成了黯淡的往事，自改革开放以来，儿童读物已越印越精美。而且，随着小学生课外阅读研究的逐步深化，已推出了不少质精量多、内容丰富、文字优美、思想深邃、情感炽烈的课外读物系列丛书。例如，为配合苏教版小学语文教材，由江苏省著名特级教师李吉林主编的《课外阅读课本》，以立足课内，迁移课外为原则，梯度明显，序列清楚，力求把课外自学和课内指导有机地结合起来。由上海文汇出版社推出的，金正扬主编的《小学生阅读精品》，根据各年龄段学生的特点，由浅入深，编成上、中、下三册，适应低、中、高各年级学生的需要，全书广收古今中外的名作名篇或当代的好作品，分为儿歌、儿童诗、寓言、童话、古诗、新诗、浅显文言文、故事、游记、散文等的阅读与欣赏，把指导与阅读有机结合在一起，颇具特色，受到了著名教育家于漪老师的充分肯定。由人民文学出版社推出的《献给孩子们——外国名作家为孩子们写的作品》一书，收录世界各国著名作家为儿童写的作品，包括小说和诗歌。书中有不少是从长篇小说、传世精品中摘录的有关儿童的部分，极大地丰富了课外阅读的选文范围。这一类课外阅读丛书，本身就经过了严格的筛选，认真的推敲和仔细的审订，具有较好的定质、定量与定向的控制性，也便于督促、指导、检查。

除此之外，可根据实际教学需要，灵活地选介小学生课外阅读书目。例如，可以将期刊列入课外阅读范围。因为期刊能及时传递各种最新的信息和知识，有涉及面广，时效性强，出版周期短的优点。可以结合课内学习内容，有计划地向学生推荐一些写法或内容与课文有关的儿童读物。可结合学校各项活动选择课外读物，如学校举办科学月，便可集中推荐《100 个科学家的故事》、《科学小实验》、《动物趣闻》、《地下宝藏》、《昆虫的故事》等，引导他们对科学产生浓厚的兴趣。还可以根据学生思想实际选择课外读物。针对一些学生粗心大意的缺点，可推荐《小马虎奇案》、《粗心的小画家》等书；针对一些学生不讲卫生的不良习惯，可推荐《邋遢大王历险记》，让学生联系自己，克服缺点。

下面附上小学生课外阅读荐读书目，供参考。

小学生课外阅读荐读书目

一、儿童文学类

1. 童话作品

稻草人（叶圣陶）

古代英雄的石像（叶圣陶）

严文井童话作品（严文井）
郑渊洁童话作品（郑渊洁）
一千零一夜（阿拉伯民间故事）
安徒生童话（［丹麦］安徒生）
格林童话（［德国］格林兄弟）
格列佛游记（［英国］斯威夫特）
列那狐的故事（法国民间故事）
快乐王子（［英国］王尔德）
木偶奇遇记（［意大利］科洛迪）

2. 寓言、故事
中国古代神话故事
先秦诸子寓言故事
成语故事
中国古代笑话故事
伊索寓言（［希腊］伊索）
拉·封丹寓言（［法国］拉·封丹）
克雷洛夫寓言（［俄国］克雷洛夫）
达·芬奇寓言（［意大利］达·芬奇）

3. 儿歌、儿童诗
袁鹰儿童诗选（袁鹰）
艾青诗选（艾青）
泰戈尔诗选（［印度］泰戈尔）
（单篇诗歌不计入）

二、中外名作类

1. 古诗
唐诗三百首
宋词一百首
陶渊明诗选

李白诗选
杜甫诗选
白居易诗选
苏轼诗选
陆游诗选
李清照诗选

2. 散文

寄小读者（冰心）
朝花夕拾（鲁迅）
海行杂记（巴金）
老舍散文选（老舍）
朱自清散文选（朱自清）
何其芳散文选（何其芳）
杨朔散文选
秦牧散文选
魏巍散文选
屠格涅夫散文选（［俄国］屠格涅夫）

3. 小说

三国演义（罗贯中）
水浒传（施耐庵）
西游记（吴承恩）
聊斋志异（蒲松龄）
呼兰河传（萧红）
呐喊、故事新编（鲁迅）
小英雄雨来（管桦）
红　岩（罗广斌、杨益言）
童年·在人间·我的大学（［苏联］高尔基）
钢铁是怎样炼成的（［苏联］奥斯特洛夫斯基）

万卡、变色龙（［俄国］契诃夫）
汤姆·索亚历险记（［美国］马克·吐温）
爱的教育（亚米契斯）
昆虫的故事（［法国］法布尔）
神秘岛（［法国］凡尔纳）
海底两万里（［法国］凡尔纳）

【思考题和练习题】

1. 确定课外阅读篇目的原则是什么？
2. 小学各年级的阅读要求分别有哪些？

第二节　课外阅读的指导

应当说，小学生课外阅读的序列控制与篇目的选定本身就是一种指导，本节重点探讨的是小学生课外阅读方法的指导与儿童文学、中外名作阅读指导的特殊性。

一　课外阅读方法的指导

阅读的方法很多，根据不同的阅读水平、阅读目的、阅读材料、阅读环境，应当选用不同的阅读方法。

第一，精读与略读相结合。

精读是按顺序一字不漏地对阅读材料仔细认读，小学生的精读不同于成人专题性研究性质的精读，主要指详细认真的阅读。精读的要旨是：熟读精思，深刻领会。熟读是精思的基础，古人有“读书百遍，其义自见”之说，它告诉我们，离开了熟读，就很难谈到对文章的深入理解。但是熟读，不是一遍遍的简单重复，而是要深入思考。因此，精思是精读的重要手段。熟读深思是为了“深刻领会”文章内容和形式，包括主旨、材料、结构、表达、语言等诸多要素。一般认为，不论什么文体的文章，只有从整体感知入手，才能进一步理解文章内容，从而做到“深刻领会”。因此，阅读中要树立“整体阅读”的观念。

略读，又称跳读或泛读。略读的要旨是：观其大略，择要吸收。“观其大略”据说是诸葛亮读书的经验，主要指对文意与脉络的大体了解，要求阅读者不咬文嚼字，“不求甚解”，只求全局把握。所谓“择要吸收”即根据自己的需要，从内容到形式，从字、词、句、段到篇章结构等各个不同的方面去选择、吸收。如果不能根据不同的文章给自己提出某些特定的要求，那么，这样的略读容易成为过眼烟云，收获是很有限的。

精读与略读是互为补充的，应在课外阅读中交叉运用，充分发挥两种阅读方法的优势。需要指出的是，过去我们的阅读重点往往落实在“写了什么”（文章的内容）上，不适当地强调了“深刻领悟”所读内容，却把语文学习的规律放在次要位置上。小学生对事物的认识理解毕竟有限，尤其对自身以外的社会事物更难身同感受，他们对课外阅读材料达到认知的程度已属不易。因此，教师不应过分要求他们刻骨铭心地“吃透”、“领悟”，应该着重指导学生去体会认识文章是“怎么写的”，“为什么这样写”，这对小学生学写作文是至关重要的，而我们的阅读指导却在“写了什么”上花费了太多的时间和精力。从接受美学的观点看，接受主体对文体的信息接纳，并没有统一尺度，应当是一种开放性的渐成系统。随着学生年龄的增长，阅历的丰富，他自然会用整个生命流程去不断“反刍”，不断消化，从而获得更新更深的理解与认识。

第二，朗读与背诵相结合。

针对小学生的身心特点、学习特点，应加强其课外阅读中的朗读训练。朗读，即有声阅读，是小学生最熟悉也最易掌握的一种读书形式，因为小学生学语文就是从学说话开始的。再加上小学生的课外阅读文章，大多数为文情并茂的短文，适宜朗读，易于背诵。所以，一定要摒弃课外阅读只能是无声阅读的陈见，让学生选择、朗读文章精品，“口诵心惟”，熟记成诵。俄国作家果戈理说：“像样地朗读一篇文学作品……需要同作者分享那充满他心灵的崇高感受，需要整个心灵去感受它的每一个词。这时，在朗读者的声音里会听出一种真实的内心激动。”可见，朗读其实是心声的共振，是情感的对流与共鸣。

实践证明，让学生背诵文章精品，大有好处。其一，这些文章是可以“发酵”的知识，它将成为学生以后阅读的参照，通过比较、鉴别，得以触类旁通；它还将成为学生写作的资本，通过模仿、摘抄、变通，融进构思，深入笔端，使文思泉涌。其二，这些文章提供了大量组合价值极高的知识零件。精妙的词语，优美的语句，独到的构思，甚至标点的用法，均是极好的借鉴。若孤立地学习，难见成效，只有共贮大脑，才能收到整体效应，获得迁移巧用的活力。

第三，摘录与评析相结合。

小学生课外阅读中，既要善读，也要善评；既要动脑，也要动手。可以采用摘录与评析相结合的方法，做到读记合一，读写合一，方能提高课外阅读效率。

摘录法，指对阅读材料中的好词佳句，精彩片断，进行分门别类的摘录。分类方法可因人而异，鼓励创新。摘录的具体做法包括：1. 摘抄，即在阅读札记上抄录原文精彩内容；2. 剪贴，即在阅读过程中，把自己需要的喜欢的内容剪下来，贴到阅读札记本上，这种方法多用于无多大保留价值的报纸和期刊；3. 制卡法，即根据阅读内容制成读书卡片，卡片上要写清题目、作者、类别、编号、出处及内容。这种方法难度较高，一般要求在高年级学生中进行。

评析法，指学生在阅读后，用日记、读后感、交流、演讲等形式对文章的内容、形式发表自己的见解、想法，也可以把自己不懂的地方或不理解的词句提出来。写好评析内容要注意两点：1. 评析内容中的“感点”来源于所读作品，话题宜单一明了，无需作面面俱到的分析；2. 评析内容一般用第一人称表达，要尽量说出自己独特的感受，切忌不加思索，人云亦云。

二　儿童文学阅读指导

儿童文学作品主要指在内容、形式上为少年儿童喜闻乐见，符合儿童思维特性、欣赏水平与审美趣味的童话、寓言、故事、儿童诗等多种文学样式。简单直接地说，儿童文学作品就是写给孩子们看的书，它是小学生课外阅读的主要内容，贯穿于从牙牙学语到小学高年级的全过程。所以，有必要进行分类指导，从而让学生真正读懂、读深、会读，培养其欣赏的趣味与眼光。

第一，童话阅读指导。

童话是少年儿童最早接触的文学体裁之一，具有很强的趣味性。其中神奇美妙的幻想、曲折离奇的情节、优美活泼的语言，很容易拨动少年儿童的心弦。因此，倍受小朋友们的青睐。

童话的阅读指导，主要在于指导学生认识了解童话的特点，学会阅读欣赏童话的基本方法。

首先，童话的一个显著特征是“人格化”。即通过比拟的手法，把非人的有生物、无生物以及抽象的思维、概念比拟成人，赋予其人的思想情感、言行举止。这样，整个世界都具有了泛生命化、泛人格化色彩，童话就像一枝神奇的魔杖，把大自然的一切物质都点化成了活生生的人。于是，叶圣陶先生笔下“古代英雄的石像”复活了，并展开了与基座石块们唇枪舌剑的争辩交锋；于是大灰狼可以在小白兔面前伪装成善良的老外婆了；于是安徒生笔下的美人鱼为了纯真的爱情，宁肯牺牲自己，最终化成了泡沫，却以生命凄美的绝唱震撼着一代又一代人的心灵……由此可见，人类的美与丑，灵与肉，真实与谎言，善良与邪恶，欺诈与忠诚，骄傲与谦逊，都随着人格化的过程，镌刻在童话情节与主题的内核中。

其次，童话具有想象性和夸张性。想象是童话之本，夸张是一种艺术的变形，没有想象和夸张就没有童话。没有想象，就没有张天翼的童话《宝葫芦的秘密》中那个会说话的、要什么就给什么的“宝葫芦”；没有想象，尼尔斯就无法骑着天鹅周游世界。而没有夸张，就没有孙悟空能翻十万八千里远的跟斗，就没有卡洛·科洛迪《木偶奇遇记》中，皮诺曹的那个又粗又长的大鼻子。至于安徒生童话《豌豆上的公主》中，那位公主睡在二十床垫子和二十床鸭绒被上，还觉得不舒服，只因为那下面有一粒豌豆，则更是一种极度的艺术夸张了。想象与夸张丰富了艺术的表现，展示了童话的魅力，它要求看童话也要和写童话一样，展开想象的翅膀，运用夸张的眼光，去欣赏童话绚丽多彩的迷人世界。

总之，童话作家所构筑的世界是变形的艺术世界，它所折射的是现实生活的斑斓色彩，所以阅读欣赏童话，应充分认识其审美教育目的，决不能生搬硬套地与现实生活“对号入座”，使童话的审美艺术价值庸俗化。

第二，寓言故事阅读指导。

寓言，是用假托的故事或自然物的拟人手法来说明某个道理或教训的文学作品，常具有讽刺或劝戒的性质。简言之，寓言就是寓意于言，即在具体形象的小故事中寄寓一定的生活道理。和童话相比，寓言并不是专门为适应儿童的特点而创作的，其欣赏对象也远远不止于少年儿童，所以对寓言中深刻道理的领悟和理解，是阅读欣赏寓言的主要目的。

首先,寓言也和童话一样,采用人格化的手法,赋予大自然的一切物质以人的生命、情感。伊索笔下吃不到葡萄说葡萄酸的狐狸,中国成语故事里那只跟在老虎后面“假虎威”的狐狸,都是世界寓言画廊中不朽的典型形象。可见,寓言是用生动有趣的形象来说明道理的,形象因道理而生辉,道理因形象而耐人寻味。

其次,寓言大都结构简单、短小精悍,不需像童话那样,充分展开故事情节,而是三言两语就能把讽刺的对象和本质充分地揭示出来,能将要说明的道理概括地表达出来。所以,阅读和欣赏寓言时,要注意以下三点:一要理清情节,把握故事的基本内容;二要思考寓意,弄懂故事的深刻道理;三要联系实际,指导自己的学习、生活。运用这种“阅读—明理—悟识致用”的阅读步骤,才能对寓言故事作真正完整的解读。

有人曾这样描绘寓言:

寓言是一个魔袋,袋子很小,却能从里面取出很多东西,甚至取出比袋子大得多的东西。

寓言是一个怪物,当它朝你走来的时候,分明是一个故事,生动活泼;而当它转身要走的时候,却突然变成了一个哲理,严肃认真。

寓言是一把钥匙,用巧妙的比喻做成。这把钥匙可以打开心灵之门,启发智慧,让思想活跃。

第三,儿童诗阅读指导。

诗歌凝炼集中地反映社会生活,表现思想感情,诗歌形式上比较自由,无论篇幅的大小、句子的长短,还是平仄声调,都不拘一格,节奏感强,音韵和谐,一般分行排列。儿童诗,顾名思义是表现儿童的思想感情,适宜于儿童欣赏的诗歌。小学生经常诵读诗歌,能受到浓郁诗情的强烈感染,对培养其健康向上的情感与高品位的艺术趣味是大有裨益的。

首先,要感受儿童诗中的艺术形象,体味诗美,从中领会诗中的思想感情。臧克家把“星星”写得那么美——“我爱听，/人家把星/叫作星星……他们是那么渺小，渺小得没有名字，/它们用自己的光圈，/告诉自己的存在。/仰起脸来，向着那白茫茫的银河，/一，二，三，你数，/呵，它们是那么多，那么多……”,是因为诗人赋予了每颗小星星高尚的情操。郭沫若笔下“天上的街市”那么美，同样是因为“街市”中寄寓了作者对幸福自由无限的神往。可见，诗中形象是思想感情的凝聚点，是一种积淀着诗情与哲理的特殊意象。

其次，要反复朗诵。在吟诵时，先要把握诗的节拍和韵律，注意体会诗歌的节奏美、音韵美和语言美。更重要的是要读出激情。诗人的思想感情，或喜欢，或忧伤；或愤怒，或悲哀；或思念,或憧憬;或赞扬,或谴责……无不倾泻在字里行间,所以要调动自己的情感,贴近诗人,融进诗境,真正做到有感情的朗读。

再次，要把握儿童诗活泼、清新、明快的特点，捕捉特殊的情趣。小学生阅读儿童诗，一定要用自己的生活体验、审美感知去品味，因为儿童诗的思想内容与情感是小学生们所熟悉的，只有以童心感悟童趣，才能更好地获得美的享受与熏陶。台湾儿童作家林良的小诗《蘑菇》就是一个纯真的童话王国：“蘑菇是/寂寞的小亭子。/只有雨天/青蛙才来躲雨。/晴天青蛙走了，/亭子里冷冷清清。”小学生如果不用自己的心灵去贴近，又怎能真切地理解那份令人回味无穷却又无法言传的妙趣呢?

三　中外名作阅读指导

小学生课外阅读书目中的中外名作是一个狭义的概念，主要指那些或涉及了儿童生活题材，或易于为儿童理解，或有必要让小学生接触了解的中外名作。具体指中国古典诗词、中外名家散文及小说等文学样式。也许以小学生的理解能力与认知水平，尚难把握这类作品，但这些文学长廊里的不朽精品、人类共同的艺术财富，必将不同程度地给广大小学生以美的熏陶，以思想的启蒙和精神品格的濡养。

第一，中国古典诗词阅读指导。

古典诗词是中华民族的文化瑰宝，唐诗宋词中的“灞桥柳色”、“汉家陵阙”、“晓风残月”、“枫桥渔火”、“寒江孤舟”……历经千百年的口传心诵，早已化为生生不息的永久意象，深深地积淀在中国人文化心理结构中，只需一次不经意的碰撞，所有的艺术触觉便被激活，而唐诗宋词的意境则跨越千载，潜滋暗长，充盈于审美的视线与心灵。因此，有必要用民族文化艺术的甘霖，润泽小学生语文学习的基壤，为他们形成良好的语文素养奠定蕴含深厚的基础。

首先，学生阅读欣赏古诗时，由于时代比较久远，需要了解古诗的时代背景，历史典故，对此，教师应作必要的指导、交代。只有知人论世，才能透彻地理解诗的意思和诗人的思想感情。例如，唐朝刘禹锡《乌衣巷》：“朱雀桥边野草花，乌衣巷口夕阳斜。旧时王谢堂前燕，飞入寻常百姓家。”其中的“朱雀桥”、“乌衣巷”、“王谢”都是需要介绍的历史背景与典故，如果没有背景知识，学生便无法领会“旧时王谢堂前燕，飞入寻常百姓家”所包含的诗人对昔盛今衰的人生浩叹。

其次，阅读欣赏诗歌的最佳方法就是反复朗读吟诵。不必要求小学生深刻领悟诗中的思想意蕴，而应“回到私塾”，让他们在读中感，在读中悟。俗话说得好：“熟读唐诗三百首，不会吟来也会吟。”熟读直至背诵的目的，在于整体感知，体味诗歌的韵致、情思和境界，追求那种“妙不可言”的模糊美学体验。像杜牧的“清明时节雨纷纷，路上行人欲断魂。借问酒家何处有，牧童遥指杏花村”，如果教师喋喋不休地分析讲解，问学生“行人为什么‘欲断魂’？牧童指的‘杏花村’在哪里？”那岂不是味同嚼蜡，把诗的一切空灵与美妙消解得荡然无存？所以，教师一定要让学生在反复诵读中，加强自身的艺术体验，千万不能越俎代庖。

再次，对古诗中古今意义不同的词和那些句式与现代汉语不一样的句子，要引导学生自己去查阅《古汉语常用字字典》或《辞源》。当然，古今词义和句式的差别，不是读几首诗就可以掌握的，只有多读才能逐步形成语感、掌握规律。

第二，中外散文名作阅读指导。

在文学的百花园里，散文有其独特的风姿和逸韵。散文按其描写的侧重点不同，一般可分为抒情散文、叙事散文。抒情散文还可根据描写对象的不同，分为写景散文、状物散文和游记散文。但不管哪种散文，其本质特征是一样的，那就是“形散而神不散”。所谓“形”是指散文的材料、形式；所谓“神”是指散文的思想感情。散文的材料就像一颗颗晶莹的珍珠，而思想感情则是连珠成串的红线。阅读欣赏散文，只有抓住不同类型的散文的特点，才能读出诗情画意，获得艺术的享受。

阅读写景、状物散文，主要以“景”“物”为突破口。先要把握景物的描写角度与总体特点，再深入体会景物描写的各种不同的美感，诸如动态美与静态美，优美与壮美，整体美与细节美，全面感受散文“横看成岭侧成峰，远近高低各不同”的意境美，最后，最重要是体味作者如何借景抒情，做到情景交融的。例如冰心的散文《卢沟桥的狮子》，作者把“卢沟桥的狮子”置于中国历史演变的大背景中，置于“卢沟桥事变”的浓重烟云中，这样，自然的景物便被赋予了悲壮的色彩，小小的石狮子便浓缩了历史的沧桑与炮火的烽烟，成为作者探古问今的情感爆发点。可见，散文中的景已包孕了浓郁的情，诚如王国维所说：“一切景语皆情语。”

阅读、欣赏游记散文，先要理清游踪。所谓游踪，就是作品中记游的具体游程。理清了游踪，也就理清了写作的顺序和文章的条理。阅读时，需弄清哪些句子是总揽全貌、概括描写的，哪些句子是局部展现细致描绘的，哪些是描写的重点，观察点又是怎样变化的，方位、角度又有哪些特点。这对提高学生的观察能力、描写能力与组材、结构文章的能力是很有帮助的。欣赏游记更重要的是把握游记的感想，这常是文章的点睛之笔，也是中国古代游记的传统。因为大自然的灵山秀水、风花雪月最容易点燃艺术家的双眸，最能激发他们的生命情怀。

叙事散文是通过描述事情，表达思想感情的。因此，阅读欣赏时首先要理清事情的发展变化过程。注意文章选择了哪些材料，这些材料是怎么安排的，这样就可以跟踪追迹，顺藤摸瓜，从而理清在构思时的思维轨迹和思想感情的发展流程。同时，事与人是不可分的，人永远是事件的动作执行者。所以，还要学会分析人物形象，理解人物之间的关系和人物的思想性格特点，进而理解作者所寄寓的情感，理解文章的思想含义。

总之，散文真切生动的描写、优美清新的语言、饱满的情感、深刻的意境，一定能深深打动学生。教师要善于引导学生多读、多思，摘录、剪贴文中的妙词佳句、精彩语段，吸纳充足丰厚的文学养料，从而全面提高读写水平。

第三，中外小说名作阅读指导。

小说是一种通过人物、情节和环境的具体描写来反映现实生活的文学体裁。塑造有血有肉的人物形象是小说的主要使命。人们记住小说，首先记住的便是小说中的人物。小学生阅读小说是有难度的，主要由于阅历少、生活底子薄。因此，指导时应不求其圆通深悟，而应要求他们像阅读“故事”一样，去接触、了解小说中人物的外貌、语言、动作、心理和情节的发展变化，以求有所理解，有所感悟。

首先要让学生懂得小说中的人物形象具有典型性，既有人物的个性也具有一定的代表性。契诃夫小说《变色龙》中奥楚蔑洛夫不断地穿大衣、脱大衣的细节是独特的，只有奥楚蔑洛夫这个人才有，这就是人物独特而鲜明的个性，但他欺下媚上、见风使舵的丑恶嘴脸却是沙皇专制下统治阶级的爪牙所共有的，因此这一形象又具有普遍的代表性。另外，人物有什么样的性格，就有什么样的语言、动作和心理。同样是奥楚蔑洛夫，尽管他竭力掩饰着他的反复无常，但穿脱大衣的丑态，只能使他更令人厌恶与愤恨。教师要指导学生懂得，人们的言行是人物性格的外征。

其次，要指导学生基本理清小说情节发展的脉络，能按照开端、发展、高潮、结局的顺序，把握故事的基本内容。还要懂得小说的情节是虚构的，但情节是人物性格的发展史，情节的设计要有助于表现人物性格，表现主题思想。契诃夫笔下的只有九岁的万卡倍受凌侮，他写了一封向爷爷求救的信，可地址却是“寄交乡下老爷爷收”，这是一封多么让同情小万卡的人牵肠挂肚的信啊！作者对社会强烈的控诉与对弱小者的同情，不正通过这一绝妙的情节表现得淋漓尽致吗？

再次，要引导学生了解小说中的环境、背景等。教师要概略地给学生介绍创作背景与小说本身的社会背景，让学生认识到环境决定并影响人的性格，从而加深对思想主题的认识与理解。

总之，对中外名作阅读指导的目的，在于让学生通过接触，了解名家名作，能够逐步喜爱阅读这些作品。学生对中外名作的阅读是一个长期的过程，决不可急功近利。应把中外名作作为开放的文本，努力使学生养成良好的阅读习惯与终身阅读意识。这才能体现阅读指导的真正价值。

【思考题和练习题】

1. 精读和略读的要旨分别是什么？为什么要采用精读与略读相结合的阅读方法?.

2. 为什么小学生课外阅读必须采用朗读与背诵相结合的阅读方法?

3. 童话的特征是什么? 学生阅读童话要注意哪些方面?

第三节 仿 作

仿作是学生从接触、感知、读解作品过渡到学会写作的重要环节。所谓仿作就是根据一定的写作要求和目的，摹仿范文，进行再创造的一种写作训练。

瑞士儿童心理学家皮亚杰指出：对于孩子来说，从他一来到这个世界，他的一举一动无不“都是以模仿为基础”，正是这种模仿，才成为日后形成思维的准备，“从而使他们的表象能力逐渐得到增强”。孩子是通过自身的个体同化（A），接纳外部的刺激（S），并积累、储存于心理认知图式（T）中，才能对刺激作出反应（R）的。联系作文训练来看，小学生学习写作不是靠写作知识灌输的单一刺激，而是靠模仿、积累逐步建构一定的作文图式，然后才逐步学会写作的。所以说，写作是经验型的，而不是知识型的，小学生学会写作的主要途径是模仿性操练，即仿作训练。皮亚杰建构的学说为仿作训练提供了充足的理论依据，也充分肯定了学生学习写作的主体作用。

一 仿作目的和指导要求

仿作的目的不是亦步亦趋的机械模仿，不是邯郸学步与东施效颦，而是为了在模仿的过程中，逐步将别人的妙思佳构内化为自身的写作图式与写作能力，是为了在模仿中学会创造。从这个意义上讲，仿作实质上是一种创作。美国当代心理学家班图拉指出：“由于示范作用传统概念上主要限于反应的摹拟，示范作用一直被看作为创新的对立面。与这个普遍的信念相反，通过示范作用的过程也可以创新。示范作用在几个方面可促进创造性发展。正像我们曾经看到的那样，示范作用可以给创新提供认知和行为的工具。……此外，示范作用通过把原有成分创造性综合和培养非传统性，直接促进了新风格的产生。”可见，示范性的例文不但为仿作提供了可供仿效的模态，而且提供了认知和行为的工具——即接触、了解、熟悉作文形态，并实施独立写作活动的条件。可以形象地说，对于初学写作的小学生，仿作训练是在他们蹒跚学步时的一种必要的、有力的搀扶和支撑，是他们走向作文成功之路时，不可或缺的拐杖、路标和推进器。模仿是一个支点，谁能说，它撬起的不是一个绚丽多彩的作文创新世界？

根据仿作的目的和意义,我们可以确立仿作训练的指导要求。

第一，要设立明确的仿作训练目标。

仿作训练目标应当具有系统性与连续性。既要有整体训练总目标、阶段性训练目标与分类目标，也要有每一次仿作训练的子目标，实行目标定向控制，建立完整的仿作训练目标体系。

具体操作程序如下：1. 制订目标计划，研究阶段性每一次仿作具体目标；2. 了解掌握学生实际写作能力与水平；3. 根据计划，进行第一次仿作训练；4. 总结得失，根据计划和第一次训练情况，调整并进行第二天次仿作训练，以此类推；5. 阶段性检查评估，确立是否达成训练目标；6. 对已达和未达目标部分，分别找出原因；7. 根据原因制订巩固和补救措施；8. 将经过补救仍遗留的问题转入下一管理程序循环管理。对于小学生来说，仿作训练的阶段性差异比较明显，主要表现在低幼年级与高年级的差异上，这就要求教师必须重视目标的梯度与连续，重视目标的达成与否和衔接是否正常等问题。

阶段性训练目标一般可分解为若干分类目标。例如，三年级的作文教学分类目标可这样设计：

仿写目标	目标的具体内容
1. 写作要素	有时间、地点、人物、事件、结果。
2. 词汇的应用	会使用名词、动词、形容词、重叠词、象声词、成语。
3. 修辞手法的运用	会用比喻、排比。
4. 结构手法	有顺序，会描写，有开头和结尾。
5. 标点符号	1. 正确使用逗号、句号、问号、感叹号； 2. 学习使用冒号、引号、顿号。

从具体的训练目标的类型上看，有单一目标，如要素目标，即要求学生根据范例提供的要素，交代清楚诸如时间、地点、人物、行为等；语序目标，即围绕一个话题，合理安排语序，做到衔接自然，重点突出；还有结构目标、语言目标、思想内容目标、艺术手法目标等。综合目标，则往往是单一目标的几项组合。采用单一目标或综合目标，一定要以阶段性目标和总目标为参照，一定要符合学生的年龄特点、认知能力和写作水平。

第二，要选用典范的仿作例文。

首先，仿作例文要有助于达成训练目标。

如果是单一目标的训练，例文的标准就主要在于取其"一技之长"，在文质俱佳的基础上，或以结构为佳，或因语言显优，或以立意深刻见长，皆有供模仿、借鉴的示范价值。如果是综合目标训练，对例文的要求就更高了。

其次，仿作例文要取之于学生，用之于学生。力求做到仿作例文从学生中来，再展示并输送到学生中去。要让学生对例文产生亲切和认同感，感到例文并不神秘，也并非遥不可及，只是比自身的写作水平"略胜一筹"，从而激发他们写好仿作的欲望与强烈的竞争意识。心理学家柯里认为："如果一个人看不到自己的价值只看到自己的不足，什么都不如别人，处处低人一等，就会丧失信心，缺乏积极性。”所以充分发挥仿作训练中的激励功能甚至对学生的人生，也会产生一定的影响。

再次，仿作训练的内容要不拘一格，富有童趣。童话、寓言、歌谣、谜语等都可以。例文，引导学生进行仿、改、议、写。例如，有位老师出示了一则谜语——“长长的身子，细细的肠子，帮你画画写字，长子变成矮子。(打一文化用品)”学生们非常感兴趣，在老师的启发指导下，不但猜出了谜底，还完成了一则谜语的仿作——“白白的衣服，圆圆的身体，帮助老师写黑板，粉身碎骨成粉末。(打一文化用品)”可见，学龄儿童具有较强的模仿能力，而充满乐趣的仿作训练内容，更容易激发他们创作的冲动与热情。因为思维总是从疑问与惊奇开始的，而兴趣则是心理活动的倾向，是学习的内在动力，是开发智力的钥匙。

第三，要提出具体的仿作训练要求。

如果说训练的目标体系的建立是从宏观着眼的，其目的在于实现仿作的全程目标控制，那么，围绕每一次的训练要求则是对控制系统中子目标的分解与落实。训练要求要具体明确，可从仿写的材料准备，仿写的内容、形式，以及仿写需要达成的主要目标等方面，分条目提出限制要求。为了使学生理解仿写的目标和要求，还需对要求内容作必要的提示与指导。试举一例：

【仿写题目】我喜爱________

【仿写要求】

1. 要在横线上填上一种动物名字。

2. 细致观察这种动物，以它的生活习性为中心，把看到的、听别人介绍的情况具体写下来。

3. 学会合理安排记叙线索。

【仿写指导】

1. 作文前，首先要细致地观察，积累丰富的材料，一般要观察静态和动态两个方面。例如一条狗，静态是它的大小，形状、毛色、头、身子、脚、眼睛、耳朵、尾巴等。动态，则是它怎样吃食、睡觉、帮主人看家等。

2. 以写动物的生活习性为中心。生活习性就是动物在长期生活中所养成的习惯，性情。如吃什么，怎么吃，住什么，怎么住，怎么玩耍，怎么哺育等情况。

3. 在观察的基础上要认真构思，包括写这种动物突出它的什么特点，给人哪些方面的启迪。材料如何安排，是按观察的先后顺序写呢，还是从生活习性的几个方面去写，或者把这两个方面交叉起来写。此外，为了把动物描绘得形象具体，要想想哪些地方可以采用比喻、拟人、夸张等修辞手法。

4. 阅读下面两个片断，看看哪个抓住了“猫”的生活习性。

①今天，我碰到了一件有趣的事。那是中午，妈妈买了几条鱼回家，我家的猫馋得一会儿抓抓，一会儿围着转。下午，妈妈杀鱼，猫倒好，竟把鱼鳞、鱼头、鱼肠吃得一干二净。过了一会儿，猫站在桌子上，突然呕吐起来，害得我们又是打扫，又是拖地板。

我看着它那副惨样，轻轻地打了它一下，又抚摸着它的头，指着它的鼻子说：“小馋猫，谁让你吃生的东西啦！”

“喵呜！”……

②我家有一只小花猫，我真喜欢它，每天放学回家，我都殷勤地给它剁菜帮子做“饭”，它吃得津津有味，还望着我，好像说：“谢谢你，小主人！”

5. 阅读下面两篇文章，思考：作者以什么为线索来写的？写了小鸡的哪些生活习性？小狗的哪些生活习性？文章中表达了作者什么感情？（两篇例文略）

以上的仿作训练设计精心，要求具体，指导详尽。“仿写要求”共三点，既限制了仿写内容——“一种动物”，明确了作前准备——“观察这种动物”，写作重点——“生活习性”，记叙要求——“具体写下来”，而且突出了训练的重要目标——“合理安排记叙的线索”。可谓简明具体，让人一目了然。“仿作指导”则对“仿写要求”中的明示信息作了具体详尽的说明，其中对动物的“生活习性”还作了辨析比较的指导，从而保证了对仿作训练目标的控制与目标的达成。

二　仿作训练序列及示例

为了克服仿作训练中的随意性和盲目性，针对不同年级学生的认知特点和实际写作水平，可把小学生仿作训练分为四个阶段：

第一阶段，一年级从仿说一句完整的话，到说一段完整的话。

尽管说话不是严格意义上的写作，但写作其实就是用笔“说话”，而说话则是用口“写作”，所以，仿作的训练可从仿说开始。儿童心理发展的研究表明，一般三岁至八岁期间是儿童的智力和语言发展的最佳期。一、二年级学生正处于这个最佳期的最后年龄段。其智力潜力、语言潜力很大，因此，仿说训练就要以发展思维和语言为中心，以观察为基础，着重训练智力技能，培养口头和书面表达能力。例如，可先让学生观察两三幅图画，再出示对一幅图画的解说——“阿姨在街上扫地”，然后提出说话要求——看图，照样子说完整的话，要说清楚谁？在哪儿？干什么？对于低年级的学生，说话要求要明确、具体、简单，要让他们能根据示范，讲清要点，且语序正确、通顺。经过一段时间的训练，可让学生根据图画、提示和要求，仿说一段完整的话。例如，先出示一段同学之间打电话的对话，再问“这是谁给谁打电话？他们讲了什么事？”然后提出仿说要求——同座两人学打电话，并表演给同学看。出示对话与仿写之间的“问”，目的在于让学生分清打电话的对象，理清对话的基本内容，从而顺利过渡到对一段话的仿说。随着仿说训练的逐步深入，仿说要求可逐步提高。总之，说话训练最重要的是抓两条：一条是言之有物，一条是言之有序，即说话要有具体内容，说话要有次序。

第二阶段，二、三年级从记录口语，借助现在的材料写话到自己根据示范收集材料写话。

例如，可进行句子的分写和合写形式练习，这一阶段的仿写仍然应以图画为基础，教师可根据画面出示范例——将“微波炉和电饭锅都是现代化的炊事用具”分解为“微波炉是现代化的炊事用具”和“电饭锅是现代化的炊事用具”两句，再要求模仿范例，分解“书橱和写字台都是家具”一句。

还可引导学生在现在的寓言中展开更换人物、角色的讨论。比如让学生讲述他们所熟悉的《龟兔赛跑》的故事，然后启发他们，能不能把这两种动物置换成别的动物，最初学生往往会“依葫芦画瓢”，硬性置换，结果有点牛头不对马嘴。这时，教师应指导他们把自己模仿的作品中不对的地方找出来，并加以纠正。经过讨论，他们会发现：一旦人物变了，故事的细节也应该变化。在这基础上,再要求学生把换了角色的新的故事写出来。这样,学生就在不知不觉中把模仿中的变化学到了手。教师还可尽可能多地利用现在的材料,启发学生加深对模仿与变化的理解,然后再尝试讨论改写《龟兔第二次赛跑》、《龟兔第三次赛跑》等。

第三阶段，四年级进行段的仿写，侧重练好片断作文。

四年级的仿段训练是至关重要的一步，它是小学生从仿说、写话到逐步有中心、有条理地记述人或事，获得连段成篇能力之间的中介、桥梁。教师除了提出仿写的要求外，还需给学生传授一些段的基本知识，如段落是构成文章的基础单元，段落应有一个明确的中心意思，要能有条理、分步骤地进行记叙，片断作文更是全篇作文的浓缩，等等。

第四阶段，五、六年级，进行篇的仿写训练。

连句成段是对低年级仿说的训练要求，这是口头语言向书面语言过渡的基础。连段成篇则是仿作的主要目的，也是高年级作文的主要任务。随着学生识字量的增多，语言表达能力的提高，作文知识的丰富和视野不断扩大，认知领域不断拓宽，学生从简单的连句成段到连段成篇的心理能力逐渐成熟，从低年级对事物简单认识的口述到内容丰富、重点突出、主题鲜明的作文能力也逐渐成熟。在心理能力和作文能力趋向成熟的仿作训练期，仍然像低年级仿说训练一样，需要有一个系统、科学的整体设计，使学生顺应自己的心理发展定势，在整个训练过程中像“滚雪球”那样，由小（连句成段）变大（连段成篇），因此，要注意目标设定的分类化，专题化，从而使仿写训练在广度、深度上形成多维突破。如记事方面：先是同学之间的事、父母之间的事、师生之间的事，然后是学校里的事、家庭里的事、社会上的事，最后是难忘的事、有意义的事等。这样，使学生随着自己认知范围的扩大和视野的拓展不断地满足心理欲望，学生不仅作文兴趣盎然，而且作文能力也不断提高。

【仿作例文】

我爱吊兰

有人喜欢娇艳的牡丹，有人喜欢芬芳的茉莉，有人喜欢优雅的菊花。而我呢，则喜欢那奇特的吊兰。

我爱吊兰飘逸纷披的形态美。远看，它像节日礼花一样，飞花碎玉般向下飞溅；又似吊灯放射出来的缕缕绿色光芒。近看，它像绿色的喷泉，一片片叶子就像从喷泉里喷出来的水柱，向四面八方飞撒。微风轻轻地一吹，那悬挂在大吊兰四周的小吊兰，就像飘荡着许多绿色的小秋千。

我爱吊兰颜色鲜艳美丽，它的叶子的颜色与众不同，叶子的中间是碧绿的，就像一块细而长的翡翠，叶子两边的颜色却是白色的，像给翡翠镶了两道白玉。绿白相间非常好看，非常奇特。

我爱小吊兰活泼的特点。一株株小吊兰从母体上使劲地往下长，总想挣脱吊兰妈妈的手，到大地上，自由自在地生长。而吊兰妈妈总不放心地紧紧地拉住小吊兰。因为小吊兰还小，吊兰妈妈不放心小吊兰离开自己去独立生活。大吊兰与小吊兰的这种联系，多么像父母抚育孩子，老师教育学生的亲密关系啊！

我爱吊兰的爱，爱吊兰叶子奇特，更爱小吊兰的性格。

我多么想自己也成为一盆小吊兰啊！

【仿作要求】

1. 选择一件你最喜爱的事物，写一篇记叙文。
2. 要抓住事物的特点，展开丰富的想象。
3. 注意层次清楚，语句通顺连贯。

【仿作】

我爱蝴蝶花

我家有一盆蝴蝶花，它没有牡丹那样惹人，也没有玫瑰那样芳香，但它有一种朴素的自然美，所以我非常喜欢它。

从远处看，它既像一个绿色的小宝塔上面点缀着粉色的花，又像半撑开的伞。

从近处看，蝴蝶花的杆离根部最近的一截是黑红色的，再往上一点儿就成了红中带绿的了，中间一段绿中带红，上端呢？全是绿色的了。茎从底部到顶部都是透明的，像水晶，那嫩的程度就像里面灌满了水，用手捏，水就会流出来似的。

花的枝条在茎的四周，枝条与枝条之间的距离大约 2 到 3 厘米，每个枝条都婀娜多姿，叫人喜爱。

花枝交错有序地排列在那婀娜多姿的枝条上，片片翠绿欲滴，大小形状跟桃叶差不多，不同的是叶边呈锯齿形。

我喜欢蝴蝶花，它的花有未开放的，有将要开放的，有已经开放的，还有谢了的。开放的，像一个个小毛桃，颜色呢？也和小毛桃一样；将要开放的，尖上仍是绿色的，下面却稍有一点点红色的了，还从底部翘出一个“小尾巴”；马上要开放的，就会成粉红色的了，下面的尾巴也更长了；开放了的，朵朵争芳斗艳，都是两片花瓣，真像蝴蝶的翅膀，后面的小尾巴真像蝴蝶的触角，怪不得人们把它叫做“蝴蝶花”；谢了的花，都长出一个小果实，每个果实都有黄豆那样大，颜色是绿色的，老一点儿就是黄的了，成熟以后就成了黄黑色的了。

看着蝴蝶花,不由使人联想到我们的老师,他们不正和蝴蝶花的茎和根一样吗？蝴蝶花的枝、叶、花,没有茎、根的输送养料和水分就不能活,我们没有老师的培育,就不能成长,为祖国出力。

【仿作解说】

本文作者对蝴蝶花的观察不仅细致，而且有序，作者在描写时既写了远看，又写了近看，既注意了色彩，又注意了动静态，特别对花的描写，既写了未开的，又写了开放的，在写开放的花时，又注意了各种姿态，描写时比喻贴切恰当，让人深受感染，篇末的联想又使主题更加深远，读后让人回味无穷。较好地达到了仿作要求。

三　仿作训练的操作原则

从模仿开始到独立说话和作文是一个循序渐进的过程，也是一个心理发展的动态过程。这个过程在动态动作中，会诱发学生内在的动因，使他们在原有的作文水平上不断引起“逐级而上”的新的需要，从而促进儿童作文的心理发展与能力发展。因此，在仿作训练的目标设定与序列展开的过程中，要遵循从易到难，仿导结合，全程训练的原则。

从说话、写话到写完整的作文是一个从易到难的全程训练。如果从全程来分析难易，应该是“说”的容易“作”的难。具体到说话教学，用词造句容易，连句成段难；作文教学，连句成段容易，连段成篇难。为了“由易到难”的“难度”适中、适度，可将教学中的难点分布在全程训练中。（一）按句、段、篇，从易到难。万丈高楼是由一块块砖垒起来的，一篇文章是由一句话一句话组成的。“一句话”就是作文的基本单位。从一年级进行说一句完整的话起步，发展到用一句完整的话说一件事，继而发展到用几句话、一段话说一件事或一个人，然后要求学生写某一事物片断或一个人的某种品质，最后使学生写成篇的文章。(二)按作文内容，从易到难。无论是说话、写话，还是作文，学生写亲人容易写别人难，写熟人容易写“可爱的人”、“敬佩的人”难；因为写“可爱的人”和“敬佩的人”在选取材料上受限制，而且要有鲜明的主题。在写景状物方面，学生写静物容易写动物难，写身临其“景”容易写联想景物难，写小的场景容易写大的场景难。在按照这个难易程度设计训练方案的同时，应给学生观察的机会，组织学生进行实际观察，使学生有“物”可写。(三)按作文技巧，从易到难。作文技巧包括描写、抒情、开头、结尾、过渡、照应，还包括结构形式，表达方法。在用词造句说话教学中，以按观察顺序口述为主进行训练，连句成段的教学开始学习作文简单技巧的运用，连段成篇的教学学会部分技巧，完整的作文教学使学生熟练地运用常见的技巧，使作文技巧教学从易到难，渗透作文教学的全过程。

【思考题和练习题】

1. 仿作的目的是什么？为什么说“示范”不是“创新”的对立面？请

举例说明。

2. 仿作训练的具体指导要求是什么?

3. 仿作训练的操作原则是什么?

第四节　日记和周记

日记是生活的记录，把自己一天中比较有意义的见闻、行为、感想记录下来，这就是日记。同样将一周之内的重要事件与感想，采用点面结合的手法，有选择地记录下来，就是周记。

一　日记的特点

日记是我们表达自己思想感情和生活态度的最好方式，日记是自己和自己最亲切、最真实的谈话，是人的心灵的成长实录，也是课外长期自由练笔的最好形式。

写日记贵在坚持。俄国伟大作家、世界短篇小说大师契诃夫坚持用日记写下他所看到的社会各阶层人物的外貌、谈吐、动作、行为，记下城市的建筑、乡村的风光，记下一个个绝妙的比喻，一个个瞬息闪过的构思，甚至一句俗话、一句骂人的话，这样日积月累，不仅为他的小说创作提供了大量鲜活生动的素材，就连积累而成的《契诃夫手记》也成了世界文学的精品。《穷人》的作者、大文豪列夫·托尔斯泰从 19 岁开始写日记，笔录不辍，直至 82 岁离开人世；鲁迅先生坚持写了 25 年日记；著名科学家竺可桢一生写下气象学、地理学方面的日记约 830 万字；而伟大的共产主义战士雷锋的日记，则更是家喻户晓。

日记的内容很广泛，可以写人、记事、状物、议论。可以是对生活的娓娓叙述；可以是对友情亲情的脉脉倾吐；可以是对美好未来的执著追求和成长历程的大胆袒露；也可以是对社会现象的坦诚直言和深刻反思。可以是一瞥所见，可以是一个念头，一个场景，一个微妙的心理变化。总之，生活的范围、思想的范围，就是日记的范围，日记的外延与生活的外延相等。

日记的体式很自由，除了一般记人记事外，也可以写读后感、观后感、格言、警句、趣闻等，甚至可以写成难以标注文体的“四不象”，篇幅亦可长可短，可长至洋洋千言，亦可短到一句话，因为，任何文体的限制、形式的规定、篇幅的要求都是对自我交谈的束缚，都是对生命情愫无拘无束自由宣泄的抑制。

日记当然也有一些约定俗成的格式与要求。一般第一行写明日期：××年×月×日。星期×。然后写明天气情况：晴或阴、雨等，再另起一行写正文。小学生日记是一篇篇各自独立的短文，也应该有一个开头和结尾，有中心思想，要写得生动形象，富有感染力，不要把日记记成“流水帐”。

二　日记的指导

从本质上说，写日记是一种纯个人行为的写作活动。但小学生处于开始学习写作的时期，有必要了解日记的一般写作常识，尤其要写出有质量、有水准的日记佳作，更需要进行指导。随着时代的发展，很多学校提倡学生写日记，不少语文教师还把每周几篇日记规定为作业。于是日记从“隐秘”走向公开，这既是日记这种文体的新发展，也为教师进行日记写作指导，提供了便利条件。

指导学生写日记，可从两方面进行：

第一，指导学生学会观察。

观察是人们在自然条件下运用感官和借助某些科学仪器对自然现象、社会现象进行考察的一种方法。学写日记首先要学会观察。只有观察，才能对人的外貌、动作、谈吐等有鲜明的印象，才能抓住人物的特点，把这个人与那个人区别开。只有观察，才能发现松树虽四季常青，但在不同的季节也发生着不同的变化，才能发现一片孤零的落叶中竟包孕着浓浓的秋意；只有观察，才能破译月亮的低语和星星的秘密……也因为观察，大观园中的众多女性、水泊梁山上的壮士男儿，才能栩栩如生，而又性情各异。诚如明代金圣叹所言："施耐庵以一心所道，而一百八人各自为妙者，无他，十年格物而一朝物格，斯有一笔而写有千万人，固不以为难也。"

那么，应怎样进行观察呢？

首先，观察要准确完整。留心处处皆学问。大自然一草一木，花鸟虫鱼的变化纷繁复杂，一定要以科学的观察眼光认真审视，来不得半点想当然。法国生物学家法布尔常常把昆虫捉到床头观察，有时整整一个上午趴在地上观察，依然兴味盎然，最终他在长达三十多年的观察后，推出了皇皇十卷巨著《昆虫的故事》，产生了巨大的轰动。

其次，观察要全面细致。所谓全面，指既要作不同距离、不同角度的观察，又要作不同季节、不同天候的观察，还要把观察对象放到它所处的背景中与其他事物联系起来观察。郭熙、郭思《林泉高致·山水训》云："真山水之川谷，远望之以取其势，近看之以取其质；真山水之云气，四时不同：春融恬，夏蓊郁，秋疏薄，冬黯淡。"便是观察全面细致的典范。

再次，观察要注入情感。缺少情感的观察会把活物变成"死"物，如果加强了情感活动，所观察的"死"物也会"活"起来：一本平放的书，会"安详地躺在书桌上"，而一轮弯月，也可能是"变瘦了，背驼了的月亮妈妈"，"是不是她的星星孩子太多了，让她辛苦得累弯了腰？"可见，情感使观察的事物活跃起来了，充满了趣味与发现。正如罗丹所说："对于我们的眼睛，不是缺少美，而是缺少发现。"情感往往使观察的视线里融进美的因子、美的活力。

第二，指导学生学会思考。

日记有一对翅膀，一翼是观察，一翼是思考。日记不是见闻、行为的冷面记录，必须记录下情感的波澜与思想的脉动。“草丛里一闪一闪的，那是什么？啊，是萤火虫。它打着灯笼在找什么呢？”——这是纯真的思考，稚气但不乏诗意；“白粉蝶为什么会追逐白纸片儿呢？”——这是科学的思考，认真中贮满了好奇；元旦这一天，做完妈妈出的 20 道数学题，爸爸又让写一篇日记，题目是《快乐的元旦》，可是，“这元旦能快乐吗？”——这是情感的思考，苦闷中包含着期待；小刚的妈妈下岗了，在街头摆起了馄饨摊，小刚每天一放学就去帮妈妈。这是小刚勤劳、爱母亲的体现，还是一个学生弃学挣钱的故事的开始？——这是理性的思考，追问、疑窦的背后是沉甸甸的社会与人生的重量。由此可见，尽管思考的层次深浅不同，但思考的价值是一致的，其目的便在于追问、贴近生活的本质内核，在于探索、发掘生活的科学价值与审美价值。

思考还意味着一种选择。一天的感触可能不少，但只有感受最深、思考最多的才应当作为最佳的材料，走进当天的日记。

那么，学会思考究竟有哪些要求呢？

首先，思考要具有真诚的品格。写日记的第一要著，便是自然、真实。日记反对编造与虚构。只有以真实的生活见闻为基础，才能有真诚的思考。反之，一味编造好人好事，为思考而思考，哪怕思考显得很深刻，很有穿透力，也是毫无价值的，因为这种貌似深刻的思考建立在“空中楼阁”之上。从另一个角度看，只有进行真诚、认真的思考，才能从芜杂的生活表象中，发现有思考价值的材料，也才能使材料与感受珠联璧合，相映生辉。

其次，思考要有利于身心发展。思考的视线应瞄准对自己的思考、学习和生活有帮助的材料。日记是生活与心灵的真实载录，更是一个人在思想、学习、生活上不断进步发展的坐标轴。一篇篇日记就是一颗颗璀灿的星星，它汇成了人的生命星河。每一篇日记中的思考，都应当是对个体生活中情感、思考、认识的一次添加，一次积累，一次碰撞。只有这样，才能真正体现思考的价值和意义。当然，思考的层面与深度应因人因事因物而异，不唯其深，但求其真。不过，随着年龄增大，人生阅历与经验日渐丰富，每一个学生应把有个性、有深度、有创见的思考作为自己努力追求的写作目标。

三　周记的特点及指导

以上介绍了日记的特点及指导要求，这里简要谈一谈周记的特点及指导要求。

周记与日记的特点基本相同，只是周记所要记录的时间跨度比较长，所选材料也往往不是一则。内容比较丰富，篇幅也相对长一些。尽管如此，周记也要有明确的中心，最忌见闻、事件不加取舍地一一罗列，写成冗长的流水帐。

周记可以由几篇统属于同一话题的日记连缀而成，可以围绕一个中心展开材料，当然，也可以就某一人、事件或活动，记录感受，发表看法。

周记与日记的写作指导要求基本相同，观察与思考同样是写好周记的双翼。只是写好周记，对选材、组材以及明确中心、表达感受的要求更高，写作也更有难度。

四　日记与周记的分类及示例

由于日记与周记的内容丰富、形式自由，所以根据材料的类型和写作目的的区别，可把日记与周记分为写人、记事、写景、状物、感想等几类。下面出示几篇范文，以供体味、揣摩。

1. 写人日记

【范文】

小小的我

9月25日　　星期二　　晴

今天是我的生日，我来向大家介绍一个“小小的我”。从小到大，许多人认为我很文静、不爱动。可我心里却很明白，我的的确确是一个爱闹的疯小子，还有过不少“光辉业绩”：踢球出馊主意，踢破了玻璃；为了点火，烧光了一盒火柴；曾经因上房偷风筝挨了骂；上树偷桃子不慎跌破了头……许多人看后会不相信，可这却是真实的我。

我爱笑，许多件别人不足为笑的小事都会引起我的捧腹大笑。在家，爸、妈饭桌上的任何话题都可能引出我的“狂笑”，相声、小品更会使我笑得喘不过气来。在学校，老师、同学的一言一行都可能使我大笑不已。为此，妈妈曾训过我，可我无法改掉我的天性。

我也爱哭，任何一个小小的委屈和批评都会引出我的眼泪。也许是我常常哭的缘故，我的感情可丰富了；经常看书看到感人的情节便泪流满面。妈妈也为此训骂过我，我爱哭的毛病改掉了一些，可重感情的性格却无法改掉。这就是我，一个爱哭、爱笑又爱闹的我。我的缺点很多，但优点也不少，如不甘人后，还肯动脑筋，自控能力也比较强等等，这就是真实的我，小小的我。

希望大家都能了解我，成为我真诚的朋友。

【范文解说】

题为“小小的我”，用“小小”修饰“我”，则“小小”便成了“我”的一个主要特征，这也就成了文章着重描写的重点。文中的“我”不但年龄“小小”，而且其性格特点也属“小小”类型的——活泼爱动、天真纯朴、心地善良而又调皮淘气。

鲁迅曾说：“选材要严。”所选材料必须能很好地为刻画人物服务。本文在选材上具有三个特色：其一，准确地刻画人物形象。文中写道：“在学校，老师、同学的一言一行都可能使我大笑不已”、“经常看书看到感人的情节便泪流满面”，这两件事不正表现“我”天真活泼、纯洁朴实的性格特征吗？其二，符合人物的身份。文中所述事例都是儿童所为，什么“踢球出馊主意，踢破了玻璃”，什么“为了点火，烧光了一盒火柴”，还有“许多件别人不足为笑的小事都会引起我的捧腹大笑”……所有这些，“大大”的人能做吗？只有儿童才如此。其三，文中所选事例是“小小”的事，有的甚至不值一提。这些事例既无前因后果，也无发展高潮，只用一句话进行叙说，充分体现了“小小”二字，也就是说，全文在写作上的一个重要特色，即是以“小小”的事例去刻画“小小”的“我”，紧扣题目中的“小小”二字。

2. 记事日记

【范文】

寒假第一天

1月23日　　晴

寒假到了，甭提我有多高兴了，因为可以尽情地玩了。

可是第一天清晨，我刚起床，爸爸就走进来对我说：“小静，你字写得不好，从今天开始每天练两个小时。”我的心一下吊了起来，那股高兴劲儿也没了。唉，这寒假又得受苦了。

记得去年寒假，爸爸也要我天天练字。练了不到一星期，手腕子便酸痛起来，加上天气寒冷，手常常冻得像红萝卜，笔也开始向我反抗，不听使唤。我真不想再练了，把笔、本扔进了抽屉里。我的举动被爸爸发现了，他生气地说："不争气的东西！"想到这，我心一酸，险些掉下泪来，便气嘟嘟地说："练，练，放假了不让玩玩！"爸爸没吱声。吃完饭，爸爸说："走，我领你到我们单位玩玩。"爸爸在医院工作。我有些丈二和尚摸不着头脑。到医院，爸爸把我领进了一间乒乓球室，只见一张乒乓球案子上放着一盆清水，一位年纪60左右的老爷爷手握"巨笔"蘸着清水，在案子上写字。一个个苍劲有力的大字展现在我面前，不到10分钟，一首诗一气呵成了。那端庄秀美的字，好让我羡慕啊！最多半小时，一张案子面就写满了字，老爷爷又在第二张案子上挥笔写起来。写着写着，他脸上冒汗了，索性脱下棉袄。这时，我发现他身上的绒线衫直冒热气。整整一个小时，他写了两案面的字，我赞叹不已，心想假如我能写出这样一手好字，那该多好啊！

在回家的路上，我问爸爸："写字的老爷爷是谁呀？他的字写得可真好！"爸爸边走边说："他是一位癌症患者，他爱好书法，虽然活在世上的时间不长了，但他决心活得有意义，天天在乒乓案子上练字，不用墨水不用纸，日复一日，月复一月，到现在已经练了两年了！"

我听了以后好感动。是啊，冰冻三尺非一日之寒，苦练才能出真本领。我态度坚决地对爸爸说："快走吧，我得快点回家练字去。"爸爸会心地笑了。

【范文解说】

这篇日记所写的事情虽很小——由想玩、不愿练字到主动自觉地要练字，但反映了一个很大的主题——冰冻三尺非一日之寒，做任何事都得持之以恒，苦练才能出真本领。

有些小朋友写日记爱把一天中发生的事按时间顺序一一记下来，那就成了"流水帐"。这位小作者成功之处在于他能抓住一天中的中心事件"练字"来写。可见写日记也不能有什么事就都写下来。

本文突出之处在于写出了人物心情的前后对照。小作者欲扬先抑，先写放假前一天，“甭提我有多高兴了，因为可以尽情地玩了。”然而，当他的父亲要他练字，他的“心”一下子吊了起来，“那股高兴劲儿也没了”，还回想起去年寒假练字的种种苦处，不快之情溢于言表。后来他父亲带他到单位里去玩，这时孩子的心情又有了一次起伏，甚觉纳闷，“丈二和尚摸不着头脑”。接下来详写观看老爷爷写字而大受感动，最后主动地、迫不及待地要回家练字。

文章正是将人物心情在高兴——高兴劲没了——纳闷——感动——主动要求练字的变化过程中前后对照，此起彼伏，一波三折，引人入胜地完成了事情的叙述和人物形象的塑造，使主题得到升华。

3. 写景日记

【范文】

柳絮飘飘

5月10日　　晴

春天，微风吹拂下，柳树轻轻摇摆着。到了夏天，便扬起了白绒绒的小毛毛，这就是柳絮。

阳光下，柳絮纷纷扬扬，满天飞舞，仿佛一场奇妙的“太阳雪”。那一小点儿的就是朵朵雪花，大点儿的则是圣诞老人送给小朋友的甜甜的棉花糖。我想，圣诞老人一定住在好远好远的地方，要不，圣诞礼物怎么会这时才到呢？

在微风中，柳絮飘来飘去。一会儿飞进花丛中，成了洁白可爱的小蝴蝶，一会儿又落在小姑娘长长的头发上，变成了小蝴蝶结，比妈妈扎的还漂亮！

院子里，不知什么时候滚了一团好大好圆的毛球。小花猫见了，又惊又喜，追啊，追啊！追上了！猛扑上去，满嘴毛茸茸，绵乎乎，像刚刚偷吃了奶油蛋糕。哈哈……

站在高高的柳树下，满眼飞絮……要是把它们采集起来，编一块厚厚的小棉毯，送给灾区小朋友，该多好啊！

【范文解说】

这是一篇较好的观察写景的日记。

仔细观察，值得提倡。如："在微风中，柳絮飘来飘去。一会儿飞进花丛中……一会儿又落在小姑娘长长的头发上"，又如小花猫猛扑"毛球""满嘴毛茸茸""像刚刚偷吃了奶油蛋糕"，不经精心观察，难以写得如此真切。

比喻贴切，想象丰富。柳絮飞舞如"朵朵雪花"，像"小蝴蝶"，是圣诞老人送给小朋友的礼物等，增加了可读性，大大丰富了日记的内容。小作者甚至想把柳絮"采集起来，编一块厚厚的小棉毯，送给灾区小朋友"，这是多么美好的愿望，足以激起读者的共鸣。

若能再精益求精，在个别词语的选用上再细加思考，会更好的。如"微风吹拂下，柳树轻轻摇摆着"，既是"微风吹拂"，那柳树就不可能摇摆了，也许只能是柳枝在动。

4. 状物日记

【范文】

鱼、虾和水

6月12日　　星期二　　阴

幸福的家庭

今天，我的家里又安下两个小"家"。所谓"家"，实际是两个大瓶子，每个瓶子里都住上一条小烧火鱼和一只身体透明的小虾。不同的是，一只瓶子装的是清冽冽的小河水，另一只装的是受了污染的伯渎河水。

开始的第一天，两“家”都热闹极了。小烧火鱼经常从水面拖些美味佳肴给小虾吃。而小虾呢，却趁着小烧火鱼休息的时候，悄悄从后面绕过来，用长长的胡须挠它的尾巴。小烧火鱼被吓得一下蹦出了水面，可小虾呢，却在水里抖着胡须，得意地挥舞着小脚，在冲它笑呢！

6月14日　　星期四　　阴

小虾的不幸

今天是对比试验的第三天，阴影来到了伯渎河水的小“家”中。小虾无力地在水中游着，有时竟像不能控制自己的重量一般，把身子翻过来浮到水面上。小烧火鱼呢，正悲哀地围着小虾游来游去。当我走近小烧火鱼身边，它向我游来，又回过头看看活蹦乱跳的小河水中的伙伴，似乎在诉说小虾不公平的命运。到了下午，生病的小虾离开了小烧火鱼，“走”了。小小的身体浮在水面上，两只晶莹透明的眼睛对着我，好像在埋怨我，为什么把它放在污水中？看着小虾，我流下了眼泪。我想，长长的伯渎河中，又有多少小生命在遭受与小虾一样不公正的命运呢？

6月16日　　星期六　　晴

危难中的解放

小烧火鱼孤独地生活着，尽管我给它放嫩绿的水草，光滑的鹅卵石，但它还是一副病恹恹的样子，无力地沉到水底又浮上水面。看着这情景，我心软了，为了小实验我已葬送了小虾的生命，难道能让小鱼再在这恶劣的环境中受折磨吗？不，不能。我赶紧把可怜的小烧火鱼捞起来，轻轻放进隔壁的小瓶中。小烧火鱼回到自己的伙伴中，在清清的河水里，它渐渐恢复了活力，不住地摆动着尾巴，正用它优美的舞姿向我道谢哩！

凭我的力量，虽然救出了小烧火鱼的生命，又怎能救出那伯渎河以及城乡众多受污染的河水中的生灵呢？

【范文解说】

这是一组带有科学实验性质的观察日记。小作者通过对比实验，呼唤人们保护环境，爱惜生灵。整个实验过程交代得清清楚楚。三个小标题的运用，使日记更显得眉目清楚。

5. 感想日记

【范文】

请听我说说心里话

6月10日　　星期二　　多云

爸爸，您知道吗？我心里有好多好多的话想对您讲，可又不敢和您说，我只好在日记中写出我想对您说的话。

爸爸，您还记得吗？上星期三为热水瓶的事，您不管三七二十一，就打了我一顿，好疼啦！直到现在身上还有一些棍子印呢！爸爸，您打我，我能受得了，可受不了的是您不分真假就打我。我知道您不分白天黑夜地工作，很辛苦，这些我都记得。我决心好好学习，听您的话。可您的脾气，我可真受不了。

爸爸，昨天夜里我做了一个梦，梦见您面带微笑地对我说："好孩子，你的批评我接受，我一定当个合格的爸爸。"

我多么想梦中的爸爸啊！

【范文解说】

人与人之间需要一座沟通的桥，家长与孩子之间更需要一座互相理解、互相宽容的桥。这则日记诉说了小作者渴望爸爸改掉随便打孩子的坏习惯，通过"我"的无辜挨打，吐露了内心的委曲与痛苦，写得情真意切，令人动容。一个“不敢”、一个“只好”，道出了“我”的无可奈何。小作者以“梦”来表达、寄托“我”的强烈愿望，增强了短文的感染力。结尾短短一句感叹，发人深思。

6. 周记示例

【范文】

夏令营周记

7 月 27 日　　星期一　　晴转阴

省军区司令部为了丰富、充实我们的暑假生活，特地举办了一期夏令营。今天，夏令营开幕了。

开幕式上，首先由首长向我们授予营旗，然后由我们的辅导员庄叔叔对我们讲话。他说：“小朋友们，我们组织这个夏令营，是为了使你们在这个暑假里过得更愉快，更有意义。我希望你们要好好珍惜这个机会，积极参加夏令营组织的各项活动，发扬‘八一’革命传统。”接着又宣布了夏令营的活动计划。最后，辅导员领着我们齐声高歌《社会主义好》这首振奋人心的歌曲。开幕式就在这嘹亮的歌声中结束了。我心里真高兴，巴不得明天赶快来到……

7 月 30 日　　星期四　　晴

今天我们夏令营组织大家去参观洪都飞机制造厂。听爸爸说，洪都飞机制造厂是全国第一家飞机制造厂，全国第一架国产飞机就是在这里诞生的。昨晚我一夜没睡好，真想插上翅膀，一下子飞到那里去……

第二天，我们迫不及待地乘车来到了洪都飞机制造厂，大家首先来到一号车间。我们真不敢相信自己的眼睛，这个车间足足有一个足球场那么大，里面停放着几十架银白色的战鹰。最引人注目的是最前面两架刚刚造好的强击机，它们不但全身银装，而且飞机的驾驶顶盖、机头的助飞管以及其他许多主要零部件都已安装完毕。带领我们参观的老伯伯兴奋地对我们说：“这种强击机是专门用来超低空飞行的，超低空飞行时，机身离地面只有20余米。”我们听了以后，不禁发出啧啧的赞叹声。这时，我偶然发现飞机主机翼前端各有一根口径超过2厘米的粗管子，我好奇地问道：“伯伯，这是什么东西呀?”老伯伯对我说：“这是飞机的自卫机关炮，这种型号的强击机，自卫机关炮能储弹几百发呢!”后来，老伯伯还给我们介绍了飞机的操作：把操纵杆向前推，飞机就往下飞；把操纵杆向后拉，飞机就往上飞；把操纵杆往左拨，飞机就向左飞；把操纵杆往右拨，飞机就向右飞。当时，我真想驾驶飞机飞上蓝天。后来我们又参观了农用飞机，真漂亮，红白两色的。老师说这种飞机可以洒农药，也可以播种、灭虫，还可以用来人工降雨呢！这次参观使我增长了许多知识，收获可不小呢！

晚上，我做了一个梦，梦见自己也驾驶着飞机，在祖国的蓝天中翱翔……

8月1日　　星期六　　晴

今天是8月1日，是伟大的中国人民解放军的建军节。63年前的今天，就在我们南昌爆发了著名的南昌起义。夏令营今天组织我们去参观“八一起义纪念馆”，我觉得特别有意义。

“八一起义纪念馆”坐落在闹市区中山路上。纪念馆共分四个展厅，分别展示了起义时用过的枪支弹药；起义领导同志指挥起义的会议室；当时遗留下来的稿件、文件、作战示意图；起义烈士留下来的遗物及建国以后国家领导同志给纪念馆的题词等等。望着那些烈士们用过的枪炮及计时间的大木钟，好奇心促使我情不自禁地想摸一摸。

参观完了，当我走出大门时，不禁思绪万千。63年前举行的南昌起义是中国共产党独立领导武装斗争的开始，它创建了伟大的中国人民解放军。63年来，人民解放军由当时的3万多战士发展到如今强大的海、陆、空百万大军，武器装备由以前的大刀长矛发展到现在的导弹、火箭，这是多么伟大啊！

我是南昌的一名少先队员，又在“八一”学校念书，我要继承革命传统，努力学习本领，做革命事业的接班人。

【范文解说】

这篇周记由三则日记组合而成。这三则日记皆独立成篇，各篇之间又有内在的紧密的联系。

第一则日记总写了夏令营的开幕，点明要过一个“更愉快，更有意义”的暑假，这也是对后两则日记的总括。第二三则日记分别从参观“洪都飞机制造厂”和参观“八一起义纪念馆”两个角度具体写“更愉快，更有意义”。第二则从参观中了解了飞机的有关知识，得到了很大收获，侧重于愉快。第三则通过参观，决心努力学好本领，做革命事业的接班人，侧重于有意义。首尾贯通，突出了主题思想，体现了夏令营的意义。

参观记就必须写清参观了什么东西，有何特点，参观后有何体会感想。小作者对参观的事物交代较为详细，体会深刻，表现出敏锐的观察力。

【思考题和练习题】

1. 日记和周记的特点是什么？
2. 如何指导学生写日记？试概括说明。
3. 学会观察要注意哪几点？

第五节 竞赛作文

随着各类作文竞赛的日渐频繁，通过一定的评判程序产生的获奖作文已汇成了很有质量与份量的作文“精品廊”，它不但为平时的作文指导提供了丰富、生动的佳作范例，而且成为了作文教学瞄准的“制高点”。事实上，竞赛作文是每位选手综合写作水平以及临场竞技状态的一次碰撞，是写作“高手”之间的一次心智、实力较量。与平时的写作相比，竞赛作文有着更高、更特殊的写作要求。竞赛作文的写作指导必须针对这种特殊性，有的放矢，巧加点拨，才能使学生在作文竞赛中脱颖而出，名列前茅。

一般地说，学生写好竞赛作文，需注意以下几点：

一 选材要真实新颖

材料是文章内容的主要成份，包括人物、事件、场景等。选材的优劣直接决定着竞赛作文的成败。

所谓“真实”，就是说要写真实可信的事，贴近生动自然的生活形态，不胡编乱造。因为，真实是文章的生命，而且，小学生作文的任何一点虚假、矫情与故作姿态，都会成为在竞赛中遭到淘汰的致命伤。但是也不能为追求真实，而对材料不加选择和提炼。有的同学在竞赛中为写出新意和特色，一味追求材料的新、奇、怪，往往任意篡改生活事实，结果丧失了起码的真实与真诚。著名作家王蒙在谈及材料与主题的关系时说：“对于那种剪裁得过份纯而又纯，整齐又整齐，每一个细节（不管是风景描写还是肖像、服装、陈设、天时）都在说明着什么、意味着什么，目的性特别明确的作品，我常常不无偏见地称之为‘按既定方针’造出来的作品。”这对小学生选材有着很重要的借鉴意义。小学生生活积累少，生活阅历也不丰富，容易“为赋新词强说愁”，虚构一些想当然的生活材料，或任意“提纯”生活，删剪鲜活葱郁的生活枝节，结果不仅违背了生活与艺术的真实，使文章失去应有的蕴藉含蓄之美，而且破坏了材料应有的生动性与丰富性。正确的选材方法是，在真实可信的基础上，选取能体现时代特征，又较为新颖的材料，或选取那些既易于单纯集中地表现又能够打动人心的材料。同时，文章抒发的感情也要真挚。要有感而发，缘物生情，切忌矫情作态，尤其不能“校园话沧桑”，一副老气横秋的成人腔调。

另外，要指导学生善于进行同类材料的比较与筛选，要力避那种一想就有，一写就俗的材料，以免千人一面，千篇一律。当然，有些看似平常的材料，只要善于剪接与处理，也能焕发出不同寻常的光彩，因为追求新颖的目的，不在于一味地追求奇、怪、偏。

【范文】

我的妈妈更可爱

命运赐给我一个“哑巴”妈妈。

每当我看到别的孩子撒娇地扑进妈妈的怀抱，妈妈用亲切的话语嗔怪时，每当我听到别家的妈妈搂着孩子哼着催眠曲、或讲着神秘离奇的传说时，我羡慕得直掉泪。我多想有一个这样的好妈妈呀！随着年龄的增长，我越来越感到在人前矮一截儿。我怕别人谈妈妈，更怕写表现妈妈的作文，我为此不知哭过多少次！

周五下午是作文课，可倒霉就倒在《妈妈》这个作文题上，教室里议论纷纷，我心里却像吞了一颗青梅，酸溜溜还带点苦味儿。我低垂着头，生怕别人看见自己难堪的表情。

天哪！老师竟叫我起来谈自己的写作思路。我只觉得脑袋“嗡”的一下子，糊里糊涂地站了起来，耳边立即像炸了锅似的。“咋？叫他说！哈！他妈是个哑巴，干脆学学他妈呜哩哇啦……”顿时我的脸像被谁狠狠抽了一耳光，火燎一般。泪水禁不住夺眶而出，我再也忍不住了，哭着跑出教室……

穿过树林,越过小渠,喘呼呼的我“扑通”一屁股坐了下来。

突然，从渠边传来有力的锄地声音，循声望去，啊！一个熟悉的身影在田野里隐现，她赤裸着双脚，裤管挽得老高，颗颗汗珠映着夕阳，像血一样，沿着她耳侧的几缕银发往下淌，浸透汗水的衣服裹着她那单薄的身子，几抹晚霞洒过来，地上投下她伶仃的身影。

啊！是妈妈！我的喉咙像被什么哽住了，眼前一片雾雨……父亲因事外出后，全家的担子就落在妈妈身上，她整天忙得手脚不停，干罢家务活儿又干地里活儿。她虽然不会说话，但心里装着多少事，手上忙着多少活儿啊……

我猛地站起，紧走几步，来到她跟前。她这才挺起腰，撩开披在额前的几缕银发，擦一把汗水，微笑着向我点了点头，表示她无声的慈爱。我夺过锄头，打个手势，让她坐下歇歇，我来锄地。她连连摆着手，是在说，“不，不!”然后伸出手来，比画了个大圆圈，又指指自己的嘴，拍拍我身上挂的书包。哦，她是说她怕干活儿误了我吃饭，已把饭做好放在锅里，等我吃完饭好复习功课。我知道再争也没用，只好先回去了。

回到家里，揭开锅一看，是我最爱吃的白米饭，我盛了一碗。无意间又揭开小锅盖，顿时，一股红薯味扑鼻而来，我呆住了。我竟不知道妈妈和我吃的是两样饭！而她一天到晚又那么辛苦！此刻，就是龙肉我也难咽啊！我鼻子一酸，向田里跑去——我要和妈妈一起回来吃。

晚上我在灯下构思作文。我想别人看不起我的妈妈是因为他们不理解她。我知道，妈妈并不是哑巴，她是对子女、对家庭、对人们爱得太多、太深，因而用语言难以表达啊！于是，我挥笔写下了文题——《我的妈妈更可爱》。

【范文解说】

作者真实地写出了少年儿童慕虚荣求宠爱的心理。羡慕别人妈妈漂亮温存，搂着孩子哼催眠曲，用流利动听的语言讲故事，而自己的妈妈却是个不会说话的哑巴，因此而感到比别人矮半截儿，心里酸溜溜的。特别是在作文课上被同学们奚落后，脸上像被抽了一个耳光，泪水禁不住夺眶而出……这就从情感上为后文的发展作了铺垫，留下了较大的心理反差，起到了以深谷反衬高峰的作用。

作者善于捕捉有对比意义的细节，于细微处见真情。文章一边细腻地刻画了赤裸着双脚、汗珠沿着几缕银发往下淌的妈妈辛苦劳作的形象，一边又细致地描写了厨房中的惊奇发现，形成鲜明的对比，既入情入理，又震撼人心，从而也就完成了作者对母爱由表层到深层的认识过程，升华了主题。

总之，材料的真实与细节的真实以及字里行间浓重的赤子真情，都形象地表明了“真实”的艺术价值与魅力。

二　构思要巧妙独特

著名作家刘心武在谈到构思问题时说：“我在孕育作品的过程中，一是考虑我要写的素材能不能从中捏出一点能超过周围一般人认识的东西；二是构思作品时，尽可能把我的东西和别人的东西区别开来，尽可能写那些别的作者还没有涉及到的、没有考虑到的东西，人家已经涉及到的我尽量不写。”因此，所谓构思巧妙独特，就是要从多个角度去考虑，找出一个新颖、独特的，能够充分表达中心的角度，来巧妙安排文章结构，把文章写得一波三折又自然连贯，从而深深地打动并吸引读者。

做到构思巧妙与独特，一要善于选择叙述角度和观点，二要善于想象和创新。

材料的选用仅仅是文章成功的第一步，选择什么样的角度来表现，则是重要的第二步，因为不同的视角就会带来文章重心、材料取舍、情节场面的安排、虚实详略处理等一系列变化。例如，美国小学生琳达的一篇竞赛作文以“电视食人”为题，表现了“电视断绝了‘我’和好朋友之间的友情”这一主题。小作者先将她与好朋友“露西”的情谊表达得纯朴、真实，然后笔锋一转：“她肯定死掉了”，旋即揭破谜底：“露西”钻进电视里，忘掉了与好朋友的约定，被电视“吃”掉了。文章以儿童特有的角度来观察社会，描写社会。琳达没有直露地指责现代文明，却以自己独特的“视点”触及了引人深思的社会现象，充分发挥了巧选叙述角度的艺术效应。

丰富的想象力与创新意识也是确保构思巧妙独特的重要条件。联合国教科文组织特别指出，想象力和创造力是二十一世纪人才发展的两种重要能力。只有展开想象的翅膀，“思接千载，视通万里”，才能充分展示少年儿童感情认识世界的审美特点，展示迥乎成年人的艺术敏感；只有力求创新，才能突破习惯看法、固有经验，打破思维定势，于寻常中见新奇，于平淡中显个性，也才能成为同类竞赛作文中的佼佼者，赢得评卷老师的青睐。

当然，想象不能凭空而来，要以客观现实为依据，自然生发，自然展开，所联想的内容应合乎情理，经得起推敲。想象的内容也必须健康而有意义，应表达青少年蓬勃向上的思想感情与精神风貌。

【范文】

邮政是各国联系的纽带

亲爱的爱斯基摩的小朋友：

你们好！那封“寄给热爱邮政”小朋友的信，被我——一个黄皮肤、黑头发的中国小男孩收到了。当我刚刚接到这封信的时候，望着信封上那“来自北极”的字样，心里真有些奇怪：“咦？在冰天雪地的北极，怎么会有人给我写信呢？”读完信，我才明白：原来是你们，热爱邮政的爱斯基摩小朋友们。

你们在信中写道：我们居住的北极和许多国家相距遥远，在这里，只有白色。白色的天，白色的冰，白色的动物，甚至连我们的家也是白色的冰房子，但我们多么希望邮政工作像一条五彩缤纷的“纽带”，把我们紧紧地联系在一起呀！让一封封信件，通过这条“纽带”传到世界各国，让这条美丽“纽带”，为我们的生活增添新的色彩。

看完这段话，我甭提有多高兴了！因为我的爸爸、妈妈、姐姐都是搞邮政工作的，就连我的理想也是长大当一名人民的邮递员。听爸爸妈妈说，邮局每天都要收许多从世界各地寄来的信件。有来自“袋鼠之乡”澳大利亚的，也有来自横跨赤道的非洲各地的，更多的则是从欧美各国坐远程飞机到达中国的。就在不久前，还收到你们从“白色的北极”寄来的信件。真的，邮政工作的确像一条美丽的“纽带”，在热带的森林里可以见到它，在温暖的平原上更能见到它，就是在你们居住的寒冷的北极它不也是时常出现吗？你们说，这条“纽带”有多么神啊！

还要告诉你们一件有趣的事：一天晚上，我做了一个梦，我梦见自己坐在那条彩色“邮政纽带”上顺着北去的风儿，“呼呼呼”地一直飘到了北极。你们站在白色的冰岸上拍着手欢迎我，连正在冰河里游泳的北极熊也溅起了水花，像是在迎接我这个中国小客人。我从“纽带”上走下来，和你们一起走进了亮闪闪的冰房子。大伙在冰房子里跳呀，唱呀，胖乎乎的北极熊也走进来拉起了手风琴，玩得可真高兴……

亲爱的爱斯基摩小朋友，欢迎你们到中国来作客。我们中国人民和你们一样，非常勤劳勇敢、热情好客。如果你们想来，就请乘坐“邮政纽带”来中国找我吧！我等着你们！中国人民也等着你们呢！

祝你们一路顺风！

热爱邮政的小朋友　王忠群

1983 年 3 月 20 日

【范文解说】

我们先来看看国际评选委员会对此文的评语:它“显示了一位如此年轻的作者却拥有卓越的国际思想,文笔生动,诗情洋溢”。

确实，通读此文，我们感受到的是作者超乎常人的想象力。他先是假想自己收到北极爱斯基摩小朋友的来信，然后又想象邮政在世界各个角落所发挥的巨大作用，接着，竟又摹写梦境，展现北极的奇绝风光，以及和异国伙伴载歌载舞的欢乐情景，惟妙惟肖的叙述真让人仿佛置身其中。

三　立意要深刻含蓄

竞赛作文的文题一般与形势、时代、社会热点的关系比较密切，但这种密切关系不是机械的直接对应，不能把竞赛作文当成政治话题的简单图解和重大事件的演绎传达。除了选材上要尽量选一些能体现时代特征的新人、新事、新风尚外，立意上力求深刻含蓄，是写好竞赛作文的关键。

所谓立意深刻，就是要善于创造性地挖掘人生世相中蕴含的深刻道理，诚如歌德所言："独创性的一个最好标志，就在于选择材料之后，能把它加以充分发挥，从而使大家承认压根儿想不到会在这个题材里发现那么多东西。"小学生也许很难发现大家"压根儿想不到"的东西，但是，要写好竞赛作文，就要努力从平常人物的身上，从平凡的事件中，发现"小中见大"的折射角度，发现破译生活谜底的解析密码，找准"平中见奇"的切入部位；就是要用儿童特有的审美视线穿透生活的表层，去采掘其内部丰厚迷人的矿藏。

所谓立意含蓄，就是要力避直露，力求蕴藉。作文应是一种艺术性的表达，从更高层次上讲，应是一种诗意的审美表达，最忌直白呆板。而蕴藉之美，便在含蓄。清代僧淳说"蕴藉"是"高不言高，意中会其高；远不言远，意中会其远；闲不言闲，意中含其闲；静不言静，意中含其静。"只有追求蕴藉含蓄，才能使文字获得"象外之意"、"弦外之音"、"韵外之致"、"味外之旨"，才能"言有尽而意无穷"，如同中国画中之留白，未着一笔，却留下无限想象的空间。作文的妙境，也便在说与不说，含而欲露之间。尽管小学生尚难臻此佳境，但应当在竞赛作文的较量中给予重视并孜孜以求之。

【范文】

旧　屋

今年春上，我冒着蒙蒙细雨去与旧屋告别。踏上那条泥泞的小路，远远地，我看到了旧屋，心里热乎乎的，有说不出的激动。

一晃几年，人去屋空，旧屋可怜巴巴的，像被遗弃的孤儿一般，没有一点儿生气。

旧屋前有两块大石头，我清楚地记得，在这两块大石头上，年幼的我和表弟玩着骑“石摩托”的游戏，那笑声、叫声似乎还在我周围萦绕不绝。

走进堂屋，地面仍旧是石头地板。往上看，屋梁、门柱已不再牢固，满身都是虫蛀的洞。墙角里是重重叠叠的蜘蛛网。老式的桌椅，没有颜色的柜子，掉了腿的凳子……一切都是原样，只是多了一些灰尘。

飘入房中的雨扑在了我的头上，我跑进南屋。这里阴暗潮湿，大概是长期没有生炉子的缘故，我觉得小屋再没有了往日的温馨与笑容了。墙角里有一张木床，是爷爷睡觉的地方，上面也早落满了尘土。

走到屋后，又看到了我的“百花园”。这里虽没有奇花异草，但有我和儿时的伙伴们种下的苹果树，还有那么多野花。这里已经成了“野花园”，小野花还散发着阵阵香气呢。

回头来又看了看那口老井。井水清澈的笑脸已经看不见了，现在连这口老井也要被填掉。

旧屋旁的大枣树，现在已绿叶满枝。记得小时候，我吵着、闹着要吃枣，爸爸说：“枣还青，又那么小，不能打。”我看着爸爸，望望枣树，打枣的念头消除了一半……

再见了，再见了旧屋，这儿要盖成高楼了，你要被拆掉，我们将永别了，可我永远忘不了与你同欢乐的那些日子。

我打开照相机，“咔嚓，咔嚓”，旧屋、小院装进了“镜头”。我要把它镶在我的新楼里。

【范文解说】

选材以小见大，立意深远含蓄，是本文成功的秘诀。

小作者按照行踪的变化，写旧屋的堂屋及原来陈设、“百花园”、老井、枣树……边看边回忆往日的生活，似乎还那么熟悉，那么亲切。“旧屋可怜巴巴，像被遗弃的孤儿”一句充满柔情，

“告别”一词抒发对旧屋的眷恋。全文字里行间流露着对旧屋的深情。

旧屋将被拆掉盖成新楼，“我”要把“旧屋”的“镜头”镶在新楼里。作品在结尾含蓄地表现了时代的发展变化，暗示了未来会更美好，巧妙地深化了文章的主题。

四　语言要优美生动

作文的语言应当是艺术的语言，无论是材料、构思，还是立意，都最终要通过语言来表现，所以说，语言的优劣是衡量一篇竞赛作文成功与否的重要标志之一。

小学生词汇量有限，语言经验也不丰富，但竞赛作文中，要扬长避短，努力追求富有童趣的个性化，语言表达，寓庄于谐，寄情于趣，使语言既富有盈盈可掬的稚气，又具有活泼灵动的朝气，从而深深地打动人和感染人。

做到语言优美生动，首先要善于描摹，即善于对客观事物的形态、声音、色彩加以准确又生动的描绘，努力刻画出栩栩如生的人物形象，并绘声绘形地描写学习生活图景。清代的文学评论家袁枚说过：“余尝谓：一切诗文总须字立纸上，不可字卧纸上。人活则立，人死则卧，用笔亦然。”所谓“字立纸上”，就是指要善于描画活灵活现的生活形象，善于描摹人物外貌、神态、动作、语言、心理，描摹他们的一举一动、一颦一笑，做到准确、传神，正如古人所说，有时“一个眼神传尽万种风情，一声唉叹更胜滔滔不绝”，从而真正使所描摹的具体形象跃然纸上。

做到语言优美生动，还需以儿童特有的思维情感与艺术眼光激活语言。鲁迅先生在著名回忆性散文《从百草园到三味书屋》中，就是借助于儿童的叙述角度和叙述态度来描摹童年乐园的：

听说“何首乌根是有像人形的，吃了便可以成仙，我于是常常拔它起来，牵连不断地拔起来”——多么淘气的好奇！

长妈妈讲了美女蛇的故事，“很使我觉得做人之险，夏夜乘凉，往往有些担心，不敢去看墙上，而且极想得到一盒老和尚那样的飞蜈蚣。”——多么有趣的恐怖！

“我不知道为什么家里的人要将我送进书塾里去了，而且是全城中称为最严厉的书塾。也许是因为拔何首乌毁了泥墙罢，也许是因为将砖头抛到间壁的梁家去了罢，也许是因为站在石井栏上跳了下来罢，……都无从知道。”——多么“周密”的推理！

“我”请教“怪哉”是怎么一回事，受到了寿老先生的责怪时，“我才知道做学生是不应该问这些事的，只要读书，因为他是渊博的宿儒，决不至于不知道，所谓不知道者，乃是不愿意说。年纪比我大的人，往往如此，我遇见过好几回了。”——多么“老到”的经验！

鲁迅先生正是借助于儿童天真、纯净的视野，把眷恋的深情寄寓在百草园、三味书屋、阿长、寿镜吾先生这些具体的人物景观中，寄寓在童年晶莹清澈的生命长河中。也只有这种视角与语言，才能再现作者儿时的“原态生活”。当然，鲁迅对自己回归儿童特有认识视野与语言世界，也感到了“阻隔”——“凡一个人，即使到了中年以至暮年，倘一和孩子接近，便会踏进久已忘却了的孩子世界的边疆去，想到月亮怎么会跟人走，星星究竟是怎么嵌入天空中。但孩子在他的世界里，是好像鱼之在水，游泳自如，忘其所以的，成人却有如人的凫水一样，虽然也觉到水的柔滑和清凉，不过总不免吃力，为难，非上陆不可了。”由此可见，只有纯净的、率真的、充满儿童特有的情感与理趣的文字，才能在竞赛中显山露水，令人叫绝。

必须指出，追求语言的童趣与个性化表达，并不是满足于幼稚无知，并不是追求低幼化的语言效果，而是强调少年儿童应有属于自己的话语，应有自己的语言特色。

【范文】

童年趣事

“池塘边的榕树上，知了在……”

我听着《童年》这首歌，便想起了小时候的一件趣事。

我四岁那年的一个夏天的下午，天气热极了。妈妈带着我上街选购了一个圆圆的大西瓜。到了家，妈妈刚把西瓜放在桌子上，我就焦急地问妈妈：“什么时候吃西瓜呀?”

“你这只小馋猫，爸爸在上班，一定很热，等他回来，我们就一起吃。”妈妈笑着回答，走进了厨房。

我盯着西瓜，舔了舔嘴唇，又跟妈妈吵着要了一回，可妈妈就是不同意。于是我撅起嘴，转开了脑子，一会儿，我想出了一个好主意。

那时候，我人矮，没有桌子高。于是，我悄悄地把椅子移近桌子，又小心地爬上椅子，用小手把西瓜轻轻地一推，西瓜慢慢地向桌边滚动了。这时，我赶忙跳下椅子，并叫了起来：“妈妈，西瓜要滚下来了!”话音刚落，没等妈妈走出厨房，西瓜“啪”的一声掉在地上，摔成八瓣。

妈妈捡起了西瓜，一边埋怨，一边叫我赶快吃掉几块。我高兴极了，边吃边露出得意的样子：妈妈这下可上当了。我还偷偷地朝妈妈看了一眼，没发现什么破绽，于是，咧开嘴笑了。

“笑什么?”妈妈好奇地问道。

“西瓜又凉又甜，真好吃!”我调皮地回答。其实，我的心里最明白。

现在回想起来，可真觉得有点好笑。

【范文解说】

这篇文章的小作者写了“我”在四岁时智吃西瓜的趣事。全文把一个馋嘴孩子的形象勾画得十分聪明、可爱。

小作者在叙述这件事的经过时，抓住了人物性格特点，写得合乎情理，栩栩如生。例如，“我盯着西瓜，舔了舔嘴巴。又跟妈妈吵着要了一回，可妈妈不同意。于是，我撅起嘴……”你看，馋得眼睛“盯着西瓜”，嘴巴用舌头“舔了舔”，又缠着妈妈“吵着要了一回”，甚至“撅起嘴”，这馋相多可爱。又如，小作者以细腻的笔触描述了智吃西瓜的动作、语言和心理活动：“……悄悄地把椅子移近桌子，又小心地爬上椅子，用小手把西瓜轻轻的一推……”，“偷偷朝妈妈看一眼……”，“妈妈这下可上当了……”写得淋漓尽致，充满了活泼泼的童趣与灵气。

【思考题和练习题】

1. 学生写好竞赛作文需注意哪几点？
2. 为什么选材要真实新颖？
3. 如何做到构思巧妙独特？

第六节　班级小报编写

班级小报，顾名思义是在班级范围内，由学生自己编写制作完成的手抄小报。作为课外语文活动的班级小报的编写早已在很多学校蓬勃开展了。小小一份报纸的最终“出版”，不但凝聚着小学生辛勤的汗水，也折射出同学们的协作意识，互助精神，折射出学生的综合语文素质与应用写作水平。

一　编写班级小报的目的

编写班级小报的目的，在于以生动有趣的语文活动形式，激发并培养学生的主动参与意识与主动学习意识；在于以实用性、操作性很强的自办小报形式，培养并形成学生的语言运用能力与写作实践能力；在于以需要互相配合、分工协作才能达成目标的写作情境形式，培养并形成学生的合作精神与交际能力；还在于以崭新的作文命题形式，打破小学生作文命题的单一性模式，向多样化、开放性方向发展。应当说，班级小报的编写与现代生活的快节奏、高效率和多元性是相呼应的，编写班级小报作为一种良好的作文训练形式与语文活动形式，必将越来越受到重视与关注。

二　编写班级小报的一般步骤

编写班级小报，各校的做法不尽相同，也没有权威规范，基本上以报纸的编辑、出版步骤为依据。在此，提出编写班级小报的一般步骤，仅供参考。

第一，制订班级小报编写总计划。

制订编写计划，一般以一学期或一学年为时间单位，班级小报一般以周报形式出现，这样计算出总时间单位内的出版次数，再据此确定办报小组，每组 3—4 人，必须保证每个同学的参与。当然，也可让学生独立自编、自画、自排版、自设计、自书写班级小报。编写计划的制定，一般在教师的指导下，由学生统筹安排。

第二，按计划由办报小组依次独立编写。

具体分工情况，由办报小组民主讨论，自行决定。可设主编、编辑、美工、誊写员等职务。主编、编辑主要负责收集资料，统稿、审稿、定稿；美工主要负责报头设计、版面设计，誊写员主要负责定稿后的誊抄；主编需对报纸的策划、制作、“出版”实行“全程负责”。每位同学需扬一技之长，各司其职，各负其责，同时，积极写稿。应当共同讨论协商，互相取长补短，共同参与，共同提高，充分发挥整体协作的优势。如果一学期或一学年内，办报小组有两次以上的办报机会，还应尽可能地调整原先的职责分工，让每个学生都能获得全面锻炼与学习的机会。

第三，进行班级小报评优活动。

每期报纸“出版”后，在班级内互相传阅，指定专人保管。学期末或学年末，进行班级小报编写得失的总结交流，并由学生投票评选出优秀班级小报，还可在学校橱窗中集中展出，充分发挥激励效应。

三　班级小报的内容及指导要求

鉴于小学生初步学习写作，班级小报的编写一般从三、四年级开始，而且多为集锦式的，即整份报纸栏目多，内容杂，摘录式材料多，自己创作的文章少。班级小报还有一种形式，即为庆祝某一重大活动或节日，围绕一个中心编辑而成的主题式班级小报，其内容基本统摄于一个中心话题，不像集锦式报纸那样纷繁芜杂。

班级小报的版式，一般以 8K 纸两版为宜。两版版间留“中缝”，纸的反面不再设计版面。这主要考虑了小学生的办报时间及写作水平的限制。

班级小报一般分“报名”、各个“栏目”两大部分。

“报名”可根据小学生的特点，拟写得生动活泼，引人注目，如“雏声”、“小天使”、“芳草地”、“调色板”、“儿童乐园”等。

“栏目”可分为新闻栏目、科学知识栏目、文学栏目、谐趣栏目等。

新闻栏目可拟名为“校园快递”、“新闻短波”、“一句话新闻”等，教师可指导学生了解一句话新闻写作的要素与常识，可引导学生学会关注社会新闻、学校新闻与班级新闻。

科学知识栏目可拟名为“知识窗”、“十万个为什么”、“请你猜猜看”、“世界真奇妙”等，教师可指导学生认真收集科学知识的资料，从小培养其热爱科学、热爱自然的科学意识。

文学栏目包容的内容很多，可设置“名作欣赏”、“自己的园地”、“名言警句”、“成语故事”、“寓言与童话”等栏目。文学栏目一般是小学生班级小报的主体，教师应要求学生多方收集栏目内容，严格筛选，精益求精，牢固树立“精品意识”，做到“厚积薄发”，力求让文学栏目成为全班同学共同享用的语文宝库。还要鼓励全班同学尤其是办报小组的同学拿出自己的作品，踊跃参加投稿。

谐趣栏目可拟名为“笑话一则”、“谜语世界”、“娱乐宫”、“快乐天地”等。谐趣栏目是一种调剂，目的在于增强班级小报的趣味性。教师要指导学生选用那些活泼、生动、有趣且寓教于乐的内容，坚决杜绝低级趣味的内容。

四　班级小报的设计及指导要求

班级小报的设计主要指报头、版面、栏目、题图、尾花等的设计与美化。

“报头”的要求是醒目，具有一定的视觉冲击力。报名的字迹以楷体或美术字为宜，不必追求书写的洒脱，不准使用繁体字，应强化学生的书写规范意识。但是，可以用不同的颜色写，以体现儿童报纸的特点。

版面设计的基本原则是清楚明了，重点突出。第一版可主要安排“新闻栏目”、“文学栏目”等，第二版可主要安排“科学知识栏目”及“文学栏目”的部分内容，中缝可安排“谐趣栏目”。

这种板块式栏目安排，目的在于让人一目了然，查寻方便，避免零碎和杂乱。有的同学在切分版面时，喜欢用斜线、曲线，切成三角形、梯形或圆形，结果书写不便，且让读者“望而生畏”、不忍卒读。正确的方法是，版面切割要“横平竖直”，尽量不用斜线与曲线。

栏目设计涉及到标题、题图、正文书写、尾花、边框等细节。标题要明显，字体可大一点，笔画应粗重一点，亦可用彩笔书写，必需确保与正文的区分。题图、尾花，一般是为了补白，只能起点缀、美化的作用，切忌过大、过艳，充塞空间，喧宾夺主。正文的书写是非常重要的，要求工整、美观，整份报纸的书写笔迹要一致，书写质量要相同，尽量自左向右横排书写，字距、行距要得当。边框其实是栏目之间的切割，正文之间的界限。手写内容难免有歪斜、不平整之憾，这就需要用边框作“矫正”，因此，边框线一定要起到“泾渭分明”的作用。

随着多媒体技术的发展、应用，学生还可借助电脑设计，提高自办小报的设计质量，如报头，装饰图案等均可“升级换代”，但决不可让电脑越俎代疱，代替学生自己的动脑、动手，这样就违背了学生编写班级小报的目的和初衷了。

下面把从班级小报中摘录的学生自己创作部分内容附上，供参考。

【范文】

百字心语

(一)

春　天

小燕子，翅膀一扇一扇，柳树枝被她扇绿了。小燕子，翅膀一扇一扇，桃花被她扇红了。这是怎么回事呢？哦，原来春天来了。

（二）

妈妈的爱

今天，妈妈给我织了一件毛衣，是黄色的。为了织这件毛衣，妈妈花了一个月的时间。织完后，我穿上试了试，一会儿就出了一身汗。我问：“妈妈，毛衣里有什么？”妈妈说：“这里面有爱！”

【范文】

儿童诗句

（一）

小诗花

雪花，冰花，腊梅花，
喜鹊飞来叫喳喳。
叫弟弟，叫妹妹，
都是爸爸妈妈的小宝贝
过了新年长一岁。

（二）

四季草

嫩绿的小草在春天点头，
翠绿的小草在夏天茂盛。
暗黄的小草在秋天晃头，
雪白的小草在冬天弯腰。

（三）

四季星

眨呀眨，春天的星，
它冲我笑。
我知道——

那是我看妈妈的眼睛！
眨呀眨，夏天的星，
它冲我做鬼脸。
我知道——
那是我看爸爸的眼睛！
眨呀眨，秋天的星，
它冲我撅小嘴。
我知道——
那是我想家的眼睛！
眨呀眨，冬天的星，
它冲我流眼泪。
我知道——
那是离家的我在哭泣！

【范文】

评论经纬

（一）

不吃街头烤肉串

我们发现，在街头、学校门口常有卖烤肉串的。这些烤肉串很不卫生，烧烤时排放的烟雾还会污染空气。为此，我们向小朋友发出倡议：

1. 自己坚决不吃街头烤肉串；
2. 发现同学或家人吃，立即劝阻；
3. 积极宣传街头烤肉串的危害性和保护环境的重要性；
4. 发现卖烤肉串的小摊贩，立即向有关部门报告。

让我们共同努力，不让浓烟污染空气，还人们一个洁净的天空。

（二）

木头人

老师说："我们每天的生活都应该有新的内容，不可能是一模一样的。"这句话对别的同学来说的确如此，可我却例外。我的生活总是千篇一律，每天都一模一样。放学回家我必须按时进家门，晚回来两分钟，爸爸下班后，奶奶也要向爸爸告我的状。每天放学，只要一进单元门就开始坐"禁闭"，再也不许迈出家门一步。写完作业也不许出去玩儿，不许同学来找我，更不许我去找同学。晚上没有作业写也不许我看电视。每天从放学到睡觉，奶奶总像个监工似的一直盯着我，她的话很少，但"念书！"这两个字却总挂在嘴边上。我哪儿有那么多书可念呀！作业完成了也必须抱着课本发愣。我在家里就像个机器人，不，机器人开动起来还会动，我实际上是个木头人。在学校体育课上，同学们做集体游戏时有一段歌谣："我们都是木头人，不许说话不许动……"我就是这样一个"不许说话不许动"的木头人。我多么盼望再来一次"解放战争"，把我也"解放"出来呀！

【范文】

科学观察

小鸽子怎样吃东西

幼鸽是怎样吃食物的呢？瞧，小鸽子张着小嘴，老鸽子就把嘴凑在小鸽子的嘴上，鼓一下喉囊，老鸽子吃到的营养物质就流进了小鸽子的嘴里。小鸽子品味一下吃到的食物就咽进了肚子里。如此循环几次，小鸽子吃饱了，就安静地蹲在窝里。喂完小鸽子，老鸽子赶快再到外面找食吃。

【范文】

事件报道

歹徒闯入我家中

那是个星期天,爸爸妈妈都上街了,只有我独自一个人在家。

上午10点多，一个男青年闯进我家。男青年见我家没有大人，就对我说：“小朋友，请救救我吧。我在外面打了架，来你家躲一躲。”面对一个可疑人，我机智地说：“你在家里呆着，我到楼下看看。”这时，那个男青年一把抓住了我。他的眼睛是那么吓人。当时吓了我一跳，我就用身子把他一扛，他倒下了。这时，我赶快冲出屋外，把男青年反锁在屋里。

我跑出门后，看见路过此地的巡警，就马上报了案。几名巡警闻讯迅速赶到我家，把青年堵在屋里，抓住了他。

经查，男青年名叫谢现远，清丰县人，因多次盗窃摩托车被公安机关追捕，四处逃窜。这次被我锁在屋里，落入法网。

以后我要更加勇敢、大胆，克服更多的困难。

【思考题和练习题】

1. 编写班级小报的目的是什么？

2. 编写班级小报的一般步骤是什么？对此，你有什么好的设想？

第七章　小学作文的考试评分与考前指导

作文的考试和评分是语文学科测试的一项重要内容，其目的是客观地测量和评价学生的作文水平，促进作文教学效率的提高。虽然小学作文的文体、训练形式比较简单，但因为制约作文水平的因素很多，老师评分又容易受许多主观心理因素的影响，因而考试和评分存在着较大的盲目性、随意性。相信随着教育测量学的广泛应用，随着教学改革的不断深入，作文的考试和评分会有大的改进。

第一节　小学作文考试与评分的基本形式及其意义

传统的作文考试大多是命题作文，评分一般是综合评定，即所谓“印象分”。现在的作文考试一般也还沿用这种形式，有时略有改进，考一大一小两篇作文，小作写一个片断，大作写一篇完整的作文。与传统的作文考试相比，这种考试能较好地检测学生的作文能力，信度要高一些，学生的观察力、想象力、表达能力可以得到相对全面一点的衡量。评分有两种形式，等级制和百分制，有的平时作文训练是等级制，期中期末的考试是百分制。它们各有利弊，但在解决作文评分的主观随意性的问题上一样难以尽如人意。

多年来,人们一直在摸索寻求更科学更有效的作文考试和评分的方法,做了一些有益的尝试。尤其是在小学阶段,作文考试的形式可以灵活多样些。考试不限于单一的命题作文,分项测评与单题长文相结合,选择题、判断题、匹配题、填空题、排列题多种题型并举。即使是单题长文的命题作文,评分也采取相对比较客观的分项打分,然后综合的方法。下面介绍一些分项测评的方法。

一、多题分项测评。把作文能力分解成若干基本因素,编制相应的小题目,题型通常是选择题、填空题。主要项目有选材立意、结构安排、遣词造句、文章修改等方面。比如,同一个题目,甲、乙两个同学选用了不同的材料,谁选得对;有一组材料,分别适宜于哪一个题目,表现哪一个主题;有一段话打乱了顺序,正确的顺序应该怎样排列等等。或者提供一篇作文,让学生指出文中的毛病,并按要求一一改正,目的是考查学生的作文基础知识、基本能力。

下面是两道六年级学生作文考试的题目:

1."我的榜样"这个作文题有以下材料可供选择,请你指出:哪些材料可取(在前边的括号里打√),哪些材料应该删(在前边的括号里打×),哪些材料应详写,哪些材料应略写。(分别在后面的括号里注明)

( )我的榜样是余小梅,她今年 12 岁,是我们的班长。( )

( )她冬天爱穿红色的防寒服,夏天爱穿黄衬衣,蓝裙子。( )

( )她原籍山东日照,她的童年就是在那里度过的。每年暑假她都要回去一个月跟她姥姥一起劳动。( )

( )她有一对明亮的大眼睛,梳着两条小辫儿,身高一米六五。( )

( )她母亲干个体,她要做家务,但她上课从来没有迟到

早退过。( )

( )她每学期都是“三好生”，还被评为优秀班干部。( )

( )她的智力并不超常，但她的毅力坚韧，有一道题做不出来，晚上也不肯睡。( )

( )她乐于助人。别人问她的问题，她总是百答不厌。( )

( )她上课专心听讲，但并不盲从，有时她提的问题老师也要认真思考才能回答。( )

( )她作业认真，写字一丝不苟。( )

( )她胆子大，晚上走路不怕黑。( )

( )她爱护书籍，读过的书跟新的差不多。( )

( )她嗓音好，朗读课文特别棒，将来能成为歌唱家。( )

( )她爱运动，操场上少不了她的身影。去年秋季运动会上她获得了长跑第一名。( )

( )她喜欢看课外书籍，每学期至少要看两本小说。( )

( )有些课外书籍借不到，就自己买，有时为了买一本书，要跑好几家书店。( )

( )她爱护公共财物，有一次晚上刮大风，她还到学校把窗户关好。( )

( )她尊敬老人，有礼貌，乘车经常给老人和抱小孩的妇女让座。( )

2．以下是黄岗同学写的一篇作文，文中有一些毛病，请按照要求完成后面的题目。

读鲁迅先生的《风筝》有感

读了鲁迅先生在二十年代写的文章《风筝》，感受很深，它告诉人们一个道理：大人要尊重孩子的兴趣爱好，《风筝》真是篇好文章，说出了我的心理话。

那时，我上三年级，学校掀起了集邮热，我没有集邮本，我多么羡慕啊！班里的同学几乎都有一本集邮本，我要爸爸也给我买，爸爸说：“那是废时间的玩艺，不许做。”

一天，我把同学的集邮本带回家，乘爸爸不在时偷偷欣赏，看着看着，入了迷，爸爸回来也没发觉。他见我看得正起劲，发怒了，立即抢过我手中的集邮本，就往地上扔，我惊呆了。

集邮本是人家的，扔坏了我怎么还人家呢？

读了《风筝》以后，我知道这是爸爸不爱护我的童心，希望爸爸能理解孩子的正当要求。

修改题：

①在原文上修改出第一段中用错了的标点。

②改正原文中的错别字。

③第二段语序不当，请重新调整，在原文中运用修改符号表示。

④在第一和第二段之间加一个过渡句。

⑤与本文中心无关应该删去的是第______段。

二、多段短文测验。即根据不同的目的，编制不同的题目，要求学生写若干短文或片断，借以评定学生的作文能力。作文能力可以有多种分解角度，从训练写作过程来分解，可分解为审题、立意、选材、结构、遣词造句等能力；从语言表达的功能分解，可分解为记叙、描写、说明、议论等能力；从一般能力切入，可分解为观察、思维、想象能力。这还仅仅是一个层次的分解。事实上这种分解还可以逐层展开，比如：描写还可以分解为人物、景物、场面等方面，人物描写又可分解为肖像、行动、对话、心理等方面。多段短文检测，可以分散难点，突出重点，使检测的目标更明确。小学阶段无论是短文还是片断，一般都在200字左右，每个短文、片断只测评一个方面的内容。检测的形式多种多样。短文考查有点类似补写、续写，如：明确限定时间、地点、人物，要求写一段开头或结尾；提供开头和结尾，要求补写中间一段内容等等。片断考查是提供一个特定的情境，描写一个场面或一段景物等等。这种多段短文的测评，每题作答的时间短，考试内容的覆盖面可以广一些，评分标准具体，评分结果比较准确。

三、客观题+短文+命题作文。作文考试如果只采用片断、客观题，会导致学生忽视整篇作文的训练，最终影响学生作文水平的提高。采取客观题、短文、长文相结合的方法，这种形式的好处是兼顾到作文训练的多方面，评分结果准确，但内容比较多，考试时，学生负担相对重一些。

命题作文的评分通常有整体评定和分项评定两种。阅卷前要讨论或试评，以统一思想拟好各个等级的具体标准。整体评定是根据其总体情况综合性地直接评分，对作文浏览一遍，根据总的印象，一般是两人一组，取两个分数的平均值。下面就是一份小学升学作文考试的整体评分标准：（满分为40分）

本题分五等评分：

第一等（40—35）：思想健康，紧扣题意，感情真切，叙事具体，详略安排恰当，语言生动流畅。

第二等（34—29）：思想内容有意义，中心比较明确，叙事比较具体，层次清楚，语言表达连贯。

第三等（28—23）：思想内容一般，中心尚明确，叙事过程尚清楚，段落分明，详略欠当，语言表达不很流畅。

第四等（22—16）：思想内容没有积极意义，有明显的偏题现象，结构条理不清晰，语病较多。

第五等（15分以下）：思想内容不健康，离题或有离题现象，内容笼统或胡编乱造，结构混乱，条理不清，语病很多。

分项评分是逐项评定作文成绩的一种方法。一般按内容、结构、语言等几个方面的项目，每个项目各占一定的比例，评分时根据各部分的要求再拟定出各项的具体标准。下面是某校六年级第一学期作文成绩分项评分标准。

六年级第一学期作文成绩分项评分标准（总分 100 分）

项目（占分）	目标	减分	标准	加分	标准
选材（10）	符合题意及写作目的	2	少部分内容不合要求	1－3	新颖典型
		4	重点内容或多处内容不合要求		
		10	全文内容不合要求（跑题）		
中心（20）	健康明确	4	中心不够明确	1－3	认识深刻中心突出
		8	中心不明确或多中心		
		12	无中心或认识有错误		
内容（30） 基本要点 10	真实具体抓住要点	2	重点内容不够具体，但能看出要点	1－3	具体生动详略得当
		4	重点内容不具体，勉强能看出重点		
		6	全文内容不合情理，不具体，无要点		
内容（30） 重点训练项目要求 20	基训 2－3 能突出重点	4	重点不够突出	1－3	重点突出主次分明
		8	重点不够明确		
		12	全文没有重点		
	基训 4－5 抓住重点展开想象	4	没有抓住要点展开想象	1－3	想象丰富合乎情理
		8	想象不合情理		
		12	展不开想象或几乎无想象内容		
	基训 6－7 写出所思所感或人物特点	4	所思所感肤浅或人物特点不够明显	1－3	感情真挚或人物特点鲜明
		8	所思所感不当或人物特点不明显		
		12	无所思所感或无人物特点		
语言（20）	通顺	4	用词造句有个别处不当	1－3	用词造句生动形象准确
		8	全文不够通顺或重点内容不通顺		
		12	全文病句连篇，文理不通		
条理（10）	清楚	2	个别句子条理不清	1－3	层次分明条理清晰
		4	个别段落或重点内容条理不清		
		6	全篇文理不通，结构不完整		
书写（10）	认真规范工整	2	字体不够规范工整	1－3	字体美观文面整洁
		4	书写不够认真，字体潦草、乱划		
		6	文面脏乱，难看清内容		

比较起来，整体评分操作方便一些，分项评分准确一些，整体评分受阅卷者的主观因素的影响要大于分项评分。阅卷者的文化水平、教学经验、风格偏好、情绪心境以及作文本身的光环效应、位置效应都会成为影响作文评分客观公正的因素，阅卷时要尽力制订具体详细便于统一掌握的评分标准，要加强阅卷训练，注重复查，实行过程控制，在进行全面考核的同时，突出对语言的评定，这样可以减小作文评分的随意性。

作文评分意义重大，各类选拔性考试的功能自不必说，即使是平时的作文评分其作用也不能小看。

一、评定学生作文水平，激发学生作文动机。考试和测评是激发学生良好的学习动机的手段之一，它有助于促使学生全面地有重点地复习已学过的内容，巩固和提高学习成绩。虽然平时的作文批改、评讲对学生也有激励作用，但正式的考试和测评会调整学生的心理状态，使学生有一种考试的紧张和兴奋，促使他们更认真地作文。考试和测验能使作文基础好的同学获得由于努力带来的愉快的学习体验，提高学习积极性，取得“成功培养成功”的功效；对那些作文基础不好的同学，也有敦促其加紧努力的作用。尽管考试和测评有时会使得高分的同学骄傲自满，放松努力，使一些考分不高的学生情绪低落，甚至怀疑自己的作文能力，但只要老师能正确引导，这种消极影响会被降低到最低限度的。对于其促进作用，实验表明，预期参加学期作文考试的学生，表现明显优于那些不需要参加考试的学生，有期中、期末作文考试的班级的整体作文水平明显高于仅有平时作文训练的班级。教育心理学有一个基本观点，没有定期的考试、测评而希望学生经常地系统地学习，是一种不切实际的空想。这一点同样适用于作文教学。

二、反馈作文教学情况，改进作文教学方法。完整的教学过程，一般都包括确定教学目标、实施教学、教学测评三个阶段。

通过对学生作文的客观测评，可准确知道学生作文所达到的水平，同时也可以及时发现学生作文的不足及其原因，调节教学计划，促进学生学习。布卢姆“掌握学习”理论，就是强调要充分运用“反馈——矫正”的机制，每教一个单元就进行一次简短的测验，及时矫正学生学习的误差。他实验的结果是80%的学生取得了常规教学班中20%的最好的学生才能达到的成绩水准。

【思考题和练习题】

1. 作文考试评分的方法有哪些？
2. 作文考试与评分的意义是什么？

第二节　小学作文考试的命题及其考前指导

小学作文命题设计形式多样，片断的、整篇的、材料作文、命题作文。命题作文又分命题、半命题、自由命题等。但一般说来，考试还是以命题作文为主，要求学生写一篇记叙文。作文命题要从作文教学的目标出发，既要让大多数学生有东西可写，又要能够较好地测试出学生作文水平的高低。具体地说有以下几个方面的要求。

一、难度适宜，便于区分。小学生以写简单的记叙文和常用的应用文为主，要求思想健康，中心明确，内容具体，条理清楚，详略得当，语句通顺，书写工整，不写错别字，会用常用的标点符号。如果命题难度过大，使一般学生都无法下笔，就缺乏区分度，题目偏易，学生之间得分会相差很小。只有难易适当才能拉开分数的距离。比如说“父亲”和“父辈”两个作文题，前者的难度就比较适合于小学生，而后者对于小学生来说，难度就明显偏大。

二、限制适当，便于发挥。命题作文，对题材、取材范围都应作出不同程度的限制，避免猜题、押题，也便于学生较快地展开思路。写作范围过宽，缺少应有的定向，就容易套作，对小学生说来，也难于切题。如“学校的一天”、“路”这一类的题目就不适合小学生写，“学校的一天”是指整个学校一天的情况，还是特定的“我”在学校中的一天？“路”是写现实中的路，还是写象征性的路，即使是前者，学生一下子也很难把握。再比如“寒假记事”，这样的题目，五年级写过了，到六年级再写，或者是平时写过了，考试时再写，就应当变换限制条件，有比较具体的内容和形式的要求，否则，就不能客观地检测学生的作文水平。当然，命题的限制要有助于激发学生的表达欲望，要让学生有东西写，限制不只是难度的增加，也应该是对学生表达欲望的一种激发。

三、综合覆盖，表达为主。作文属于语文学科中一个特殊的领域，它是一种综合地创造性地应用语文知识、技能进行书面表达的本领。如前文所说，作文能力有多方面的分解，作文考试要注意检测学生多方面的能力，还包括观察力、想象力、思维能力等方面。但评价学生的作文能力主要还是看语言表达，看语言的流畅性、准确性、生动性。

作文命题主要考虑的应是以下几个方面：1. 审题能力，审清题目的范围、要求、重点和体裁等。2. 确定中心的能力，根据题目确定一个恰当的表达中心。3. 搜集材料的能力，围绕中心选材。4. 布局谋篇的能力。5. 语言表达的能力。命题本身要具有一定的测评功能。其中，第五项语言表达的能力是最基础、最稳定的一项，因此要突出语言表达能力的检测。

关于考前指导，主要是讲清考试作文的特点，系统复习作文的有关知识。

考试作文和平时写作文是不同的，它主要有以下三个特点，一是作文的时间有严格的限制，只要规定的时间一到，不管作文有没有写完，一律都得交卷。所以要努力在规定的时间内完篇。一般说来，语文考试的试卷是一张综合卷，包含基础知识、阅读和作文三个部分，限定的考试时间是 90 分钟，所以要指导学生合理地安排时间。另外，平时的作文训练就要有意识地培养自己迅速成文的能力。二是有严格的审题要求。平时写作文，写什么，怎样写，学生的主动性大些，相对说来可以随便些。考试的作文不同，学生不能随意，甚至不能过分发挥，必须严格地按照题目要求，循规蹈矩。有人讲考场作文是带着镣铐跳舞，不是没有道理的。三是在特定的环境下作文，心情会有些紧张，事先没有一定的准备，是很难在考场中从容不迫地完成作文的。古语说，凡事预则立，不预则废。因此，考前指导帮助同学们梳理一下作文常识非常必要。

小学作文考试一般要求学生写一篇记叙文。记叙文又可分写人为主和写事为主两类。那么，写人为主的记叙文如何写，要注意些什么，写事为主的记叙文如何写，要注意些什么，要帮助学生具体复习。

考写人为主的记叙文，总是要求学生通过具体的事例来表现人物的某一方面或几方面的特点。所谓人物特点，一般是指人物在思想品质、性格情趣、技能特长等方面比较突出的地方，写人为主的命题作文只有抓住人物特点进行描写，才能写出生动的人物。

学生怎样才能抓住人物特点来写好人物呢？

首先，要指导学生熟悉记叙的人物，对人物思想品质和性格情趣有基本的了解，写熟悉的人物。比如写老师，要表现老师的和蔼可亲，性格开朗，就要了解这个老师的个性，熟悉这个老师的言行举止，老师个性开朗可能表现为爱笑，可能表现为爱说，只有写得很具体，才能避免内容空洞贴标签，千人一面。对所写的人不熟悉，不了解，写出来的东西不是平淡、干巴，就是胡编乱造。

其次，要指导学生通过具体事例来反映人物的特点。写人离不开事，人物的特点总是在具体的事例中表现出来的。当然，事例要精心选择，不能“捡到篮里就是菜”，要能够表达中心，突出人物的主要性格特点，还要尽可能选择新鲜的独特的材料。

第三，要指导学生在叙述具体事例时，注意人物的语言、行动、神态、心理等方面的描写。尤其要着力描写好人物的行动和语言，这是因为人物的个性特点主要是通过人物的行动和语言来表现的。要写好人物的言行，关键在于不仅写出人物在做什么、说什么，重要的是要写出人物是怎么做、怎么说的，只有这样，才能把人物写具体写生动。

写记事为主的记叙文，学生苦恼的常常是没有什么事情可写，或者所写的事情没有新鲜感。这就要指导学生平时要注意积累，留心身边发生的事，努力弄清事情的来龙去脉、前因后果，考场上要努力从自已的生活体验出发，写自己感受比较深的事。是不是身边的什么事都可以成为作文的材料呢？显然不是，有些事是生活琐事，无多大的意义，是不能作为作文的材料的，有些事即使很有意义，可以写进作文，但不是命题作文所要求的，再生动的材料，也没有用。

总之，考前的作文指导，首先要指导学生积累材料。然后，要根据学生平时作文存在的主要问题，有重点地提醒同学们注意。要结合范文复习一些常用的写作方法，范文对学生写好考试作文意义很大，因为考试时，时间短，要求高，如果考前有一些范文积累，考试时就可以在结构、取材、遣词造句等方面受到启示，这样写起来会顺手得多。当然，也要提醒学生不能生搬硬套。还要帮助学生熟悉作文试题的常见类型，命题作文，半命题作文，看图作文，扩写，续写等等，以免考场上学生看到的是一个没有心理准备的甚至是完全陌生的题型，影响学生作文水平的正常发挥。

【思考题和练习题】

1. 小学作文考试的命题有哪些注意点?
2. 考场作文有什么特点?
3. 考前指导要注意些什么?

后　记

这是一本大专水准的写作教材,供江苏省五年制师范学校师生使用。

“写作”,是一门基础课程。就五年制师范学校而言,该课程的目标是:帮助学生掌握基本的写作理论知识和教学要领,提高阅读欣赏和文章分析能力,掌握各类常用文体的写作技能,毕业后可以胜任小学作文教学工作。

本教材第一章至第四章,旨在提高五年制师范生的“写作学”理论水平;编写时,力求在理论阐述上有一定的深度,所用例证多为公认的优秀作品。

本教材第五章至第七章,旨在帮助五年制师范生毕业后指导小学生作文;编写时,力求密切联系小学作文实际,注重实用,用例多为小学生作文。

本教材包含了高等教育写作课程的基本内容,在此前提下,我们特别强调了以下几个方面:增列了“教育教学论文”和“学校应用文”的写作知识;专辟了“阅读与欣赏”一章;系统地讲述了“小学作文批改与评讲”、“小学生课外阅读与写作”、“小学作文的考试评分与考前指导”。这些内容,有较强的针对性和应用性,带有一定的“填补空白”的性质。

为了调动学生的学习主动性,便于自学,本教材注重精选范文,认真进行范文分析,有的放矢地设计“思考题和练习题”,强化作文评改和写作训练；编写时，每节“论说部分”约占二分之一，紧密配合“论说部分”的“范文和解说”约占二分之一。使用本教材时，“训练”的时数一般不得少于二分之一。

本教材编写人员的分工是：

主　编　何永康

第一章　唐子黔

第二章　朱　持

第三章第一节、第四节　蔡肇基

第三章第二节、第三节　虞晔如

第三章第五节、第六节　王栋生

第三章第七节、第八节　高万祥　卢坤荣

第四章第一节、第二节　张步中

第四章第三节、第四节　何永康

第五章、第七章　钱俊元

第六章　颜　敏

由于缺乏经验，鲜有同类教材的借鉴，本教材一定存在不少缺点，恳望同行专家以及使用本教材的师生提出批评意见，以便今后进一步修改。

何永康

1999年6月28日于南京师范大学文学院